警察勤務
理論與實務

李湧清◎著

自序（代提要）

　　研究與寫作的過程是艱辛的，研究與寫作的結果是喜悅的。
「凡含淚播種的，必有歡呼的收割。」相信任何以研究與寫作為主要
工作的人，都會有這樣的感受。在經過十二年之後，我的第二本書終
於完成了。根據往例與傳統，我也要把自己寫作的經歷與心路歷程做
一個簡單交待。

　　一九九二年七月，在獲得美國密西根州立大學刑事司法博士學
位後，帶著妻子、小孩，由East Lansing回到可愛的國家──台灣。
之後，就是另一種生活型態以及另一個角色的重新開始。由學生再度
成為老師，我開始思考如何使學生可以對事務進行不同的思考？在幾
番考慮之後，我選擇了「警察勤務」作為主題。所以有這樣的選擇，
一方面我覺得對警察人員來說，這是大家都正在從事的，可以研究的
相關問題很多；另一方面，密西根州大四年的教育告訴我，這個主題
並不像傳統教科書中所描述的那樣單純，可以有相當的想像與思考空
間。於是，從構思大綱到資料的蒐集到實際的資料整理並將之化為白
紙黑字，兩年的時間過去了。面對自己的成果（不論他人會給予什麼
樣的評價），內心有著無限的歡喜。這種歡喜，只有在面對我的三個
可愛小孩──大民、大容、大元時，差可比擬。

　　本書既名為《警察勤務理論與實務》，自然是對警察勤務之運作
所做的關懷。同時，為顧及我國警察學術與警察勤務的未來，本書基
本上是以本土之警察勤務運作為主體與中心的。在大概的內容上，本
書是這樣安排的。第一章緒論，說明本書寫作的動機、所採用的方法
以及所欲討論的主題等。第二章有關警察勤務之理論，則從宏觀與微
觀兩個層面探究與警察勤務有關的各種理論。特別是在科技對警察勤
務之影響上，本章有較多的關懷與反省。在第三章警察勤務之運作模

式與相關問題中，介紹有關警察勤務運作中幾個模式，並從模式的流程內分析可能產生的一些問題。第四章警察勤務組織，則將我國的警察勤務機構分為兩個層級分別從實際面與理論面探究其差距與問題。第五章警察勤務之設計與執行，分析的重點在於我國警察勤務的六種執行方式，尤其對於臨檢與勤區查察，本章嘗試提出一些非傳統之見解。第六章警察勤務之督導考核，則以理論為主軸配合實證研究質疑我國有關勤務督考之效果等問題。第七章我國警察勤務之未來，則以有關未來研究之技術與方法為出發點，配合個人的專業，描述我國警察勤務未來的可能發展。第八章結論簡述各章的研究發現與個人的觀點。總的來說，本書的基本立場是批判的、懷疑的、非傳統的。以這樣的立場進行對我國警察勤務進行關照，目的不在反抗權威，而在描述並鼓勵其他不同的聲音與見解，從而提醒不同思考方式在台灣日趨民主化的今天所應有的重要性。當然，從書中的文字亦可看出，本文在時間上是現代的、當前的，空間上則是本土的、台灣的。

不可免俗的，此書的完成必須感謝許多人的協助。首先是我的家人，包括我的妻子——徐昀、我的小孩、我的父母與我的岳父母。我的妻子在我寫作的過程中，是最忠實的讀者與最激烈的評論者。她的學術訓練與工作實務，使我的研究生色不少，也減少許多偏見。三個小孩，雖然不是直接的助力，但他們的笑臉在我寫作低潮之際，有莫大的激勵作用。我父母親的健康以及言詞與行動上的鼓勵支持，使我幾乎沒有後顧之憂。而我的岳父母帶我們的雙胞胎子女（大容、大元），更是莫大的助力。這些親情是我最大的動力。

要感謝的人仍多。中央警官學校校長顏世錫與教育長劉世林的包容與對學術自由的堅持，使本書中若干可能激怒警政當局的觀點得以毫無保留的呈現。其他的師長、同仁，包括中央警官學校警政研究所許春金所長、行政系鄭善印主任、國境系陳明傳主任對本書的評論，增加本書之可讀性。而犯罪防治系林東茂老師、行政系蔣基萍老師給我的腦力激盪與提醒，更是不能忽略的。沒有他們，恐怕我的觀

點並不完全。

　　最後，我必須感謝我在密西根州大的幾位老師。包括Peter Manning、Jack Knott、Dennis Payne，以及一年前不幸去世的Robert Trojanowicz。雖然他們不懂中文，也未必瞭解本書的內容，但沒有他們的教育，也許我永遠是一隻井底蛙。

　　自序是感性多於理性的，而本書的內容則是力求理性的。我不認爲本書中沒有感性的文字，但請相信我是以理性的態度去探討問題的。

李湧清　謹序
于研究室大樓二二九室
1995年1月

增訂版序

在今年一月，本書順利出版後，由於作者的筆法與思考方式均不同於傳統的警察學術著作（特別是與警察勤務有關者），因此引起頗多迴響。對於這種結果，作者一則以喜，一則以懼。喜的是反省的種子已經種下，懼的是未來不知是否能開花結果。在此同時，作者又發現本書仍有不少錯漏及語焉不詳之處。為此，作者利用近半年的時間，再仔細重讀本書，並就有疑義之處加以修正，希望透過本次修訂，在減少錯誤之外，也能因此增加本書的廣度與深度。

在本次修訂的內容上，有幾點是比較明顯的：

第一，本書各章的本文主體，在內容上並沒有太大的變動，有變動的是若干文字與用語的修正。

第二，本書這次較大的變化在於註釋的大量增加。本書對註釋做如此大規模的處理，是基於以下理由：（一）從過去有關警察學術的論述或著作來看，寫作者多半只是在註釋部分交代其所引用文獻或資料的出處。這雖然是一種負責任的表現，但卻缺少了「釋」的功能。從作者的觀點來說，這並不夠。（二）在作者的研究與寫作期間，經常感覺到某些名詞或術語的背後，還有更多的哲學觀念或思想混雜其間。這些觀念或思想，不論作者如何解釋，但在不同人的心目或閱讀中，可能有不同的解讀。換言之，這些哲學觀念或思想，對某些人可能有某種程度的啟發作用。以本書中所一直強調鼓勵多元思考的意旨而言，若不對這些思想觀念做一交待，作者深覺這是嚴重的失職。（三）作者一直認為警察學術的發展，必須借助其他學科的幫助與啟發。當本書借助其他觀點，卻又不適合放在本文中時，只有借助註釋來處理。

總之，對任何有志於警察學術研究的讀者而言，作者雖不敢保

證論證之完整與全面，但可以保證的是作者是用最負責的態度去處理
這些註釋的，因此，也希望讀者不要忽略此一部分。

末了，作者仍有兩件事要提醒：

一是對本書及作者自身的定位。本書不是一本用來考試的書，
而是一本激發想像與思考的書，這是作者在寫作之初就已立定的志
向。也因為如此，所以在本書中的許多問題，作者並不企求提供答
案；而即使作者提供的答案，作者也要提醒那可不是定於一尊的，亦
即不一定是正確的。答案無須他求，答案在各人心中。在另一方面，
作者並非大師，作者給自己的定位是：知識的介紹者。作者對自己的
這個定位無非再次表明：人人都可以為知識的介紹者與思考者。

二是對讀者的定位與要求。由於警察工作的特性，使得警察從
業人員並沒有太多的思考機會。希望因著本書，讀者（尤其是警察人
員）也能成為思考者。思考者的角色，雖未必能提昇讀者的實質地
位。然而，借用Dewey的話說：這鼓勵人類個性的充分發展。而這正
是民主的重要意義。

本書已力求將錯誤減至最低。若有任何解釋上或文義上之錯
誤，文責由作者自負。

李湧清　謹序
1995年7月

增訂二版序

人經常處於矛盾與選擇之中。

本書增訂版在一九九五年九月出版之後，印行的數百冊在半年之內售罄。這對作者而言，當然是個鼓勵。只是在此同時，也帶給我一些難題。典型的幾個難題是：要不要再版？內容要不要更動？更動的幅度應有多大？我也會想，這本書能帶給購買者什麼？這本書是不是垃圾？若是垃圾，有必要再版嗎？對這些問題，我決定留待讀者去評價。不過，基於幾個理由，在決定再版的同時，我也決定將內容做部分增訂與修改：第一個理由為：書中內容仍有錯誤。第二個理由為：仍有一些說法未完整表達，所以本次增加了許多註釋。此外，更重要的原因在於作者擬透過本書的修正對某一些批評做一些答辯。

這本書並非盡善盡美，作者心知肚明。然而作者不能接受的批評是：本書對西方警察制度之「全盤引進、照單全收」。以作者對人類知識的瞭解而言，全盤引進、照單全收是不可能的，因為「全部」是多少，我們根本無法知道。若有可能，作者倒希望真能做到「全盤引進、照單全收」。

還有人認為，本書雖然不錯，但實用性不高。什麼叫「實用性」呢？本文中第五章提及應廢止警勤區，實不實用呢？論者的批評，讓我想起法國學者沙特所說的「錯誤信念」。Berger（1982）如此詮釋：「錯誤信念」就是假裝某件事是必須的，而實際上是自由任意的。因此，錯誤信念是逃避自由、是不誠實的逃離選擇的痛苦。在廢止警勤區此一問題上，有權決定者又何嘗不是如此？

儘管如此，我還是要感謝中央警察大學前校長姚高橋先生對本書的評語與指教。他對本書的若干批評與建議，本書中均有具體的回應。雖然他所提的意見，我多半不能同意，但以一個公務繁忙的高階

警官來說，我必須指出：這是十分難能可貴的，因為這必須嘗試去接
觸不同的觀念。同時，也必須感謝中央警察大學校長陳壁先生。因為
在他的同意之下，本書被列為中央警察大學警察勤務一課的教材之
一。在我來看，如果沒有新穎的觀念，這並不是個容易下的決定。

　　最後，我必須重複增訂版中所說的兩件事：（一）請讀者不要
忽略本書中的註釋，因為這些註釋在我看來，其重要性並不亞於正文
的內容。（二）我只是介紹、傳播知識（當然存在了誤解、扭曲的可
能性），很多事項我無法提供答案。答案無須他求，答案在每一個人
心中。

李湧清　謹序
1996年9月

增訂三版序

　　在警察學術研究的領域中，如果沒有研究機構的支持或是沒有市場的支持，任何論著的出版，都是件困難的事。因為，警察學術論著的出版，從成本的觀點來看，是沒有經濟規模的。作者原本沒有再版的打算，然而在許多朋友的要求下，使作者寧願冒著滯銷的風險，也必須再版一次，以免辜負朋友的期望。

　　這次再版，主要是針對上一版中若干錯、漏字之更正與補遺。此外，為了服務許多準備考試的警察同仁，本版次中另增加了附錄。附錄是針對如何準備考試所提供的資訊，特別是針對警察勤務而言。附錄雖然頁數不多、篇幅不大，但這主要是累積作者過去的教學與其他經驗而寫，希望能對準備考試的同仁在導引讀書的方向上有所幫助。

李湧清　謹序

1998年4月

增訂四版序

雖然作者不斷的告訴自己，因為經濟規模的因素，或是經濟不規模，本書不應該再出版了。然而，隱約中，總有一股聲音說著：從經濟規模考慮是短線思考，你不是告訴別人應作長期思考嗎？在這樣的衝突、矛盾與內心交戰中，作者只好再冒滯銷一次的風險，作部分修正重新付梓。

這一次的修正，主要考慮到警察勤務條例二○○○年部分條文的修正；同時，也配合若干社會狀況表達了作者的觀點。對若干讀者而言，他們可能更關心本書的附錄。配合法令，附錄也做了某種程度的修正。這是必須說明的。

警察勤務，不管是作為研究主題或是作為工作內容，由於絕大多數的警察同仁都能共見共聞、也有切身體驗，所以大家意見特多。正因如此，所以很難有標準答案。考試有標準答案，生活中很難有標準答案。作者希望，讀者也能有同樣的體認。

李湧清　謹序
2001年10月

增訂五版序

　　本書上一次的增修，是二〇〇一年十月的事。從上一次增修，到此次增修，兩年間，關於警察勤務的實務有許多變化。比較明顯的變化在於：一、「戶口查察作業規定」有大幅修正。二、大法官會議在二〇〇一年十二月做成釋字第五三五號解釋。三、「警察職權行使法」在二〇〇三年六月十五日公布、並於同年十二月一日開始施行。為了因應這些變化，本書自應配合修訂。

　　本書本次的修訂重點，便是針對上述所做的修訂。不過，基於研究旨趣與作者專業，本次的修訂重點並不全然從法律的觀點出發，而是從行政、政策等立場觀察。這些，讀者可以從修正文字中發現。此外，本書第一次印行是在一九九五年，距今已將近十年，所以其中必有某些描述與現況不符。因此，配合現況，本書作了較大幅度的修正。

　　為了本次修正，作者重新打字與排版，所以內容必然有所疏漏之處。歡迎讀者來函指教。最後，並以此書追思甫逝世的父親。

李湧清　謹序

2004年8月

目錄

第1章　緒論

◇ 研究動機與目的

◇ 研究方法與內容

◇ 本研究之定義

◇ 本研究之限制

◇ 本研究之結構

研究動機與目的

　　警察學術是學術嗎？警察學術有理論基礎嗎？長久以來，警察學術研究者一直在思索、探索這些問題。而長久以來，儘管警察學可以被歸類為一種綜合性的社會科學（梅可望，1990；陳明傳，1992）❶，卻始終未得到應有的地位與重視，而居於學術邊陲。對此，Bayley（1985）有深刻的分析與描述❷。也許警察學本身的學術性不夠、理論性不強，但並無損於作者將警察學術理論化的用心與企圖。

　　嚴格說，作者最初寫作本書之動機相當單純，最主要是授課時之需要。作者在講授「警察勤務」時，無可避免的便會提到我國執行警察勤務最主要的法律依據──「警察勤務條例」。而對警察勤務條例中的若干疑點，作者覺得有深入檢討的必要，這正是作者寫作本書的最早、原始動機。而我國的警察勤務條例於一九七二年八月公布，原有三十一條條文，至今為止，僅於一九八六年與二○○○年各修正過乙次❸。二○○一年十二月，大法官會議五三五號解釋宣告臨檢的合憲性問題，並促成警察職權行使法於二○○三年六月立法通過、並於二○○三年十二月一日開始施行。這些，使人不禁聯想：這個條例是不是還有修正檢討之必要？有哪些疑點？這些疑點會引發哪些問題？這些都是作者最初想要瞭解與澄清的。在這個懷疑的念頭下，本文乃嘗試就警察勤務之各層面加以探討。

　　依一般傳統的說法，任何學術著作之寫作不外乎兩大目的：一是學術性之目的，也就是作者都希望論著的完成有助於學術理論的建立或是學術思想、見解的開發與提出；另一則是實務性之目的，也就是作者都希望他們的論著對於行政機關的實務運作之改進有所貢獻。對本研究來說，實務性之目的並不頂重要❹，因為目前警察勤務方面的運作似乎仍稱順暢（這並不意味沒有問題）。當然，這也不意味本

研究並無實務價值。因此，本研究的主要目的乃是以學術性為主的。事實上，本研究的更深刻之目的在於：將批判理論（critical theory）的觀念、態度與做法引進於警察勤務乃至於警察學術的研究中。這樣的嘗試，在作者的瞭解中，至少在有關警察學術著作中很少看到。為什麼警察學術著作中，很少有用到批判理論這種途徑（approach）的主因，依本文的看法，從表象言，或許是警察組織的紀律性使然。在韋伯（Max Weber）眼中，官僚制度所要求的是鐵一般的紀律（吳庚，1993A），而由警察過去所被定位為「半準軍事組織」的結果來看，顯然警察組織之紀律性格也相當強烈（梅可望，1990）。在這種紀律性的要求下，我國警察學術的研究者，或者是主觀的不願或是客觀的不能將批判理論的思考方式應用於警察學術的研究中。

在另一方面，從裏象看，批判理論的這種思考途徑，也很難見容於當權者。批判理論，追根究底，就是強調對現狀或現行制度——無論其為上層結構或下層結構——之否定；也就是要求人們從現有的制度、思想、觀念中解放出來。這種對解放的呼聲與見解，看在統治者或當權者的眼中，真是怵目驚心、杯弓蛇影，無異是對他們存在或利益的威脅。對這些統治者而言，批判理論的主張或見解，雖不見得是「行動的反動」，但至少是「思想的反動」。他們不能確定是否思想的反動累積到一定程度或能量即會變成行動的反動之間的臨界點（critical point）為何。因此，為避免威脅，將批判理論視之為洪水猛獸，能防就防❺。

也就因為批判理論一直被拒斥在我們的體系與制度之外，因此有人說：「它有後來居上之勢，甚且『來勢洶洶』」（林鍾沂，1991）。批判理論的這股風潮，似乎頗有一股「顯學」的味道。惟稍後本文將指出：批判理論終將居於學術之非顯學地位，這是因為其在先天性質上即具悲劇性。此處本文僅是要指出：對當權者而言，批判理論的「階段性顯學地位」實無害於當權者的統治與地位，因為批判理論的研究者在鳴放中已釋出大量能量，看來不易一觸即發；再方面

對多數批判理論的研究者而言，批判理論只是在撫慰他們的乾涸心靈，同時也求得思想上的奔馳與不受拘束。

基於這樣的動機與觀點，本研究正企圖以批判理論所堅持的態度與方式來研究我國的警察勤務。

當然，這樣的動機與觀點或許會給人一種印象，那就是本研究是為了「批判理論」而「批判理論」，警察勤務只不過是一個湊巧（或有意）被選上的一個課題；事實上，作者所受的學術訓練乃是所謂的「邏輯實證論」（logical positivism）的。在這種情況之下，作者一方面借助來自批判理論的研究態度與方式，另一方面也不能排斥邏輯實證論的態度與方式，因之，本文的研究途徑是將兩者做交互運用。而在本文後面的章節中，本文將陸續指出，無論是採取什麼樣的途徑，我國的警察勤務條例與勤務運作上，都存在著相當的討論空間；這同時也意味著——若從實用的立場出發——有相當的改善空間。

在以邏輯實證論與批判理論為中心思想的情況之下，本文也將嘗試以科際整合的觀念來研究有關警察勤務方面的問題。此處所謂的科際整合，指的是大量運用其他學科，如政治學、社會學、心理學乃至於人類工程學等之理論或觀點來研討警察勤務。這樣的作法，一方面是嘗試說明警察勤務事實上並非吾人想像中的單純以及其他學科與警察勤務結合的可能性；再方面，借用Gramsci的術語「意識形態霸權」（ideological hegemony）❻或是Feyerabend的「方法論之無政府主義」之觀點❼，為了避免「學術（或學科）霸權」，妨害了學術界中成員的腦力相互激盪以及觀念的分享。

總的來說，本研究希望能夠做到對於現有的勤務能以新的觀點來觀察、對現有的勤務方式給予新的詮釋，同時力求以「人」為中心進行這方面的思考。此外，在寫作的原則上，基本上是以「詳人所略、略人所詳」的方式為之。也就是就一般已有大量論述之問題，本文淺論，而多著墨於一般論著所較忽略的問題上。

研究方法與內容

研究方法

從邏輯實證論的觀點而言，本研究除了廣泛的蒐集各種與警察工作與勤務有關的各種文獻外，本研究也採用了內容分析法（content analysis）。例如，本研究的第五章中作者論警光的內容，正式內容分析法的具體應用。在此之外，第五章中有關各種勤務方式的討論以及有關警察勤務條例與相關規定之部分條文的分析，更是以邏輯實證論所最注重的「現象與現象間之因果關係（causal relationship）」（Bryant, 1985）❽來進行。同時，本文所引的各種研究資料或論文也有很多是基於邏輯實證論的精神而進行的，這些都是本文運用邏輯實證論之方法的事例。此外，再若干無法獲得實證資料支持的討論中，本文也利用訪談法來輔助。

同時，為使本文的論證周延，本研究也採用批判理論的思考方法來檢討警察勤務方面的問題。批判理論到底可不可以稱的上是一種研究方法，截至目前仍有爭議。例如，Fischer即指出：

> 「在缺乏方法論的有力解說下，批判的社會科學迄今仍被貶為柔性課程，它只符合哲學和理念的歷史。（引自林鍾沂，1991：17）」

即使如此，批判理論在強調工具理性的今天，仍不失為一種獨特且發人深省的思考方式，更何況它還具有打破學術（或思想）壟斷、獨裁之意義。

然而，無論是邏輯實證論或是批判理論，都有各種批評之困

擾，特別是邏輯實證論在某些程度內仍居於主流的社會科學地位。

邏輯實證論之方法論觀點，一般認為，主要包括：

❖邏輯實證論的基本假設之一是，社會現象一如自然現象一樣，有其秩序與規律性。不但如此，社會科學在面對社會現象時，可以做到像自然科學般的精確解釋或預測。換句話說，社會科學可以用自然科學的方法來處理我們面對的世界與問題。

❖邏輯實證論者認為，獲得知識的方法只有一種，那就是科學方法（scientific method）。而這種方法，比什麼方法都好。

❖邏輯實證論者認為，科學研究的目的，是在建立一個社會現象的通則。這種通則就好像物理上的原理或定理一樣。

❖邏輯實證論者相信，我們可以用一種客觀、價值中立（value-free）的態度獲致知識。

這些觀點與假設，在現象學（phenomenology）或批判理論者眼中，不僅錯誤，而且可笑。撇開現象學對邏輯實證論之駁斥不說，我們就以批判理論代表人物之一的Habermas的觀點來看邏輯實證論。

首先，Habermas認為，邏輯實證論者以「科學哲學」（philosophy of science）來代替「知識論」（epistemology），這意味著對知識論的矮化以及哲學家反省知識能力的薄弱（Habermas, 1971）。

其次，其指出：邏輯實證論帶來的所謂的科學主義（scientism）與客觀主義（objectivism）。在這兩種主義之下，邏輯實證論認為「科學即知識」（Habermas, 1971）。換言之，在Habermas心目中，這是一種獨斷、教條與信仰，是極端排他的。同時，這也明白指出：科學應是獲致知識的一種手段，而絕非知識本身。

此外，Habermas也強烈批判邏輯實證論者對事實之崇拜。不但是Habermas，在許多人眼中，邏輯實證論者對事實之崇拜實際上已喪失了人作為主體的反省能力❾。

總體來說，邏輯實證論所面對的質疑與挑戰是：我們所面對的

經驗世界或現象世界是一種「客觀的存在」嗎？還是一種主觀的心理投射？我們的感性、知性與理性，在我們對外界的認識過程中，可以起什麼作用？面臨什麼限制？這是在邏輯實證論者的科學觀下，所無法解答或不願回答的問題。還有人懷疑，科學與巫術的界線究竟何在？有沒有區分？無論是社會學研究者，或是人類學研究者都有這樣的困惑。例如人類學者Frazer就認為，巫術與科學在本質上並無太大差異。他說：

> 「具有純粹的、真正形式的神秘巫術，無論在何處，它總是假定，只要沒有任何精神的或人為作用干預，自然中的事件就必然而恆常地一個跟隨另一個。這樣，它的基本概念與現代科學的基本概念就是一致的。……在巫術與科學中，事物的連續完全是有規律和確定的，都是由永恆不變的規律決定的。……它們的合理運作，便產生了科學，而不合理運作，則產生了巫術──科學的私生姊妹。」（引自范進等譯，1994：17）。

這些例證，俯拾皆是[10]。邏輯實證論者把科學絕對化，同時也遭致某些人挑戰：「科學」科學嗎？科學「科學」嗎？這種把科學等同於知識的作法，在某些人眼中，邏輯實證論者這乃是對科學與知識的褻瀆，是另一種迷信。

正因邏輯實證論這些被明顯批判的弱點，所以有越來越多的社會科學研究者認為邏輯實證論的顯學地位已不復存在或說今天的社會科學界已是多元典範、群雄並起的時代了。

然而，在另一方面，批判理論也並非毫無缺點。事實上，在許多學者眼中，基本上批判理論是充滿悲劇性格的。即以Habermas與批判理論為例，他們所面臨的各種批評約有下列[11]：

❖Habermas在批判邏輯實證論時，並沒有定義什麼是邏輯實證論[12]。因此他對邏輯實證論的批判並不公平（Keat, 1981）。

❖Habermas的理論的潛在用意，有人批評，「在支持他自己一種特殊的意識形態，一種對西方社會現狀不滿的觀點。……但此並不意味著就是知識創獲的最佳途徑。」（黃進興，1992：272-273）。

❖學者指出，「目前我們只能說『批判理論』除了實質上揭露西方社會工業化後意識形態的糾纏，對未來社會的憧憬，仍相當模糊不清。」（黃進興，1992：275）。

❖作者要進一步指出：

・在批判理論之下，它沒有辦法給「概念」明確的定義。因此，在與之溝通時，似乎任何討論都缺少交集。

・在作者眼中，批判理論似乎對社會現象與實際認識之觀點，過於素樸，總認為其具有超越性。在另一方面，對科學之思考方式，似乎又過於嚴肅。

・批判理論所追求的是對「現行」或「現存」制度、思想、觀念之解放，這種「未來」取向的思考方式，事實上已先天注定其在社會科學領域中的非主流、非顯學的悲劇性格。即使在「未來」其成為一種典範，然因為「未來」的任何制度、思想或觀念，在「未來」都是「現在」，因此，批判理論若追求的是從「現有」制度的解放，在時間的長河中，它的目標永遠是「未來」。換句話說，批判理論永遠是一種手段、方法或過程，而絕對不會是結果或目的。

自然，本文也必須提醒，批判理論最珍貴、可愛之處，是在強調工具理性、科學主義的今天，它所抱持的人文關懷。因此，任何將其矮化為與邏輯實證的科學方法論爭，並不公平。

● 研究內容

誠如上面所提到的，本書主要是針對現行的我國警察勤務以及警察勤務條例而發的，因此，本書的客體自然是警察勤務的運作。同時，由於警察勤務條例本身的性格仍曖昧不明（見第七章），因此，本文的焦點又是以行政警察為主體的。此外，又由於警察工作的一體與不可分割性，所以與行政警察有關的問題，在必要時，也會納入本研究的討論中。這是在談研究內容時必須首先說明的。

具體的說，本研究的主要內容包括：
❖有關警察勤務各種理論的描述與反省。
❖有關警察勤務運作模式的分析與檢討。
❖有關警察勤務機構建構的理論與實際。
❖有關警察勤務執行方式的批評與建議。
❖有關警察勤務督導考核的觀察與討論。
❖有關警察勤務未來發展的描繪與預測。

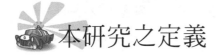 本研究之定義

● 定義之必要與困難

社會科學的研究上，第一個所必須面對的問題，便是定義。為什麼？因為定義便意味著討論範圍。因此，以定義而論，則是問「應不應該定義」以及「如何定義」。在這裡，我們首先便碰到了一些困難。

第一個問題是應不應該定義的問題。以本文作者所見，存在著兩種不太一致的觀點。一種觀點是Merton（1968：74）所說的，以「功能」之研究爲例，「……一開始就爲詞彙的混淆所苦。……此種文字的輕率使用，同時斷送了分析的清晰性與溝通的確實性。」Merton的言下之意，是定義有其必要性的。在另一方面，我國學者葉啓政（1991：107）則以爲：「破題是必要，但一定非先下明確、客觀的定義，則事屬偏見，實不一定可取。」。兩者立論，均各有所本。在這種情況之下，本文從眾，稍晚將予本文的重心名詞──警察勤務───一個定義[13]。

　　即使定義的該當性問題獲得解決，接續的問題更爲令人頭痛。從語意上而言，「定義」中的「定」字，已涉及研究者的價值判斷、立場與觀點的問題，因之很難求得一致性定義是必然的。例如「生產力」（productivity）一詞，據學者研究至少有二十個以上的定義（吳定、林英峰，1990）；聯邦制或聯邦主義（federalism）一詞，據Stewart（1982、1984）研究，至少有二百六十七種的定義。更令人無法接受的是同一個人就不同事物可能用同一名詞來表示，Masterman指出：Kuhn的「典範」（paradigm）一詞在《科學革命的結構》一書中，至少有二十一種不同的意思，而且只多不少（引自周寄中譯，1992），因此有人說定義根本是一件不該去嘗試的工作（Anton, 1987）。

　　上述學者所言，雖各有所本，也注意到定義中之「變異」（variance）的部分，但這樣的看法可能不夠完全，因爲他們忽略了定義中「常」的部分，亦即定義中不容易變的部分。換言之，儘管定義中有其變異之處，但仍有一些核心、概念部分是不容易有太大之變化的。例如我國民法中成年的定義是二十歲，而世界其他各國定義成年則不一定是二十歲，有十八歲者（如俄、德、土耳其）、二十歲者（瑞士、日本、泰國）、二十一歲者（法國）、二十二歲者（阿根廷）、二十三歲者（荷蘭）、二十四歲者（奧地利）、二十五歲者（羅馬、丹麥）

（鄭玉波，1990；李模，1992）[14]，其中容有變化與不一致，但我們看不出有規定六歲、十歲為成年者，這足以說明其變異量不大；同時，這也足以說明學者在給任何事物定義時，仍有一些標準或原則可以遵循，因之，就學者給任何事物之定義而言，我們仍可看出其中可能存在有頗多雷同之處[15]。總之，就此一議題而言，語言、文字的複雜以及運用時必須注意其在本文（context）中乃至於文化中之地位，已然揭示本研究稍後所給予的定義不但可能亦與其他定義有所歧異，更有可能所給予定義的內涵並不完全，這是必須先提醒的。

● 警察勤務──傳統與非傳統之定義

　　本研究既以警察勤務為核心，自然有必要給此一名詞定義。然而，在定義時，作者以為可以從兩個角度來考查：傳統定義與非傳統定義。

　　在警察勤務的傳統定義上，楊清江（1990）、丁維新（1990）各引了六則，其中有頗多雷同之處。這些定義，本文不擬一一列舉，但此不表示這些定義全部可取[16]，而是這些定義往往預設警察是處在一個封閉的環境中。這種假設，在本文後來的各章中將可看出是值得商榷的。其次，過去警政學者所賦予的定義（本文稱之為傳統定義），也忽略了警察勤務在理論上不但具有科際整合性，實際上也是如此的。第三，以非傳統的方式來看待警察勤務，在本文中寓有深意，那就是：打破獨斷與教條，鼓勵思考以及從束縛中解放。作者的這種用心，借用Fleck（1935）的話說，是因為作者相信「一旦一個結構上完整而封閉的意見系統形成了之後，就會對任何與它有牴觸的事物頑固地抵抗到底。」（引自金吾倫，1994），因之必須做其他嘗試。

　　可以做的嘗試，包括：（一）從符號論的觀點觀察：這是「行為主義」同時也是「詮釋論」的觀點。這種觀點，視警察勤務為警察組織與人員與外界溝通及對話的手段。Kohfeld與Sprague（1990）正

是如此看待警察勤務的。在這種解釋下，警察所採行的各種勤務方式如巡邏、臨檢等，仍是一種手段，如同傳統警察勤務定義一樣，但其目的卻是在溝通乃至於警察實力與決心之展現。這種說法，既不特殊，也不極端，因為有許多學者亦有類似的看法，例如曾經客座中央警官學校教授的Munro（1995），在一篇討論警察與溝通的論文中，開宗明義的斷言，警察工作就是溝通。其他的警政學者如Goldstein（1990）、Trojanowicz與Bucqueroux（1990）等人也認為，警察勤務的策略無非是強調溝通與資訊。如果我們可以同意這些解釋，那下列各種解釋也不應排斥。（二）視警察勤務為處理人際關係的手段，也就是藉助警察勤務處理人際關係之間的問題。此外，亦可借用Easton（1965）的政治系統論的觀點進行另一種解釋，那就是視警察勤務為一種「產出」（output），這種產出，其動力是來自外界環境（作為輸入項），經過轉化後得到的❶。自然，如果我們願意，還可以借助社會學中之秩序、均衡等觀念，視警察勤務為求警察內部與外界秩序之均衡的方法。這些從科際整合之角度所作的解釋，事實上已足以說明警察勤務是可以有多面向之意義的。

● 警察勤務——本研究所給的定義

借用傳統與非傳統的定義，本文以為：

第一，警察勤務是一種由警察組織與人員表現其對外與對內之活動。而企圖的產生原因，有自發的，亦有來自外界的。在對外的企圖上，是透過巡邏、臨檢、勤區查察等方式來表現；對內，則透過勤務督導以實現。

第二，警察勤務作為一種企圖表現的活動，受制於幾個重要因素，包括人、時、地、事、物等因素，並需力求手段與目的之均衡。換言之，警察勤務若以數學式表現，則如下式所列：

警察勤務＝ f （人、時、地、事、物、目的、手段）[18]

本研究之限制

作者一直相信，在知識的領域中，特別是有關社會科學的各種理論或學說，在時間、空間乃至於條件上都有其限制，因此在論述時，應給予一些先行條件，否則其實用性或在解釋能力上便打了折扣。先行條件句，在本文中，常以「至少」、「可能」、「或許」、「在某種程度內」的字樣出現，這不但意涵著本文論點的範圍與立場，同時也預設了論點不完整之可能性。換句話說，在時間的長河、空間的廣闊中，任何人就事件、現象企圖做全面解釋注定是失敗的[19]，這意指本文的許多論點、說明，也只能做到部分解釋，這是本文的第一個限制[20]。

其次是在本文的內容上作者自身觀點的一致性問題。在本研究中，作者將力求前後的觀點一致。然而由於本文分別以邏輯實證論與批判理論的方法來研究解析問題，而此兩種途徑在思考的方式、在對待科學的態度上並不相同，因之，本文可能前後間有某些觀點並不一致。同時，以這兩種途徑探討問題，誠如前面所言，也是一種新的嘗試。這種嘗試可能會受到批判，因為也許有人認為這缺乏中心思想。但如果我們肯定科學的目的是在求真，那麼我們便沒有理由不這樣做。

再次是研究對象上的問題。本文所研究者，不單是如何執行勤務之問題，還包括執行勤務的主體—警察人員。而警察人員的上位概念是「人」。在學者心目中，人會思考、有意志、能判斷、可學習（魏鏞，1982），因此不容易對其進行「科學」的研究。換言之，許多可應用於自然科學的研究法都難以應用在社會科學中。更重要的

是，人與人之間會彼此互動，這種互動可能會造成研究者與被研究者間互為主體，益發增加研究的困難。這種狀況，不但存在於多數社會科學研究中，也同樣存在本研究中。這種先天上的困難，是本研究的第三層限制。

最後是方法論上的問題。如前面所談到的，本研究一方面是在邏輯實證論的觀念導引下進行研究；再方面作者也深信今天的社會科學研究中沒有獨斷、一統或主流的典範，因為作者也嘗試以批判理論的觀點對問題加以研究。這兩種方式之並行可能造成的最佳結果是本研究綜合這兩種方式的優點、而最壞結果則是暴露出此兩種方式的缺點。無論如何，作者認為，在今天台灣的社經情況下，最重要的是提供多元的思考方式，因此作者會有這樣的嘗試。事實上，這也是本文最重要的目的。

本研究之結構

本書共有八章。依據各章之性質，這八章分為兩大部分：第一部分為總論、第二部分為個論。

總論部分計有三章，其主要目的是討論有關警察勤務的理論與文獻。第一章緒論，主要是在說明本研究的途徑與內容，自然也說明本研究的一些限制。第二章有關警察勤務的理論，在這一章中，本文將以宏觀與微觀的角度探討有關警察勤務的一些基本原則，並反省這些基本原理。第三章警察勤務的運作模式及其相關問題，在這一章中，討論的焦點將放在民眾報案的（裁量權）（discretion）以及時間的落差問題上。

個論部分分為四章。第四章警察勤務組織，將探討分駐（派出）所、警察分局及警察局的設置原理及其存在之問題。第五章警察勤務之設計與執行，在本章中，討論的焦點將置於各種勤務執行方式的理

論與基本假設，並從現象面加以檢討。第六章警察勤務之督導與考核，其目的是在探討警察勤務督導考核之理論與實際，重點將置於警察督考人員與被督考人員互動之關係上。第七章我國警察勤務之未來，則借助中外學者的觀點，嘗試地描繪我國警察勤務未來的可能發展。第八章結論。

　　總結來說，本書所做的研討，在時間上，是以現在為重點的；而在空間上，則是以我國，亦即中華民國為主體的，作者深信惟有在特定時空下以及將警察勤務與時空結合，這樣的討論才有意義。

註釋

註 ❶：警察學術是否是學術？是否有理論基礎？是不是科學？當然有值得
懷疑之處，因為「可以」被認為是科學與「實際」是不是科學，可
能是二件不同的事。即使不論警察學術，而以社會科學（social
science）而言，截至目前為止，都仍有許多人對其科學性抱持懷疑
的態度，這可由往後本書中列舉許多論證都存在著對立論證，得到
部分解釋。甚至予以Kuhn（1970）的觀點而言，作者都還懷疑社
會科學的各種學門基本上仍處於「前科學期」（prescience）而仍未
達「常態科學」（normal science）的階段。這種看法，並非貶抑社
會科學的科學性，而是在提醒：社會科學研究者還有很長的路要
走。

註 ❷：Bayley以為，警察學術之研究，未受到重視，大約有四方面的原
因。第一，在歷史上，警察從來不是重要角色；第二，警察本身並
不是一份吸引人、高尚的工作；第三，警察工作的推動，深受民眾
抗拒；第四，關於警察的資料缺乏系統的蒐集（1985）。在Bayley
一九八三年的另一論文中，其更指出：今天警察學術研究不彰的主
要癥結在於比較研究的缺乏，他以為，如果可供研究之實例若不夠
多，那麼概化（generalization）的能力便受到限制。Bayley的觀
點，得到英國學者Mawby（1990）的支持，因為Mawby也認為：
第一，警察制度，不僅是常數（constant），也是變數（vari-
able）；第二，警察制度的國際比較，提供了建立警政模式的絕佳
機會。正因如此，所以Bayley與Mawby都有這方面（比較警察制度）
的著作。儘管Bayley強調比較研究，然而Bayley的幾個比較研究，
如一九七一、一九七六、一九八五、一九九二年的研究，卻很少定
義何謂比較研究。從方法論的觀點而言，這是相當大的缺陷。

註❸：警察勤務條例一九八六年的修正，對照一九七二年的條文，有下列
　　　幾個重點：

一、原條例並未分章，修正後再將條文分爲八章。

二、原有三十一條條文，經修正歸併後爲二十九條，並就部分條文
　　爲文字修正。

三、比較值得注意之修正爲：（一）在警勤區方面，刪除原有「不
　　得割鄰或跨村里」之限制，並將人口部分由原「二千口、三百
　　戶」修正爲「二千口、五百戶」。（二）增加刑事、消防、外
　　事等警察配合警勤區劃分責任區之規定。（三）就警察勤務方
　　式而言，爲巡邏及臨檢此兩項勤務賦予更多權限，包括檢查、
　　取締、盤詰等。此一修法，引發許多爭論，包括適不適合規定
　　在警察勤務條例中，以及其他法律問題等，詳見本書第五章。
　　（四）將舊條文第十七條予以擴大，提出「組合警力」之概
　　念，爲機動警網之實施取得法律基礎。此一作法，亦有若干值
　　得商榷之處，詳見本書第五章。（五）在勤務時間上，一方面
　　增加外勤人員的外宿時間（由每週外宿一次，改爲外宿兩
　　次）；另一方面，亦將在所休息以明文規定。（六）將勤前教
　　育區分爲三類：基層、聯合與專案。（七）改「勤務督察」爲
　　「勤務督導」。

警察勤務條例二〇〇〇年七月的修正條文只有三條，分別是第六
條、第七條與第八條。從修正的內容來看，這三條的修正主要是配
合警政與消防分立以及台灣省政府虛級化的結果。例如第六條拿掉
消防警察配合警勤區劃分責任區；第七條第二項則將原條文「前項
分駐所、派出所設置基準，由省（市）警察機關定之」改爲「由內
政部警政署定之」；第八條則把警力集中機動使用的權限，由原有
的「省（市）警察機關」改爲「直轄市、縣（市）警察機關」。不
過，這樣的修正雖然已經符合現制，卻突顯出警察勤務條例的其他
問題。可以研究的問題包括：現行警察勤務條例哪些部分應該法制

化？例如勤務時間，由於攸關執勤人員權益，因此當然有必要法制化；至於執勤細節，則沒有這種必要。不過，執勤時間，適合放在警察勤務條例中嗎？則有待討論。所以，我們可以藉由警察職權行使法之立法，深度思考現行警察勤務條例的內容。包括：哪些應該法制化的部分、那些不必；應該法制化的部分，應該用什麼方式表現等問題。

除此之外，根據大法官會議五三五號解釋，警察勤務條例是同時具有組織法與行為法之性質。同時，根據條文內容來看，特別是第三條，本條例主要是以規範行政警察為主的。所謂的行政警察，是關於警察的最基本分類，與刑事警察（或司法警察）相對。兩者基本的差別在於：第一，行政警察強調犯罪預防與服務、刑事警察則強調犯罪偵查。第二，由於犯罪預防與服務之考慮，所以行政警察主要穿著制服執勤；而為了刑案偵查，刑事警察則可以便衣執勤。第三，正由於功能方面的考慮，所以有學者認為行政警察在工作時，應力求公開、透明與誠實；相對的，對刑事警察而言，秘密則是必要的工作手段。第四，從理論看，在績效考核制度上，行政警察應該強調的預防績效（例如犯罪率）；而刑事警察的績效則看重偵查績效（破案率）。儘管行政警察與刑事警察可以作這樣的對照，然而由於行政警察工作的良窳攸關刑事警察工作的好壞，所以也有學者認為他們之間不適合割裂觀察、而應一體看待。

註❹：基於本書之目的，作者以為必須說明為何本書不強調實務性之目的。這是因為：第一，在理論研究者與實務工作者之間在許多方面存在著重大的鴻溝。有人認為，這種鴻溝的存在是一種不健康的象徵（Holdaway, 1979）。作者倒不如是想，因為這與兩者之角色、期望、目的有關，這未必不健康。其次，在問題探索的角度上，兩者的重點也不相同。理論研究者強調的是問為什麼（why）；而實務工作者，則喜歡講如何（how）。此外，學術研究者比較關切長期；而實務工作者則由於政治或行政壓力比較關切短期。第三，在

官僚組織體系之下，創意不被強調、也不鼓勵。因此，今天本文所強調的事物，即使有其實用性與實務性，也會因官僚體系的種種習性，被認為無實務價值，所以本文不強調實務性目的。

在另一方面，英國似乎也存在著這種情形。英國著名的警察學者Reiner（1989）也認為，英國警察研究的發展狀況，正如同警察工作本身一樣，充滿著政治衝突與爭辯。他同時認為，警察研究影響實務的可能性並不大。對於Reiner的悲觀論調，事實上有許多人並不同意。例如Burrows（1989）與Hough（1989）都舉例反擊Reiner的說法。以Burrows而言，他舉出一些有關巡邏與刑案偵查的研究，說明這些研究在實務的改善上有其助益；而Hough則認為民意調查有助於政策的規劃與理論的形成。

1.Holdaway, S. (ed.). (1979). *Inside the British Police*. UK. : Blackwell.

2.Reiner, R. (1989). The Politics of Police Research in britain. In Weatheritt, M. (ed.). *Police Research: Some Future Prospects*. UK. : Avebury.

3.Burrows, J. (1989). Achieving' Value for Money' from Police Expenditure: the Contribution of Research. In Weatheritt, M. (ed.). *Police Research: Some Future Prospects*. UK: Avebury.

4.Hough, M. (1989). Demand for Policing and Police Performance: Progress and Pitfalls in Public Surveys. In Weatheritt, M. (ed.). *Police Research: Some Future Prospects*. UK: Avebury.

註❺：本文的論點，事實上與Lowi（1972）的觀點是互相呼應的。Lowi認為，今天的知識份子，已經被「科技治理化」（technocratization）。這種科技治理化不但支配了理論的反省及其判斷，甚或導致利益糾纏的連結以及卑屈的奉承。這大大減少了學科或科學的自立性。惟有依賴激進的力量，也就是非工具性的反省與非功利主義的判斷，才能使學術界免於卑屈的奉承。見：

Lowi, T. (1972). The Politics of High Education: Political Science as a Case Study. In Graham, G. J., Jr. and Carey, G. W. (eds.). *The Post Behavioral era: Perspectives on Political Science.* NY. : McKay.

註❻：Gramsci認為統治階級經常向無產階級灌輸許多信念，並透過家庭、學校、工廠等機構強調秩序、權威之重要性，以削弱他們抗爭和革命的可能性。照這個說法，Gramsci的見解到與法國的Althusser的「意識形態國家機器」與「強制性國家機器」之見解有幾分類似。另一位當代結構馬克思主義者Poulantzas（1975）也持相似的見解。他認為，壓抑性的國家機器，包括：軍隊、警察、法院、監獄；另一則為意識形態國家機器，包括：教育機構、宗教機構、資訊機構等。

類似的看法仍垂手可得，例如Galbraith（1994）的看法即是。不過，Galbraith是以不同的文字與敘述方式表達相同的概念。也許可以這麼說，「意識形態國家機器」是Galbraith筆下的「隱蔽調控權力」，而「強制性國家機器」則是其口中的「公開調控權力」。以上分見：

1. Gramsci, A. (1971). *Selections from the Prison Notebook of Antonio Gramsci.* 。引自吳瓊恩（民81）。《行政學的範圍與方法》。台北：五南。

2. Poulantzas, N. (1975). *Classes and Contemporary Capitalism.* UK. : NLB.

3. 劉北成譯、Galbraith, J. K.著（1994）。《權力的剖析》。台北：時報。

註❼：「方法論的無政府主義（methodological anarchism）是費若本在一九七五年《反對方法》（*Against Method*）和一九七八年的《自由社會中的科學》（*Science in a Free Society*）兩本書中所主張的。費若本認為沒有所謂的『科學方法』這回事，所有的方法論都有自己的侷限性，『怎麼都行』（anything goes），每一種規則與標準都可以

遵循，也都有其限度，甚至於也可以把規則看作是無用的，因爲每一行動每一研究都是應用規則的一個潛在實例，也是一個檢驗的實例，研究本身即具有動力，即使沒有規則也可以進行研究，因爲此一沒有規則可循的研究很可能成爲另一個新的程序規則的來源。」以上是引自吳瓊恩（1992：94）對方法論之無政府主義的解釋。在這裡，本文特別要提出Gramsci與Feyerabend之見解之用意在於：作者認爲，撇開這些語意可能帶來的誤解（如無政府主義或意識形態霸權），實際上在今天的台灣，他們的說法有其迷人之處。因爲他們的見解鼓勵多元的思想、不迷信權威，這對我國今天的僵化教育（包括警察教育）、一統思想，是十分具啓發意義的。

註❽：Bryant（1985）指出：邏輯實證論所注重者厥爲現象與現象之間的因果關係。而法蘭克福學派則反對這種關切，認爲現象與現象之間還可能有辯證關係、功能關係、內在關係等。見：

Bryant, C. G. A. (1985). *Positivism in Social Theory and Research.* NY: St. Martin's Press.

註❾：根據Bryant（1985）的描述，Habermas及其所屬之法蘭克福學派（the Frankfurt School）對所謂「實證論」（positivism）的批判，大約可分爲下列幾點：

一、拒絕科學主義（scientism）。

二、拒絕科學的實證觀。

三、拒絕經驗論（empiricism）。

四、拒絕所謂統一之科學觀。

五、拒絕工具理性。

六、拒絕價值與事實的二分法。見：

Bryant, C. G. A. (1985). *Positivism in Social Theory and Research.* NY. : St. Martin's Press.

註❿：例如Douglas說：「對現代社會而言，此觀點意指我們所認爲最眞實的事物（亦即科學），事實上是最富宗教色彩的事物。」（引自王

宜燕、戴育賢譯，1994：87）。同樣的，Lakatos也懷疑科學到底是理性或宗教。因此，他對Kuhn做出這樣的評論：「對孔恩來說，科學變革——從一個『典範』到另一個『典範』是一次神秘的皈依，……，科學變革是一種宗教式的變革。」（引自周寄中譯，1992：127）。以上見：

1.王宜燕、戴育賢譯、Wuthnow, R.等著（1994）。《文化分析》。台北：遠流。

2.周寄中譯、Laktos, I.等著（1992）。《批判與知識的增長》。台北：桂冠。

註⓫：由於篇幅所限，因此本文不擬就學者對Habermas的批評多做說明。讀者可參閱：

1.黃瑞琪（1986）。《批判理論與現代社會學》。台北：巨流。

2.Bernstein, R. J. (1978). *The Restructuring of Social and Political Theory*. PN. : University of Pennsylvania Press.

3.Held. D. (1980). *Introduction to Critical Theory: Horkheimer to Habermas*. CA.: University of California Press.

4.Antonio, R. J. (1983). The Origin Development and Contemporary Status of Critical Theory. *The American Sociological Review*. 24: 325-351.

註⓬：「邏輯實證論」一詞嚴格說來，迄今仍沒有一致性的定義。有人習慣把具有某些特徵者即視之為邏輯實證論者。正因如此，所以有些對邏輯實證論之討論缺乏交集。

註⓭：關於定義的問題，本文擬再費一些篇幅加以說明。

一、首先，是認為對所做的研究，應加以明確定義的學者。誠如Merton所言，定義有助於清晰的分析與溝通的確實。而政治學者Schattschneider也認為：「如果一門學科沒有定義，就一定沒有研究的焦點，因為我們很難觀察沒有界定的東西。」（引自黃紀等譯，1986：14）因此，即使有一些著名的學者，也因

有這種缺失，而受批評。如瑞士心理學家皮亞傑（Piaget, J.）及因對其理論的中心觀念——運作（operation），未明確定義，而受批評（張欣戊，1991）。再如哈佛大學法律社會學教授Black（1972, 1976）也對其理論之中心概念——法律（law）所給的定義過於寬鬆，而受後學的批判（Wong, 1995）。

二、其次，也有學者認爲，定義的不夠明確，似乎並不是一件壞事。例如政治學者Issak就認爲，以政治學爲例：「……如果貿然下了定義，就扼殺了政治學的成長」（引自黃紀等譯，1986：15）。再如公共行政學者Mosher（1956）也認爲：公共行政的科際整合性，因此以不定義爲佳，因爲這可以激發想像。

三、有趣的是公共行政學者Waldo（1955）的說法。Waldo認爲：若只企求用一段文字或話語，來說明公共行政，這絕非是啓蒙或刺激，而是一種心智麻痺。一語道盡定義的困難。

四、關於定義的兩難困境，也許還可以借用統計理論中所說的第一類型錯誤（Type I error）與第二類型錯誤（Type II error）甚或於刑事訴訟法中所說「起訴事實同一性」的寬窄來說明。統計理論中，有關假設之解釋，通常之選擇點有三，爲.1，.05與.01（此即α）。當以.1爲標準時，其拒斥區便大於.05與.01。因此，若虛無假設（null hypothesis）在以.1爲標準時，若落入拒斥區內時，此時便應拒絕虛無假設而接受對立假設（alternative hypothesis）。惟若虛無假設無誤時，研究者卻將之拒絕，所犯之錯誤即爲第一類型錯誤。相對的，若虛無假設有誤時，研究者卻加以接受，此時之錯誤即爲第二類型錯誤。在研究者的立場而言，若α越小，則拒斥區越小，虛無假設便不容易拒絕，此與研究者本身的意圖有違；在另一方面，若α越大，則拒斥區越大，自然越容易拒斥虛無假設，只是在此同時，隨著拒斥區的加大，研究者犯第一類型錯誤的機會也

跟著增加。因此，存在著兩難困境。同理，就刑事訴訟中，由於起訴事實同一性之範圍，即屬起訴力所及之範圍；因此，起訴事實同一性範圍越廣，就起訴之效力來看，對檢察官越有利。惟在另一方面，隨著起訴事實同一性範圍之增加，被告受免訴判決之範圍，亦隨之增加，而可於一事不再理之原則上獲得利益（黃東熊，1995）。是以某種程度內，此兩者之間有異曲同工之妙。而無論是第一類型錯誤與第二類型錯誤之間的權衡，而起訴事實同一性的範圍，都與定義的寬狹之間，十分類似。以上分見：

1.黃紀、陳忠慶譯、Issak, A. C.著（1986）。《政治學的範圍與方法》。台北：幼獅。

2.張欣戊（1991）。〈發展心理學家：皮亞傑〉。載黃榮村編，《心理與行為研究的拓荒者》。台北：正中。

3.Black, D. (1972). The Boundaries of Legal Sociology. *Yale Law Review*, 81: 1086-1100.

4.Black, D. (1976). *The Behavior of Law*. NY. : Academic press.

5.Wong, K. C. (1995). Black's Theory on the Behavior of Law Revisited. *International Journal of the Sociology of Law*, 23: 189-232.

6.Mosher, F. C. (1956). Research in public administration. *Public Administration Review*, 16: 176-186.

7.Waldo, D. (1955). What is Public Administration. In Stillman, R. J., II. (ed.). (1988). *Public Administration: Concepts & Cases*. MA.: Houghton Miffin.

8.黃東熊（1995）。《刑事訴訟法論》。台北：三民。

註⓮：本文在此必須說明，為什麼給這些例子來說明本文的觀點。在記號學（semiotics）中，論及界說或定義時，指出界說的方式有三，包括：指謂界說（denotative definition）、意涵界說（significative definition）、與詞似界說（connotative definition）。指謂界說指的是以實際呈現或展示的某一物來界定某語詞，例如指著一條狗，告訴小孩說：這就是狗。這種界說方式，鮮明、生動、具體，但卻無法窮盡；同時，也無法界說不具體的事物，如幸福、快樂。意含界說，則是：用所指事物具有的特徵來加以說明。例如「1是最小的正整數」、「書是裝訂成冊的讀物」、「犯罪是違反刑事法令而應處罰之行為」、「組織是二人以上為達某一（些）目的而形成的團體」。意含界說，一般來說不像指謂界說的活潑、生動，但由於是以事物之特徵描述，所以應用的範圍較廣。詞似界說，是用一個名詞來說明另一個名詞，如單身漢就是沒有結婚的男人。這種界說方式十分方便，但如果當事人對此沒有先驗知識時，有時說了等於沒說。對此，建議參閱：

何秀煌（1991）。《記號學導論》。台北：水牛。

註⑮：有關定義之具有其「變異」性與「常態」性之觀點，事實上此一觀點並不極端。其中，常態部分是Tomlinson（1991）所說的「共同底線」，而Williams（1981）則說：「真正具有實質重要性的是，同一個辭彙的意義範圍及其重疊之處。錯落於繁複不一的意義之間，乃是精密而繁複的論證，從而我們才能發掘人類的一般發展，以及特定生活方式的種種關係……」（引自馮建三譯，1994：16）。政治學者Devos（1975），也說：「任何界說都應該提出最適當的清晰度與差異性，但卻不應該違反或否認其間的一致性與共通性。」（引自黃紀等譯，1986：7）。以上見：

1.馮建三譯、Tomlinson, J. 著（1994）。《文化帝國主義》。台北：時報。

2.黃紀等譯、Devos, T. 等著（1986）。《政治學名著精選》。台北：唐山。

註⑯：傳統是創新的基礎，只有在以傳統為基礎的情況下，就傳統加以批判，理論方足以推陳出新。因此，本文的觀點並非否定傳統，而是

鼓勵非傳統的創造與思考。

註⑰：Easton的政治系統理論，在某種程度內，很像心理學當中所說的刺激與反應之間的關係，因之，我們也可以視警察勤務是一種對外界刺激所做的反應。

註⑱：關於本文所賦予的警察勤務定義，作者自行檢討認為，本研究之定義之優缺點為：

一、此定義廣泛而模糊。這同時是優點與缺點。

二、此定義無法區別警察行政與警察勤務之差異。

儘管如此，然而在本文各章的敘述中，都在此一定義下進行討論，因此有其一致性。附帶一個問題應留給讀者的是：警察行政與警察勤務到底如何區別？

註⑲：這是參考韋伯的說法。韋伯認為：無論自然科學或社會科學，其基本型式均為抽象與類推。但由於自然世界或歷史事實的世界都具有無比的豐富性，因此全面性的解釋，必然失敗。此外，他也認為科學必須從實體（reality）的諸多面向加以掌握、抽象，而這個過程意含著選擇某些（另一面則為揚棄某些）東西，因此，亦無全面性的解釋可言（Coser, 1986）。此外，不夠完整與全面的解釋，並非完全沒有價值，在某種程度內它仍有引導理論的作用。而Issak（1986）更認為：只要解釋在邏輯上沒有缺陷在經驗上有缺陷亦無妨。邏輯上有缺陷的解釋是偽解釋，而經驗上有缺陷的解釋則是不完整解釋。以上見：

1.黃瑞祺、張維安譯、Coser, L. A.著（1986）。《古典社會學論》。台北：桂冠。

2.黃紀、陳忠慶譯、Issak, A. C.著（1986）。《政治學的範圍與方法》。台北：幼獅。

註⑳：限制的說明自然是學術誠實，然而限制過多，可能造成兩種結果：第一，使理論或研究的概化、類推能力打了折扣；第二，從邏輯觀點而言，當限制過多，可能犯了「肯定後項之謬誤」，因為前提已蘊含結論。

第2章 有關警察勤務之理論
——宏觀與微觀之觀察

 前言

在一九八一年元月份的《警察雜誌》中（*Police Magazine*），談到了這麼一個事件：

> 「一個女孩打電話向警方報案說，附近一個鄰家男孩欲破門進入她家。當時，她正幫媽媽照顧妹妹獨自在家。警方勤務中心執勤人員登記了這個女孩的名字與電話號碼，認定這個女孩認識這個男孩，就告訴她將會派一輛警車到她家查看。隨後，在勤務中心內部的作業中，這個報案電話被歸類為34，意指例行的騷擾案件無需立即反應。同時，這個案件也被排列在等候線上，等待有空之警車前往處理。四十分鐘後，女孩的母親回到家中，發現女孩已被殺害。」（引自 Percy & Scott, 1985: 63）

如果警方擁有足夠的資源，如果警方能迅速派員趕到現場，會有什麼景況？為什麼女孩的報案電話被認為是無需立即反應的？類似這些問題，都與警察勤務息息相關，也是本章的主題。

警察勤務，在一般人的觀念中，是指完成警察業務的手段或方法，而警察業務則是警察任務具體化的結果。這樣的觀察，基本上沒有問題。然而，這樣的考查恐怕忽略了建構警察勤務的各種理論，使我們在研究警察勤務的問題上，往往僅知其然，而不知其所以然，甚至不去注意各種手段或目的所造成之不可預期的後果。因此，自然有必要對建構警察勤務的理論作全面、綜合的檢視與考查。

本章就是針對警察勤務的理論進行全面性的反省，透過這些反省，來發現理論上的問題。為了以更清晰的方式呈現有關警察勤務理論的全貌，本章擬分兩個部分進行討論。其中，第二節是分析影響警察勤務的因素，作者擬以宏觀的觀點探討影響警察勤務的因素，特別

是科技的影響。第三節是微觀的警察勤務原理，主要從勤務組織、勤務指揮與執行兩方面進行研究。第四節爲小結。

影響警察勤務的因素[❶]

　　警察、警察工作、警察勤務，到底是依變數（dependent variable）或自變數（independent variable）？問這個問題，某種程度內，事實上就如同問：人之所以犯罪，到底是環境因素使然（by nurture）或是個人因素使然（by nature）一樣。不過，相對於人類犯罪原因論的分析可能流於各說各話，警察與警察勤務的性質在學界已經獲得某種程度的共識。一般的共識是，警察是刑事司法系統的子系統，因此，無可避免地它會受到刑事司法制度[❷]的影響；而刑事司法制度又是社會制度與政治制度之一環，因而，來自社會與政治的影響也是無可避免（Hudzik & Cordner, 1983; Klofas, Stojkevic, & Kalinich, 1990）。是以從系統理論（system theory）的觀點來看，影響警察或警察勤務的因素相當多，更何況警察組織基本的開放性質之特性[❸]。具體地說，影響警察勤務的因素，約來自下列各方面：

● 民眾的需求

　　民眾對治安與服務的需求，是影響警察勤務的第一個因素。這是現代民主社會中的一個自然現象。

　　從警察發展的史實與文獻看，在過去民眾對治安與服務的需求，可能並不是影響警察組織或運作變革的主要因素。有關警察的發生與發展，可以從兩方面來觀察。從民間來看，民眾爲保衛自己的家園、財產，似乎可以稱爲一種「警察行爲」，但不如稱之爲「自衛」來的恰當；但如果我們把警察定義爲由政府所組織的武力，那設立警

察的原始目的，並不是爲民眾，而是爲統治階級而設的。因此，有人
指出：

> 「一些有關警察組織的研究指出，嚴格地說它與一般的觀念相
> 反，警察的主要目的不是執法。從歷史上看，近代警察是作爲
> 一種維持和平和社會秩序的力量而出現的。」（引自結構編輯群
> 譯，1991：324）

　　這種說法，除了明示警察必須保護統治階級以外，事實也暗
示，警察本身就是政治下的產物，因此警察不可能與政治無關。
　　對警察的發生、發展及其功能的看法，從來研究警察的學者對
此之看法就相當分歧。基本上，這些看法可大別爲兩派：衝突論
（conflict model）與共識論（consensus model）（Lynch & Groves,
1989; Quinney, 1971; Hagan, 1989）❹。
　　根據Lynch與Groves以及Quinney等人的說法，所謂的衝突論，
認爲：（一）社會與社會組織是經由多元化、強迫、衝突等過程塑造
而成的；（二）在衝突論者眼中，所謂法律以及其他以法律爲中心的
社會控制機構，無非是統治階級或擁有生產工具者壓迫被統治階級的
工具。持這種看法的學者與論著不在少數，例如Turk（1969）、
Quinney（1971, 1974, 1980）、Chambliss與Seidman（1982）等。
　　在另一方面，共識論者則強調：（一）法律與警察是反映出對
社會秩序之需要；（二）法律是社會上價值共識的產物；（三）法律
與警察是中立的，有助於對立的雙方解決衝突（Erikson, 1966;
Monkkonen, 1981）。在許多學者心中，共識論者事實上是延續
Durkheim與Parsons對社會功能的見解。
　　在這場不會終止，也沒有妥協的論戰中❺，有趣的是，兩者都可
以找到支持自己論點的實證研究，例如Meier在一九七六年、Akers在
一九八〇年的研究中，均指出：對於殺人、傷害乃至於強盜罪，事實
上在社會上有其價值上之共識。甚至於Newman的泛文化研究也有這

種發現（Newman, 1976）。在另一方面，支持衝突論者的研究更是不勝枚舉。以逮捕而論，Gold（1966）、Goldfarb（1969）、Thornberry（1973）等人均指出：中下階層之青少年較容易成為警察人員逮捕之對象。再以警察所使用致命武力的情形來看，Robin（1963）、Knoohuizen等人（1972）、Takagi（1981）、Kobler（1975）、Harring（1977）、Milton等人（1977）之研究均指出：警察工作之執行確實有種族偏見在內。不僅如此，雙方也都就對方的論點加以反駁。例如Skolnick（1974）就批評Quinney的假設企圖解釋所有刑事法令的來源；而Sykes（1974）與Klockars（1980），則直指上層與下層的這種階層二分法過於簡略、而無法配合後工業社會有關社會階層的複雜性。衝突論者則指共識論者只知維護統治階級的利益，處處假設社會內是價值一元化的，且過於保守。還有學者，則似乎是立於中立之觀點，對兩派均有批評，例如Hagan（1989）認為在實證研究上，雙方所獲得之發現，並不一致且不確定；而在理論上對於刑事司法的活動中並沒有注意其結構關係。

小結前述，作者必須指出：

第一，雙方對法律與警察的觀點，並非全然沒有交集。例如雙方可能都會同意，在法律上有共識的是對自然不法（mala inse）犯罪的共識，如同Cole（1989）的建議一樣，而不是在法定不法（mala prohibita）上。雙方也會同意，警察也會針對民眾的需要，做出勤務上或其他方面的改變。但雙方沒有交集也難有交集的是，在共識論者心目中，當統治階級的利益與社會大眾的利益有所衝突時，警察會以社會大眾的利益為主；而衝突論者則會持相反的看法。換言之，雙方都會同意法律與警察無論在立法或執法時，都必須合理。問題的癥結在於「合『誰』的理」❻。雙方這種認識上的差異事實上就是Kuhn所謂的「不可共通性」（incommensurability）（Kuhn, 1970）。

第二，或許雙方的雄心都太大，企圖以自己的理論，來解釋全部的社會現象，而忽略的理論的驗證，除了「可驗證性」（verifiability）之外，更重要的是其「被否證性」（falsification）（Popper, 1969; Issak，1986）❼❽。如果缺乏這樣的認知，事實上充其量雙方都只是「見樹不見林」罷！也就是雙方都犯了「第一類型」之錯誤（Type I error）❾。

　　拋開這些形而上的爭議不論，正如前面作者所提到的，無論共識論者或衝突論者都會同意，基本上警察組織仍會針對民眾的需要，作勤務上之變革。例如當搶奪犯罪有流行之趨勢時，警政當局可能會以增加巡邏或採取攻勢性的勤務試圖遏止這種趨勢；當社會大眾的焦點放在毒品方面時，也許警方各式各樣的誘捕行動（entrapment）便紛紛出現。在Banton（1964A）、Wilson（1968A, 1968B）、Gardiner（1969）等人的研究中即指出：地方民眾的需要，在決定警勤的執行方式上占了十分重要的地位。不幸的是，即使民眾的需要是影響警察勤務的重要因素之一；但無論衝突論者或共識論者，對於警政當局改變警察勤務方式的動機有不同的詮釋。衝突論者視警方勤務方式的改變是為了強化其存在之正當性，也是一種爭取資源的手段；而共識論者則認為警方勤務策略的改變正足以顯示警察是因民眾的需要而存在的。不論這些動機，可以肯定的是：民眾之需求應是影響警勤的因素之一。只是我們有時難以瞭解其重要性可以到什麼程度。

● 財務的壓力

　　現代政府有關財務方面的問題，甚至於以更廣泛的定義來說，資源問題是影響警察勤務的第二個因素，特別是從七〇年代以來這種現象更為明顯。

　　在某些學者眼中，一九七〇年代以後是「資源缺乏」（resource scarcity）的時代（Ophus, 1977；Barnet, 1980），為了因應這種時代，學者Levine甚至提出所謂的「裁減管理」（cutback management）方案（Levine, 1978）。Levine指出：過去半世紀的預算成長已成過

去，未來所將面臨的是「預算負成長」（negative budgeting）階段的來臨，因此公共行政必須以新的方法來因應。Levine所提供的方法複雜而多樣，他將其區分為四種狀況：外在的政治（如削減對政治弱勢團體之補助）、外在的經濟與技術〔如在資本投入與沉澱成本（sunk cost）間加以區分以減少浪費〕、內在的政治（如刪除功能不彰單位之工作或將其工作轉交給其他單位處理）、內在的政治與經濟（如長期合約之再商議）等方式（Levine, 1978）❿。其他學者所提出的方式不一而足，有強調勒緊褲帶者、有強調付費服務者、亦有減少分枝機構者（Shafritz & Hyde, 1992）。追根究底，這些手段無非是「開源」或「節流」或兩者並用罷！而無論是開源或節流，放在吾人日常生活中或於公共行政的領域中，就產生了層出不窮的困境。

在這場「消費者革命」中（consumer revolution）（Senna & Siegel, 1984），警察機關亦無可避免的受其影響。面對這種狀況，警察機關也有不同的因應措施。有以裁減人力來因應。學者Walker指出：紐約市警局，由七〇年代早期近三萬名警員降至七〇年代末期之二萬二千名，幾乎縮減了三分之一。克利夫蘭（Clevland）則以原有警力三分之一執勤。底特律、費城及其他許多都市均遣散了不少員警（Walker, 1983）。Cronkhite則提出了多元化的方法，包括：（一）在資源上—單人的巡邏方式、機車巡邏的運用、警犬、民力的應用、刑案的聯合偵辦、放棄不易破案或缺乏線索刑案之偵察等；（二）在裝備上——檢討車輛人員之配備標準、以租用裝備代替購置裝備等；（三）在資訊上增加自動化系統之運用以避免不必要之花費等（Cronkhite, 1983）。Senna與Siegel也提供類似的見解（Senna & Siegel, 1984）⓫。

財務的壓力，對於警察與一般民眾的影響可能是多層面的。例如Walker認為，財務壓力或預算削減對警察機關潛在的影響、在於喚醒其對效率與生產力等問題之注意（Walker, 1983）。換言之，這可能並不是件壞事。但在作者眼中，也許效率與生產力之提高只是表象，

這種趨勢與現象還有更深層的裏象值得關切。

裏象之一是「效率」與「正義」之間的平衡與分配問題。如前面所說，當財務壓力出現時，警察機關必須針對資源做有效而合理的運用。若以刑案偵查而言，若線索不夠，亦即當案件偵破的可能性不大時，即放棄後續之偵查工作。所謂的「犯罪偵查管理」（Managing Criminal Investigation, MCI）正是這種思潮下的產物。問題在於，當警察機關讓社會大眾瞭解「並非所有的刑案都是持續的進行偵查」時，社會大眾如何面對此一事實（程曉桂，1985）。社會大眾的疑惑將是什麼樣的案件？何人的案件？會有較多的資源投入、會受到較多的關愛與眷顧。顯然，當這些問題產生時，警察所追求者只是「選擇性的正義」而不是「全面的正義」了。同時，當資源與效率被警方列入主要辦案之考量時，正義相對地便顯得不再重要。那麼我們對於警察的產生與發展的思考，顯然又掉入前面所說的「共識論」與「衝突論」的泥沼中。同理，以警察之公共財特性，當變成要求「使用者付費」時，那警察與私人警衛（private policing）從業者又有何異？在許多人眼中，當效率的重要性超過正義時，警察充其量只是富人及統治階級的警察了。有名的經濟學者Pareto所提的「Pareto最適境界」（Pareto Optimality）[12]之概念，似乎可以作爲解決此一困境的參考。只是在現實社會中，從來沒有人找到Pareto所說眞正的「最適境界」。在此同時，更有多人擔心在MCI、在效率觀、經濟觀下的犯罪，很容易被「物化」爲一件件的「案件」（case），而非「人」的被害（不論其生命、身體、自由、財產）[13]。在犯罪被物化之時，許多人也覺得他們的感受也被物化了。這種觀點，並非危言聳聽，只是再度提醒人在犯罪處理過程中的主體地位。

裏象之二是資源分配問題。當政府的財務壓力出現時，警察機關的領導人意識到：一方面，在外部，警察機關必須與其他行政機關競爭有限之資源：另一方面，警察機關也必須對其內部單位進行資源分配。

　　就前者而論，至少有兩種比較激進的觀點值得注意。一是從組織的「構成體」（constituencies）（Connolly, Conlon, & Deutch, 1980）或「參與者」（participants）（Salanick & Pfeffer, 1977）來看。在這種看法下，所謂組織只是在法律規定下的一個「人為建築體」（artificial construct）（Jensen & Meckling, 1976），因此組織無非是滿足各方利益之手段。同時，組織本身之目的並非由組織成員所決定，而是各方利益妥協、衝突下之產物。亦因如此，警察機關必須介入政治或是允許政治介入警察，以爭取或交換更多的資源。換句話說，政治因素或政治力並不盡然是負面因素。當資源有限時，這種現象更是明顯。所以，所謂「警察遠離政治」或「警察中立化」根本是個迷思（Myth）❶❹。另一種類似的觀點被稱之為「權力學派」（power school）（Shafritz & Ott, 1992）。在這派的觀點之下，組織是一個由許多個人所組成的複雜系統。每個人均有其思想、信念、價值觀，因此重要的是與他人或其他派系的聯盟（coalition）。同時，由於各人的觀念不同，透過不同力量之聯盟，組織的目標不但經常變動，且相互衝突。不寧惟是，權力之變化也帶動組織目標的變化（Baldridge, 1971；Shafritz & Ott, 1992）。因此，Pfeffer曾說：權力是最重要的組織結構現象（Pfeffer, 1981）❶❺。這兩種觀點事實上暗示，當資源對警察機關有特殊的意義時，當必須運用智慧行使權力時，當資源必須全力爭取時，似乎我們又回到了共識論與功能論的爭辯了❶❻。

　　就後者來說，資源的限制同樣會導致警察機關內部單位的衝突。這些衝突，最典型的是各種警察之間的資源分配，例如刑事警察是否應給予較多資源。這種衝突的後果，在可見的方面是模糊了警察機關的整體目的；在不可見的方面是社會大眾對警察機關信託與信任關係之惡質化以及對人權的可能侵害等（馬振華，1992；李湧清，1993）❶❼。

　　如果不論這些表象與裏象，明顯的，財務壓力對警察機關的經營管理該是利多於弊的。最重要的是，因為它迫使我們對現行的警勤

方式做多方面的思考與嘗試，而不再視現行勤務方式為理所當然，甚至於我們可以考慮以企業管理的方式來經營警察機關。這也是何以本文認為財務壓力與資源是影響警察勤務的一個因素。

● 科技的影響

現代科技的發展也影響到警察勤務的運作。特別是當現代科技對現代生活無孔不入時。有關科技對警察勤務的影響，本文將從三方面加以論述。

首先是為什麼科技的進步會影響警察勤務？科技之影響警察勤務，可以追溯至Vollmer與Wilson的時代。如同許多學者所指出的，Vollmer與Wilson是最早將車輛運用於警察勤務的人（Uchida, 1989；Kelling & Moore, 1988）。他們這種運用科技於警察工作之概念，其原始目的無非是想藉此一方面提高警察的工作效率，一方面是促成警察工作之專業化（professionalism）。也因此，在這個階段，有人稱之為「專業化運動」者（Uchida, 1989）；也有人稱之為「革新階段」者（reform era）（Kelling & Moore, 1988）。值得特別注意的是Vollmer與Wilson將科技引進警察勤務的時代背景與其背後的深層含意。

Vollmer與Wilson等人之警察生涯，約與人稱「科學管理之父」泰勒（F. W. Taylor）的科學管理運動同期。在當時強調科學管理的大環境中，欲使警察完全脫離政治的控制與影響，惟有訴諸那些不足以讓外人插手警察事務的手段，而科技之用於警察事務正是這些手段之一。因此，對Vollmer與Wilson等人來說，科技應用之顯性功能或許是在提高效率，但隱性功能卻是希望藉此擺脫那隻在幕後操縱警政的黑手——政治[18]。此外，在許多人眼中，警察（包括這個行業的從業人員與其文化）不但保守，而且會抗拒各種社會狀況的變化；不寧惟是，由於警察工作的勞力密集性格，將使得其在自動化與科技的陰影

下，弱點畢露（Harring, 1987）。Vollmer與Wilson等人將科技引進並
應用於警察工作，適足以打破一般人這種「警察將在科技下低頭」的
印象。除了這兩層意義之外，作者認爲Vollmer與Wilson將科技之引
進警察，還有其他隱而不見的目的存在，也就是他們希望藉此促進警
察專業化。

　　專業化是Vollmer與Wilson所一直強調的。但何謂專業化呢？學
者對此的看法大同小異。許士軍認爲專業具有下列特徵：（一）從事
這門職業，是依據某一門知識或有系統的理論；（二）從事這門職
業，有其基於專門知識和訓練的職業權威性，獲得社會及主顧的承
認；（三）從事這門職業，有其行爲規範；（四）從事這門職業，應
體認所負之社會責任與功能；（五）加入這門職業，必須經過某種資
格或條件之鑑定程序（許士軍，1981）。持這種看法的不在少數，如
Becker（1970）、張金鑑氏（1979）均是。而在實證研究上，一項由
蘭德公司（Rand Corporation）所進行的研究，也確認受過高等教育
者對警察專業化有較大的幫助[19]。因此，就一般的觀察而言，較高的
專門知識水準、特別的倫理規範似乎是談專業化時不可或缺的。再就
學者所認定警察專業化的決定因素來說，Wilson提出了十二項，包
括：（一）人員素質；（二）特別技術的需要；（三）任務的重要
性；（四）工作份量；（五）經常性服務的需要；（六）適應緊急需
要；（七）保持技術水準的必要；（八）設計監督的必要；（九）不
同於其他業務之工作；（十）一般警察人員的態度；（十一）妨害正
常工作；（十二）轄區與組織大小的關係（Wilson, 1977: 32）。這
些，也與前面Becker等人所說有若干相通之處。而Manning也從兩方
面論及專業化的功能。在內部因素上，所謂專業化必須定義其所服務
之對象爲何、其目的、其風俗及其從業人員的動機；在對外的關係上
則必須整合組織內不同的利益。是以其終極目的是權威與權力
（Manning, 1971）。換言之，這是一種意識形態（Hebenstein, 1963；
Price, 1977）。更具體的說，警察專業化，對警察人員或警察組織而

言，蘊含了下列意義：

* ❖資源的占有：無論警察角色是打擊犯罪或秩序維持，分配給警察的資源是不容他人分享的。
* ❖權威的擁有：在打擊犯罪與秩序維持上，沒有人能比警察更權威，無論就理論面或實務面而言。
* ❖權力的享有：在打擊犯罪與秩序維持上，是專屬警察的權力，他人不容置喙。
* ❖工作自主性：也就是不受外力影響，超脫獨立於政治之外。
* ❖心理安全感：當警察專業化之後，任何人欲進入此一體系，必須經過篩選，亦即必須透過警察組織的自訂標準以及身家背景之調查，從而確保警察人員工作的安全感。
* ❖凝聚力之建立：專業化也促進警察人員視自己為整體，而得以建立凝聚力與向心力。這些，都可看出警察專業化的「保護意義」（Menke, et al., 1982），亦即Hall（1976）所謂的「自利意義」。

在另一方面，在一些專家學者的眼中，警察專業化事實上又沒有想像中的美好。除了專業化有獨占壟斷，以及上面所說的隱喻（Metaphor）外，還包括了人性化的缺乏（Bracey, 1992）以及官僚制的反功能〔例如因專業化所帶來的「訓練之無能」（trained incapacity）〕（Knott & Miller, 1987）。更有人指控「專業化」放在公共行政領域來說，是小眾化，非普羅化，排除了社會大眾的參與，是一種反社群的傾向，是對公共性的反動，Yeager（1990）表達了這樣的觀點。同時，也有人指陳，當前所謂的警察專業化，集中在訓練上（這不是專業化的教育）以及理論的外衣內隱藏著工具理性，完全悖離了Vollmer的初衷（Douthit, 1975）。這些觀點提醒，當我們思考警察專業化所帶來的利益之時，也許也該瞭解、警覺在非警察人員眼中警察專業化所代表的意涵。而從政治學的眼光來看，這正是精英理論與非

精英理論之爭議。

雖然在Vollmer等人眼中，在理論上，警察不但必須專業化；在實際上，警察也可以專業化。對這種看法，有的學者不但不表樂觀，也不同意，Potts即是一個例子。Potts以三種職業或工作，律師、醫師以及神職人員為例指出，警察組織成人員之專業化有其相當的困難，困難度甚高，其因在於：（一）相對於這三種已被認定為專業的工作，警察工作專業化的困難在於其權威的合法性與正當性。具體言之，警察之權威是來自權力與強制力，而不是以知識為基礎的；（二）警察的權威來自政府與國家。而上述人員的權威則是個人屬性的；（三）警察工作本身有地區之差異性而未具放諸四海而皆準的一致性與普遍性。而最重要的是，由於環境的影響，使警察相對於醫師、律師等缺乏自制的勇氣與決心（Potts, 1983）。總的來說，在Potts的心目中，警察專業化的困難在於警察的階級性重要於其功能性，這是最大的問題。

有關科技對於警察勤務之影響，或許作者過於賣弄或推銷自己的觀點；但本文要強調的卻是科技於警察的深層隱性功能，不但有多種意涵，同時亦有其警察社會學上之意義的。其次是討論與觀察科技如何影響警察勤務。

科技之用於警察勤務，大約可從下列幾方面來觀察與分析：

第一是交通工具。直升機（甚至於固定翼的航空器）、汽車、摩托車等交通工作應用於警察勤務已十分普遍[20]。這些交通工具的運用，特別是汽車與摩托車的廣泛運用，相當程度地反映了傳統的警勤思想。傳統的警勤思想，是以犯罪控制為中心的。在這種思想之下，警察勤務強調：（一）警察之無所不在（omnipresence）：亦即強調警察的能見度（或見警率）（visibility）。對傳統的警政領導人言而言，警察的無所不在與能見度的提高，一方面使民眾得以減少恐懼，再方面降低了犯罪者之機會並提高犯罪者之風險（Wilson, 1977）。（二）對民眾報案的迅速反應（rapid response）：對民眾報案的迅速

反應，積極的可以迅速破案、消極的可以提高民眾對警察服務的滿意程度（Reppetto, 1972）。在這些假設的指引下，因此，汽車、摩托車等現代化之交通工具便大量運用於警察工作中。同時，伴隨著工業化社會的流動性與交通工具的發達，直升機也開始被廣泛的運用❷。直升機的機動力與迅速，更使傳統的警勤觀念得以加強。然而，這些假設以及這些交通工具的運用，隨著有關警察勤務各種實驗與研究的進行，無一不受挑戰與質疑。這些挑戰與質疑，本文於再述。

　　第二是電腦。電腦對於警察勤務乃至於警察人員的影響是不容忽略的。八〇年代兩本著名的有關未來學研究之書籍，Naisbitt的《大趨勢》（*Megatrends*）與Toffler的《第三波》（*The Third Wave*）已具體指出：權力與資訊的控制關係十分密切。能擁有資訊與知識的人就能掌握權力，因此任何人都不能脫身於科技與資訊之外（Toffler, 1980；Naisbitt, 1982）。在這股潮流下，電腦也被大量運用於警察工作中，其範圍包括：在人事資源與管理上之利用、警察記錄制度之自動化、指紋鑑識系統之自動化，以及警察通訊系統之自動化等（Leonard, 1980）。以警察勤務來說，常見的系統就是所謂的「電腦輔助派勤系統」（Computer-Aided Dispatch, CAD）（Swanson, et al., 1988）、「車輛定位系統」（Car Location System, CLS）❷、「巡邏車分配模式」（Patrol Car Allocation Model）（Levine & McEwen, 1985），以及「執法機關人力資源分配系統」（The Law Enforcement Manpower Resources Allocation System, LEMRAS）（Swanson, et al., 1988）等。這些電腦系統的運用雖然其目的不盡相同，如車輛定位系統具有防弊（避免偷勤）與興利（透過管制可迅速對民眾之報案加以反應）兩種功能❷；巡邏車分配模式是將巡邏車做最有效之運用；電腦輔助派勤系統則將民眾的報案電話加以區分，以最急迫者予以優先處理。而事實上，這些系統的發展仍脫不出傳統警政的思考窠臼：效率與迅速。這種狀況，到今天也引起一些反省，容後再述。

　　第三是有關武器方面的運用。在警用武器的發展上，Mathias、

Rescorla與Stephens（1980）指出：在越戰中所廣泛運用的武器已逐
漸修正而轉供警察使用。同時，非致命性武器，如「塔射」槍
（TASER gun）、音響槍（sound gun）等電擊武器也逐漸運用在警察
工作中。這些武器的運用，相當程度地反映出犯罪之質與量的變化，
也是警察組織的僅有選擇。然而，無論是致命性武器或非致命性武器
之運用，在觀念日趨多元化的今天，仍然引來不少批評之聲浪。

　　第四是其他設備。至於其他許多科技上的新發明，也有很多運
用在警察工作中。典型的例子有兩個，例如所謂的「釘式麥克風」
（spike microphones）。學者Mathias等人指出：這項竊聽設備在美國最
高法院判決限制使用時，事實上刑事司法機關已用了數年（Mathias,
et al., 1980）。釘式麥克風等類竊聽設備的使用，一方面反映出執法
單位打擊犯罪的決心，再方面似乎也顯示刑事司法機關已無法再訴諸
傳統的方式遏止犯罪。換言之，刑事司法機關似乎在面對犯罪與犯罪
人時已無太多選擇。伴隨著這種設備而衍生的問題，本文稍候會再述
及。另一個例子則是所謂的「輕盔甲」（lightweight body armor）。傳
統上，警察工作總被認為是危險的，同時警察人員因公傷亡的比例頗
高。因此，在一九七一年杜邦（Dupont）公司發展出一種名為Kevlar
的產品。這種產品符合警察防彈衣的兩大要求：輕便、不顯眼。這種
產品，根據研究，已大幅降低警察人員傷亡之比例（Petersilia,
1987）。輕盔甲的使用，對警察勤務而言，最大的意義在於提昇了警
察人員執勤上的心理安全感。同時，令人欣慰的是，警察人員執勤時
也不因穿上Kevlar而輕忽自己的安全。換言之，Kevlar並沒有帶來所
謂的「超人症候群」（superman syndrome）（Petersilia, 1987）[24]。再
如所謂的「閉路電視監視設備」（Closed Circuit TV, CCTV）以及隨
著行動電話科技產品所發展出的監聽設備等，這些都是其他設備對警
察勤務影響的實例。

　　最後，本文將對科技對於警察勤務所帶來的影響，進行全面性
的反省。

隨著科技的日益發展與進步，人類已開始對科技的正負功能進行不斷的反省與檢討。以本文的目的來說，本文擬從宏觀面與微觀面討論科技的問題。

　　從宏觀來看，人類對於科技的反省絕非始於今天。然而伴隨著科技之介入人類生活日深，人類反省的心也日益迫切。

　　對於科技的反省與批判最強烈的，或許屬「批判理論」。在所謂的批判理論或法蘭克福學派（Frankfurt School）中，對於科技做全面而直接批判的，也許是Marcuse了。Marcuse於一九四六年的名著《單面向的人》（*One-Dimensional Man*）即曾大力抨擊科技，認為在工業發達社會中科技乃是用在建立新的、更有效的社會控制和社會調節形式，電視的運用就是最典型的一個例子[25]。因此，Marcuse強烈拒絕「在現代工業社會中，科技是中性」的這個觀念，而視其是一種作為宰制人類的手段。由於科技如此有效，是以它可以用來奴役與壓抑人類，在這種情況下，人的內心自由遂逐漸為科技所占據而缺乏自省能力，Marcuse稱此為「單面人」。Marcuse於一九六九年的著作《解放論文集》（*An Essay on Liberation*）仍然持續這樣的觀點。Marcuse提到：

「科技，無論其如何純粹（pure），終將維持與合理化宰制狀況的持續性。這種重要的連結關係，只有透過革命，也就是讓科技臣服於自由人的需求與目標之下才能根絕。」（Marcuse, 1969: 56）。

　　除了Marcuse以外，法蘭克福學派的另一名健將Hebermas對於科技之於人類生活也有極其深刻的反省與批評。在Habermas眼中，社會模型基本上是二元的，一是技術層，另一則是實踐層。技術層所強調的是，對環境控制力的增強以及物質生產力之提高。而實踐層則強調無壓力與無扭曲之溝通以及社會合理共識的達成。當實踐層或社會共識無法駕馭科技的力量或技術層時，那麼人類便為科技所宰制

（Habermas, 1970）。此外，Habermas於一九七三年的另一本著作《合法性的危機》（*Legitimation Crisis*）也曾有過類似的看法。Turner在研究Habermas的著作後指出：

「《合法性危機》一書的基本觀點是，由於國家日益干預經濟，它也將試圖把政治問題轉變為『技術問題』（technical problems）。即這類問題不再是公眾辯論的論題，而變成由科層組織中的專家使用技術來解決的技術問題。透過將這類問題重新界定為技術問題，結果導致實踐議題的『非政治化』（depoliticization）。為實現這一目標，國家竭力宣傳一種『科技專家的意識』（technocratic consciousness）。在哈伯馬斯看來，這代表了一種新的意識形態。可是，與過去的意識形態不同的是，它並不許諾一個美好未來。不過，它也和其他意識形態一樣，透過掩飾問題、簡化各種選擇，以及為某種組織社會生活的特定辯護來誘惑公眾。」（Turner, 1991: 264）

由Turner的分析來看，或許科技所帶來的問題，並不在科技本身，而在於使用科技的「人」❷⑥，特別是科技之於資本主義社會。抱持這種看法的人，不在少數，例如Larson（1977）與Dickson（1984）。

對於科技在今天社會中之地位，有不少學者抱持類似Marcuse的觀點。例如Ritzer（1998）即解釋：Marcuse並未視科技為仇敵，而是譴責科技之用於現代資本主義社會中。Braveman（1974）也指出：「科技當用於資本主義社會時，是一種宰制的武器，以創造、長久化（perpetuation）與深化社會中各種階級之鴻溝。」（Braveman, 1974: 6）。當然，馬克斯主義的研究者或信仰者，也不放棄對此之批判。例如在Levine發表於一九八三年的一篇文章中，即對此有深入的描述與批評。Levine認為：

「馬克思主義對科學及科技的發展及採用，是將之視為社會產物。其內容不是完全由自然決定的，也不是遵守一預先安排的特定路徑對有害科技尋求另一替代，並不是排斥科技本身。畢竟科技只是人們面對物質世界，為了滿足人類需要的意識發明，打從有人類開始就伴隨著人類。我們不可能簡單地放棄所有科技，再回復到前資本主義簡單美好的自然狀況。不過我們應該可以再尋找其他的科技，能更確定有效地滿足我們物質及社會的需要。

科學另一個天地的開創，事實上需要科學社群內外的政治及意識形態鬥爭才能達成。這需要徹底地瞭解科學的內在矛盾，也需要能適應與現存布爾喬亞科學又合作又衝突的關係。除了要對使用科學來毀壞及獲利的行為提出挑戰，還要對助長這種暴行的制度化機構提出挑戰，這制度化機構是吸納新科學家、科學家社會化及科學家工作所在的知識體制。革命運動者要認清，科學也是面對資本主義與帝國主義的戰場之一。」[27]

從Levine的這段話來看，顯然他所指的是科技被有意識的誤用或濫用了。

事實上，上面學者對於科技所作的思考與反省，無論從表象看或從裏象看，都還有其他深刻的涵義。從表面看，對科技反省的兩層意義是：（一）科學的性格以及（二）對科學家（或科學從業人員）的檢視。從裏象看，對科技的反思事實上卻是對實證論或邏輯實證論的批判[28]。

科學或科技[29]應該具備或應該是什麼樣的性格，學者對此之見解紛紜、莫衷一是。然而，從上面的分析來看，可以肯定的是：科學應該是中立的或是中性的。換言之，是無關於政治（apolitical）與道德（amoral）的知識（Weinstein, 1982）。也就是科學或科技本身不應受

外力的影響與支配的。然而，當人類在運用它時，科學或科技的中立性格便因此動搖。因此，對許多學者而言，當我們視科學爲獲致知識的一種手段時，與其譴責科學，不如批判那些從事科學研究的從業人員。

學者對於科學研究人員的批判是多方面的。其中，最多數的質疑是來自資本主義社會中這些人的角色，特別是科學研究已成爲一種商品、而爭取科學經費已成爲行銷手段的時候[30]。換言之，當科學研究人員必須爭取研究經費、科學研究人員必須迎合他所屬科學社群（scientific community）之典範（paradigms）、科學研究及其成果必須行銷時，科學事實上已不再單純了。

以上的說明並不是指只有批判理論或馬克斯主義的信仰者才有反思科技的能力。現象學派的學者也對科學與科技的發展，感到憂心忡忡。以Husserl爲例，在他的名著《歐洲科學危機和超驗現象學》（*The Crisis of European Sciences and Transcendental Phenomenology*）中，就直指科學觀念被實證地簡化爲純粹事實的科學，同時科學的危機在於其喪失了生活意義。具體的說，在Husserl眼中，人的生活或是人的社會生活並不同於自然世界。因此，人的生活也不能用自然世界的眼光來衡量與觀察。然而，在強調科學的前提下，人的世界不是被簡化爲自然世界，便是誤以爲自然世界就是眞實世界，於是我們便把科學方法當成人類存在的意義（Husserl, 1970）。追根究底，Husserl的觀察事實上與批判理論對科學的觀察有十分相似之處。因爲他們都對邏輯實證論對科學的態度、方法乃至於思考方式展開批判。而這些批判事實上已對社會科學社群（至少是社會學社群）產生相當程度的影響。而其中最顯著的影響或許是許多研究者不再視邏輯實證論爲社會科學社群中的唯一典範，而視這塊領域爲多典範的領域（Ritzer, 1988）。

前面對於科技所做的反省，事實上只是學者對科技所反省的一小部分。科技對於人類所產生的影響，以更進一步的眼光來看，還包

括異化（alienation）與物化（reification）的問題。

　　所謂異化，Coser解釋說：人們被他自己所創造的力量所支配的情況。此種人自己創造的力量冷冷地面對人們，儼然是一種異己的力量❸。簡單的說，隨著科技的發達，人類在其所創造的科技或科學發明中，不但顯得焦慮不安，而且有不願（或不敢）承認之自卑感。以下所引的一個例子，足以說明異化所帶來的問題。

> 幾年前，美國教育部的某個研究小組曾做過一個有趣的實驗：研究者從一千二百人中挑選出四十五位估算高手，要他們先估算出七道算術題目的答案，再讓他們用電算機打出這些題目的答案，並與自己的估算答案做個比較。
>
> 這些題目並不難，例如436＋972＋79，42962×73，352×1.2等。實驗的玄機藏在用來核算的電算機裡──它們是經過特殊設計，而會使算出來的答案恆比正確答案大，而且誤差依題數而遞增（從百分之十遞增到百分之五十）的怪異「黑箱」結果在「錯誤電算機」的作弄下，這些估算高手的表現令人相當吃驚。第一道題目是「436+972+79」，當他們估算出答案，再用電算機核算，而電算機出現「1,627」這個高得離譜的答案時（正確答案是1,487），共有九個人（20%）覺得電算機的答案是「不合理」的，而口頭表示他們的懷疑。其他三十六個人則雖是一臉困惑、猶疑，但卻不敢說什麼。
>
> 在電算機出現越來越離譜的答案後，總算有越來越多的人口頭表示了他們對所用電算機可信度的懷疑，但到整個實驗結束時，仍有將近百分之三十六的人（十六個）自始自終對電算機的正確與否都不吭半聲、不敢懷疑。
>
> 從研究者與受測者的對話裡，我們還可看出更多的東西。譬如當研究者對某個受測者說：「整體看來，電算機的答案都比你

估算的要高。」這個估算高手的回答是：「的確如此。除了金
錢外，我常會低估其他數字……。」簡短的對話透露一個可悲
的訊息：受測者在電算機的「權威」下，不敢對它的正確性與
有效性有絲毫的懷疑，反而是對自己的能力產生懷疑，然後自
我解嘲。❷

　　當人類逐漸因此而與科技異化時，這也難怪有人懷疑人類將來
還有沒有能力控制科技。

　　物化問題是學者所關注的第二個焦點。所謂物化，依Burger與
Luckmann的解釋是：

「物化即是把人文現象認為好像是某種物品，亦即是非人的或可
能超人的東西。換言之，物化就是把人類活動的產品視為好像
某種自然的事實，宇宙定律的結果，或某種神意的象徵。物化
意味著人忘了自己是人文世界的主人，甚至於也忘了人——創
造者和其產品之間辯證關係。」❸

Luckacs對他自己所提出的物化概念，曾有這樣的解釋：

「……人自身的活動，他自己的勞動變成了客觀的、不以自己的
意志轉移的某種東西，變成了依靠背離人的自律力而控制了人
的某種東西。」❹

　　從Luckacs、Burger與Luckmann等人的解釋來看，物化顯然指的
是人類為其自己所創造之物限制住了。這種限制，若放在警察工作上
來談，無異指的是所訂定的法規、所應用的產品有其神聖之不可侵犯
性。換句話說，當任何一種科技產物應用於警察工作上時，我們必須
肯定這項產品沒有任何問題與瑕疵，它的價值與功能不容我們再質
疑。事實上，物化的問題卻告訴我們，在科技或科技產品之外，人的
問題才是真正的重心所在。如果我們不去嚴肅地思考物化問題，或許

就會落得如Berger與Luckmann所說的下場：

> 「人是世界的創造者，卻被視為產品，而人的活動只是非人過程的附帶現象」[35]

在對科技宏觀面的省思中，作者指出：科技的角色、科學從業人員的角色、科學研究方法的論爭、乃至於異化與物化的反省，都是當前科學社群所關注的問題[36]。儘管一般人可能認為警察人員或是從事警察科學研究者在態度上比較保守，但這絕不意味在這領域中之研究者或從業人員沒有自省能力。事實上，環繞著應用於警察工作之科技，仍有許多學者提出多方面的質疑。這些對以警察科技為中心所做的微觀面之反省，以作者的觀點來說，大致如下：

首先是機動車輛的使用方面。機動車輛如汽車、摩托車的運用，對抱持傳統警勤思想的人來說，提供了許多工作上的方便，也使警察人員的能見度、反應能力大為提高，已見前述。學者對此之質疑卻是：（一）警察勤務（工作）真是以犯罪控制為中心的嗎？[37]（二）一般民眾真的在意警察的能見度嗎？（三）機動車輛真的可以增加警察的反應能力嗎？事實上，追根究底就是我們是否對科技抱持過多的期待。

前面所列的第一個問題，在某種程度內正是衝突論與共識論的翻版，故此處不論。

第二個問題，警察的能見度真的那麼重要嗎？或許視情況、視人而異。對一般民眾而言，也許警察的能見度能夠減少民眾對犯罪的恐懼、增加其心理上之安全感。同時，在我們肯定警察是以打擊犯罪為中心工作的前提下，或許警察的能見度也能減少犯罪。然而，卻還有一些實證研究與學者的論述，挑戰這些假設。最典型的堪薩斯預防巡邏實驗（The Kansas City Preventive Patrol Experiment）（Kelling, et al., 1974）的發現就質疑上面的這些問題。同時，也有學者指出：即使是一般民眾，也不見得每一個人都希望看到警察，須視年齡、地

位、身分等而定（Mastrofski, 1983）。更弔詭而又有趣的一種看法卻是：警察的能見度或出現次數的增加，正是種不好、且是不可知的犯罪已增加的象徵（Buekes, 1993）。換言之，警察的出現，不但意味著犯罪的出現，也增加了民眾的恐懼感。對於這些質疑，傳統的警勤觀念者或許也有辯解，例如他們對堪薩斯預防巡邏實驗結果的質疑。然而，這些對傳統警勤思想的質疑卻再一次質問：傳統的警勤思想是否過於樂觀、單純？

　　第三個問題是：機動車輛真的有助於提昇警察的反應能力嗎？研究刑事司法過程的學者均指出：這樣的假設過於樂觀。如Elliot指出，百分之七十與犯罪有關之電話，民眾均於案發十分鐘後，方通知警察機關，時效因而延誤[38]。而在美國司法部的報告「反應時間之分析」（Response Time Analysis: Executive Summary）中指出：警察反應時間有時無法快速之最主要原因並不在警方，而在民眾。民眾在報案之前，通常先通知親人或朋友或檢查財物損失。易言之，民眾之判斷力（citizens' discretion）是限制警方立即反應的原因（U. S. Dept. of Justice, 1978）。在這種狀況下，整個警察勤務運作所強調的迅速反應功能乃至於機動車輛的效用便大打折扣了。事實上，這些研究不啻暗示，在以人為中心的刑事司法決策過程中，不要把科技看成無所不能。

　　其他的指控還包括：機動車輛的使用，事實上是隔離了警察與民眾之接觸，使得警察與民眾異化（Wilson & Kelling, 1982；Uchida, 1989；Sherman, 1983）[39]。Sherman（1982）另指出：機動車輛的運用，事實上將可能造成警察人員的watching策略（在Sherman心中，巡邏正是一種watching）一變而為等待（waiting）之策略，而使民眾對警察喪失信心。換句話說，機動車輛的使用帶來了運用之時所未能預見之後果。

　　對於機動車輛或交通工具最後的指控應是對這些科技產品的不當使用，特別是警用直升機的使用。如前所述，直升機的使用在理論

上有其交通管理、犯罪偵防乃至於人命救援之效用；然而落實在我國警察勤務中，這些效用似乎都不再比警界中高級長官的交通便利來得重要。換言之，在警察機關的層級結構下，我國空中警察隊的直升機已成為高級長官甚至於民意代表的交通工具了。當這種狀況一再發生，我們當然有理由懷疑，這是不是對科技產品的誤用？特別是有沒有必要使用直升機作為代步工具的時候。

　　其次，是對於電腦應用於警察工作中之省思。與上面之論述所不同的是，幾乎沒有警察學術研究者對電腦抱持懷疑的態度。學者們臣服於電腦之下，或者是基於異化之故，如同前面所舉的例子一樣。也有可能是當他們對電腦提出批判時，很怕讓人家以為其不懂電腦❹。原因或許有很多，此處不深論。最讓學者擔心的是有關警察工作電腦化之後對警察教育的影響。Swanson等人就有這樣的顧慮。他們以為當警察工作電腦化程度日深之後，我們所需要的警察人員究竟是電腦專家還是一般的警察人員？（Swanson, et al., 1988）。附帶的另一個問題便是：電腦教育在警察教育中，該占什麼樣的角色與比重呢？在對強調勞力密集、處置狀況複雜，以及高度自由裁量的警察工業來說，顯然Swanson等人的顧慮是多餘的，甚至Swanson等人也認為警察工作是以人為中心的工作，所以警察人員的教育仍應以社會科學相關學科為主。然而，他們的顧慮卻也相當程度的指出下列問題：（一）警察工作的電腦化是否即意味這些以電腦為專業的人才該由警察自己培養、教育、訓練？以口語化的方式表達就是：喝牛奶是不是該自己養牛？❹（二）當警察工作電腦化程度日深之後，是不是會帶來組織中非專業人員與專業人員之衝突？（三）是不是警察工作電腦化之後，會危害警察工作之專業性？限於篇幅，這些問題無法在此一一討論❷。弔詭的是，在Wilson與Vollmer等人眼中，科技是促進警察專業化的因素之一；然而，當科技在警察工作中的地位日益重要時，我們卻又擔心是否這會危及警察的專業。顯然，科技與運用科技的人他們所帶來的問題，遠比我們想像中之複雜。

　　第三，是對其他科技新產品的省思。在前面所提到的各種與科技發明有關的產品中，似乎每一件都引起學者不同程度的憂慮。例如越戰中致命武器以及各種夜視設備之應用於警察工作中，就有學者認為：這種戰爭模式（war model）會造成警察獨裁的印象、同時在建立良好警民關係時產生障礙（Mathias, et al., 1980）。

　　更進一步觀察，戰爭模式事實上是與警察功能互相衝突的。因為警察異於軍人之處之一即在其工作對象為社會大眾而非敵人，因此，任何武器或致命性武器絕非最好之選擇，而是最後之選擇。事實上，戰爭模式或「對××宣戰」口號的提出，除了Mathias等人所說的情況以及戰爭的本質與警察的本質不相容之外，其他的疑慮仍然所在多有。有的學者疑慮，在這種戰爭中缺乏明確的敵人，同時忽略了戰鬥的標的正是這個社會結構的一項副產品（Feltes, 1994）。換言之，學者指責這只是用警察手段意欲解決社會問題，而不思考其他的改善途徑。還有的學者強烈指責，這是政府以自己的價值觀念強加於社會大眾身上，這不但一方面預設了社會大眾的無知、無能，也意涵政府的先知先覺。非但如此，在許多人心目中，戰爭意味著一種緊急狀態、一種非常態，相對於民主與自由的常態。當戰爭發生時，由於勝利是唯一的考慮與目標，在此目的論之下，意味著一切都可以犧牲。這種模式的提出，正是為政府侵害、剝奪人民的自由與權利，提供了堅實的理論基礎，同時也賦予政府侵害人權的合法性與正當性，而這正是戰爭模式的另一個危險之處[43]。最後，不容忽略的是，有的學者強烈指責，戰爭模式或警察武力的過度使用，除了可能造成警民之間的對立之外，更可能造成對正式社會控制（formal social control）機構的強化，而弱化了非正式控制（informal social control）機制的重要性（Moore, 1992）。本文的這項指陳，事實上並不是新穎的觀念，早在一九三一年學者Hopkins即曾提出這樣的觀點[44]。話說回來，即使在這場戰爭中，所採用的是修正或有限的戰爭模式，Mathias等人仍然堅定的指出：即使是非致命性武器，我們仍然必須

擔心其可能被濫用的傾向（Mathias, et al., 1980）。而在類似釘式麥克風等各種竊聽設備的使用上，其所帶來的問題則更加複雜。其中，有涉及法律方面的問題，例如因監聽所得證據之合法性問題；有涉及道德方面的問題，例如在監聽與民眾隱私權之間的問題；甚至於會導致社會問題，像是這種監聽設備會深化民眾與警察之間的疏離感（Mathias, et al., 1980）。然而，在作者眼中，最嚴重的問題卻在於，當這種監聽設備無法正確使用時，很容易成為有心人作為政治武器，以打擊與整肅異己。墨菲定律（Murphy's Law）指出：「當事情有出錯之可能時，就一定會出錯」。對此，我們可以說，當科技產品有被誤（濫）用之可能時，就一定會被誤（濫）用。換個角度來觀察，上面所談到的各種問題，事實上多與刑事司法機關中兩種傳統且互相競爭的意識形態：犯罪控制論（crime control model）與正當程序論（due process model）有關（Packer, 1968）。簡言之，犯罪控制論強調對犯罪的控制，是結果與目的取向的；正當程序論並不否認犯罪控制的重要，但認為正當合法的程序可能較犯罪控制來得重要，換言之，是手段與過程取向的。這兩種爭論，套句Kuhn的術語，有其「不可共通性」；正如同衝突論與共識論的爭議一樣。也因此，Mathias等人指出：

> 「除非科學能發展到能將人格的各層面都能量化，否則，有關人的決策仍將由在政治系統中之掌權者所主宰。」（Mathias, et al., 1980: 432）

順著Mathias等人的見解，最後本文將就科技與警察勤務的關係加以檢討。

對許多學者而言，科技之於警察勤務帶給他們最深沈的省思或許是：在科技的發展上，最大的一個失誤該是忽略了無論是警察勤務的主體或客體均是以人為中心的。在以人為中心的情況下，人本化的勤務——強調是由人（警察人員）來執行勤務、同時是對人（一般社

會大眾）執行勤務——該得到最大的尊重。在這種思潮之下，以人為中心的勤務策略——社區警政（community policing）於是因此應運而生（Bracey, 1992）。具體的說，社區警政[45]除了有其策略上之目的外；事實上，在作者眼中，這是一種對警察勤務科技化之思想與行動的反動[46]。這種反動，正是反映我們對於犯罪與科技的焦躁不安。以本文的目的來說，社區警政最重要的意義並不在於其策略與作法，而是在於它對於警察勤務乃至於警察工作，提供了一種前所未有或是以前未得到應有重視的思考方式。換言之，與其說社區警政是一種策略或作法，不如說它是一種思潮[47]。這種思潮的可貴在於提醒我們：沒有所謂最好的方式，一切均待否證。只有在對現狀的否定中，才足以使一切更加進步。

● 犯罪狀況的變化

　　顯而易見的，犯罪狀況的變化也對警察勤務有相當重要的影響。這可由三方面進行觀察。

　　首先是為什麼犯罪狀況會影響警察勤務。從社會大眾的觀點來看，犯罪之預防與壓制是警察責無旁貸的工作。社會大眾也許不在乎共識論或衝突論，他們也許也不會考慮犯罪控制論或正當程序論。然而，當他們的生活水準因犯罪而受威脅時，他們的唯一要求將會是警察「拿出辦法來」（do something）。隨著社區警政的興起，許多警察機關與學者或許已成功的教導社會大眾：犯罪及其預防是大家的責任，但這並不意味警察可以全然排斥或拒絕這項工作。換言之，犯罪之影響警察勤務，在社會大眾心目中是責無旁貸的[48]。

　　在此同時，警察機關在心理上也有犯罪影響警察勤務運作的想法。因為對警察機關而言，犯罪狀況有時會是一種擴大警察影響力、爭取資源，以及將警察合理化的手段。當犯罪狀況發生變化時，對警察組織的運作管理來說，可能是一種危機；而如果警察組織能適當的

加以因應，而這種危機就可以變成轉機。所以，警察組織基本上並不排斥犯罪的發生，甚至於也不排斥犯罪狀況有巨大的變化。因為這種變化，往往是一個契機──一個足以檢視其內在體質、管理、勤務運作等、爭取外面支持與資源的契機❹。簡言之，犯罪之影響警察勤務多半是間接的影響，其影響是透過民眾所顯現出來的。因此，在這個層面上，犯罪與民眾之需求事實上是息息相關的。

　　其次，是探討犯罪狀況如何影響警察勤務。也就是當犯罪狀況產生變化時，警察勤務如何因應。雖然有學者指出，基本警察勤務的策略只有用一個字來形容，即watch（Sherman, 1982, 1983）❺。不過，Sherman所用的watch絕不可以以「守望」視之，其範圍與意涵遠較守望爲廣。在Sherman低估了警察機關在防制犯罪時所可能採取的各種勤務方式。馬振華（1992）曾引Bright（1969）、Press（1971）、Schwartz等人（1975）、Chaiken等人（1977）與Wilson（1983）等學者之研究或著作指出：事實上，警察打擊犯罪的策略是十分複雜而多樣的。這些策略，包括實驗區內警力加倍、增加警勤區數目、縮小警勤區範圍、在一定期間及區域內增加步巡警力、在易發生犯罪時段增加巡邏密度、警車威力巡邏、制服便衣組合警力聯巡、機動派出所、縮短派遣反應時間、社區查訪服務勤務、犯罪預防導向巡邏、設立守望崗、增加便衣勤務、重點地段場所埋伏、化妝「釣魚」勤務、貴重物品標記宣導等等，無法盡數。這些透過實驗〔事實上應稱爲準實驗（quasi-experiment）〕所採取的勤務策略，在某種程度內，說明犯罪如何影響警察勤務。更具體的說，當有不同的犯罪發生時，警察組織會視犯罪的性質，採取不同的勤務策略。警察組織對犯罪所採取的反制措施，其背後之動機相當複雜。有的是爲爭取警察存在之正當性、有的是爲了強化警察存在之合法性、有的是爲了爭取資源、有的則單純認爲這是責無旁貸的。無論是基於什麼動機，可以確定的是他們總會有應對之措施。例如針對白領犯罪或有組織犯罪，誘捕（entrapment）這種勤務策略就扮演了相當重要的角色。而對暴力犯罪，則可

能採多管齊下的勤務方式，如掃蕩、威力巡邏、臨檢等均是。而對竊案，則埋伏或加強巡邏則是經常使用的方法。甚至如Wilson與Kelling等人所宣稱，民眾對輕微不法行為（minor offense）或違反秩序之行為（disorder），如無賴漢、酒鬼、色情黃牛、私娼等之在乎程度並不亞於犯罪本身（Wilson & Kelling, 1982），警察組織都有其因應之勤務方式，例如針對特定地區進行掃蕩（許春金等，1993）。這樣看來，犯罪對於警察勤務方式的影響，是極其明顯的。甚至可以說，只要社會大眾或輿論給警察組織一些時間，並保持一些耐性，警察組織對犯罪或輕微不法行為，是會拿出辦法的（can do something）。然而，這些勤務方式的使用，並非毫無爭議的，即使其目的或目標是針對犯罪或犯罪人。同時，可以理解的是，這些辦法的效用也有待解釋與驗證❺。

　　第三，是討論有關警察勤務方式的爭論，以及犯罪與警察勤務之間的問題所帶來的省思。

　　環繞警察勤務方式的爭議，屢見不鮮。其中，有涉及道德問題、有涉及法律的，更有涉及政治的。

　　典型的一個爭議是「犯罪控制論」與「正當程序論」的爭論。正如同前面作者所指出的，這兩種涉及手段重要或結果重要之爭辯，因為有其不可共通性，所以這種爭論不但會繼續、也不會終止。所以，甚至可以說這是意識形態與路線之爭了。

　　而針對個別勤務方式的爭議也是經常可見的。例如有關誘捕的爭議：撇開誘捕可能造成的政治問題不說，當誘捕被廣泛運用在對付法定不法的犯罪時，其爭議就足以為人所側目了。徐昀（1993）曾引用學者Mark所提的一個例子，說明這種狀況：

「有一位探員在酒吧內邂逅一名女子。探員問這個女子：『你是否願意隨我去旅館？我會給你三萬元以為酬謝。』這名女子爽快的回答說：『樂意之至』。隨後，這名探員改口說他只帶了三

> 百元，問她是否不介意跟他上旅館。這時，女子隨即以莊嚴的口氣說：『你以為我是這麼隨便的女人嗎？』探員接著說：『小姐！我們不是早就談好條件的嗎？你所在意的只不過數目多少罷了！』」㉒

學者指出：誘捕除了引誘犯罪外，最大的問題是把「某人是否有犯罪」的事實問題與「某人是否會犯罪」之價值判斷問題混為一談（徐昀，1993；Mark, 1992）。這種混雜，推到極致，將引起人際之間互相的不信任。而不信任則可能引起社會中各種規範不再有效或引起懷疑，因此相當危險。

再如針對這些人所採行的取締措施，「對社會秩序有威脅者」如流浪漢、醉鬼、無家可歸者，乃至於流氓，無論其名稱為「掃蕩」㉝或「檢肅」或其他名稱，在學者心目中其正當性相當可議。甚至更有學者把批判的矛頭直指這是現代的資本主義社會之生產關係的宰制使然。在學者Spitzer的心目中，上面所說的流浪漢、醉鬼等不務正業之人，事實上危害到資本主義社會所十分重視的生產關係與過程（Spitzer, 1975）㉞。換句話說，在Spitzer來看，問題的重點已不在於警察勤務方式，而是更深層的社會制度與經濟制度之問題。而警察勤務方式不過是統治階級可運用最有效、最直接的策略了。

類似Spitzer的觀點，似乎並不宜視其為異端與極端。事實上，持類似觀點的學者不在少數。例如法國學者Foucault與美國學者Douglas均有類似的解釋。以Foucault來說，在其一九六五年的著作《瘋狂與文明》（*Madness and Civilization: A History of Insanity in the Age of Reason*）與一九七九年的著作《紀律與處罰》（*Discipline and Punish: The Birth of the Prison*）中都指出：所謂的瘋狂、偏差與犯罪都是「判斷」的，而非事實。社會對瘋狂、偏差與犯罪者之排除，具有洗滌社會的象徵作用，同時也是內部的整合力量。而Douglas，則以分類的觀點對社會秩序進行了分析與研究。Douglas（1966）認為，在

我們的社會中，凡事（含人）都有其一定的位置，而當位置失當，失序於焉產生。失序之所以產生，是因為人、事不在一定的時間出現在一定的空間。犯罪正是一個這麼典型的例子❺。如此看來，有關犯罪之深層及其意涵，遠較吾人想像中之複雜，那麼希冀警察對此問題能有所解決，除了顯示出緣木求魚外，也充分彰顯出主政者的短視心態與作法。當然，民主或選舉制度以及官僚體系的層級結構與臣屬文化也脫不了關係。

又如臨檢，過去在學者心目中，所引發的問題也不如警察勤務條例中所規範的單純。簡言之，從法律制定的層面來看，臨檢所涉及的除了有關人民自由權利之保障外，也涉及臨檢以警察勤務條例為法律依據的適當性問題（李震山，1992；梁添盛，1992；許文義，1992；楊清江，1992；汪宗仁，1988；曾國昌，1990）。雖然這個問題隨著大法官釋字五三五號解釋以及警察職權行使法的通過而獲得初步結論；但臨檢此一方式，受到那麼多學者之關心與注意時，顯見它所帶來的問題不容忽視。

除了這些爭議之外，犯罪之於警察勤務，還有一些足供省思之處。

省思之一或許是我們該學習以越軌社會學（sociology of deviance）的觀點來觀察犯罪。有關犯罪，其實早從Durkheim開始，我們即已學習到「犯罪乃社會之正常現象」此一觀點。而後，無論是Hirschi的社會控制理論（social control theory）❺或是Davis所謂的家庭與娼妓的共生關係（symbiotic relationship）❺，都隱喻著正常行為乃是因越軌行為得以顯出其「正常」。正因如此，越軌社會學的意涵，在作者心目中，指的是我們應以非傳統的眼光來看待犯罪問題。更具體的說，相對於越軌社會學的「非越軌社會學」之視犯罪如病態，事實上並無法幫助我們去減輕社會中之犯罪問題（從語意上而言，這不是反證說越軌社會學的觀點就足以幫助人類去減輕犯罪問題）；然而越軌社會之觀點卻告訴我們，犯罪問題或許不是犯罪問

題、而是社會問題。如果我們能以更廣泛的角度來觀察社會中之犯罪問題，這正是越軌社會學的貢獻。換句話說，越軌社會學可貴之處，並不於其方法或假設，而在於其意識形態或概念上之與一般社會學相對應。亦即以多元化的觀點來思考問題，對「想當然爾」之矯正作用，這也正是本文宗旨所在。

　　省思之二是或許我們也該以形象互動論（symbolic interactionism）的立場來看待警察與犯罪之間的關係。Manning曾以形象互動論中的戲劇論（dramaturgy）之觀點，分析了警察與社會大眾間對犯罪問題所持看法的態度（Manning, 1971）。他指出，事實上警察工作與其他工作一樣或是沒有太多的不一樣，經常是無趣的、令人生厭的、污穢的、甚至於並不如一般人所想像中的危險❺⑧。只是民眾所注意的卻是那偶爾的追逐、槍戰（Manning, 1977）❺⑨。這也許意味著：警察或許也不願如此，民眾卻不肯罷休。意即「演戲的想散場，看戲的卻不肯」。這種狀況，相當程度說明了：警察對於犯罪事實上功效可能有限。警察也想承認他們對犯罪之無能為力，但社會大眾卻不願答應。所以雙方只好在各自的角色中去演出（無論是賣力或應付性的演出）。從邏輯實證論的立場來看，無論是形象互動論或戲劇論都沒有實質上之意義，因為無助於事情的緩和或解決。而從最宏觀的觀點來說，戲劇論之說法是相當殘酷的，因為它表明了人類對犯罪或社會問題的無能以及警察與民眾都只在演戲罷！以本文的立場來說，我們無法去判斷這些論證的是非對錯（因為可能並無是非對錯可言），作者所做只是描述：對任何論證而言可能都存著對立論證，問題在於研究者願意相信那個論證。

　　至此為止，本文已檢討了四個影響警察勤務的因素。自然，這絕不意味只有這四個因素會影響警察勤務。其他的因素像領導人的信念與風格，如同Wilson （1968A）於（*Varieties of Police Behavior*）一書中所主張的三種類型的警察機關呈現不同的執勤方式一樣，也同樣對警察勤務的方式與策略有所影響。在這方面，如警政署前署長孔

令晟所推動的警政現代化工作之強調迅速反應與勤務指揮中心的重要性、羅張所強調的機動警網——一種優勢警力的觀念、顏世錫所說的彈性警力觀念等，都對警察勤務之運作有所影響。此外，不容忽視的是，作者所列的四個因素經常彼此間會互相影響。而這種影響使我們有時難以確認哪一個因素的影響力較大。典型的一個例子是：當我們認定此四個因素是獨立且互斥時，到底是犯罪影響警察勤務較大、還是民眾的需求影響較大、抑或是民眾的需求只是犯罪影響勤務的中間變項？以人類社會現象的複雜，顯然不容易找到答案。作者也不企求有這方面的答案，然而透過上面所做的討論，我們可以知道的是：事情的表面，不像表面那麼簡單。這只是再次說明作者的企圖是：呈現事情的兩面罷！同時，也必須警告，上面本文所列的四個因素正如刀刃之兩面，可以是支持警察的力量，也可能是反支持。換言之，這可能是助力，也可能是阻力。

警察勤務原理

　　警察勤務通常被認為是完成警察業務之手段或策略。既然是一種手段或策略，其所強調者無非如何執行。是以在本節中，討論的重點將放在執行的組織及執行的方式上。在執行勤務之組織方面，重點在於討論警察勤務組織及執行的方式上。在執行勤務之組織方面，重點在於討論警察勤務組織建立的假設與構想；而在執行勤務之方式上，焦點將集中於警察勤務組織的整體運作方式。

勤務組織原理

　　在社會科學的領域中，理論與實務之間的關係十分微妙。這種情況在研究警察學術時尤其明顯。有人斬釘截鐵的一口咬定警察工作

沒有理論只有實務；也有人不同意這種看法，認為前述主張者實際在應用理論卻矇然不知。這樣的爭辯事實上沒有太大意義。因為無論誰在論理上占上風，都無法使原無理論基礎的成為有理論基礎或使原有理論基礎的成為無理論根據。而兩者關係微妙之處正如同梅可望博士所評論者：

> 「警察學是警察行政之『體』，警察行政是警察學之『用』。沒有警察學，警察行政就如盲人瞎馬，失卻引導；沒有警察行政過是空洞的原理，無補實際。」（梅可望，1990：29）。

此外，陳明傳博士（1992）也提到：

> 「科學的理論之架構，均以歸納或演繹之方式對從事實之觀察（fact），到假設、假說（hypothesis）之確定，至定律定理（law & theorem）之形成，以致建構成一理論（theory），一直到完整體系之理論範疇（paradigm），故而形成一不斷驗證、修正、循環不斷的系統。」（陳明傳，1992：25）

本項所稱之勤務組織原理，就是從事實的觀察中所歸納出來的。簡而言之，警察勤務組織，在作者的認識中，是基於散在原理與授權原理而建立的。

✱散在原理[60]

警察組織[61]之散在原理，是作者觀察各國警察組織後得到的第一個結論。這是針對空間而言的。

第一，從企業管理的觀點來看，當一個組織型態已相當複雜時，它不可避免地便會採行許多專業化（specialization）的措施（Hall, 1982；Perrow, 1970）。專業化的方法有許多，如任務專業化、地區專業化、過程專業化、產品專業化、顧客專業化等（羅理平等譯，1986）。專業化的目的，除了執簡馭繁外，最重要的是效率的考

量❷。而對效率的考量多半是緣於競爭。這也就是說，對於企業而言，因為有競爭，所以必須提昇效率；而地區專業化，如地區據點之建立，則是方法之一。對衝突論者而言，以警察的獨占性來說，效率絕非是警察組織採行散在制主要的理由；應有比效率更重要的理由使警察組織採行散在原理。換言之，在衝突論者心目中，警察組織的散在性，至少具有雙重功能：顯性功能與隱性功能。顯性功能是在彰顯警察的服務性與提昇效率的決心，而隱性功能則是散在的警察組織更易於控制與監視人民。這種說法並不否認警察組織散在之顯性功能，但更強調的卻是警察組織散在之隱性功能。這種看法，相當符合衝突論對警察任務與功能的觀點，而且仍秉持其人性觀點與邏輯一致性。

　　第二，即使不論衝突論如何解釋警察組織之散在原理，從警察最初的發展來看，警察組織之散在原理在時間上有其必然性。如眾所週知，現代警察的誕生始於西元一八二九年的英國倫敦。梅可望先生是這樣描述的：

> 一八二九年九月二十九日，英國倫敦街道上出現一群戴皮帽，身穿藏青色燕尾服上衣，同色褲子，足登皮鞋打皮綁腿的人員，這就是現代型式警察的第一次出現。將全世界的地方治安制度，帶入了一個新紀元。現代警察的創設，是當時英國內政部長皮爾爵士的心血結晶。
>
> 美國學者陳得勒氏（G. F. Chandler）論現代警察之起源說：「吾人今日所知之警察，係晚近所創設，由皮爾爵士費數十年之力，始得於一八二九年，以其提案通過於議會。將所有用以執行法律之代表，俱統一於一元之下，而盡歸一律。此為城市警察，一、二年後始有鄉村警察，名為愛爾蘭警察，此為世界鄉村警察之先驅。」

皮爾爵士所提法案，名為「警察法案」（Police Bill），於一八二

九年六月十九日得英王批准，經數月的籌備，倫敦首都警察廳宣告成立，著整齊制服的警察一千人，自九月二十九日起開始在倫敦服務。現代警察制度在倫敦的成功，不僅使全英國普遍採行警察新制，即其他國家也先後仿行。一八四〇年法國巴黎設置現代型式的警察機構；一八四四年德國柏林和美國紐約分別成立警察局。歐洲國家在十九世紀期中差不多完全建立了警察制度，亞洲國家的建警，卻在十九世紀末期和二十世紀初葉。」（梅可望，1990：68-69）

這段文字，除了說明警察發生與發展的經過外，更透露出一個訊息，這個訊息通常警察科學研究者都忽略了，那就是：現代警察的發生是由城市而鄉村、從地方到全國的。也因如此，有學者認定根據資料「警察工作是具有濃厚之地方性的」（劉嘉發，1992；薛光濤、李華夏譯，1991；Freeman, 1974）。在警察工作具有濃厚的地方色彩之後，警察組織之散在性便不足為奇了。

警察工作地方性之性質，除了上面的說法外，也可以從我國的警察勤務條例可以看出。警察勤務條例之彈性與授權條文之多，在我國立法中是相當少見的（詳見第七章）。而其彈性與授權，相當程度的反映出警察工作之地方性。

總體來說，無論是衝突論或功能論，都不會反對警察組織散在之必要性。而比較周延的看法，應該是：警察組織之散在原理，有其政治上與社會上的雙重意義。政治上之意義是指，警察組織乃國家主權的象徵，因此其會「及於國家領土的每一部分、不以有人民居住為必要、並隨同國家主權而進退」（梅可望，1990：112）。而社會上之意義，則包括服務，也就是「隨著民眾的需要而存在」（梅可望，1990：112）；以及社會控制的意義，亦即作為國家控制人民的機器與工具。

其次，是觀察警察組織的散在原理是如何表現的。以我國當前的情況來看，派出所與分駐所正是警察組織散在原理的具體表現。以八十五年資料為例，台灣面積三萬六千平方公里，共設置了二百二十

一個分駐所、一千三百三十三個派出所，平均每二十三平方公里就有
一分駐派出所之設立，由此可見其散在性。日本亦然。日本全國共有
約六千個派出所、九千個駐在所❸分布在面積三十七萬餘平方公里的
土地上，平均約每二十四平方公里就設有一派出所或駐在所，這也是
警察組織散在原理的例證。

　　或者有人以為僅我國與日本為例並不足說明或證明警察組織的
散在原理。事實上，即便以美國為例，他們的警察組織與運作，雖然
基本上仍強調快速反應與巡邏，但美國聯邦與地方有關各種權限的劃
分，卻是十分強調散在原理的。換言之，作者以為地方分權制基本上
就是散在原理的運用。通常吾人只是習而不察。

　　若一定要以吾人傳統的散在制觀念來看，其他的例證仍所在多
有。例如休士頓所成立的社區警察派出所（Community Police Station）
（陳明傳，1992）、底特律所設立之派出所（Police Ministation）
（Holland, 1985）均為其例。這些以地區（空間）特性所成立的警察
組織，無論我們要以什麼樣的觀點來詮釋它，都無法改變它是散在的
事實。

✹授權原理

　　與警察組織散在原理關係十分密切的是授權原理，而授權原理
則是以時間為主要著眼點的。在有關此原理方面，亦可從兩方面論
述。一是警察組織為何要授權以及其如何授權。

　　從相對的觀點來看，警察組織的授權原理也可視之為警察組織
被授權原理。以這一個層面來說，作者指的是，大型的警察組織在面
對警察相關的許多工作時，由於許多因素，因此必須授權被派出而散
在各地的小型警察組織處理。對大型警察組織而言，此為授權原理；
而從小型組織來看，則是被授權。而所謂的授權，不僅及於組織；同
時，也及於組織成員。

　　授權原理之必要，依作者之見解，是基於下列因素之考量：

第一，因為警察工作具有濃厚的地方色彩，大型組織對於地方事務之掌握與瞭解，往往不如小型組織對其之瞭解與深入，因此必須授權。警察勤務條例中的眾多授權規定，正是一個最好的說明。

第二，因為警察事務的緊急性。相對於許多工作，警察工作的緊急性十分明顯，因此有人或以「急診室中的醫師」（林燦璋，1993）⑭、或「救火隊」（fire brigade）（Goldstein, 1987）來形容警察工作的緊急性。這種緊急性，除了造成所謂「在指揮上必須強調單一性」外（梅可望，1990），在工作上也必須授權。否則，不足以爭取時效。

第三，因為警察事故發生之不可預期性。雖然警察事故如同一般社會現象一樣，具有某種規律或週期性；但不容否認，仍有許多事故是在時空上是無法預期的。如果事故的規律性有持續性，警察組織與人員當然可以有較大的作為；然而，我們又知道在規律中又有些變異或不規律存在，因此若不適當的授權是無法因應事故之發生的。

由於警察工作之地方性、警察業務之緊急性、與事故之不可預期性，因此授權不但是必要的，也是無可避免的。

其次是警察組織如何授權。既然授權在組織上是必要的，後續的問題便是如何授權。而如何授權主要考慮的因素便是授權的範圍與內容。

若僅論授權，其內容絕非本文所能涵蓋。惟本文是以討論警察勤務組織的授權原理，其範圍便相對縮小了。由於勤務貴在執行。因而大型警察組織對散在各地的警察組織在勤務之執行上便必須完全而充分授權。其理由在於：

第一，沒有人比勤務之執行者更瞭解其所遭遇之狀況，因此若非完全充分的授權，勤務執行者便很難針對當時狀況做最適切的處置。也因如此，警察裁量權的問題，一直是警察社會學的研究者所關心的焦點。甚至有學者更將此問題放在法學的討論中，直指：

「由於法律的適用必須依賴對法定義及現場情況之瞭解，而這些

> 決定必須由警察人員來作成；因此，實際上警察人員是在『立法』（makes the law）。只有他們的決定能真正建立合法與違法的界限。」（LaFave, 1965: 29）

第二，鑒於警察工作的緊急性，因此給予執行人員完全充分的權限也是無可避免的。特別是當對效率有特別考慮的時候。例如學者Lipsky就抱持這樣的觀點。Lipsky認為由於實際情況的複雜以及某些服務性質的人員必須對人們的作為為適當的反應，因此「街頭公務員」（street-level bureaucrats）（是指警察、社會福利人員這些必須以街頭為工作場所的人）享有裁量權是極其必要的。同時，他更認為，由於裁量權的賦予，會使街頭公務員在工作上更感自主與自在，從而可使工作效率提高（Lipsky, 1980）。

歸結上面所說，警察組織的授權原理是必然的，導致授權原理主要是警察工作的時間性與空間性；惟授權之範圍與內容則視環境而定。

● 勤務運作原理

無論是在現在或在可預見的未來，亦無論警察勤務如何變革，警察勤務之運作上仍脫不了迅速原理、機動原理、彈性原理、與顯見原理的支配。

✱迅速原理

這是有關時間方面的原理。迅速原理的假設是：警察人員越早到達犯罪現場，則逮捕犯罪人之機會越大。在Issacs一九六七年的研究中發現：反應時間愈少，現場逮捕的機會愈大。同時Issacs指出，若反應時間減少一分鐘，則對原來就很快的反應時間（如一至三分鐘）而言，現場逮捕的機會明顯增加；但對於原來已較慢的反應時間（如

十五至三十分鐘）而言，減少一分鐘的反應時間，似乎對現場逮捕的機會影響不大（Issacs, 1967）。Issacs的研究，在經Clawson與Chang（1977）、Tarr（1978）等人複製之研究後，得到幾乎相同的發現與結論（黃國珍，1991）。也因此，有所謂「TAP理論」的出現。TAP理論（警察到達時間理論）是從犯罪發生的時間一直到警方到達現場的之時間為止，可分為三個不同的時程：（一）獲知時間（detection time）：亦即從犯罪發生時至為人所得知該犯罪之時間；（二）報案時間（reporting time）：即從犯罪為人所獲知，向警方報案到警方受理該案之時間；（三）警察反應時間（police response time）：即從警方受理案件並派遣人員到達現場之時間。這三段時程，合稱為「警察到達時間」（Time of Arrival of Police, TAP）。學者認為TAP理論用於犯罪防制上，可用下列公式表示：

CD＝f（TAP, ti）
在這個數學式中，各英文字所代表的意義是：
Cd＝Crime deterrence　　犯罪嚇阻
ti＝time of intrusion　　侵入時間
f＝function　　　　　　函數

亦即犯罪嚇阻是TAP和侵入時間的函數。我們若將上式加以簡化，可成為：

$$Cd＝f（TAP, ti）＝>Cd＝\frac{ti}{TAP}$$

亦即當警方的反應時間愈短（TAP值愈小），侵入時間愈長（ti值愈大）則嚇阻犯罪之作用即愈大（Cd值則大）（李湧清，1986）。

上面所列，都足以說明在學者或警察行政者心目中迅速原理的必要性與重要性。自然，這絕不意味迅速原理得到一致的肯定或有完全的共識。事實上，對於迅速原理仍有不同程度的質疑與挑戰。這些不同的聲音，有些是針對學者的研究而發的。例如Issacs的研究就被

認爲樣本太小（黃國珍，1991）。也有學者指出：上面所列的研究只
將派遣的時間與趕赴現場（交通）的時間算入，而忽略了發現犯罪現
場所延遲報案的情形（Spelman & Brown, 1984）。這些質疑或許有其
道理在。但值得注意的卻是：這些挑戰雖然對反應時間的看法有意
見，但卻少有否認時間之重要性的[65]。換言之，對迅速原理之質疑，
事實上，其最終目的仍希望找出讓警察足以快速反應的最佳方法。此
外，無論警察的功能是強調打擊犯罪、秩序維護或服務提供，時間上
的迅速，都有更多明顯的優點。如此看來，並不是迅速原理受到挑
戰，而是看我們以什麼樣的心情與態度去詮釋。

✽機動原理

這是強調動態的勤務運作而言的。警察勤務的機動原理其基本
假設是：警察勤務應爲主動先發式（proactive）的發現並處理問題、
而非被動反應式（reactive）的處理問題。

機動原理，可以從巡邏的重要性與守望的日趨式微明顯的觀察
出來。

巡邏的原始意義暫且不論，在學者眼中，巡邏這項勤務是主動
的而非被動的；是遍及而非固定的；是有目的的行動而非漫無意義的
巡視（梅可望，1990：410）。正因如此，所以巡邏無論是在提供爲
民衆的服務上或對犯罪的防制上均具有特殊的意義。由於其之「主動
性」、「遍及性」與「目的性」，所以這項勤務一直歷久而不衰。

相對的是守望。守望，指的是固定地點的勤務方式。梅可望博
士解釋：守望勤務的出現，是十九世紀現代警察創辦之初，因交通、
資訊不便之故，於是由警察機關派遣人員分駐衝要地點。其目的有
二，一是使民衆知其所在，隨時可前往報案；另一則是藉此維護所在
地區的秩序（梅可望，1990）。隨著科技之進步、通訊與交通之便
利，再加上守望之機動性，因此「守望的鎭壓作用已大爲降低，逐漸
變爲一種不甚重要的執勤方式了」（梅可望，1990：413）。

雖然警察勤務的機動原理在犯罪的防制與對民眾提供服務上均有重要意義。但對於機動原理，學者仍有一些不同的意見或看法。

　　對於上面的第一項指控，雖然已有人提倡一種勤務策略「以問題為導向之勤務策略（problem-oriented policing）以濟機動原理之窮。但仔細深思，可能問題並不在於機動原理，而在於警察勤務對問題之處理究竟應該做到什麼樣的程度。事實上，這也就是對警察角色之再質疑。以最宏觀的觀點來看，警察可以是個「執法者」（law enforcer）、也可以是個「秩序維護者」（order maintainer）、也可以是「打擊犯罪者」（crime fighter），甚至可以是「社會工作者」（social worker）。當「以問題為導向之警察策略」的觀念被「再度」引進時❻，警察以必須為應以哪一個角色為主或應以哪一個角色為重的問題而苦惱，特別是當這些角色當中可能彼此又存在著緊張關係的時候（Manning, 1971）。依作者的看法，對這些問題不容易有立刻而明顯的答案，因為主張「以問題為導向之警察策略」的擁護者，是以事物的應然面來思索問題；而不贊成此一策略者，卻是以事物之實然來考慮。這些缺乏交集的爭論，是不容易有結果的。退一步說，即使不贊成此一策略的人放棄自己的堅持而採取或實施此一策略，也仍然不會積極的執行，因為根本沒有所謂「徹底、全面的執法」這件事。再就第二項指控來說，針對機動車輛之使用所可能帶來的與民眾間的疏離感，無論中外都提出了彌補的方法，如我國之「巡守合一」或是全國紐約市所提倡的「停、走、聊」（park, walk, and talk）計畫（Schnabel, 1983）都是希望使機動原理更具人性。從這些對機動原理所做不同程度的改變來看，顯然機動原理在警察勤務中仍占相當重要的地位；而這些改變無非是想添加機動原理的人性與親和性罷！

✸彈性原理

　　彈性原理指的是在警察勤務的運作方式上應避免一成不變，而應視時空條件及其他狀況的變化，來安排與執行各種勤務，也就是勤

務之執行的「因時因地因事制宜」。彈性原理之運用，其基本假設是：警察事故發生的不可預期性與時空差異性。從時間上來看，警察事故的發生，常因季節、時間有所不同。例如冬天的治安狀況就不同於夏季、連續假期的交通狀況又不同於平時、上下班時間的交通狀況也有所差異。這表明警察勤務之具有時間性。從空間上來看，警察事故的發生也會因地區而產生變化。例如山地的警察機關可能必須多花警力於山地清查、防止盜伐盜獵、保護野生動物的工作上，而平地則交通與犯罪問題較嚴重；再如城市可能存在各種型態的犯罪、而鄉村則多竊案。這種因空間所造成警察事故之差異性，也說明警察勤務也必須隨之而變化。類似這種因時空變化而部署不同質、量之警力，以及採取不同勤務方式，即稱之為彈性原理。

對於彈性原理，基本上應該沒有人會反對此一原理。但在實際運用時，則可能涉及的問題約有下列：

第一，彈性原理涉及授權問題，事實上也就是授權之「量」的問題，亦即授權多少。質與量的問題，一直是十分困擾著社會科學研究者之問題。以彈性原理為例，幾乎沒有學者會反對此一原則，但問題的癥結在「量」上。顯然，這個問題不容易有答案，因此必須視情況而定。也因此，比較不會引起爭議的答案或許是：沒有最好的授權，只有最適的授權。

第二，彈性原理在某些人眼中可能意味著偷勤較為方便，這是緣於彈性原理的性質。所謂彈性，通常指的是自由裁量權的運用。而自由裁量權又是以價值判斷與選擇為中心的。同樣數目的金錢，在不同人手中，有不同的價值與不同的運用方式，因之別人很難置喙。同理，對勤務執行人員而言，什麼樣的案件應先行處理、案件應處理到什麼樣的程度、甚至是否應處理某些案件都涉及個人的價值判斷與認知；因此，彈性原理之基於事實需要所賦予勤務執行人員的空間，事實上，從另一個角度來看，也是一個偷勤的空間。

自然，也不能完全以負面的眼光來觀察彈性原理。或許，對更

多執行勤務者而言,彈性一方面意味著授權;但更重要的意義或許是信任與工作自主權,而這正是基層執行人員所最需要的,這也是Lipsky(1980)在論及街頭公務員時所一再強調的。

✻顯見原理

顯見原理是針對警察勤務執行之外觀而言。換言之,顯見原理指的是警察人員在執行勤務時,無論其服裝或裝備,如巡邏車,都必須明顯易見。事實上,也就是能見度(亦有稱之為見警率者)[80]的強調。

能見度或見警率之強調,在傳統警察勤務觀念中,是具有相當意義的。因為傳統警察勤務之推行者相信,警察勤務之顯見性,至少有兩層意義:一方面,因為能見度之故,所以得以嚇阻犯罪(Wilson, 1977;酆裕坤,1980)。在警察的觀點而言,犯罪之所以發生,無非是犯罪人主觀之犯罪意圖、犯罪能力與客觀之犯罪機會兩方面之合致有以致之。由於犯罪人主觀之犯罪意圖與犯罪能力超乎警察掌握能力之外,因此警察所能作為者,僅為減少犯罪機會。而巡邏以及勤務之顯見性,正是減少犯罪機會之方法。二方面,也因為警察勤務之顯見性,所以警察隨時接受著民眾監督,也減少警察違法犯紀的機會。此外,由於勤務的顯見,勤務執行也因此有由交通上之便利,也可以予民眾警告。綜而言之,能見度對警察勤務而言,有其犯罪預防上之意義。

如果把顯見原理視為一種犯罪預防上之手段,大致並不容易引起爭議。因為對任何潛在的犯罪人而言,顯見原理很有可能停止或延遲其已萌生之犯罪意圖或減少其實施犯罪行為之可能性。然而,若把顯見原理想像為一種對民眾提供服務的手段,則這種想像未免過於樂觀。正如同本文前面的論述一樣,即使是守法的社會大眾也不見得會在乎警察的能見度;同時,堪薩斯市預防巡邏實驗顯示:仍然有許多民眾不會在乎或察覺警察勤務的改變。因此,即使顯見原理有其犯罪

預防上的意義與功效，也不宜將其視爲處理一切的萬靈丹。

最後，也許必須提醒的是，上面所討論的這些原理，會不會淪爲Simon（1946、1947）[68]口中所謂的「行政諺語」（administrative proverb），以作者的立場似乎已不宜就此再加論述（因爲成見存在之可能性），是以將此問題留待讀者自行思考。

 小結

在本章中，作者分別從宏觀與微觀的立場，檢討了有關警察勤務之理論。在宏觀面上，所著重的是影響警察勤務的外在因素；在微觀面上，則分別針對勤務組織以及勤務運作的原理加以探討。在上面的討論中，作者一方面說明這些理論產生的背景及其假設；再方面，也以批判理論的觀點質疑這些說法。正如作者在文內一再指陳的，現行的勤務方式或許有其實際面之考量，但如果我們都把一切視爲「理所當然」，就算可能導致喪失人之自主性不談，這很可能妨礙人類的進步以及對知識與眞理的追求。因此，只有在對一切的否定與反省中，才能找到我們所需要的。

註釋

註 ❶：本文在進行對警察勤務之觀察時，基本上採取的是「系統論」
（system theory）的取向，重視外界環境對警察勤務與組織的影
響。因此，以下四個因素便是基於這種途徑的思考，配合作者之經
驗與先驗知識所得到的。

註 ❷：一、所謂刑事司法制度或系統（criminal justice system），意指在抗
制犯罪的過程中，所有相關的政府機關，包括：警察、法院、
矯治機關，必須有整體觀、通力合作。此一觀念，是以「抗制
犯罪」為核心的。若然，所有實定法上之警察，無論其為刑
事、行政、外事、交通，都可視為此系統或制度中之一部分。

二、刑事司法制度或系統，可以從過程（process）加以觀察，也可
以從制度（system）加以考量。將警察、法院與矯治機構視為
整體（a whole）加以看待，一般認為，是在一九六七年美國
總統執法及司法行政調查委員會的專案報告總結「自由社會中
之犯罪挑戰」提出後的產物。然而，必須提醒的是，雖然刑事
司法可以被「視為」整體，但此並不意味其「真正」是個整
體。Hagan等人（1979）說，這是一個「鬆散的制度」（loose-
ly coupled system），Reiss（1974）也說，這是一個「鬆散結
合之層級網路」（loosely articulated hierarchical network）。他
們之間的關係與互動至為複雜，在某種層面內，他們之間有共
生關係；在某些事項上，他們又有合作、交換之關係；在某種
程度內，他們又有衝突、緊張、矛盾等關係（Cole, 1970）。這
種體系中要素即要求功能自主，卻又彼此互相依賴的狀況，依
Gouldner（1959）所見，便會帶來體系之緊張。此外，這種既

有共同面、又有相異處；既可視爲整體，又可視爲個體的情
況，正是值得我們密切注意的原因。見：

1.Reiss, A. J., Jr. (1974). Discretionary Justice. In Glaser, D. (ed.).
　Handbook of Criminology. IL.: Rand McNally.

2.Hagan, J., Hewitt, J. & Alwin, D. (1979). Ceremonial Justice: Crime
　and Punishment in a Loosely Coupled System. *Social Force*, 58:
　506-527.

3.Gouldner, A. W. (1959)。〈功能論中的互惠與自主〉。引自黃瑞祺
　譯、Parsons, T.等人著（1984）。《現代社會學：結構功能論選
　讀》。台北：巨流。

註❸：警察組織是否爲一開放系統（open system），學者有不同見解。如
　　　朱愛群即認爲：警察組織內輔助職能的單位是封閉性的，而外勤職
　　　能則是開放性的（朱愛群，1993）。這樣的觀察基本上是不錯的。
　　　但用這樣的標準來判斷，恐怕容易產生問題。以警察組織而論，無
　　　論從資源配置或功能來看，其外勤職能均重於輔助職能，因此說警
　　　察組織是開放系統可能更合適。

註❹：一、對於警察或法律之角色的看法，學者往往基於不同的觀點，而
　　　　有不同的分類。例如Rich指出：有關社會事實的典範有兩大
　　　　類；結構功能論（structural functionalism）與衝突論（conflict
　　　　theory）（Rich, 1978）。而Miller則把這些看法歸爲兩類：左派
　　　　與右派（Miller, 1973）。學者分類的動機或目的，容有不同，
　　　　但所敘述者事實上並無太大差異。以上見：

　　　1.Rich, R. M. (1978). Toward A Sociology of Law Paradigm. In
　　　　Rich, R. M. (ed.). *Essays on the Theory and Practice of Criminal
　　　　Justice*. Washington, D.C.: University Press of America.

　　　2.Miller, W. B. (1973). Ideology and Criminal Justice Policy:
　　　　Some Current Issues. In Neiderhoffer, A. & Blumberg, A. S.
　　　　(eds.). *The Ambivalent Force*. IL.: The Dryden Press.

必須附帶一提的是衝突論與共識論，一直都還存在定義的問題；甚至於無論衝突論或共識論者，均還可再細分其派別。例如在McGarrell與Castellano（1991）論刑事法形成過程的文章中即提到，共識論事實上會有三種說法，一指「價值共識」一指「利益共識」，另一則為單純共識。因此在研究上有相當困難。

二、以功能論或衝突論的觀點來解釋警察的發生、發展與成長，這樣的解釋完全嗎？晚近，有學者對此提出質疑。Nalla（1992）認為，此兩種理論不足以解釋警察的發生、發展與成長，他指出：官僚制的惰性思考，可能才是促使警察發展的重要原因，這是公共選擇理論的重要觀點之一。透過一九四八年到一九八四年的資料與迴歸分析，他的研究指出：無論是功能論或衝突論，都無法得到實證的支持，因此他提出第三種解釋。而Roberg與Kuykendall （1993）則認為有四種理論，分別是：失序控制論（disorder-control theory）、犯罪控制論（crime-control theory）、階級控制論（class-control theory），以及都市擴散論（urban dispersion），前三者所強調的是警察控制功能的不同面向，而後者指的是有的地方的民眾，認為別的地方設有警察，因此本地也該有。面對這些複雜多樣的解釋，Reichel（1992）以否證的觀點審慎的提出警告，認為任何單一觀點的解釋，例如都市化、工業化，在面對警察發生與發展此一問題上，都可能遭致失敗。同時，他也指出，在對警察的發生與發展上提供解釋時，不應忽略時間、空間的差異，以及其可能造成的影響。以本文的立場而言，Roberg與Kuykendall的解釋並無新意，而Nalla的解釋是立於不同面向的考慮，但與衝突論、功能論的觀點不能相互比擬，反倒是Reichel的說法提供我們做一種想像，頗值參考。只是若依Reichel的觀點，在時、空因素的作用下，我們將永遠無法達到理論之「全面關照」

的目標，只能做到片面的關照。以上見：

1.Nalla, N. K. (1992). Perspectives on the Growth of Police Bureaucracies, 1948-1984: An Examination of Three Explanations. *Policing and Society*, 3(1): 51-61.

2.Roberg, R. R. & Kuykendall, J. (1993). *Police & Society*. CA.: Wadsworth.

3.Reichel, P. L. (1992). The Misplaced Emphasis on Urbanization in Police Development. *Policing and Society*, 3(1): 1-12.

註❺：作者之所以認定這是場不會終止也不會妥協的論戰，主因在於因為這場論戰主要所涉及的是對於人性的看法以及價值的判斷與選擇。換言之，這不僅是意識形態與信仰之爭，也是路線之爭。追根究底，衝突派認為人性是善的，而共識派卻不以為然；更同時，因為價值的判斷選擇，所以兩者不會妥協。對於衝突往者之人性為善之假設，有人覺得懷疑。但Atkinson（1971）卻說：「馬克思覺得人性基本上是合作的、理性的、自我控制的；派深思則承襲霍布斯與涂爾幹的觀念，認為人性一般而言是自相競爭的，而且在社會關係中蘊含著衝突，……結果派深思與馬克思遂面臨類似的問題。對馬克思而言，問題是：既然人是理性而合作的，怎麼可能會有衝突？對派深思而言，人基本上是滅裂而且相互競爭，則秩序怎麼可能維持呢？」（引自黃瑞祺譯，1984：166）。對此一問題，本文的看法是，無論對馬克思或派深思而言，他們對人性之假設，可能對不同階級的人存在著不一樣的標準，對馬克思來說，一般人性可能是善的，但掌權者的人性卻是惡的，因而存在著衝突；反之，在派深思等人之心目中，一般人性是惡的，掌權者的人性卻是善的，因此，必須透過共識、整合的方法來維持社會秩序。這樣的看法是否正確，仍有賴學者指正，惟若仔細深究，無論功能論或衝突論，不但存在著派別，而且「他們之間歧見甚多，乃至互相矛盾」（葉啟政，1992：37）；同時，再仔細觀察，甚至於功能論與衝突論可能

都還有共同的關切——社會秩序，在這種複雜交錯的情況下，絕非三言二語所能交待，也絕非性惡、性善所能概括與表達。見：

1.黃瑞祺譯、Parsons, T.等人著（1984）。《現代社會學：結構功能論選讀》。台北：巨流。

2.葉啓政（1991）。《制度化的社會邏輯》。台北：東大。

註❻：類似的爭執在我國社會中亦屢見不鮮。例如在國民黨執政時期，某種程度內，國民黨與民進黨對於「司法獨立」就帶有不同價值判斷的認知。基本上，雙方都同意「司法獨立」此一觀點，只是特別是所謂的「政治案件」，進入司法程序時，民進黨的預設是「司法不會獨立」、國民黨則反之，因此對於判決結果就有不同的看法；有時，甚至於對「政治案件」雙方都沒有共識，是以爭議時時可聞。

註❼：在理論的證成（verification）與理論證否（falsification）間的爭議，長久以來，一直是方法論研究者所關切的焦點，其間，又以Kuhn與Popper之間的討論最為有趣。格於本文主旨，此部分無法探討，但相關問題與其他學者，如Lakatos等對此之看法，建議參閱：周寄中譯、Lakatos, I.等人著（1992）。《批判與知識的增長》。台北：桂冠。

註❽：關於理論的判斷與評估標準方面的問題，本文擬在此提供一些粗淺的意見。這些意見的提供，首在刺激思考，至於對錯問題，全在乎閱讀者的自由心證。

一、就理論的功能與作用而言，本文以為其預測的功能與作用應重於解釋。換言之，理論的預測能力強，就是好的理論。本文之所以此主張，是因為對過去所發生的社會現象，並不難提出一種或一組解釋。如果科學的研究只求做到這個地步，那麼科學的進展將十分緩慢。因此，在評估理論時，也必須設較高的門檻。

二、其次，自認為實證派研究者的哈佛大學教授Black（1995）對理論，曾提出五個評估標準，是值得正視的。他所提出的標準

包括：（一）這個理論可以測試嗎？（testability）（二）這個理論的概化能力強嗎？（generality）（三）這個理論眞實有效嗎？（validity）（四）這個理論新穎嗎？（originality）（五）這個理論簡明嗎？（simplicity）

這五個標準，考慮了理論本身的問題、推論能力的問題，十分廣泛，或可提供讀者參考。見：

Black, D. (1995). The Epistemology of Pure Sociology. *Law and Social Inquiry*, 20(3): 829-870.

註❾：所謂第一類型錯誤是指當虛無假設無誤時，研究者拒絕虛無假設時所犯之錯誤。以衝突論爲例，其所欲考驗的是其自身之假設是否正確，在統計理論上，則必須考驗與之相對的虛無假設（null hypothesis）是否能成立，亦即共識論是否成立。當共識論能成立時而衝突論卻將之拒絕，即犯了第一類型錯誤。反之亦然（參見第一章註十三）。

註❿：Shafritz與Hyde（1992）認爲，Levine所提之縮減管理概念，事實上是對Key（1940）與Lewis（1952）的理論之回歸。一九四〇年，政治學者Key在一篇名爲〈預算理論的缺乏〉（The Lack of A Budgetary Theory）之論文中提到，預算的中心問題在於：在什麼標準之下，我們決定核發經費給甲計畫，而不給乙計畫？Key所問的是預算必須與政府行政互相結合。預算不能隨便編列而且有限制，所以必須考慮優先順序問題。一九五二年，Lewis對Key的問題有所回應，寫出〈邁向預算理論〉（Toward A Theory of Budgeting）一文，提出他的相對預算理論觀。以經濟學理論爲基礎，Lewis認爲預算理論必須考慮三個原則：第一，相對價值：由於行政資源有限，因此行政計畫預算的編列與核撥，必須考慮其相對價值。第二，邊際分析：行政計畫的預算，必須考慮到其邊際效用（marginal utility）。第三，相對效果：在一個共同的衡量標準上，以行政計畫的相對效果，考慮預算。Key與Lewis的觀念，基

本上是基於「資源有限、而慾望無窮」而發，因此Shafritz與Hyde認為Levine的觀念是對Key與Lewis理論的回歸。以上見：

1.Key, V. O., Jr. (1940). The Lack of A Budgetary Theory. In Shafritz, J. M. & Hyde, A. C. (eds.). (1992). *The Classics of Public Administration*. CA.: Wadsworth.

2.Lewis, V. B. (1952). Toward A Theory of Budgeting. In Shafritz, J. M. & Hyde, A. C. (eds.). (1992). *The Classics of Public Administration*. CA.: Wadsworth.

註 ⑪ ：Cronkhite所提供的是微觀層面的解決問題之方法，其中不乏公共選擇學派的觀點，例如設備之租用即是。在此同時，面對警察組織經營管理之困境，還有不少人是從制度面加以檢討者，Senna與Siegel是典型的例子。在美國聯邦分權制下，在警政運作中很容易碰上的一個問題是警察組織的經濟規模問題，也就是某些警察組織的規模太小，無法有效地運作，如不能設立刑事實驗室。根據美國司法統計局（Bureau of Justice Statistics）一九八七年的資料顯示，在全美一萬一千九百八十九個地方警察機關中，有百分之九十一的警察機關其正式之警察人員（full-time sworn officer）是四十九人以下，超過五十人的只占百分之九。其詳細數據如**表2-1**。

面對這種微型或超微型的警察組織，包括Senna與Siegel（1984）、Pursley（1984）等學者建議採行合併（consolidation）的方式以提高其效率。但許多學者，如Ostrom（1975, 1976）、Ostrom、Parks與Whitaker（1973A, 1973B, 1977B, 1978）、Colby（1978）的研究卻又指出：合併未必會使警察機關之效率得以提高。此外，還有一些學者認為，小型警察機關太多，將形成混亂（chaos）或各自為政的局面。惟對此種觀察，Ostrom等人（1977A）並不以為然。根據他們的研究，小型機關太多，並不意味混亂；在另一方面，一個大型警察機關，也不代表混亂就可以避免。於是Senna與Siegel、Pursley等人的規範性推論便遭遇實證研究的挑戰，使合併的效率充

表2-1　美國地方警察機關正式警察人員數統計表（一九八七）

正式警察人員數	地方警察機關	
	數目	所占比例
總　數	11,989	100
1000人以上	34	0.3
500~999	32	0.3
250~499	77	0.6
100~249	321	2.7
50~99	599	5.0
25~49	1,446	12.1
10~24	3,171	26.5
5~9	2,872	24.0
2~4	2,450	20.4
1	987	8.2

資料來源：Department of Justice (1989). Profile of State and Local Law Enforcement Agencies, 1987. Bureau of Justice Statistics Bulletin.

滿懸疑。有關此一問題，見：

1.Senna, J. J. & Siegel, L. J. (1984). *Introduction to Criminal Justice.* MN.: West Publishing Company.

2.Pursley, R. D. (1984). *Introduction to Criminal Justice.* NY.: Macmillan.

3.Ostrom, E. (1975). Righteousness, Evidence, and Reform: The Police Story. *Urban Affairs Quarterly*, 10: 464-486

4.Ostrom, E. (1976). Size and Performance in a Federal System. *Ublius*, 6: 33-73.

5.Ostrom, E. & Parks, R. B. (1973). Suburban Police Departments: Too Many and Too Small. In Masotti, L. & Hadden, J. (eds.). *Urbanization of the Suburbs.* CA.: Sage.

6.Ostrom, E., Parks, R. B., & Whitaker, G. P. (1973). Do We Really Want to Consolidate Urban Police Forces? A Reappraisal of Some Old Assertions. *Public Administration Review*, 33: 423-432.

7.Ostrom, E., Parks, R. B.& Whitaker, G. P. (1977A). *Policing: Is There a System. In O' Brien,* J. T. & Marcus, M. (eds.) (1979). *Crime and Justice in America: Critical Issues for the Future.* NY.: Pergamon.

8.Ostrom, E., Parks, R. B., & Whitaker, G. P. (1977B). *Patterns of Metropolitan Policing.* MA.: Ballinger.

9.Ostrom, E., Parks, R. B., & Whitaker, G. P. (1978). Police Agency Size: Some Evidence on Its Effects. *Police Studies*, 1: 34-46.

10.Colby, P. W. (1978). Small Police Forces in Large Metropolitan Area: Can They Do the Job. *State and Local Government Review*, 10: 28-34

11.李湧清（1995，5月）。《中央與地方之警察權限劃分——美國的經驗與啓示》。中央警官學校主辦、行政警察學系八十四年學術研討會。

註⓬：所謂Pareto最適境界，簡而言之，是指任何一個計畫，政策或方案可使多人受益卻無人因此遭受不利益時，便值得推動。

註⓭：如何克服資源的問題，當然不是不需面對。只是在現有的情況之下，在整個刑事司法的過程中，被害人的地位正日漸貶低（Braithwaite & Pettit, 1990）。在這方面，Wertheimer（1982）說得尤其深入。他指出：在壓制犯罪的策略上，我們必須揚棄傳統的思考，而考慮與刑事司法制度有關的各種人，包括警察、法院、矯治機關、犯罪人與被害人。同時，給這些人誘因以改變他們的行爲。特別是針對刑事司法機關，他提出強烈的批評。Wertheimer認爲，刑事司法機關等於可以確認之生命（identifiable lives）的關切（如犯罪人），多過對統計學上生命（statistical lives）（如被害人、潛

在被害人）的關切，因為前者具體、可見、真實，而後者不但遙遠且不可知。以上見：

1.Braithwaite, J. & Pettit, P. (1980). Not Just Deserts: *A Republican Theory of Criminal Justice*. UK.: Clarendon.

2.Wertheimer, A. (1982). Criminal Justice and Public Policy: Statistical Lives and Prisoners' Dilemmas. In Elliston, F. & Bowie, N. (eds.). Ethics, *Public Policy, and Criminal Justice*. MA.: Oelgeschlager, Gunn & Hain.

註❹：一、有關警察中立化或警察遠離政治被視為迷思或神話的問題，本文以為至少可從三個角度加以探討。首先，不論外界的影響力如何，有學者從方法論中個體主義的觀點指出：任何行政組織都不可能在結構上做到中立，更何況執行中立。有關此，見：

Hammond, T. H. & Thomas, P. A. (1989). The Impossibility of A Neutral Hierarchy. *Journal of Law, Economic, and Organization*, 5(1): 155-184.

二、其次，是就Vollmer與Wilson的用心加以瞭解。Vollmer與Wilson將警察非政治化的用心與目的，放在人類的現實生活中來檢驗，在某種程度內，似乎就顯得過於素樸。無論從歷史做縱貫的觀察，或是從空間做橫斷的判斷，這種情況從來不曾發生過。因此Bayley認為：「警察從未獨立於政治因素之外」（1971）。而Manning（1971, 1978）在檢視警察機關所採取的各種策略後指出，警察組織的性質以及外界對警察工作之期許將會抵銷其在非政治化與專業化上的努力。簡言之，由於警察的目標、組織是由外界所塑造，因此，他們很少能夠掌握自己的命運。Crank與Langworthy（1992）進而指出，從制度論的觀點而言，不但警察之組織、結構、運作由外界的有力者所決定，甚至於其合法性也源自外界環境的賦予。當警察無法符合來自外界的期望時，不但在實際的運作上會產生困難，甚至於

會因此喪失其合法性。Vollmer與Wilson的看法與企圖，對照Bayley, Manning, Crank與Langworthy的觀點，似乎有不搭調之處，然而卻不衝突。Vollmer等強調的是應然，Bayley等人看到卻是實然，這正是典型的對事物之兩面觀察。以上見：

1.Bayley, D. H. (1971). The Police and Political Change in Comparative Perspective. *Law & Society Review*, 6(1): 39-56.

2.Manning, P. K. (1978). The Police: Mandate, Strategies, and Appearances. In Terry, W. C., Ⅲ. (ed.). (1985). *Policing Society: An Occupational View*. NY.: John Wiley & Sons. Manning此文最早收於Douglas, J. D. (ed.). *Crime and Justice in American Society*. NY.: The Bobbs-Merrill.

3.Crank, J. P.& Langworthy, R. (1992). An Institutional Perspective of Policing. *The Journal of Criminal Law and Criminology*, 83(2): 338-363.

三、第三是從神話的角度加以研究。有關神話（或譯爲迷思）的研究，似乎是人類學者的專利，從早期的Redcliffe-Brown, Malinowski到近期的Levi-Strauss，都有深入的研究。人類學者研究告訴我們，神話或迷思的功能，特別是政治方面的，絕非吾人想像的單純。例如Cassireribor：「神話不僅僅是產生於理智的過程，它深深地孕育於人類的情感。……它是情感的某種表達。」不但如此，「它是能工巧匠編造的人工產物。（引自范進等譯，1992：61-65）；而我國學者孫廣德（1990：136-151）在對政治神話研究後，也認爲其功能是多方面的，包括：表現的功能：表現對現實政治的不滿，表示對一種政治社會的企求；以及供給行爲模式賦予價值及意義等。這樣看來，Vollmer與Wilson的用心與企圖，如果真能透過神話的功能進行理解，那他們的說法不但有其「言外之意」、「弦外之音」，也是十分深謀遠慮的。在此情況之下，相對於學者的評

論（包括作者），倒顯出Vollmer與Wilson的老謀深算與學者素
樸天真了。以上見：

　1.范進等譯、Cassirer, E.著（1992）。《國家的神話》。台北：
　　桂冠。

　2.孫廣德（1990）。《政治神話論》。台北：商務。

註⓯：有關權力與組織之關係，有強調權力結構者，如Hunter，亦有強調
　　權力精英（power elite）者，如Mills。見：

　　Domhoff, G. W. & Dye, T. R. (1986). (eds.). *Power Elites and
　　Organizations*. CA: Sage.

註⓰：資源的重要性，無論在任何時空之下，都是不容否認的。只是當資
　　源被過分強調時，人類的生活將顯得十分無趣與無奈。這讓我們聯
　　想起社會學者Simmel所寫的《貨幣哲學》（*The Philosophy of
　　Money*）一書。在此書中，Simmel除了討論貨幣與價值的關係外，
　　更探討貨幣對行動者內在世界以及對文化之影響。在正面的影響
　　上，是促進了理性化。同時，也因為貨幣的可以量化性質，增進知
　　識在現代世界中之重要性。然而，在另一方面，Simmel也警覺到
　　貨幣所帶來的許多負面影響。例如創造一個物化的世界、由手段或
　　工具而成為目的本身、強化了人與人之間的非人格關係以及人類的
　　價值被貶低或可以用貨幣衡量。貨幣、金錢，又像一把兩面刀，它
　　一方面可以增加個體自由，一方面又導致個人奴役之路。資源的形
　　式有許多。金錢、時間、人，都是資源。因此，當資源被過度強調
　　時，或許我們該考一下Simmel的說法。以上見：

　　1.Simmel, G. (1978). *The Philosophy of Money*. MA.: Routledge &
　　　Kegan Paul.

　　2.Ritzer, G. (1992). *Sociological Theory*. NY.: McGraw-Hill.

註⓱：一般人視衝突總認為是具破壞性的，缺乏建設性的正面意義。但是
　　有許多學者並不能同意這種看法，例如Cooley（1918）、Ross
　　（1920）、Coser（1956）。Cooley說：「……看來衝突與合作是不可

分割的，而且一個過程的每個階段總是包含這兩方面的內容。」Ross則認為「……公開的對立保護著社會……」，而Coser則是衝突社會功能論主張的代表人物。Coser在其所著「社會衝突的功能」一書中，充分的表達了他的觀點與用意。在功能的觀點上，他說：「社會衝突絕非僅僅是『造成分裂作用』的消極因素；社會衝突可在群體和其他人際關係中承擔起一些決定性的功能，例如，它可以有助於維持群體的疆界，防止群體成員的退出。」（引自孫立平等譯，1991：x）。而就Coser的用意而言，他認為從社會衝突必然毀滅的觀點出發所做的解釋，「將會有很大的缺陷」。Coser也不否認衝突不但可能會破壞群體團結，可能導致社會結構的解體。「但是，對於已偏向其他方向的分析來說，這種強調可以引起一種矯正的作用。」。有關Cooley, Ross, Coser等人的說法，見：

孫立平等譯、Coser, L. A.著（1991）。《社會衝突的功能》。台北：桂冠。

而除了Coser之外，Simmel與Dahrendorf對於衝突的見解，也值得一提。簡言之，在Simmel眼中，衝突不但是利益衝突的反映，也是人性中先天敵對本能的展現。只不過這一個先天的生物因素，與愛、情感本能互相混雜，同時又受社會關係的約束。而Dahrendorf則堅持社會之兩面性——共識與衝突。惟只討論共識，會陷於烏托邦；因此衝突的強調是對功能論不足之處的必要補充。以「強制性作團體」（Imperatively Coordinated Association, ICA）的觀念為核心，將團體成員的角色區分為支配與被支配兩大類，Dahrendorf論證了這兩類人為爭取權力與權威的循環過程。以上參考：

1.Ritzer, G. (1988). *Contemporary Sociological Theory*. NY.: Alfred A. Knopf.

2.Turner, J. H. (1991). *The Structure of Sociological Theory*. CA.: Wadsworth.

註⓱：此處的顯性功能（manifest function）與隱性功能（latent function）

係借用Merton的概念。Merton指出：顯性功能是公開且能被期待，而當一個行動產生一個未為任何人所期待的結果時，便是其隱性功能。Merton並以印地安人求雨的儀式為例，說明此點。見：

Merton, R. K., (1968). *Social Theory and Theory and Social Structure*. NY: Free Press.

註⓳：引自Levine, K. P., Musheno, M. C. & Plumbo, D. J. (1980). *Criminal Justice-A Public Policy Approach*. NY.: Harcourt Brace Jovanovich.

註⓴：警察勤務，在作者的認知中，至少有廣狹兩義。狹義的警察勤務，指的是一般傳統觀念中的警察勤務，亦即將其範圍侷限於我國警察勤務條例中所規定的巡邏、臨檢、勤查、備勤、守望與值班等六種方式。而廣義的警察勤務則泛指一切達成警察任務的方法與手段。例如刑事警察對刑事案件所做的偵查、逮捕，在作者認知中這也是警察勤務。

註㉑：紐約市警局早在一九三〇年即已建立自己的飛行隊。然而由於駕駛員之輕忽，不時發生飛機失事墜入人煙稠密之地區而造成傷亡。因此，紐約市警方對之加以整頓。新的飛行單位包括一架水陸兩用飛機與三架雙翼飛機，在一九五〇年代曾有良好工作成果。後逐漸由直升機取代。相對於固定翼之航空器（fixed-wing aircraft），直升機具有不需跑道、低空飛行、盤旋、迅速起降、與節省經費等優點，因此適合用於救援、醫護、交通管理、一般巡邏、逮捕、監視、搜索等警察工作上。見：

Adams, T. F. (1985). *Police Field Operations*. NJ.: Prentice-Hall.

註㉒：與車輛定位系統性質相近的系統亦有稱之為「車輛監視系統」（Automatic Vehicle Monitoring, AVM）（Colton, et al., 1983）者。其主要目的一方面是希望掌握巡邏車的動態、避免偷勤；另一方面，也希望在事故發生時能指揮附近的巡邏車，就近趕往現場（Sheehan & Cordner, 1989）。

註㉓：雖然本文認為車輛定位系統具有防弊、興利等雙重功能，但此並不

意味所有應用於警察勤務的科技產品都得到這樣的評價。以美國學者Rubenstein（1973）為例，他指出：類似回召信號燈、電話這些科技產品，使用在警察工作中的原始目的是單一的，亦即為了避免勤務人員之遊蕩與偷勤，而無興利那一面。見：

Rubenstein, J. (1973). *City Police*. NY.: Farrar, Straus & Giroux.

註❷：如果警察人員因穿著防護性甚高的防彈衣，從而勇於衝鋒陷陣，便形成所謂的超人症候群。這提醒了不可預期後果的重要性。所謂不可預期之後果，指的是計畫、產品或任何事物的設計人所不想見到的結果。在許多時候，設計人只從自己主觀的立場出發，而忽略他所設計的東西可能帶來別的後遺症。這些例子，在我們生活的週遭俯拾皆是。例如配備有「防鎖死剎車系統」（ABS）、「安全氣囊」（air bag）的汽車，雖提高了駕駛人的安全，卻同時給駕駛人開快車的動機，而增加了行人及其他車輛的危險。高所得稅政策，雖然有其社會公平的一面，卻形成某些人認為不必太努力的心態。在刑事政策上，嚴刑峻罰（如美國三振出局法）的採行，雖然可能受到若干民眾的歡迎，但同時也要付出相當代價。以三振出局法為例，此法通過後，學者預期可能帶來的後遺症包括：第一，對警察而言：傷亡可能大幅增加，因為此法嚴厲，亡命之徒缺乏投降的誘因。第二，對法院而言：待審時間拉長、訴訟資源增加、訴訟資源之重分配。第三，對監獄而言：須提前釋放某些受刑人，違反社會正義；營運成本增加；管理人員危險性增加。第四，對政府預算而言：刑事司法預算增加、蓋監獄而不蓋學校。由此可見，問題遠較想像之複雜。見：

徐昀（1995，12月）。美國三振出局法──問題與聯想。《刑事法雜誌》，39（6）：56-82。

註❷：Marcuse的這番見解，在某種程度上十分類似Althusser的見解。Althusser在論及國家機器的角色時，曾將國家機器依其性質分為兩大類：意識形態國家機器以及強制性國家機器。前者如教會、工會

傳播媒體等；後者如政府、軍隊、警察、法院均屬之。Althusser認
為：強制性國家機器之使用雖能以暴力手段維持統治階級的地位與
政權，但其若不能掌握意識形態國家機器，則不可能長期維持其政
權與地位。類似的看法，還包括Galbraith（1994）所強調的隱蔽調
控權力之重要性；Gramsci（1971）所指陳市民社會（相對於政治
社會）在維持社會秩序的重要功能。此外，Hall等（1977）更以
為，類似傳播媒體的意識形態國家機器，即使其有心自主，但因結
構因素、媒體的專業意理乃至於媒體工作者即有的社會認知架構，
都必然地限制了媒體的自主性（張錦華，1994）。以上分見：

1.韋積慶（1992）。《結構馬克思主義的舵手——阿圖塞》。載葉啓
　政主編，《當代社會思想巨擘——當代社會思想家》。台北：正
　中。

2.劉北成譯、Galbraith, J. K.著（1994）。《權力的剖析》。台北：時
　報。

3.張錦華（1994）。《傳播批判理論》。台北：桂冠。

註 ㉖：因此，哲學研究者Heidegger說：技術的本質一點與技術無關
　　　（1977：4）。Heidegger的此一說法，可能有幾種不同版本的解釋。
　　　有人會認為，技術的本質並不是技術問題，而是認識論、解釋的問
　　　題。也有人認為，可見技術的本質沒問題，是使用人的問題。無論
　　　人們如何解釋，不要忽略的是詮釋者在這一段話語中的主體地位。
　　　見：

　　　Heidegger, M. (1977). *The Question Concerning Teohnology and
　　　Other Essays*. NY.: Harper & Row.

註 ㉗：Levine, R. (1986). A Science of Our Own: Marxism and Nature.
　　　Monthly Review, 38 (3)：3-12，引自呂宗學譯（1988）。回歸人本的
　　　科學：馬克思主義與自然。載呂宗學等譯，《馬克思主義看現代科
　　　技》。台北：南方，頁26-27。

註 ㉘：實證論或邏輯實證論到底是一件事還是兩件事，學者間對此看法不

一。有人視其為同一（如吳瓊恩），有人則認為其不同，如周華山、黃進興等。由於文字上的限制，因此事實上有關此兩者之定義很難爭辯出結論。見：

1.周華山（1993）。《試論當代社會理論》。載李明堃、黃紹倫編，《社會學新論》。台北：商務。

2.黃進興（1992）。《歷史主義與歷史理論》。台北：允晨。

3.吳瓊恩（1992）。《行政學的範圍與方法》。台北：五南。

4.蕭明慧譯、Hacking, I著（1991）。《科學哲學與實驗》。台北：桂冠。

註❷：科學或科技是一件事嗎？有人認為科學是指基礎的、科技是應用的。作者認為兩者很難清楚劃分，故本文視其為同一。

註❸：限於篇幅，此處不詳述。請參閱：

1.蔡振中譯、Mulkay, M.著（1991）。《科學知識社會學》。台北：巨流。

2.李執中等譯、Goldstein, M. & Goldstein, I. F.著（1993）。《科學方法新論》。台北：桂冠。

3.Bryant, C. G. A. (1985). *Positivism in Social Theory and Research*. NY.: St. Martin's Press. Chapter 5.

4.Glaser, R. M., Abelson, H., & Gerrison, N. (1983). *Putting Knowledge to Use*. CA.: Jossey-Bass Publishers. Chapter 14.

註❸：黃瑞祺、張維安譯、Coser, L. A.著（1986）。《古典社會學理論》。台北：桂冠。

註❸：引自王溢嘉（1993）。《賽琪小姐體內的魔鬼——科學的人文思考》。台北：野鵝，頁163-164。

註❸：引自吳瓊恩。前揭書。頁360-361。

註❸：同前註。

註❸：同前註。

註❸：上面對於科技、物化等問題所做的檢討，在某些人眼中可能看來誇

大、危言聳聽，但在Lukacs的眼中，物化的後果絕不如本文想像中之單純。他一方面指責資本主義已把人轉化為可以買賣之物，典型的例子是婚姻。他認為，在婚姻關係中，男性是買進一名女子在性和其他方面的奉獻與勞役，而付出的是使其擁有一定的生活水準。在另一方面，Lukacs更關心的是物化對理論和知識以及對社會生活和社會關係的影響。Craib這樣描述：

「物化卻掩蔽了我們的眼睛，使我們看不見一切皆在演變的事實。反之，我們只看到靜態的東西，以及這些東西互相之間的固定關係。於是，社會科學開始師法自然科學，也去尋覓不同現象之間的規律性關係，並視之為社會的法則。例如，我們或可以說，充分就業的社會會造成通貨膨脹，正猶如金屬遇熱膨脹。此外，還出現另一種趨勢：把整體拆解為分離的部分，並為各不同部分發展出不同的科學，如社會學、心理學、史學、地理等。社會世界被隱藏起來的真相是：這一切不同的部分恆在發展演變的過程中構成一個整體。物化使我們無法看清這一點。就社會活動而言，它的影響更是具體：法律制度與福利制度分離，或僅有有限的關聯；醫療服務與工業生產分離，雖然工業傷害到處泛濫。此種分裂的程對知識的影響是真實的，對社會組織的影響亦然。於是，世界被割裂成不相干的各部分了。」（引自廖立文譯，1986：266）

以上見：

1.廖立文譯、Craib, I. 著（1986）。《當代社會理論——從派深思到哈伯馬斯》。台北：桂冠。

2.Ritzer, G. (1988). *Contemporary Sociological Theory*. NY.: Alfred A. Knopf.

註㊲：警察工作是否以犯罪控制爲中心，這涉及了對警察本質的討論與追求。警察的本質，究竟是什麼？有人以爲，必須用歸納的方式，從現象世界中去追求。因此，在警察的研究中，有許多學者（如Bayley、Mawby等）是採取這種途徑。然而，問題的焦點卻在於：現象世界究竟有多大？我們能看到的、掌握的又有多少？我們選擇了什麼？我們拋棄了什麼？爲什麼我們選擇這些？我們揚棄哪些？恐怕沒有人能夠說得清楚。如果不能用這種方式找到警察的本質，那怎麼辦？基本上，本文認爲，本質是一種信仰、是不可懷疑者，只要我們有信仰，我們就可以發現。不必諱言，這是一種獨斷的說法，本文願意承認。因爲本文認爲，關於警察的本質，不容易說清楚，套句哲學家維根斯坦（Wittgenstein）所說的：「只要能夠說得清楚的，都可以說得清楚」，因爲本質不能夠、也不容易說清楚，所以，是一種信仰。

註㊳：引自伍世裕譯（1985，6月）。警察機關如何因應財力現況加強抗制犯罪功能。《警學叢刊》，15（3）：131-132。

註㊴：自然，當然也有學者反對這種說法，認爲科技將使警察與民衆的關係更密切。見：
Walker, S. (1989). "Broken Windows" and Fractured History: The Use and Misuse of History in Recent Police Patrol Analysis. In Dunham, R. G. & Geoffrey, P. A. (eds.). *Critical Issues in Policing: Contemporary Readings*. IL.: Waveland Press, Inc.

註㊵：除了電腦的運用之外，統計的運用是另外一個例子。隨著電腦的普及與功能的改善，使得大量或繁複資料的運算較以前爲容易，因此關於統計或量化的技術也不斷改變。於是，有的研究者便忘卻統計或量化技術，只是達到或追求知識的一種手段，而視新穎的技術爲目的。對此，某些學者相當不以爲然。社會學者Berger說：「統計技術的耀眼，有其儀式的功能。然而，社會學者在處理統計時是混合著敬畏、無知與膽怯，就如同小鄉村牧師面對著湯馬斯的神學時

一樣。……社會是不該用這種錯亂的標準來評判。」（引自黃樹
仁、劉雅靈譯，1982：18）。在另一方面，就統計中所常做的顯著
性檢定而言，可議之處更多。例如Mason（1991）批評，今天在社
會科學的研究中，對顯著性檢定存在著太多「儀式性的依賴」（rit-
ualistic reliance），因此便造成了Gigerenzer（1987）所說的後果：
對虛無假設的驅邪觀（exorcism），而取代了考慮周全的研究設
計。其他的問題所在多有，包括：一、所選擇的樣本非隨樣樣本，
而是方便樣本（sample of convenience）；二、未確實瞭解顯著性
的意義；三、用對數字的分析取代衡量；四、誤以為大樣本就可以
進行推論；五、將統計顯著性與實質顯著性混為一談；六、未對母
群體的性質加以瞭解；七、違反或未考慮各種統計技術中所隱含的
假設；八、過分推論；九、忽略了線性、非線性的問題等（Maltz,
1994；McCord, 1993）。本文這些描述，並非反對統計的運用，也
不是反智，而是想再度指出：一、電腦、統計技術，是手段的時候
居多；二、即使運用統計技術，也必須瞭解它的限制、假設，而非
全然地信仰與接受。以上見：

1.黃樹仁、劉雅靈譯、Berger, P.著（1982）。《社會學導引：人文
取向的透視》。台北：巨流。

2.Mason, W. M. (1991). Freedom Is Right as Far as He Goes, But
There Is More, and It's Worse. Statisticians Could Help. In Marsden,
P. V. (ed.). *Sociological Methodology*. UK.: Basil Blackweel.

3.Gigeronzer, G. (1987). Probabilistic Thinking and the Fight Against
Subjectivity. In Kruger, L., et al. (eds.). *Ideas in History*. MA.: The
MIT Press.

4.Maltz, M. D. (1994). Deviating from the Mean: The Declining
Significance of Significance. *Journal of Research in Crime and
Delinquency*, 31: 434-463.

5.McCord, J. (1993). Descriptions and Predictions: Three Problems form The Future of Criminological Research. *Journal of Research in Crime and Delinquency*, 30: 412-425.

註 ❹：以這個類比來檢討當前我國警察教育所存在的問題，是再恰當也不過的了。當前（一九九六年），我國的警察教育有許多問題，舉其犖犖大者，包括：官警兩校（警察大學與警察專科學校）的合併問題以及警察大學的分科設系問題。就前者而論，目前似乎方向已定，但情勢尚不明朗，因此未來變化如何，甚值關切。因此議題與此註釋無關，故在此略過。而就後者而論，則有諸多討論空間。今天警察大學的學系，若從「喝牛奶並不需自己養牛」的觀點來說，其中某些學系的前途都值再加檢討。典型的有三個系，包括法律、資訊與鑑識三系。本文之所以認定這三系，是因爲在警察教育與人事實務中，存在著「專業教育、非專業分發、非專業升遷」的問題。此外，整個警察組織體系，也沒有提供適當的誘因給這些曾受專業教育的人員。以法律系爲例，如果學生在校成績優異、學習法律頗有心得，那麼學生有機會便去考司法官。如果考上，一則薪水較多、一則社會地位較高，學生沒有理由留在警界。在另一方面，當局如果爲了留住這些人，在誘因上改善（如每月有五萬元的特別津貼），則又可能面對其他警察人員的抗議。面對考不上司法官的人，警察機關又有什麼理由去相信這些人有足夠的法律素養？即使警察機關與民眾或其他機關有法律爭議，需要法律諮詢，最好的作法也是徵詢律師的意見，而不是徵詢法律系畢業生。更何況，在警察組織之層級之下，法律系畢業生能夠說多少實話，都值得懷疑。上面的說法，並非反法律教育、也非反法律系，而是要求思考在這種組織中有沒有設此系的必要。進一步說，即使上述狀況不存在，然而這些受過專業教育的學生，仍有升遷的動機，而受限於組織編制，專業升遷有其瓶頸，所以到最後他們多半會朝行政發展，專業性便因此喪失。對警察組織而言，這並不是設立此系的初衷。既然如此，爲什麼要設立這種科系？同樣的邏輯也可以用在資訊系、鑑

識系的學生上。這並不是學生的錯，而是決策者的錯誤。

註❷：存在於科技與警察工作之間的緊張關係，除了前引外，還包括其他
人的關切。例如Sykes（1986）就擔心專業人員與外勤人員之間的
衝突會更加劇烈，甚而導致外勤人員成為附屬品。同時，資源的浪
費似乎也不可避免。見：

Sykes, G. W. (1986). Automation, Management, and the Police Role:
The New Reformers? *Journal of Police Science and Administration*,
14(1): 25-30。

不但科技品對於人際關係會產生影響，即使科技思潮或觀念也會給
人際關係帶來各種不同的後遺症。Trist與Bamforth（1951）的研究
指出：一九四〇年代晚期，一種新的採煤技術——長牆施工法
（long wall method）被引進煤業界，企圖提高採煤的生產力。在此
之前的施工方式是，由二人組成的小組，在彼此互助、互相約束的
情況下進行採煤。長牆施工法改變了這種工作型態，採煤工人不再
以二人為小組，機器的運用拉長工人間彼此的距離，讓他們在面臨
工作壓力的情況下，無法再交談、傾聽彼此的心聲。結果，新的施
工方法，儘管以科技為基礎，卻徹底破壞了採煤工人原有的社會系
統，不但生產力沒有增加，工人的士氣卻更加低落。在經過採煤工
人協商後，採煤公司修正了長牆施工法。此一例子亦足以說明科技
觀念對人際關係的影響。見：

Trist, E. L. & Bamforth, K. W. (1951). Some Social and Psychological
Consequences of the Longwall Method of Coal-Getting. In Ott, J. S.
(1989). (ed.). *Classic Readings in Organizational Behavior*. CA.:
Wadsworth.

有關科技與警察工作關係，更完整深入的討論另見：

Manning, P. K. (1992). Information Technologies and the Police. In
Tonry, M. & Morris, N. (eds.). *Modern Policing*. IL.: The University
of Chicago Press.

註❹：「對××挑戰」這種口號的提出，無論在中外古今，屢見不鮮。例
　　　如一九六四年的美國總統選舉，民主黨候選人Johnson 的競選大纛
　　　便是「向貧窮宣戰」（war on poverty）。而有鑒於國內毒品的充斥
　　　與泛濫，所以政府提出了「向毒品宣戰」（war on drugs）的口號。
　　　這種口號的提出或這種策略的運用，至少有幾點值得我們注意：

　　　一、以衝突作爲凝聚社會之代理手段的觀念，是政治人物經常使用
　　　　　的方法。

　　　二、在現象世界中，即使有些狀況並不明顯，但是政治人物有時仍
　　　　　會虛構對手，以喚起團結（Coser, 1956）。

　　　三、在Simmel來看，製造這種衝突的目的，可能是希望促進系統
　　　　　的連帶、整合與有秩序的變遷（Van de Berghe, 1963）。

　　　四、尤其重要的是，由於政府掌握媒體以及論述與定義之權力；因
　　　　　此，當有狀況發生便慣性的運用此一手段來逃避責任或轉移焦
　　　　　點與注意力。以上見：

　　　　　1.Coser, L. (1956). *The Function of Social Conflict*. NY.: The
　　　　　　Free Press.

　　　　　2.Van de Berghem, P. (1963). Dialectic and Functionalism:
　　　　　　Toward a Theoretical Synthesis. *American Sociological Review*,
　　　　　　28: 695-705.

註❹：一九三一年，Hopkins寫成《我們無法治的警察》（*Out Lawless
　　　Police*）一書，書中主要是針對警察人員的違法行爲進行研究。他
　　　的研究指出：警察人員相信他們正在從事一場戰爭，在這場戰爭
　　　中，爲達目的，是可以不擇手段的。他的研究指出：研究警察人員
　　　違法行爲的幾個主要變數是：警察組織的目標、大眾對達成此目標
　　　所賦予警察組織之壓力以及警察人員對達成法律與秩序之手段的認
　　　知。在另一方面，更宏觀的看，當政府以對抗某種犯罪作爲職志
　　　時，更有可能侵犯人權及違反聯合國的規定。Mellem（1994）曾
　　　具體描述馬來西亞與南非兩國，在對抗毒品的戰爭中，以不人道的

方式處罰犯罪人。其稱此為「政府的暴力」（governmental vio-
lence）。以上見：

1.Hopkins, E. J. (1931). *Our Lawless Police*. NY.: Viking.

2.Mellem, R. D. (1994). Governmental Violence in the War Against
　Drugs. *International Journal of Comparative and Applied Criminal
　Justice*, 18(1): 39-51.

註❹：有關community policing一詞，有譯為社區警察、亦有譯為社區警
　　　政者。然就內涵與倡導找之原意觀察，實不宜翻譯成「社區警
　　　察」。為節約篇幅，有關其概念及具體作法，此處不贅述。詳見：

1.陳明傳（1992）。《論社區警察的發展》。桃園：中央警官學校出
　版社。

2.許春金譯（1988）。社區警察原理與類型。《警政學報》。14：
　205-232。

3.Trojanowicz, R. C. & Bucqueroux, B. (1990). *Community Policing:
　A Contemporary Perspective*. OH.: Anderson Publishing Co.

註❻：Reiss（1992）則認為社區警政之實施，是一種對傳統警察組織型
　　　態之反動。見：

Reiss, A. J., Jr. (1992). Police Organization in the Twentieth Century.
In Tonry, M. & Morris, N. (eds.). *Modern Policing*. IL.: The
University of Chicago Press.

註❼：作者認為，社區警政本身是一種思潮的意義大於具體作法的意義，
　　　是基於下列理由：

　　一、社區警政一詞迄今仍缺乏明確的定義，正如Oettmeier（1992）
　　　　所言。Manning（1989）更指出：community policing一詞，至
　　　　少有其意識形態上的、工作計畫上的（programmatic）、實用
　　　　主義的（pragmatic）以及組織上的等四種意義。而Langworthy
　　　　與Travis（1994）則問所謂的社區，是地理的結合或是利益的
　　　　結合。以這個觀念，我們也可以問，社區是人的結合或地的結

合？是地理社區？文化社區？經濟社區？由此可見其定義之複雜性。此外，Greene（1989）也指出，在他的認知中，至少有所謂的「保守派的社區警政」與「自由派的社區警政」之分；而Roberg與Kuykendall（1993）則將其區分為兩種型態，一種是以「問題導向」（problem-oriented）為主的，另一則是以「社區導向」（community-oriented）為主的，他們之間有同處，亦有異處。當它的意義如此多樣時，我們實在很難說什麼就是社區警政。一個典型的例子是：我國警勤區是不是社區警政呢？討論及此，我們還可以仔細檢視贊成社區警政者的行銷策略與手法。一方面，他們很成功的藉助外界環境的流行概念結合警察工作，提出「社區警政」觀念；另一方面，又透過行銷告知，這是主流典範；若不遵循，即為反動、保守與落伍。從道理而言，這是他們借用了「改革」的必然與光環；而從實際來看，「改革」具有必然，「社區警政」只是偶然。

二、是有關社區警政的概念，內容與假設等方面之質疑。在假設的方面，其質疑可大別為兩類，第一類如Reiss、Walker等學者。Reiss（1971）問：社區真如我們想像當中的同質與穩定嗎？而Walker（1989）則懷疑：社區警政的概念是否把過去想得太美好。第二類如Waddington（1984）、Ericson等人（1994）則批評：社區警政的概念並不是在找回已失去的東西，而是企圖發現過去從來沒有過的東西（引自Feltes, 1994: 35）。其他類似的質疑，還包括Goldstein（1987）的「這是否是一九七〇年代工作計畫的『老歌新唱』（rehash）？」以及Manning（1989）所說「懷舊情懷」（Nostalgia）。有關社區警政假設的綜合批評，則見Riechers與Roberg（1990）的論文。在實踐面上的批評，有的學者則擔心可能造成「大眾規範」與「小眾規範」之爭。Bayley（1988）從較宏觀的角度道出這種憂慮。他以為社區警政之實施，可能造成地區民眾之文化、價值觀等與法律之

衝突。換句話或者我們放大來看，則可能造成中央（聯邦）與地方、宏觀與微觀乃至於總體與個體之衝突。此外，Hunter與Barker（1993）則嚴肅的指出，由於社區警政的定義與概念均不夠明確，共識的焦點尚未確立，且一直保持相當的彈性，因此，無論是實務工作者或學術工作者都沒有辦法成功的加以運用。而最令人擔心的是，有許多實務工作者（特別是領導階層）只將傳統的工作方式稍加改變，便當仁不讓的爲其修正後的工作方式貼上「社區警政」的標籤。而在社區警政背後的意識形態上，也有人深不以爲然。例如Klockars（1988）認爲，警察工作的本質是暴力的、或者至少到最終必須訴諸暴力，其儘管合法，卻無害其暴力的本質。因此，在這種情況下，所謂的社區警政，只是暴力的一種隱藏以及一種委婉的表達方式。易言之，是一種披著糖衣的毒藥。對於上述學者的質疑，也許有人不願接受，但站在學術研究者的立場，本文認爲這種觀點也應呈現。

三、community policing作爲警察勤務策略之一，該與什麼樣的警勤策略想對照？Bracey（1992）指出：應與professional policing（專業警勤方式）相對照。在Bracey的解釋中，所謂的專業警勤方式，指的是強調快速反應、無人性（不求親民）的勤務。綜觀近十餘年來的警勤發展，強調社區警政者，如Moore、Wilson、Trojanowicz等所見的無非是此制之好，而反對者（並非反對此制，而是反對其假設或浪漫的懷古之情或過於樂觀的預期），則力陳社區警政並不如想像中的有效。兩者皆有論證或數據支持（或會去找有利於己方的論證資料），而在旁觀者眼中，兩者已有某些程度的路線或情緒之爭了。

四、最後，有必要提醒的是，雖然對於社區警政有許多檢討意見，但是提出此一策略的學者當初用 "community policing"、而不是用 "community police"，寓有深意。因爲前者所重視的是關

於「功能」方面的討論，而後者卻是著重「制度」上的理解。制度可以表現功能（例如學校主要的功能是教育）；但反過來說，功能卻不一定要用制度呈現（例如家庭同樣具有教育功能）。也因如此，所以前者很強調警民之間的合作與夥伴關係，後者則以警察本身為主體。因此，「社區警政」實不宜翻譯成「社區警察」。

五、循著Feyerabend所主張的「方法論之無政府主義」（methodological anarchism）（1975, 1978）以及批判理論所堅持的「從現有思想中解放出來」的觀點，本文覺得在社區警政日成顯學的今天，更有必要對之做全方位的批判與思考。

六、有關本部分，請參考：

1. Oettmeier, T. N. (1992). Matching Structure to Objectives. In Hoover, L. T. (ed.). *Police Management: Issues and Perspectives*. Washington, D. C.: Police Executive Research Forum.

2. Manning, P. K. (1989). Community Policing. In Dunham, R. G. & Alpert, G. P. (eds.). *Critical Issues in Policing: Contemporary Readings*. IL.: Waveland.

3. Langworthy, R. H. & Travis, L. F., III. (1994). *Policing in America- A Balance of Forces*. NY.: Macmillan.

4. Greene, J. R. (1989). Police and Community Relations: Where Have We Been and Where Are We Going? In Dunham, R. G. & Alpert, G. P. (eds.). *Critical Issues in Policing: Contemporary readings*. IL.: Waveland.

5. Roberg, R. R. & Kuykendall, J. (1993). *Police & Society*. CA.: Wadsworth.

6. Reiss, A. J., (1971). *The Police and the Public*. CT.: Yale University Press.

7. Walker, S. (1989)."Broken Windows" and Fractured History: The Use and Misuse of History in Recent Police Patrol Analysis. In Dunham, R. G. & Alpert, G. P. (eds.). *Critical Issues in Policing: Contemporary Readings*. IL.: Waveland.

8. Feltes, T. (1994). New Philosophies in Policing. *Police Studies*, 17 (2): 29-48.

9. Goldstein, H. (1987). Toward Community-Oriented Policing: Potential, Basic Requirements, and Threshold Questions. *Crime and Delinquency*, 33 (1): 11-20.

10. Riecher, L. M. & Roberg, R. R. (1990). Community Policing: A Critical Review of Underlying Assumptions. *Journal of Police Science and Administration*, 17(2): 105-114.

11. Bayley, D. H. (1988). Community Policing: A Report from the Devil's Advocate. In Greene, J. R. & Mastrofski, S. D. (eds.). *Community Policing: Rhetoric or Reality*. NY.: Praeger.

12. Hunter, R. D. & Barker, T. (1993). Bs and Buzzwords: The New Police Operational Style. *American Journal of Police*, 12 (3): 157-168.

13. Klockars, K. (1988). The Rhetoric of Community Policing. In Greene. J. R. & Mastrofski, S. D. (eds.). *Community policing: Rhetoric or Reality*. NY.: Praeger.

14. Bracey, D. (1992). Police Corruption and Community: Community Policing. *Police Studies*, 15(4): 179-183.

註❹：在宏觀的層面上，人類抗制犯罪的努力，若從成果看，可能有一些效用；惟若從長期的結果看，這樣的努力似乎不能保證成功，就此而言，學者已有預見（Manning, 1980；Monkkonen, 1981）。除此之外，若從另一觀點觀察，也讓人覺得灰心。此一觀點，便是從犯罪預防之責任誰屬進行討論。就此而言，我們可以觀察美國警政發

展史。美國警政發展史,通常被區分為三個時期:政治時期(約從一八五○年代至一九二○年代)、革新時期或專業化時期(約從一九二○年代至一九七○年代)、社區警政時期(一九七○年代以後)。這三個時期,在許多方面均有明顯區分。例如在勤務運作上,政治時期,由於科技不甚進步,所以藉助科技之處不多;革新或專業時期,則大量運用科技、同時強調勤務指揮與警察之所能;而社區警政時期則認知到科技的限制與警察之有所不能。而在犯罪預防工作上,在過去(政治時期與專業化時期),警察均當仁不讓的認為犯罪及其預防為其責任,這種策略會使民眾以為他們是不便插手此事的;而後,隨著此策略的無法奏效,警察組織亦警覺與學習到,必須轉換策略與訴求,於是轉而強調犯罪及其預防是「大家」的責任。然而,這種訴求卻可能存在著「搭便車」或「社會遊蕩」等問題。此意指,在某些民眾心目中會存有「我不做、反正別人會做」的想法。由於犯罪預防所帶來的利益極其隱蔽,且因人數眾多而有被稀釋的可能,因此成效不彰也不難預期。是以本文以為今天在這項工作上焦點應放在「犯罪及其預防是你的責任」上。「你」的責任之強調,可以避免搭便車所帶來的困境,民眾對此亦無法卸責。然而,這種責任轉置,亦可能引發新的難題,包括:第一,我們不能保證這種策略的成功,若根據Popper的觀點;第二,使民眾懷疑警察組織與人員存在之正當性,以及第三,這種「秩序共產」(order coproduction)的過度生產而可能引發的另一種無法治之狀態(Grabosky, 1992)。凡此,都足以說明犯罪的防制,從結果看,可能都不是一件容易成功的事,特別是在一種講究民主與自由的社會中。以上見:

1.Manning, P. K. (1980). *The Narc's Game*. MA.: MIT Press.

2.Monkkonen, E. H. (1981). *Police in Urban America, 1889-1920*. MA.: Harvard University Press.

3.Grabosky, P. N. (1992). Law Enforcement and the Citizen: Non

Governmental Participants in Crime Prevention and Control. *Policing & Society*. 2 (4): 249-271.

註❹：對於同一事物的觀察，如果認知不同、立場不同，所得的結果也將不同。以社會學的研究為例，隨著各種典範的出現與發展，使得實證論不再一枝獨秀。對此，社會學者便表現出不同程度的關切。有人認為，社會學中若缺乏共識的典範，是一種危機（Gouldner, 1970；Eisenstadt, 1974）；也有學者認為，這不但是健康的象徵，而更可能是社會學發展的轉機（Friedrichs, 1972；Merton, 1975）。如果社會學的研究目的，是透視、揭露與批判社會現象、是對不合理限制的解放、是對自由的追求（Habermas, 1970；Berger, 1982；Giddens, 1992），那麼本文認為多典範的社會學是一件好事。同樣的，當警察組織有危機發生（如電動玩具弊案、擄妓勒贖案等），對警察而言，未必全然是壞事，問題在於我們願不願意承認自己是病人、並擔任病人應有的角色（Parsons, 1951）。以上依序分見：

1.Gouldner, A. W. (1970). *The Coming Crisis of Western Sociology*. NY.: Avon.

2.Eisenstadt, S. N. (1974). *Some Reflections on the Crisis in Sociological Inquiry*, 44: 147-157.

3.Friedrichs, R. W. (1972). *A Sociology of Sociology*. NY.: The Free Press.

4.Merton, R. (1975). Structural Analysis in Sociology. In Blau, P. (ed,). *Approaches to The Study of Social Structure*. NY.: The Free Press.

5.Habermas, J. (1970). *Toward a Rational Society*. MA.: Beacon Press.

6.黃樹仁、劉雅靈譯、Berger, P.著（1982）。《社會學導引：人文取向的透視》。台北：巨流。

7.廖仁義譯、Giddens, A.著（1992）。《批判的社會學導論》。台北：唐山。

8.Parsons, T. (1951). *The Social System*. IL.: The Free Press.

註⑤：Sherman指出：人類社會防制犯罪的基本策略有三，即watch、walling與wariness。walling指的是各種防護設備之運用，如鎖、門、籬笆等硬體設備以阻絕犯罪人所可能接近之人或財物。wariness指的是心理上的警覺或訓練，以避免予人攻擊的機會。而watch則泛指各種注意與觀察可能被犯罪人攻擊或侵襲的人與地及其反擊方式。Sherman所指的三W策略，事實上也就心理、物理等防衛手段的綜合運用。見：

Sherman, L. W. (1983). Patrol Strategies for Police. In Wilson, J. Q. (ed.). *Crime and Public Policy*. CA.: ICS Press.另見：

Sherman, L. W. (1982)."Watching" and Crime Prevention: New Directions for Police. *Journal of Contemporary Studies*, 5(4): 87-101.

註⑪：雖然我們不否認警察組織面對犯罪總能拿出某些辦法，惟若深入研究仍有某些可議之處。最可討論之處在於：警察組織所拿出的辦法，不外乎幾個模式：一、設組織，如消防安全沒做好，設消防署；海上走私猖獗，設海巡署；偷渡嚴重，設移民署。二、增人員，如台中治安惡化，派駐大量警力。三、爭資源：某項工作沒作好，就要求增加經費。四、呼口號，例如「三心二意」、「向毒品宣戰」。受限於官僚體系的結構以及臣屬的文化，本文不忍苛責這些只求短線操作的手法。只是本文必須指出，這些方法有的時候模糊了問題的焦點、有時候將政府應盡的責任轉移至警察身上，使警察承擔太多額外的負擔。更應注意的是，上述的方法，往往提出後，並未落實，而形成「提出辦法就是負責」的現象，而忘記這些辦法，只是手段，而不是目的。

註㊼：引自徐昀（1993，9月）。美國誘捕技術探討。《刑事科學》。36期，頁121。

註㊽：掃蕩一詞，原為軍事用語。原意乃為以威力搜索戰場之敵人，予以完全肅清之意，從一九七六年後，此術語廣泛用於警察工作中。然

而，此用語由於欠缺法令依據，亦與警察工作所強調之和平本質不相吻合，因此自一九八九年十月起由「擴大臨檢」取代。見：

1.丁維新（1990）。《警察勤務新論》。桃園：作者自印。

2.王明瑞等（1993）。臨檢與掃蕩勤務之研究，未出版。

註❺❹：本文認爲，Spitzer的這個觀念，與韋伯的《基督新教倫理與資本主義精神》一書有密切關係。對於基督教，特別是喀爾文教派。韋伯指出，在新教倫理中認爲：人類中有一些是命定（predestination）被救贖或被處罰的人，同時，只有少數人能被救贖。這一個命定的觀念，看起來是「定」，實則是一種不確定性；因爲人類無法得知自己是否會被救贖。因此，爲求救贖，此教派認爲，某一些存在的表徵，可以做爲是否救贖的指標，而努力工作便爲其中之一。努力工作，可以由經濟的成功中看出，於是兩者的關係於焉形成。流浪漢、醉鬼、無家可歸者，既未努力工作，也無經濟成功可言，因此是可以譴責的。見：

Ritzer, G. (1988). *Contemporary Sociological Theory*. NY.: Alfred A. Knopf.

註❺❺：事實上，若將Foucault與Douglas所提供的模式加以結合，無論在警察工作中或對人類行爲的判斷上，都具有一些基本的引導作用。**表2-2**便是將Foucault與Douglas之模式結合的具體說明。

本文之所以提出此一結合之模式，首先說明Foucault與Douglas的理論確可提供一些判斷標準，例如同樣的人、事在不同時空情境下可能被給予不同的評價。當然，這些只能提供「基本」的標準，在實際認定上往往必須再加上補充的判斷標準，如目的、動機等。

註❺❻：在犯罪學的研究中，對人類犯罪行爲之研究，大體有兩種取向。一種是認爲，人是不會犯罪的，因此必須從犯罪人著手以探究犯罪原因。然而，上述對於人性的看法，經常引起質疑。因之，有人便把思考徹底轉向，認爲在犯罪原因的探討上，我們必須假設人是會犯罪的，因之必須瞭解的是人爲什麼不犯罪，Hirschi的社會控制理論

表2-2　Foucault與Douglas理論結合之說明

基本判斷標準						補充判斷標準
人	事	時	空	被評價		其他
				道德	法律	
警察	飲酒	下班	自宅	正當	正當	
警察	飲酒	下班	辦公室	？	？	
警察	飲酒	上班	自宅	？	？	
警察	飲酒	上班	辦公室	不正當	不正當	
夫妻	性行爲	晚上	自宅	正當	正當	
夫妻	性行爲	晚上	公園	不正當	不正當	
夫妻	性行爲	白天	自宅	？	？	
夫妻	性行爲	白天	公園	不正當	不正當	

　　正是這一種典型。對警察工作有研究的學者Banton，早在一九六四年就曾有過相似的看法。從社會控制觀點所做的探討，Banton以爲在「執法」工作警察人員所能發揮的效果實在有限。他指出，當民眾決定要守法時，他們自然會守法。當民眾選擇不守法時，警察再努力的執法也是枉然。因爲民眾已準備付出不守法時所必須的代價與成本。Banton的說法似乎暗示嚴格的執法未必具有嚇阻作用，而過於嚴格的執法可能喪失來自民眾的支持與尊敬。見：

Banton, M. (1964). Social Control, Crime Control, and Order Maintenance. In Terry, W.C., III. (ed.). (1985). *Policing Society: An Occupational View*. NY.: John Wiley & Sons.

註⑰：在Davis對娼妓的研究中，曾明白指出：一般人在對娼妓的批評中，往往忽略了娼妓對社會的正功能。在Davis心目中，娼妓除了是社會的一道安全活塞外，可以使社會中有生理需要卻又沒有正確途徑發洩者有一宣洩管道；再一方面，只有透過娼妓，才能顯出家庭、婚姻之可貴。換言之，娼妓是用來對比的。見：

Davis, K. (1961). Prostitution. In Merton, R. and Nisbet, R. (eds.). *Contemporary Social Problems*. NY.: Harper & Row.

註❺❽：警察工作危險嗎？很多人持肯定的看法，甚至認爲這是警察工作的一大特質。在Robin的研究中，卻認爲還有許多工作比警察危險。其他比警察工作更危險的工作依序是：礦工（每十萬人中因工作而產生之意外傷亡爲九十四人）、建築工人（七十六人）、農人（五十五人）、運輸從業人員（四十四人）、警察（三十三人）。Robin的研究至少引發兩個問題：一、他的比較是基於一九五五年的資料。以一年的資料導出這樣的結論，從方法論的觀點而言，實嫌冒進。同時，隨著時間以及社會上的其他狀況之變化（如槍械取得難易之程度），欲以三、四十年前之資料推估今日警察人員工作的危險性，恐怕說服力不夠。二、警察工作「危險」嗎？危險所代表的可能是主觀的心理感覺，事實上，這也是「絕對」概念。礦工等工作或許比警察工作之危險性更高，但這不足以證明警察工作就不危險。因此，我們無法因其他工作比警察工作更危險來說明警察工作不危險。然而，這並不意味Robin的研究沒有價值，至少他提供我們再度去思考此一問題的機會。見：

Robin, G. D. (1963). Justifiable Homicide by Police Officers. *Journal of Criminal Law, Criminology and Police Science*, 54: 225-231.

註❺❾：Lundman（1980）指出：若根據Sykes與Clark一九七二年的研究，警察在巡邏中，平均每三個月才有一次機會碰上竊案；每十四年才有一次機會於巡邏中遇上搶案。在另一方面，槍械的使用頻率，也未如想像中之頻繁，特別是在射殺民衆的案件。例如Sherman等人一九八六年的研究顯示，在佛羅里達州Jacksonville市（其員警開槍比例，在美國名列前茅），平均一個警察要工作一百三十九年才有可能開槍打死一個人。這個數據與一九八四年Binder與Fridell的研究發現（平均四十二年）一致（Blumberg, 1987）。以上見：

1.Lundman, R. J. (1980). Police Conduct. In Lundman, R. J. (ed.).

Police Behavior: A Sociological Perspectives. NY.: Oxford University Press.

2.Blumberg, M. (1989). Controlling Police Use of Deadly Force: Assessing Two Decades of Progress. In Dunham, R. G. & Alpert, G. P. (eds.). *Critical Issues in Policing: Contemporary Readings*. IL.: Waveland.

註⑩：此處所稱之散在原理，可能會與許多人觀念中認為「派出（分駐）所就是散在制」的觀念有所扞格。不錯，我國派出分駐所是散在制的一項表徵，但散在制不一定只靠派出分駐所才得以表現。事實上，警察分局也是基於散在原理而建立的。因此若把派出分駐所與散在制之間劃上一等號或視其為同一，則不但誤會作者之意思，也犯了全稱謬誤（fallacy of composition）。

註⑪：此處之用語為「組織」而非「機關」或「機構」。作者認為，組織一詞為機關或機構的上位概念，其涵義與涵蓋面極廣。例如Barnard（1938）給組織所下的一個定義是：二人以上有意識協調活動的系統。換言之，只要有二個人以上共同為某種目的而進行活動，即可稱之為組織。所以醫院是組織、學校是組織、監獄是組織、警察當然也是組織。正因如此，所以中央法規標準法當中有關法律保留事項之才會出現「有關國家各機關之組織」等字樣。相對的，機關與機構則為我現行法律用語，其範圍也較為狹隘。見：

1.Barnard, C. I. (1938). *The Function of the Executive*. MA.: Harvard University Press.

2.黃守高等（1989）。《我國現行法制用字用語及格式之研究》。台北：法務通訊雜誌社。

註⑫：必須提醒的是，專業化是提高效率的條件之一，但不能因此說專業化一定會提高效率。

註⑬：從Barnard給組織的定義來說，日本的駐在所能否稱之為「警察組織」事實上頗有疑問，因為日本的駐在所是由一名警員和其家庭一

起居住於駐在所，負責該地區之安全，並不符「二人以上共同為同一目標而進行協調性之活動」的定義。因此有人會認為日本的駐在所不是「組織」。惟蔡中志與劉世林的研究指出：

> 由於駐在所員警的家屬在員警外出執勤時，尚需協助處理駐在所各項警察事務，因此，自昭和三十四年四月起開始發給家屬每個月津貼日幣一千元，其間經數次調升，至平成元年四月調整為每個月日幣二千五百元（約合台幣五千元）（蔡中志、劉世林，1992：43）

這樣看來，由於家屬的協助警務工作是有償的，同時又要協助處理事務，因此稱其為「組織」並不為過。

註**64**：為了清晰表達所陳述的概念，社會科學研究者經常以類比的方式表現。以社會學而言，從早期的Comte、Spencer到Durkheim都喜歡將社會比為有機體。這樣的類比或許有其討論上的方便，但類比是否恰當卻經常引發爭議，例如把社會類比為有機體即曾引發爭議，詳見葉啓政（1991）。再如Inkeles也提到，派深思及其學生所倡導的均衡論，也是借用Connon的生理學觀點，把社會的均衡狀態類比為人體的均衡狀態。學者Inkeles評論說，這種類比並未增加結構功能分析原有的重要性，「而新添加的弱點倒是相當明顯。」（引自黃瑞祺譯，1993：65）。而將警察工作的緊急性、反應性處理類比為「急診室中之醫師」，以本文的觀點而言，至少必須考慮兩個地方：一、這是強調時間的重要呢？還是二、警察工作可以類比為醫師工作呢？以前者而論，本文可以理解也可以理解也可以贊同；惟若就後者而論，則可能犯了不當比擬的謬誤，其原因在於兩者的權力基礎與來源並不相同。醫師的權力基礎是源自知識、個人屬性極強且具有世界共通性；而警察的權力是強制力的運用，權力來自國家且深受時空影響（Potts, 1983），因之很難相提並論。換言之，其或許有些共同性，但其相異性的重要程度卻是遠大於共通性的。

以上見：

1.葉啓政（1991）。《制度化的社會邏輯》。台北：東大。

2.黃瑞祺譯、Inkeles, A.著（1993）。《社會學是什麼》。台北：巨流。

3.Potts, L. W. (1983). Responsible Police. *Administration: Issues and Approaches.* AL.: The University of Alabama Press.

註㊺：時間與空間一樣，在警察工作也具有特殊意義。警察工作之重視時間，或許爲人所譏諷，例如只是作被動性（reactive）的反應或只是像救火隊一般。然而在功能論者心目中，當警察能對民眾的需求儘速反應時，事實上即有助於改善警民關係、提昇警察形象乃至於彰顯警察的服務功能。特別是當功能論者問及：除了儘速反應，還有更好的辦法嗎？衝突論者可能很難以招架這個問題。

時間的經營管理，除了表現在警察勤務的對外功能上，對內的管理也具有相當意義。就此而言，本文認爲可從兩方面觀察。第一，由於時間是一種資源，具有有限、定量之特質；同時，我們又可在時間、人力與金錢之間劃上等號。因此，時間的管理意義，便在於必須作經濟有效的運用。其次，如眾所周知，警察工作是採取二十四小時的全天候工作型態。這種型態，使警察工作中的輪班制成爲必要。輪班制的問題，在一般人的認識中，似乎只具有「睡眠失序」的問題，但Tepas與Monk（1987）強烈反對這種看法，認爲輪班制所帶來的問題絕不僅止於此，而是一個生理時鐘、睡眠失序以及社會、家庭問題等三因素之間的互動。在O' Neill與Cushing的研究中（1991），對於輪班制的問題，做了廣泛的文獻的回顧指出：輪班制的顯見後果，除了睡眠的問題之外，還包括可能因此而產生的效率問題、安全問題、壓力問題等。特別是當許多人以爲這只是勤務執行人員的問題時，O' Neill與Cushing特別提醒，對警察組織的領導人與管理者而言，改善輪班制的型態，不但是他們在道德上所必須擔負的義務，更是在資源運用上所必須面對的問題。換言之，即使

警察組織領導者不顧其對員工所應有之道德義務，就算是只爲組織的資源考慮，輪班制的改進，也都是領導人責無旁貸的。O' Neill與Cushing所提供的改善方法其多，包括將輪班制以長期化，亦即使之固定，而避免每一個人在短期間內經常面對不同的工作時間。Berg（1992）指出：長期固定的輪值，其好處在於時間固定之後，可以使警察人員建立規律的生活作息時間，並對其家居與社交生活得有更規律的安排。此外，也可以視勤務人員的年齡決定其勤務時間，例如五十歲以上者給予特別考慮，因爲他們有較多睡眠的困擾；自然，也可以嘗試用「需求決定供給」的法則，進行勤務時間的改善，就像根據民眾的報案之時間分配狀況，來調整輪班制。他們指出，這種方法在舊金山市警局及紐約市第——五分局都獲致相當不錯的成果。以本文的觀點而言，上述學者的研究已充分顯示出時間因素除了影響警察勤務的對外表現以外，也影響警察組織的經營管理。見：

1.Tepas, D. I. & Monk, T. H. （1987）. Work Schedules. In Salvendy, G. (ed.). *Handbook of Human Factors*. NY.: John Wiley & Sons.

2.O' Neill, J. L. & Cushing, M. A. (1991). *The Impact of Shift Work on Police Officers*. Washington, D. C.: Police Executive Research Forum.

3.Berg, B. L. (1992). *Law Enforcement: An Introduction to Police in Society*. MA.: Allyn and Bacon.

本文前面的敘述，絕不是指將勤務分配表予以固定。因爲勤務執行之原則若是「因人因時因地因事制宜」，則勤務分配表之固定不變，根本無法發揮勤務之效果。此處所謂之固定，係指固定勤務人員之作息，如果。此處所謂之固定，係指固定勤務人員之作息，如張三，每三個月均爲日勤；李四每三個月均爲夜勤。讀者切勿誤解。

註**66**：一、作者之所以認定「以問題爲導向之警察策略」之觀念被「再度」

引進時，並不是指「以問題為導向之警務策略」之「作法」，而是指其「觀念」。事實上，以「問題為導向之警務策略」在觀念上，與多年以前之爭辯「警察是否應參與預防少年犯罪」（梅可望，1990：304）與「警察是否應從事犯罪預防工作」（酆裕坤，1980：136）在某種程度有相似之處。

二、以問題為導向之警務策略之批判與質疑：隨著傳統警察勤務方式之無力應付許多問題，各種所謂新的勤務策略也陸續被提出，其中比較為人所注意的有兩個，一是所謂的社區警察，一是所謂的問題導向之勤務策略。這兩個策略，有學者用非常簡要的方式加以表示，例如「社區警政」被簡化為 "CAMPs"（Consultation, Adaptation, Mobilization, Problem-solving）（或稱之為動員模式），而問題導向警政則是以 "SARA"（Scanning, Analysis, Response, Assessment）（或稱之為掃瞄模式）表示。這兩個策略，有人視其為同一、有人覺得不同，所以經常引起混淆。有關社區警察的問題及其批判，本章前已談及（見註四十七），本部分是針對問題導向策略而發的。對問題導向策略的批判，有人以為是純粹的口號，如Klockars（1988）；有人以為這只是一種理想（Moore, 1992）。這些批評，在本文來看，均失之空泛。本文以為可以進行多方面的批判。這項策略，在作者來看，至少存在下列問題：

（一）首先是認識論上的問題。主張此一策略者相信，每一組單獨之事件背後都有深層原因與狀況，而這些深層狀況會製造警察問題（Eck & Spelman, 1987）。本文可以同意事件後面有原因，問題在於以人類有限的經驗、理性，我們如何知道這是原因？什麼是真正的原因？我們如何知道第一因？若依康德的觀點，這是我們的概念把知覺，在因果、統一、相關、必然、偶然等等的觀念下，加以安排。換言之，給這些事件加上次序、關連、統一

性，完全是我們自己的意思，是內心所起的作用，也是主觀的投射與想像。因此，有人說：「總是有引起原因的原因。」（Wilden, 1972: 39）。由於此一策略強調的是對過去傳統警察勤務策略的改善，因此，此一策略所處理的是一組（非單一事件）事件的原因。若用康德的說法，世界本身並非有秩序的，有秩序的是我們的思想。因之，所謂一組事件，可能並非實際，而是緣自我們思想的作用。尤有進者，如何將兩個事件加以聯絡，賦予意義，可能又因人而異、因時而異、因地而異，這二度說明了知性的限制。

（二）Eck與Spelman對此一策略的描述可知，這個策略是以系統觀為主，輔以分析的手段。這種研究方式，正是系統理論的難題，也是所有研究工作者（包括作者）所必須面對的問題。系統理論的大將Bertalanffy在談系統理論時已充分瞭解這個問題。系統理論雖然是以整體的觀念來對待問題，但在處理上卻又不得不把它區分為若干個小單位，進行「分」析。當分析時，不但面臨了研究資料可能喪失的危險，也喪失了問題的整體性。而分析時，又面臨了如何分類？用什麼標準分類等問題。在方法論上Moore做為此制的贊同者，只是輕描淡寫的指出此一策略在方法論上的三個危險，分別是「誰來宣稱成功」、「質」、「量」的問題，本文以為在追求知識的增長與進步下，Moore似嫌過於保守。以此一策略之檢討而言，必須從Popper的觀點下手不可，也就是在經驗世界中有沒有「否證」的問題。以Eck與Spelman的說明來看，他們只是說明「若干」「成功」的例子，我們無法知道不成功的例子有多少，因此他們的策略不足以證明什麼，更何況在他們所宣稱的成功實例中，就一些就引

起Wilson（1990）質疑。這種宣稱，是一種獨斷，忽視了此一科學社群中成員之判斷，因此，Moore也說：「缺少外界的評價，我們沒有辦法確知這項策略的成功是否眞實。」（1992：129）在這方面，相對於Eck、Spelman與Goldstein等人，顯然Sherman不但顯得較爲保守而實在。Sherman與Berk（1984）的有關家庭暴力之準實驗結果，已爲人所周知。但Sherman仍警告必須注意地區差異。有關此一策略，在方法論上，仍有其他問題。例如事件的定義問題，事件的時間與空間範圍問題，事件的連續性問題等都有待進一步的澄清與說明。

其他的問題仍然所在多有。以Eck與Spelman所提出解決問題的模式來看，至少還有四方面的問題有待澄清：第一，此模式預設「問題」可以「解決」；第二，此模式預設「警察」可以解決「與犯罪有關的問題」；第三，此模式預設「警察人員」會依上級命令去解決問題；第四，由果推因的線性假設問題。在第一點上，如果Eck與Spelman宣示的是解決問題的「決心」，由於具有其絕對性，因之，不容懷疑。然而，當他們視問題可以解決時，前人已告訴我們，這是素樸的樂觀。如Simon（1947, 1964）就曾多次提及，由於人的有限理性（bounded rationality）以及知識的不完全，行政組織與人員，很少認眞去解決問題，而只是爲問題找一個令人滿意（satisfying）的答案；而Starling（1993）從公共行政組織的結構來看，也說公共行政組織從來只是個績效的結構，而不是解決問題的結構。因此，我們實在必須去懷疑這個假設。其次，是警察可以解決與犯罪有關的問題。犯罪問題，學者早已指出，並非單純的犯罪問題，而是社會問題、政治問題、經濟問題、法律問題（見本章第二節），因此，「犯罪問題警察化」的說法，不但令人啼笑皆非，更足以顯示主政者的短

視與急功近利的心態。退一步說,即使所有的問題警察都可以解決,也有能力解決,仍然有人質問:這是警察工作的本質嗎?當警察具有這種能力時,會不會有其他問題產生?這再度顯示Eck與Spelman的單純。第三,是對警察人員人性的同質假設。Eck與Spelman以實例指出,被指定負責處理事件的人員,以非常努力的態度與心情進行案件之處理。這些人員當然值得喝采。問題在於,這是所有警察人員在面對或處理問題的常態或異例呢?本書前後均已提及,不但警察人員與民眾在很多事項上之認知有差異,即使在警察組織內部上下層之間甚至於同層級人員(如內勤巡佐、外勤巡佐)對事物之看法均存有差異,在這種情況下,單方面的假設警察人員之同質性,即使其他條件能充分配合,也無法為此制的成功提供必然的保證。再退一步說,即使Eck與Spelman有充分足以說服人的理由證明警察人員的同質性,我們仍然可以追問:他們所舉的例子,有沒有所謂「霍桑效應」情況的存在呢?換言之,當我們把這套策略普遍化之後,是不是所有的警察人員都能如實驗時的努力從公呢?以人類有限的經驗而言,恐怕沒有人能夠就此提供保證。第四,是有關由果推因的線性假設問題。如前所見,由果推因的第一個困擾是在尋找第一因時的困難,此刻不論。第二個則是線性假設問題。社會科學研究中的線性假設,一直是此一行業中從業人員所欲解決的問題,然而在實際運用上卻一再遭遇問題。以作者的想像來看,這個問題,不但永遠無法解決,也將是社會科學做到如自然科學般那樣精確的主要障礙之一。在社會科學研究中,通常始於假設。假設即意味著前提、條件、範圍、限制與立場,事實上這已說明論證或理論不完整之可能性。在假設經驗證得到支持後,還必須考慮時間因素的作用,這再度說明理論或論證的不完整性與暫時性。因之,即使兩個

變數之間存在眞正的線性關係，在時間的長河中，除非我們別有用心與企圖，社會科學的研究者實不宜也不應爲任何兩件事下斷語，除非給予條件。對線性假設的問題，學者有過許多批評，此處僅引兩則以支持本文的說法。Mill與Mintzberg（1983）以帕金森定律（Parkinson's Law）之一——組織規模與行政人員比率之間的關係爲主題，進行對社會科學一連串的無情批判。他們指出，社會科學研究都只重「分析」（analysis），而忽視「綜合」（synthesis）。當一個東西、事物、現象，進行分析之際，在認識論上面臨的問題是爲什麼分？怎麼分？分什麼等問題，在操作中，則又面臨資訊的流失問題。其次，是雙變數關係的分析方式，忽略了中介變項的重要性與決定性。三是線性假設在我們的生活世界中，經常有一些無法解決的問題。四是時間的連續性質常被忽略。這些都是分析途徑的缺點。Cook（1983）也說，即使我們的經驗世界有其規律性，但我們仍受制於「量」的變化可能引起「質」的變化的限制，更何況事物之間的線性關係，在經驗世界中並不多見。即使「眞的」在經驗世界中我們可以找出兩件事物中的線性關係，然而人爲的操縱仍可化線性爲非線性，因此「線性關係」在知識論上只能視之爲假設，在我們的生活上也是如此。最後，問題導向所強調的「掃瞄、分析、反應、評估」方式，有學者認爲，這幾乎是對所有事物的處理方式，不應由問題導向所獨占。換言之，由於這種方式的應用太廣，所以並不獨特。

總而言之，本部分的敘述看起來是對問題導策略的批判，事實上是對社會科學研究的深層思考。對上述這些問題，我們認爲這是無法解決的，此部分只是要強調思考的重要性而已。以上分見：

1.Klockars, C. B. (1988). The Rhetoric of Community Policing.

In Greene, J. R. & Mastrofski, S. D. (eds.). *Community Policing: Rhetoric or Reality*. NY.: Praeger.

2.Moore, M. H. (1992). Problem-Solving and Community Policing. In Tonry, M. & Morris, N. (eds.). *Modern Policing*. IL.: The University of Chicago Press.

3.Eck, J. E. & Spelman, W. (1987). Problem-Oriented Policing in Newport News: Summary. In Dunham, R. G. & Alpert, G. P. (eds.). (1989). *Critical Issues in Policing: Contemporary Readings*. IL.: Waveland.

4.Wilden, A. (1972). *System and Structure*. UK.: Tavistock.

5.Wilson, J. Q. (1990). *Gainesville Convenience Store Ordinance: Findings of Fact, Conclusions and Recommendations*. Report prepared for the National Association of Convenience Stores. Washington, D. C.: Crime Control Research Corporation.

6.Sherman, L. & Berk, R. A. (1984). The Specific Deterrent Effects of Arrest for Domestic Assault. *American Sociological Review*, 49: 261-272.

7.Simon, H. A. (1947). *Administrative Behavior*. NY.: Free Press.

8.Simon, H. A. (1964). On Concept of Organizational Goal. Cited From Lynn, L. E., Jr. (1987). *Managing Public Policy*. MA.: Little, Brown and Company.

9.Starling, G. (1993). *Managing the Public Sector*. CA.: Wadsworth.

10.Miller, D. & Mintzberg, H. (1983). The Case For Configuration. In Morgan, G. (ed.). *Beyond Method: Strategies for Social Research*. CA.: Sage.

11.Cook, T. D. (1983). Quasi-Experimentation: Its Ontology, Epistemology, and Methodology. In Morgan, G. (ed.). *Beyond*

Method: Strategies for Social Research. CA.: Sage.

註 **⑰**：關於見警率，可以從幾點討論。第一，從語意上來看以及實際觀察，「率」已經意味著必須進行前後比較，否則看不出起伏高低。又由於警力必有一定之規模，所以這同時也代表「見警率」必有其限制與規模。第二，提高見警率的目的，究竟是為了服務還是嚇阻犯罪，也有必要深入瞭解。如果只是為了服務民眾，考量當前的通訊科技的發達與便利，見警率似乎不是最好的方法。如果是為了嚇阻犯罪，那麼從過去的研究與理論來看，可以下的結論是：見警率對於某些類型的犯罪可能有其效果與作用，例如發生在街頭之犯罪；而這同時也表示，見警率之提高必然對某些類型之犯罪根本無作用，例如白領犯罪。第三，若從符號互動論的觀點來看，見警率之提高會不會帶來民眾的恐懼感，恐怕是另一個值得關切的問題。第四，見警率的重點到底在於"police availability"或"police accessibility"也值得深思。

註 **⑱**：Simon首先於一九四六年在公共行政評論中提出「行政諺語」的說法，認為行政上所說的一些原則常有互相矛盾且對立之情況，例如一方面強調「控制幅度」、另一方面又說「層級簡明」，明顯互相矛盾，因此稱之為「諺語」。行政諺語，當然在問題的說明上有其方便之處，但也有許多缺點，端視其使用的問題與場合而定。一九四七年，Simon又把這個說法放在其所著《行政行為》一書中。Simon的此一說法，有許多人贊成，如《企業的人性面》（*The Human Side of Enterprise*）作者McGregor （1957）。McGregor以為，只有在非常極端的情況下，才有所謂的組織原則可言。

第3章　警察勤務之運作模式及其相關問題

 前言

　　在一個民主的社會中，政府各機關基本上所提供的是公共財。以警察機關爲例，單純的看，所提供的則是有關秩序方面的公共財以及各種服務的公共財。無論其名爲秩序維持或服務提供，有沒有一種系統的處理方式？是不是有規則可循？這些規則是如何得到的？透過這些規則，我們可以發現哪些問題？這些問題有無改進之可能性？若有，應如何著手？這些是本章的一些中心問題。

　　本章的主要目的有三：（一）是在探討我國警察勤務運作的狀況；（二）是介紹在警察勤務運作中的兩個模式；（三）是就此二模式加以分析、檢討。透過本章的討論，讀者一方面可瞭解我國警察勤務運作的實況；在另一方面，讀者也可由本章的討論中系統地發現目前我國警勤運作中所存在的問題。爲了方便討論，本文把焦點放在一九七一年以後的勤務運作上。以作者的立場來看，這樣的討論方具意義，因爲：（一）一九七一年以後，台灣所遭遇的政治、社會方面的狀況變化較大；（二）在勤務運作方面，一九七一年以後，特別是孔令晟先生接掌警政署之後，在勤務運作上方有較大的變革。

　　論及我國警察勤務運作的基本架構，不能不談孔令晟先生。孔氏於一九七一年掌警政署，而當勤務運作的基本架構仍沿襲其當年之構想。孔氏強調車巡以及警察的快速反應，同時也鼓勵民衆利用電話報案。這些觀念，至今仍對我國警察勤務運作有莫大之影響。這個部分本文將稍後分別論及。

　　本章分成六節。第一節前言。第二節模式之一般理論，其目的在介紹模式的建立過程與注意事項。第三節警察勤務運作模式。在這個部分中，擬討論兩個模式，一爲打擊犯罪模式，另一則爲服務提供模式。第四節是就打擊犯罪模式所做的檢討與分析，討論的焦點將放

在此模式在我國運作之狀況與可能存在的問題上。第五節是針對服務提供模式所做的檢討與分析。在此部分中，主要是從學理的觀點進行討論。第六節小結。

模式之一般理論

　　模式（model）一詞的出現或模式此一概念的出現，學者咸認是二十世紀的科學產物，而且是從物理、數學等自然科學中所發展出來的。社會科學研究者爲了增強其理論的說服能力以及力求以更清晰、簡要的文字表達其所欲表達之概念，因此借用了這一個來自自然科學社群中之觀念。

　　模式一詞，一個比較簡要的定義是：一個用以描述、解釋、預測任何概念、過程或現象之基本特性的代表（Bohigian, 1977: 15）。簡而言之，模式是一個縮影。根據這個定義，我們不難看出模式的一些基本特質：

　　第一，是理想或現實的簡化（Gates, 1985）。這是指模式的形成過程是一個歸納（inductive）的方法，也就是人類對社會現象或過程觀察之後，抽離出其重要、具有代表性的部分而捨棄無關緊要的部分，而形成模式。

　　第二，模式的主要功能在於描述、解釋與預測。這是指當模式被建立以後，至少消極的可以做到對任何現象或過程進行描述或解釋，而積極的則可以對現象或過程進行預測。

　　也因爲模式的這兩個特質，所以給模式的運用帶來一些限制。這些限制包括了：

　　第一，由於模式是在經長期的觀察後，抽離或萃取出現象（過程）中的重要部分而捨棄不重要的部分，這意味著模式的描述、解釋或預測的功能並不會百分之百的精確。

第二，由於模式的建立，涉及對現象（過程）的觀察與選擇（選擇重要的部分、捨棄無關緊要的部分），因此，如何做到「最少的扭曲、最多的精確」（minimum distortion and maximum accuracy）便成為十分重要的課題。

第三，由於模式是現實或現象的簡化，因此其在先天上並不企求涵蓋一切現實或現象。亦因如此，當一個模式被建立以後，必須不斷修正，方可力求發揮其描述、解釋與預測的功能❶。

在某種程度內，模式與理論所代表的內涵十分相似，因此，模式建立的過程與理論建立的過程有異曲同工之妙。簡言之，模式的建立是根據下列步驟進行的。

第一，首先是進行對社會現象之觀察。由於模式之建立基本上是歸納法的運用，也就是一種聚合式的思考方式，因此必須對社會現象進行觀察，至累積相當數量後，以觀察所得之資料進行歸納、分類與整理。

第二，其次是就資料加以分類與歸納（Gates, 1985）。這個部分事實上包括兩種工作：分類與歸納。分類❷是一種歸納工作，所以分類與歸納在某種程度內很難區分清楚。由於模式建立的目的在執簡馭繁、簡化所得之資料，因此將所得資料加以初步的分類，不止必要而且重要。分類的第一步驟是決定分類的標準，而常見或經常使用的標準則包括人、事、時、地、物、目的、過程等。以人為例，其分類之標準又可再細分為性別、年齡、社經地位、收入等。無論什麼樣的分類方式，有兩個必須遵守的基本標準，那就是周延（all inclusiveness）與互斥（mutual exclusiveness）（Chafetz, 1978）。周延指的是應盡可能的包括所有的社會現象或對象在內❸；互斥則是指被分類之物只能落入一個範圍中，而不能同時為兩個或以上的範圍所包括。我國刑法中在刑事責任的年齡標準中，正是一個典型「周延且互斥」的實例。

資料在經初步的分類之後，接著就是歸納。有關歸納，有進一步說明的必要。基本上，歸納可以說是人類追求事物產生原因的一種

方法。歸納法（induction） 脫胎於Bacon（1561-1626）（Halfpenny, 1982）。其主要是指，在事物或現象的大量累積後，進行系統的觀察，後藉此抽出一般的元素或導出一般的法則，以求其描述或解釋所有觀察的事實。而對Bacon的歸納法，做最有系統的發揮的，該算是Mill了。Mill的歸納法包括五種方式，即一致法（method of agreement）、差異法（method of difference）、殘餘法（method of residues）、共變法（method of concomitant variation），以及一致與差異之聯合法（Halfpenny, 1982）。這五種方法可以用下表列出：

表3-1 Mill的歸納五法

方法	前提（條件）		結果
一致法	1.ABC→XYZ 2.ADE→XVW		A→X
差異法	1.ABC→XYZ 2.BC→YZ		A→X
殘餘法	1.ABC→XYZ 同時，已知A→XB→Y		C→Z
共變法	1.A1BC→X1YZ 2.A2BC→X2YZ		A→X
一致與差異之聯合法	1.ABC→XYZ 2.ADE→XVW	1.ABC→XYZ 2.BC→YZ	A→X

資料來源：Halfpenny, P. (1982). *Positivism and Sociology: ExplainingSocial Life*. London: George Allen & Unwin, P.94

　　有關Mill的歸納五法或甚至於整個歸納法之背後邏輯，仍有一些問題存在。

　　第一，在Mill的心目中，他反對許多人指稱在方法上，演繹法（deduction）較歸納法優異。他認為只有歸納法才能進行真正的推

論，而演繹法只是一種「口語或文字的轉變，是一種對已知事物的不同敘述方式」（引自Halfpenny, 1982: 93）。而真正的推論卻是由已知找未知，亦即發現而不是證實。Mill以為，這是演繹法所無法做到的。

第二，儘管Mill有上述的主張與看法，但基本上Mill的歸納五法仍存在下列問題。

❀**Mill的歸納法到底是歸納法還是演繹法？**

若不仔細觀察（見**表3-1**），我們很容易認為Mill的歸納五法是一種「歸納法」。惟若仔細深思，我們將可發現，從最宏觀的立場來看，Mill的歸納五法事實上是「演繹的歸納五法」。即以一致法為例，雖然是A造成X（A→X），但此係植基於兩個前提或條件上：（一）ABC→XYZ、（二）ADE→XVW。問題的焦點在於此二條件或前提從何而來？此二條件或前提，事實上是一種假設；而假設的產生，正是從理論基礎、背景知識，乃至於其所處環境而來。從知識社會學的觀點而言，這正如Mannhiem所說：「人類思想之產生與運作，並非在一社會真空之中，而是來自其特定的社會環境。」（Mannheim, 1936: 80）。在這種情況之下，明顯的，Mill的歸納五法，乃是緣於演繹法，這正是Mill的難題。

❀**歸納法證實與存在之可能性**

退一步說，即使Mill的歸納五法並無上述的所說的困境，仍有其他來自各方的質疑。例如Hume即指出，就算有再多的經驗證據，我們也無法因此而合邏輯的證實一完全普遍性的命題（Halfpenny, 1982；Chalmers, 1988）。換言之，歸納法在邏輯上沒有辦法得到完全而充分支持。Popper也論證，即使我們觀察再多次的白天鵝，也無法因此建立所有天鵝都是白色的結論（Popper, 1968）。也因此，Popper以為，在科學方法中，並無所謂之歸納法，所有的科學理論，永遠都是假設性的。而科學理論，重要的並不在於驗證（verification），而在於否證（falsification）❹。

❀被觀察現象之選擇過程

再退一步說，即使我們不認為Popper之所言有理，而肯定歸納法有其存在與運用之必要性。然而在某些人心目中，可能在被觀察現象之選擇過程中，仍有一些疑慮存在。所謂選擇，就某些人而言，就有偏差產生的可能。而這種偏差，又涉及不同人對同一事件的不同看法，甚至於同一人對同一事件在不同時間的不同看法。在這種情況下，這不但意涵著實際生活中並無客觀可言，而歸納法也不是一種客觀的方法了。

即使歸納法有如此多的限制與問題，本文的模式主要仍是歸納的方式進行。歸納在本文的意義中，主要是利用一致法，抽取重要的元素或特質從而建立模式❺。在抽取元素或特質的過程中，如同前面所提到的，模式建立者建立模式的目的，當然是一個重要的影響因素。換言之，模式建立者的主觀意圖與價值判斷在抽取元素或特質的過程中扮演了一個相當重要的角色。但同樣重要且不可忽略的是，模式建立者所處之科學社群（scientific community）中之成員對所抽取之元素或特質的共識與認同。這是因為模式的基本特性在追求、瞭解社會現象的一般性重於其特殊性，以及缺乏他人認同的模式在理論上意義不大使然（Chafetz, 1978）。

在完成上兩項工作之後，模式之建立工作大體上已經完成。然而一個能歷經考驗的模式，除了分類與歸納以外，仍有後續的工作——修正。

模式的修正是在模式的建立過程中一項不可忽略的工作。這項工作之所以重要，是因為在初步的模式建立後將無可避免的碰到許多異例（anomaly）或模式難以解釋的例外。當異例或例外一多，模式的解釋或預測能力便開始減弱。此時，即應對模式加以修正以增加其解釋或預測能力。換言之，異例或例外對模式而言，不一定是一種否定作用，而有可能產生一種補充或修飾作用，也就是具有完整化模式之作用。如此看來，異例對模式的意義不全然是負面的❻。

上面所簡要介紹的由觀察而歸納而修正是模式建立的基本過程。

警察勤務之運作模式

　　儘管在應然面中，許多人對於警察所應扮演的角色與所應擔負的功能可能有不同意見；惟從實然面觀察，多數民主國家之警察所擔負的功能，仍不外乎以打擊犯罪、服務民眾、整理交通爲主。爲了配合實際，因此，在本部分的探討中，討論的重心將放在兩方面；一是警察勤務運作之打擊犯罪模式，另一則是服務民眾模式。

　　從最廣泛的觀點來看，所謂的服務民眾模式與打擊犯罪模式並不容易將兩者截然劃分，同時在概念上也不盡然互斥，特別是如果我們將打擊犯罪視爲是服務民眾的一種手段之時。

●打擊犯罪模式[7]

　　早在一九七一年，美國學者Reiss在一項研究中發現，警察工作之中活動或行爲的發動，有百分之九十以上均是由民眾報案而起，而警察人員只是針對民眾的報案加以反應。因此，在Reiss心目中，警察人員只是針對民眾的報案加以反應。因此，在Reiss心目中，警察勤務在現象面中基本上是反應式的（reactive）而非先發式（proactive）的。這是Reiss的名作（*The Police and the Public*）（1971）中的一個重要論點[8]。

　　而所謂"reactive model"到底其產生原因何在？是不是在警察勤務中還有所謂的"proactive model"？這兩種模式如何爲人體會、又帶來什麼問題？這是這個部分將繼續探討的。

✱反應式模式（reactive model）的產生原因

警察反應式警勤方式的產生原因，學者Sherman（1982, 1983）從美國的地理環境以及社會發展狀況指出：汽車的大量運用、人們移往郊區居住以及雙薪家庭（two-income households）的出現與成長是反應式產生的重要因素。

首先，Sherman認為，工業化使得身為一家之主的男性必須離家工作，這導致家中可能無身強力壯者而增加被害之機會；同時，汽車的使用使得人口密度較低的郊區更缺乏強有力的犯罪防制機制。在另一方面，由於妻子（工作婦女）的比例日漸增加，使家中空無一人，這也助長竊盜案件之增加。

其次，在Sherman的解釋中，汽車及其他現代科技特別是電話的大量使用，拉長了人與人之間的社會距離，而使鄰里間互助、防制犯罪的機制大為減弱[9]。這些不但改變了犯罪型態，也促成反應式警勤方式的崛起。簡單的說，在Sherman的心目中，反應式警勤方式的崛起與歷久不衰，有其文化上、地理上乃至於科技發展上的影響因素。

雖然Sherman的地理或文化解釋在某些程度內看來有些牽強也不合我國現況，但他的見解卻也指出，警勤方式的改變是與外界環境的關係十分密切。只是在另一方面，Sherman卻忽略了在警察機關中運用反應式的警勤方式也具有特別意義的。這些特別意義約有下列：

❖反應式的警勤方式必須以良好的通訊器材與交通工具為基礎。這些科技產品的運用，在警察首長的解讀中，不但足以彰顯「警察跟得上時代」，也足以說服群眾警察工作的發展日新月異，足以與犯罪抗衡[10]。

❖反應式的警勤方式，在社會大眾的解讀中，是針對犯罪案件而建立的。對警察首長而言，他們並不反對這種認知，因為這種認知有助於強化警察存在之正當性以及有助於爭取更多的資源。

警察勤務理論與實務

　　因此，除了Sherman所指出的原因之外，警察本身對科技的態度以及科技對於警察的象徵意義也有一些催化作用。

✳反應式模式的評估

　　Reiss一九七一年的研究指出，警勤方式多為反應式而非先發式的觀點，早已引起廣泛注意，如同前面已經提到的。而在Reiss的心目中，似乎反應式的警勤方式並不理想，因為警察勤務方式太被動了。這個觀點最近受到了質疑。雖然許多的學者均同意（Sherman, 1982, 1983；Moore, 1992）反應式的警勤方式只是讓警察不停的等待犯罪案件的發生，而實證研究也顯示（KCPD, 1977-1979；Scott, 1981; Spelman & Brown, 1984）反應式的警勤方式事實上對犯罪案件的減少效果也有限。然而在晚近學者的解讀中，反應式的警勤方式並不如我們想像中的毫無意義。例如，Moore（1992）認為，反應式的警勤方式至少給民眾一個相當寬廣的隱私空間，因為民眾有權決定要不要讓警察介入他們的生活。Sherman（1992）也同意，與先發式的警勤方式比較起來，反應式的警勤方式，事實上是更具民主價值的。Sparrow等人（1990）亦指出，這是我們對反應式警勤方式大加抨擊之，仍不應抹煞的優點。換言之，反應式警勤方式的價值在於不可見也不易見的一面，也就是民主面[11]。民主面意指尊重民眾的選擇與選擇之自由。這個優點在某些人看來特別清新、可貴，特別是當有許多人感覺國家或代表國家的政府無時不在，無所不在以及無孔不入時。從民主的觀點而論，簡言之，反應式警勤方式的可貴之處，在於：（一）對民眾選擇權之尊重；（二）暴力的優雅展示與使用（Berger, 1982；Klockars, 1988）。

　　除上述之外，反應式模式的另外兩個優點，是大家所經常忽略的。反應式的警勤方式雖然在多數人的想像中是針對犯罪而發的，在實際面中，它的功能並不如吾人所預其的狹隘。事實上，在某些人心目中，相對於先發式的警勤方式，反應式警勤方式所能發揮的服務功

能可能遠遠重於其對犯罪反應之功能。因為過去的實證研究顯示：多數民眾的報案電話並非向警察機關報案，而是請求提供服務（Wycoff, 1982）。這正是先發式的警勤方式比較難做到的[12]。換言之，從此一角度而言，反應式的警勤方式亦有其服務面。也因如此，所以反應式勤務也較少法律爭議。因此，總的來看，反應式模式至少有四個優點：（一）尊重民眾選擇；（二）暴力優雅展示與運用；（三）提供服務；（四）較少法律爭議。

　　在另一方面，反應式警勤方式也為許多人所詬病，除了被動、等待之外，也包括了前面第二章所談到的與民眾之隔離。一些感覺比較敏銳的學者更擔心，反應式警勤方式可能拉長民眾與警察之間的距離，從而使民眾覺得警察難以控制以及不可信賴（Moore, 1992）。在此同時，Moore（1992）也指出：面對日漸增加的無被害者或無目擊者之犯罪，反應式警勤方式事實上也無能為力。

　　面對這些反應式警勤方式的諸多限制或不可預期之後果，學者紛紛提供了一些改進建議。Moore認為，社區警政（community policing）是改善反應式警勤方式的一帖良方[13]，而Sherman所建議的方式則是先發式（proactive）的警勤方式。何謂先發式的警勤方式？是接著必須討論的。

＊先發式模式（proactive model）的產生原因[14]

　　雖然Reiss一九七一年的研究曾受過學者廣泛的注意，但"proactive"這個字眼的出現，卻始於一九六七年。Reiss與Bordua（1967）當時就提出，到底是誰來發動警察？而隨著反應式警勤方式所引發的問題以及日漸增加的犯罪案件，先發式的警勤方式為人所注目也就不足為奇了。　　　　　　　　　　・

　　如果反應式警勤方式被定義為「由民眾所發動而警察加以反應」的勤務方式；相對的，先發式警勤方式則可以被定義為「由警察發動並選擇目標」的勤務方式（Hagan, 1985； Sherman, 1992）[15]。

歸結Moore（1992）與Sherman（1992）的看法，先發式警勤方式的產生主要因素是來自民眾對於安全感的需求以及反應式警勤方式對某些類型犯罪的無力感。

具體的說，民眾的安全感需求至少具有兩方面的意義：一是心理上的意義，另一則是生理上的意義。心理上的意義指的是民眾對秩序的渴望，也就是Wilson與Kelling在一九八二年三月發表於《大西洋月刊》（*Atlantic Monthly*）的名作《破窗：警察與鄰里安全》（*Broken Windows: The Police and Neighborhood Safety*）所強調的觀點。而生理上的意義，不但意涵著實際的免於被害，也包括心理上免於被害的恐懼。

在此同時，誠如Moore與Sherman等人所指出的，促成先發式警勤方式的另一主因應是來自反應式警勤方式並無力應付許多類型的犯罪案件。無被害者犯罪，如賣淫、毒品、賭博是最明顯的例子。此外，白領犯罪亦有可能。Moore（1992）指出，從保險詐欺到有毒廢棄物之排放，由於被害人並不明顯或不自覺，因此反應式勤務方式根本使不上力。在這種情況之下，允許警方自行設定目標的先發式警勤方式，似乎是在反應式警勤方式之外的另一選擇。

✳先發式模式的評估

從過去的實證研究與經驗來看，近年來，先發式警勤方式似乎在警察活動中所占的比例越來越重（Sherman, 1992）❶。常見的先發式警察方式包括以誘捕小組來逮捕搶犯（Wycoff, Susmilch, & Brown, 1981）、以特別小組監視累犯（Martin & Sherman, 1986）、對經常販毒區域之掃蕩（Sherman, 1990）等。也因這種方式被使用的頻率越來越高，自然亦引起學者對此之反思。

重要的反思是，從人類的防衛自己與其所居住之社會的深層結構來看，環繞著先發式與反應式模式的爭議，在某種程度內，無非是犯罪控制論（crime control model）與正當程序論（due process model）

（Packer, 1968）的路線之爭。

　　具體的說，學者雖不否認先發式警勤方式的必要，卻又憂心忡忡的質疑下列問題：

❖在打擊犯罪上，先發式的警勤方式真比反應式的警勤方式更有效嗎？Sherman（1992）提出這樣的疑問。從時間上來看，Sherman指出：先發式的警勤方式可能有其一時或短期的效應；而長期來看，由於犯罪的移置作用以及人的趨福避禍心理，因此先發式警勤方式的長期效果可能值得憂心。

❖在目標選擇上是Sherman的第二個憂慮。當先發式警勤方式日漸普及時，Sherman擔心可能發生目標選擇偏差（selection bias）之狀況[17]以作為打擊某一種族或團體的手段，特別是在美國社會中。即使沒有種族問題的我國，這項憂慮也有些道理。因為目標選擇偏差的可見後果之一可能就是貪污與腐化。換言之，當Sherman的此項憂慮成真時，不但貪污與腐化不難預期，從深層看，在某種程度內，這又是共識論與衝突論路線之爭的翻版了。

❖在資源配置上，是Black（1983）與Weisburd（1989）的另一個憂慮。如果先發警勤方式成為警勤方式的主流，不但可能形成資源配置的偏差，造成警察組織之內部衝突外，也可能對民主造成傷害。

　　最後，是許多學者所忽略的：雖然先發式的警勤方式可能有多方面的適用狀況，但多數仍集中在犯罪問題上。當「警察有能力去解決犯罪問題」被過分強調時，很有可能模糊了「犯罪問題是社會問題而非『純粹』警察問題」的焦點。換言之，先發式警勤方式可能造成警察能解決此一問題的錯覺，而不從根本面與制度面來檢討犯罪問題與原因。

✱小結

　　從上面的討論中，其實我們可以輕易看出，隱藏在反應式與先發式警勤方式後面的問題不但錯綜複雜且互相糾葛。有可能是共識論與衝突論、亦有可能是犯罪控制論與正當程序論之間的路線之爭。而最重要的啓示可能是來自Sherman（1992）的警語。他指出：不要企求以一種策略來應付所有問題。這指明在犯罪問題上，如果從警察勤務的立場出發，我們也許需要同時使用先發式與反應式這兩種策略，也就是針對不同的犯罪型態（甚至於問題）使用不同的策略，重點求兩者之均衡以及針對問題提出手段。學者Sparrow（1993）也有類似的觀點。Sparrow指出：在今天警察工作之領導與策略運用上，必須要考慮的是各種方法與手段間的整合與平衡，例如，在反應式警勤與先發式警勤間、在指導式巡邏與社區警政間、專案小組與一般巡邏警員間。這種看法意味著上述各種手段，並非處於兩個極端，也並非全然互斥，而是具有某種程度的相容性[18]。最後，作者也必須提醒，不管使用何種策略或哪一種警勤方式，在選擇警勤方式的同時，我們也選擇警勤方式所帶來的成果、後果與苦果。

● 服務民眾模式

　　警察組織之強調服務，似乎並不是近年來才有的現象，特別是在民主化程度較高的國家中。然而，在警察強調服務與其實際所提供之服務之間，似乎總存在著一些差距。如何查覺這種差距，如何找出造成差距的原因並加以彌補或改善，這正是服務提供模式所要研究的。

✱服務民眾模式的產生原因

　　學者Burgess在一九九四年元月份的《警察叢刊》（*The Police Journal*）中引用Parasuraman等三人的「服務品質模式」（service quality model）認為在警察所提供服務品質與民眾所感受的服務品質中存在著相當大的差距，因此，Burgess便環繞著此一落差（gap）開展其論證。

Burgess（1994）以為決定服務品質的因素有十，分別是：（一）服務之可靠性；（二）警察組織之反應性；（三）警察人員的能力；（四）民眾與警察的接觸管道；（五）警察人員對民眾之禮貌與尊重；（六）警察組織人員與民眾之溝通狀況；（七）警察人員之誠信度；（八）警察人員所給予民眾之安全感；（九）警察組織、人員之善體人意；（十）警察裝備之耐用與實用。此外，Burgess也討論了警察為人民提供服務可能造成差錯的原因，包括：機械因素、人的因素、時間因素、能量因素，以及政治因素等。

在這篇十三頁的短文中，Burgess雖然只介紹了Parasuraman等三人的服務品質模式，也探討了影響模式的因素，卻並沒有觸及為什麼要提出此模式的原因。然而，深入探究，本文認為這種模式之產生有其時間與空間上之原因。

首先，從空間上來看，以我們過去對英國警察的瞭解，除了日本外，英國的警民關係是民主國家中之少數範例。例如，酆裕坤（1976）曾引報紙實例說明英國警察在英國民眾心目中的地位，而英國學者如Reiner（1992）也以此自豪。同樣的，梅可望先生在評論英國的警民關係時，不但認為其警民關係「極佳」（excellent），而且是「溫暖且合作」（warm and cooperative）（Mei, 1982）。但是，近年來，情況似乎有所改變（Reiner, 1992）。以江慶興（1994）所提供的資料為例：

❖根據英國內政部的報告，民眾對於警察信心正呈穩定的降低狀態。例如在一九八二年的調查報告中，百分之九十二的民眾認為警察工作表現非常傑出；一九八四年，這個數據減少了二個百分點，成為百分之九十；而一九九〇年的報告則顯示只有百

分之八十五的民眾認為警察工作表現非常傑出。

❖在另一方面，數據也顯示，民眾對警察的抱怨正不斷增加中。像在一九八七年，來自民眾的抱怨或投訴案件，有一萬三千二百餘件；一九八八年，為一萬三千九百餘件；一九八九年為一萬五千六百餘件，一九九○年則達一萬六千九百餘件。

　　上面這些數據，除較早期的鄺、梅兩位先生的論述外，事實上已透露出英國政府是相當在意民眾對警察之態度的。否則以一九九○年的資料而言，當有百分之八十五的民眾認為警察工作表現相當傑出時，實在沒有理由認定民眾對警察的信心正在降低。此外，雖然英國民眾對警察的抱怨逐年增加，粗看之下或是一項警訊，而從另一層面觀察這也正是對警察有信心的表現。比較值得注意的是，依作者之體認，並非這些數據，而是隱藏在這些數字之後的英國警察對服務之思考邏輯。

　　Burgess（1994）指出，有百分之五十之受訪民眾會將警察之服務缺失告訴六人以上。雖然，Burgess是以「有趣」來形容這種現象；但他的說法卻也指出無論警察服務是好是壞，在經過當事人之傳播後，可能具有乘數效果。這正是服務不得輕忽的重要理由。另一位英國的高階警官，相當於我國警務處副處長（Deputy Chief Constable），在同一期的雜誌之另一篇文章中引述蓋洛普民意調查時指出：「雖然民意調查顯示有百分之七十五的民眾對警察的工作感到滿意，但是，我們不要忘了還有四分之一的民眾覺得警察工作做得不好」（Simpson, 1994: 60）。類似Burgess與Simpson這種反向的思考方式，頗具自我反省之作用，因此，服務民眾模式為英國警察所提出，似乎並不令人意外。

　　其次，時間對於這種模式，可能也具有催化作用。時間在此處的意義是指隨著時間的推進，各種社會科學的觀念也慢慢被引進警察勤務乃至於警察工作中。以Burgess所提出的模式為例，基本上這是

一種心理學，企業管理乃至於現象學的運用。在心理學的層面上，Burgess指出，民眾對警察之服務期望，是由個人對服務之需求、個人之過去經驗乃至於人與人之間的口語傳播所構成，這正是心理學的具體應用。而在企業管理的觀念上，一方面警察組織不但要講求量的服務，質的提昇也很重要。這也是爲什麼Burgess會特別提到決定服務品質的十個因素之原因了。同時，在本文第五節的模式中，我們將可看到，企業管理中的行銷，Burgess也加以描繪。而在現象學方面，Burgess所提供的服務模式也具體指出，警察管理階層對社會大眾期望之認識，可能與大眾自己對所期望服務之認識並不一致。換言之，警察組織中管理或領導階層對警察所提供服務之認識與期望，不能基於警察組織與人員之主觀進行想像，而必須立於民眾主觀之基礎上。這些因學術發展的思潮，隨著時間而逐漸深入警察工作中也不令人意外。因爲，惟有如此，警察勤務之突破的可能性才會逐漸提高。

✱民眾服務模式的評估

　　Burgess以多面向的方式，呈現了他的服務模式。總的來說，此模式說出了理論與實際、理想與現實之間的差距。評估的焦點也許可以放在這個模式究竟有什麼優點與缺點上。

　　Burgess的這一篇短文，以中性而客觀的態度探討警察服務模式可能產生的問題，因此並未帶有任何價值判斷的色彩（至少從民眾的角度而言）。也因此，他並沒有提到究竟這個模式有任何優點。然而，如果我們承認服務工作在警察功能中具有決定性，那麼本模式的最大優點在於其民主面，也就是以民眾的期望爲期望而提供服務。如同在第五節中所將談到的，Burgess以現象學的觀點闡明（他並未明說），「資深的警察管理階層也許並不知道民眾眞正的需求」（Burgess, 1994: 27）。這種拋棄警察觀點、拋棄高權思想的思考方式，正是一個民主社會所應具備的基礎條件。Burgess的模式十分清楚的表達此一觀點。進一步來說，以現象學研究者所最關切的三個概

念：意義（meaning）、行動（action）與互爲主觀性（intersubjective-ity）（Bernstein, 1978: 141）中的「意義」來看，是透過他自己的生活與經驗而獲得，因此，是無法被他人詮釋的。如果我們可以接受這樣的觀點，那麼警察人員管理階層甚或領導階層並無法以自己的立場去想像民眾的立場便變得十分明顯了。是以在Burgess的這個模式中，以作者所見，「以民爲主」正是其最大之優點。

此外，這個模式具體而微的，從兩方面論述民眾服務需求之產生與警察服務需求提供之過程，並指明在過程的各階段中所可能產生的落差，架構與概念十分清晰，正可作爲我們檢討我國警察服務工作時之參考。

自然，這個模式仍存有不少可議之處。比較明顯的問題之一在於，存在於整個過程中的落差可以「完全」消除嗎？完全意指百分之百。對此，Burgess並未提供任何答案。他只提到：錯誤是不可避免的，重要的是如何彌補這些錯誤（Burgess, 1994: 26）。這個見解或這個模式不應被視爲或解釋爲，此模式可以百分之百解決存在於警察服務上的瑕疵。比較實際的想法是，以減少各階段之間的落差爲目標。更深入的說，這個模式意指，在日常生活中，警察服務提供之過程中存在著許多落差，這些落差理論上應該減少、實際上也可以減少。任何程度（量）的減少，都是警察服務品質的提昇。如果此被視爲畢其功於一役的方法，顯然一方面高估了此模式之效用，他方面又低估了社會問題的複雜性。

此模式之最大問題或許在於忽略了警察在國家與民眾之間的夾心地位，同時也忽略了警察的政治性格。雖然警察在某方面可以代表國家，而實際上卻又不是國家。同時，學者早已指出，國家與民眾（社會）存在著相當程度的緊張關係（豬口孝，1992）[19]，而警察同時又是國家與民眾之代表（Dale, 1994）。因此，可以想見的是，在這個「以民爲主」的模式中，其在時間之預設是適用於一般時期的，在事項上是無關國家生存的。當時、事有任何改變，此模式可能亦隨之

改變。也許Burgess本身並沒有這種預設與體認，然而當我們將此模式縮小至整個警察勤務運作的大模式中時，我們當可發現影響警察勤務運作之模式其因素相當複雜，甚至於警察服務功能可能不再重要了。

✽小結

Burgess的服務提供模式，運用了許多社會科學上的知識，並進而指出，警察主觀認知與民眾主觀認知上差距；同時，在模式中，也點明在警察的主觀認知中，可能在上層與下層（執行層）之間亦存有差距；甚至於在執行層之認知與實際行為間亦有相當落差。這些落差，有其階段性，同時彼此之間互有關係。如果我們接受這些落差的存在事實，那麼當務之急便是如Burgess所建議──致力減少這些落差，同時循序進行改善。

打擊犯罪模式之檢討與分析

模式淺說

我國警察勤務之運作實況[20]，大體上如**圖3-1**所示。

若以刑案為例，則整個警察勤務的運作流程是：首先，必有刑案發生之事實；其次，是案件被發現。此處，案件被發現以菱形表示，是指有些刑案會被發現，而有些刑案是不會被發現。同時，由圖3-1可以看出「案件發生」、「案件被發現」可能是兩個階段，因為有許多刑案發生後往往要過一段時間才會被發現，竊案是最典型的例子。案件被發現的下一個階段是「報案」。「報案」在流程圖中，也是用菱形表示，這代表案件發現者可能面臨的選擇。當發現刑案者選

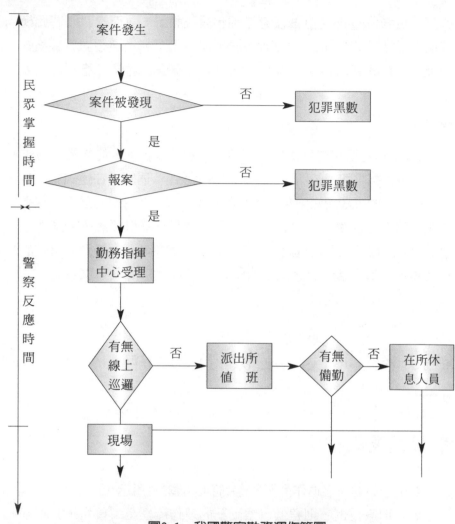

圖3-1　我國警察勤務運作簡圖

擇的是報案時，則通常該案件會依報案方式的不同，則分別為不同的
警察單位處理。若刑案發現者選擇的是不報案時，則本案將成為犯罪
統計中之黑數。若民眾的報案是由分局或警察局勤務的指揮中心之執
勤人員受理時，執勤人員一面記錄、一面處理，亦即從勤務指揮中心

的勤務紀錄面板或資料上瞭解是否有線上巡邏人員；若有，則直接以無線電指揮線上巡邏車行車趕赴現場；若無線上巡邏人員，則將報案訊息轉給派出（分駐）所值班人員。派出（分駐）所值班人員，則視有無實施線上巡邏兼備勤之作法，而有不同的處理方式。若有實施線上巡邏兼備勤者，派出（分駐）所值班人員會電請線上巡邏人員赴現場處理。未實施此作法者，派出（分駐）所值班人員則視有無備勤人員，而分別由備勤人員或在所休息人員分別前往現場處理。我國警察勤務運作的這個模式，基本上是基於兩個假設所產生的。

第一個假設是：當警察對於民眾的報案越能快速反應時，則案件偵破的可能性大。支持這個假設主要是來自實務工作中數據的支持。以日本的資料為例，我們可以從**表3-2**中清楚的看出。警察立即反應到達現場時間與破案率之間基本上是呈正相關的[21]。亦即警察立即反應的時間越快，其破案率也越高。這些數據正強化「警察必須立即反應」的假設[22]。

第二個假設是：當民眾發現有刑事案件或任何事故發現時，民

表3-2 警察立即反應到達現場時間與破案率關係表

區分　　　　立即反應時間　　年代（昭和）	三分鐘以內			三分鐘以上五分鐘以內			五分鐘以上十分鐘以內		
	54年	56年	57年	54年	56年	57年	54年	56年	57年
巡邏車到達現場件數	36,118	26,013	24,678	38,449	35,935	36,828	40,871	61,566	49,430
破獲件數	11,584	8,758	8,827	9,686	9,049	9,624	9,461	11,362	9,477
破案率（％）	31.6	33.7	25.8	35.2	25.2	26.1	23.2	18.5	19.2

資料來源：日本警察白書，警察廳編，昭和55年版、57年版、58年版

眾的第一個反應將是立即報案。由於民眾的報案會十分迅速,因此警察也可以迅速就民眾的報案加以反應,從而提高破案率。

　　至於這些假設在現實中可能會遇到哪些問題以及還有哪些值得關注的問題,以下是本文的討論。

問題討論

　　從圖3-1所繪之流程,此處將逐一討論在各個環節中所可能產生的問題。

✱案件發生與案件被發現之落差

　　本文前已指出,案件發生與案件被發現這兩個階段間有可能同一時間,亦有可能並非同一時間,影響的主要因素應該是案件的性質。通常,類似交通事故之類的人禍,由於道路的空間開放性,較易共見共聞,因此,很有可能案件發生時即被人發現,因此兩者之間的時間差距甚小。但刑事案件的性質與交通事故不同。最主要的是對一般社會大眾而言,一方面,有時何謂刑事案件很難斷定;另一方面,在時間、空間上並不見得開放,因此在時間上的落差很難找到規律性。若以竊案為例,案件發生與被發現的落差,從短到數分鐘到長到數日的狀況都可能存在。前者如有人在睡夢中發現竊賊行竊;後者如舉家出外旅行,回家後才發現家中遭竊。以現在都市中所常見的小家庭為例,最有可能的是夫妻均上班,回家後發現遭竊,其時間落差為數小時。若以殺人案而言,案件發生與被發現之間的落差可能也頗大。有同時者,例如發生於市街中之殺人案;亦有落差達數小時或數日者,例如焦屍案與屍骨已腐爛時。再如若有歹徒以機車對獨行婦女行搶時,則發生與被發現之間的落差即相當短暫。由上面這些例子來看,決定案件發生與案件被發現之時間落差,恐怕案件之性質與時空上是否開放是最主要的影響因素。

　　其次，不容忽略的是，案件發生決不意味一定會被發現。換言之，仍有許多案件發生後而未被發現，特別是在工業化之後日漸增加的環保犯罪、電腦犯罪以及其他白領犯罪。

　　此外，第二個問題是什麼樣的刑事案件比較容易被發現。在我國警察學術研究的領域中，以作者之認識，似乎並沒有人對其作系統性之研究。其主要原因可能在於資料蒐集的困難。然而，在這一方面，從刑案偵查與刑案統計中，似乎仍有一些脈絡可尋。以目前我們對刑案偵查所擁有的知識來看，比較確定的是：我們可以由現象面之歸納中認定哪一類的刑事案件較容易被發現，但我們卻無法從現象面中瞭解哪一類的刑事案件不易被發現。一般來說，刑事案件中有人命傷亡的，似乎較無人命傷亡的容易被發現，因為人身安全從古迄今都是所有社會規範中所強調必須保護的一個目標。其次，或許有無明顯被害人之刑案，也是一個判斷其是否容易被發現的標準。當一件刑事案件其被害人相當明顯時，例如殺人案、強盜案、搶奪案、竊盜案，較諸無明顯被害人之案件，如賭博、毒品案，更容易被發現。以更廣泛的觀點來看，從刑案統計與刑事偵查的現實中，我們似乎可以查覺：當刑事案件的本質為自然不法時，則較易為人所發現；而當刑事案件的本質屬法定不法時，則較不易被發現[24]。法定不法之刑事案件之所以不容易被警察發現，原因很多。以典型的法定不法案件，如毒品、賭博、賣淫等為例，即不易為警察發現。其原因包括：（一）社會大眾對之態度。法定不法，對許多人而言，道德上不一定具有可非難性。亦因如此，當大眾認為這些案件不一定具可非難性時，所以沒有意願向警方報案，警察自然也不容易發現。（二）法定不法之刑事案件常受政治、法律與政策之影響。當政策上有特別要求時，發現這類案件的比例便會提高。由於政策的缺乏一致性，因此警察人員也非一直傾全力在查緝這些案件。（三）在毒品、賭博、賣淫這類的法定不法案件中，與警察機關與人員間存在著十分曖昧的交換與共生關係。例如，在Walker所著《美國之警政》（*The Police in America*）一

書中就指出：「一九七○年代紐約市警局在有關警察貪瀆問題的說明上曾透露刑警與有毒癮之線民保持關係而供其毒品。結果，警察人員卻變成毒販。」（Walker, 1983）。同書上引用Skolnick的一項研究發現：以緝毒為主要工作之警探放任其線民販毒。當在警察機關內部對毒品之查緝都無法取得共識時，我們又如何要求這類案件容易為警察發現呢？更何況毒品、賣淫、賭博這些犯罪，還與警察機關與人員有共生、共存、共榮之關係時[24]。

　　綜上來看，有關此一階段，我們可以看出，在案件發生與被發現之間，可能存在著兩種落差：一為時間落差，一為數量落差。同時，我們也該警覺，當影響案件被發現與否的因素已有如此多時，顯然這問題已不如吾人所想像中之單純。退一步說，即使我們將問題單純化仍然還有其他問題存在。

＊案件被發現與報案之間的落差

　　對於一般人來說，大家的觀念似乎都認為：當刑事案件被發現後，案件發現人一定採取報案的措施。而事實上，這裡涉及的問題至少有兩個。一個正如本項的標題，在案件被發現此一階段到報案之間，到底存在著多少時間上之落差。這一個問題的前提是案件發現者肯定會報案。而最根本的問題卻是在於：案件發現者一定會報案嗎？我們有任何理由做如此樂觀的推論嗎？具體的說，無論前者或後者，都涉及案件發現者的選擇與價值判斷；也因如此，所以Gottfredson與Gottfredson等人稱此為「刑事司法界中的決定問題」（decision making in criminal justice）（Gottfredson, 1987; Gottfredson & Gottfredson, 1988）。他們指出：所謂決定（decision）包含了三個要素：（一）必須有多種途徑可供選擇。也就是有兩種以上的方法可以選擇；否則便稱不上是決定。例如案件發現人可以在報案與不報案之間選擇；當案件發現人決定報案後，他（她）仍可在報案的時機、報案的方式、報案的內容乃至於報案的對象中做不同的選擇。簡言之，案件發現人可

以在是否報案、如何報案、向誰報案、何時報案、報什麼案之間做選擇。（二）案件發現人必須有某些資訊做為其決定之依據。例如當案件發現人決定是否報案時，他（她）會考慮報案的後果如何、不報案時又如何。（三）案件發現人想到達成的目的為何？例如是為了報復、還是為了公平正義、還是另有其他目的等（Gottfredson & Gottfredson, 1988）。這麼看來，問題實不如想像中的單純。為了方便討論，本文擬依時間順序，探討這兩個問題。

　　首先是案件發現人是否報案的問題。若案件發現人發現刑案，所做的選擇是不報案，通常在犯罪統計上會被認定為犯罪黑數（dark figure of crime）。

　　一般言之，犯罪統計在官方上的資料上，通常有下列：（一）警察機關之刑案統計資料[25]；（二）司法機關之犯罪統計資料；（三）檢察機關之案件起訴資料；（四）監獄、看守所之人犯資料。然而，在上述統計資料之中，並無法涵蓋所有犯罪。而此，未在官方資料上出現的犯罪，即犯罪黑數，此亦即一九六七年美國「執法及司法行政總統調查委員會」（The President's Commission on Law Enforcement and Administration of Justice）所發現：犯罪事實要遠比報案者為多的情形（鄧裕坤，1982）。所謂犯罪黑數，或稱犯罪未知數，係指所有未為眾所周知，或未受刑事司法機關所追訴或處罰之犯罪數，可謂一種隱藏的犯罪（hidden delinquency）。易言之，即指不在犯罪統計出現之實際上發生之全部犯罪數（林山田，1982）。

　　下面所列的一些統計或許有助於瞭解犯罪黑數的實際狀況。例如，一九七二年在英國的一項調查研究發現，大約有百分之四十的案件被害人，未將案件報警，同時亦發現，社會地位較高者有較高的報案傾向。在歐洲大陸的荷蘭與西德，大約有百分之五十的案件未報警（Mccabe, 1980）。在美國，夜盜的發生數目比報警者要多出三倍，激怒的侵害與五十美元以上的偷竊案件，比報警者多出二倍，搶劫案則比報警者多出百分之五十（鄧裕坤，1982）。何以會有犯罪黑數之產

生呢？學者列出了許多原因。例如，Mccabe（1980）認為主要原因二：（一）損失微小；（二）警察無能（the police couldn't do anything about it），因而被害人不願報案。學者Ennis（1970）之研究則認為被害人不願報案的原因有四：（一）被害人以為不是警察的事，或者不願加害人受到傷害。此部分約有百分之三十四；（二）被害人害怕報復。此約占百分之二；（三）太心慌以致未報警，或不願浪費時間與警方糾纏。此約占百分之九；（四）被害人相信警方無能為力，或不願再被騷擾。

　　但本文以為，上述兩位學者之看法未盡周延。事實上，犯罪黑數的產生原因，至少包括：（一）視案件之性質而異——一般言之，殺人案之犯罪黑數少，而貪污案、強姦案、輕微竊盜案等相較之下則有較高的犯罪黑數。（二）視被害人而異——被害人的知名度若高，則甚少有犯罪黑數；強姦案的對象是女生，而我國的女性貞操觀念較重；因此多不欲聲張或私下和解了事，因此提高犯罪黑數。（三）視犯罪人而異——社會經濟地位較高的犯罪人，通常會使用許多手段，使「大事化小，小事化無」；而社經地位較低者則無此能力，所以犯罪人的身分也會影響犯罪黑數。（四）警察機關對案件的破案能力——如果警察破案能力強，民眾對警察信任，則會降低犯罪黑數；反之，犯罪黑數增加。（五）檢察機關對案件的起訴比率——犯罪人能否得到應有的處罰，檢查官起訴與否為首要條件。如果犯罪案件的起訴率不高，將使民眾報案的意願減低，進而影響犯罪黑數。（六）法院對起訴案件的看法與量刑的輕重——上法院打官司是既花時間又浪費錢的事。因此，法官之認定犯罪人罪狀之有無，及量刑的輕重，均會影響民眾的觀念。如果一案件，被害人認為法官判被告無罪或雖判有罪而量刑太輕，亦使其對法院失去信心，而增加犯罪黑數。（七）被告判決後之執行情形——如果某一類型的案件，執行時為易科罰金或保護管束或短期內即予假釋，將使民眾對其觀感之不佳而不報案，亦影響犯罪黑數[26]。

　　Ennis甚至對於犯罪的通盤狀況，做了極深入的描述與研究。他認為，從民眾報案到犯罪人被判罪為止，整個司法過程都會有不同程度的量的差異，稱之為「司法磨損」（the attrition of justice）。如圖3-2所示。

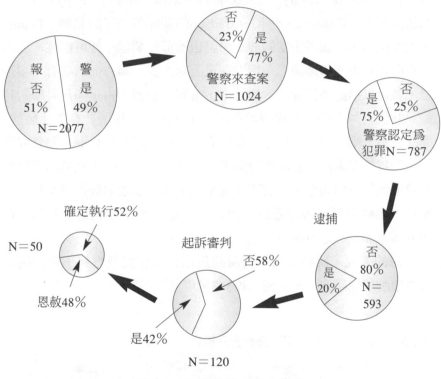

圖3-2　刑事司法案件磨損圖

資料來源：Ennis, P. H. (1970). Crime, Victims, and the Police. In Wolfgang, M. E., et al. (eds.). *The Sociology of Crime and Delinquency*. N Y.: John Wiley and Sons. P.78.

　　刑事司法案件磨損圖意味著從民眾報案到審判定罪為止，整個犯罪情勢即如同「冰山」一般，除非被害人、犯罪人的報案或其他人的檢舉、告發，否則祇能知道犯罪冰山的表面，而無法得知犯罪黑數的數量[27]。

由於報案與不報案，是一種概念的對立，而非指數量上之對稱，因此，在Gottfredson與Gottfredson兩人的研究中特別指出：只有研究被害人或案件發現人為何不報案，並無助於瞭解為何他們會報案（Gottfredson & Gottfredson, 1988）。若以Popper所提示之「驗證（verify）與否證（falsify）之不對稱性（asymmetry）」（Popper, 1968）的觀點來看，Gottfredson與Gottfredson的問題真是一針見血。Popper的觀點指出，不論多少次的成功驗證也不可能窮盡一切可能性。因為一方面我們不知道所謂「一切」在量上有多少，再方面只要有一項否證，就足以推翻整個理論。換言之，當有人指出：占星術是科學的時候，我們可以很輕易的用否證指出占星術是偽科學。此亦即「驗證」與「否證」兩者可能在概念上是對立的，但不是在數量上也對立或對稱。若以報案來說，當我們只知道民眾為何不報案時，並無法幫助我們瞭解他們為何報案。以實際狀況來說，當民眾遭遇輕微竊案卻又報案時，也許彰顯社會正義以及盡公民之意義才是他們最重要的考量（Smith & Maness, 1976）。

總的來說，歸結前面所討論的民眾何以報案及為何不報案的原因並參酌其他研究，本文擬以**表3-3**呈現其原因[24]。

表3-3 民眾報案與不報案原因概要分析表

	報案	不報案
微觀	1.民眾教育程度（未達大專程度者）。 2.損失慘重。 3.有保險者。 4.報案所得之效益大於預期成本者。	1.民眾教育程度（大學以上者）。 2.民眾年齡（三十歲以下者）。 3.民眾對刑事司法制度之認知與態度。 4.損失輕微或怕報復。
宏觀	1.彰顯社會公平正義。 2.對社會的認同感。	1.對刑事司法制度缺乏信心。 2.對警察破案能力懷疑。

　　其次，是民眾報案後，其心理狀態如何的問題。傳統上，一般總認為，民眾在報案後的心理期待是警察儘速趕到現場。對於傳統上的這個看法，本文以為可能性甚高。然而，在Cumming等人一九六五年與McEwen等人一九八四年的研究中卻指出另一種可能性，亦有許多民眾並不期待警察人員對其報案能有快速反應，而希望警察能真正處理他們的問題（Cumming, et al., 1965；McEwen, Connors, & Cohen, 1984）。這個研究的啟示，恰與本文第二章論及是否民眾都希望看見警察人員時有異曲同工之妙，都暗示著事物的兩面性（或多面性）。具體的說，McEwen等人與Cumming等人的研究直指也許警察人員的迅速反應重要，但同樣重要的是其處理案件的品質、能力、甚至於態度。否則，依Sherman（1992）的推論，則警察人員將與社會大眾更加疏遠了。

　　相關的另一個問題是：案件是由民眾發現的多，還是警察發現的多？此一問題之所以有趣，是緣於對警察事務處理方式看法之差異。Reiss是最早對此問題進行研究的人之一。在Reiss一九七一年的研究中即已指出：百分之九十五的刑事案件是民眾發現後向警察報案的（Reiss, 1971）。亦因這一項數據，因此Reiss認定，警察工作是「反應式」的（reactive），而非「先發式」的（proactive）。這一個看法，顯然在我國遭受挑戰。例如，葉玉蓮（1993）的研究指出：

「自一九八一至一九八九年間之刑案統計平均來看，過去刑案發生均以被害人自行報案為高，占百分之五十‧五六，餘他人檢舉、親友報案、自首及其他合占比率僅達百分之一七‧七九；惟自一九九○年起，警察勤務發現比率即呈逐年上升趨勢，至一九九一年及一九九二年已躍居為首位，分別為百分之四五‧三○及百分之五‧八三，較過去九年平均（一九八一至一九八九）增加十三‧七四及二七‧二七個百分點，本（一九九三）年一至八月所占比率更高達百分之六○‧四九之新高記錄。」
（葉玉蓮，1993：28）

表3-4是葉玉蓮引自刑事警察局記錄科的統計。也因此，葉玉蓮推出這樣的結論：「該項比率自一九九一起且首度超過被害人自行報案所占比率，顯示近三年來落實警勤區工作後，員警對轄區刑案發生後均能主動發覺並加以處置，對刑案之偵破助益甚大，這可由近年全般刑案破獲率持續提高爲之佐證。」（葉玉蓮，1993：28）

表3-4　台灣地區刑案發生數統計表──按發現經過分

	合計	被害人報案	親友報案	他人檢舉	勤務警察發現	自首	其他
一九八一年	100.00	49.24	2.97	5.02	27.45	0.73	14.59
一九八二年	100.00	49.86	2.99	4.63	29.59	0.65	12.28
一九八三年	100.00	46.18	2.59	4.61	33.16	0.50	12.96
一九八四年	100.00	40.66	2.35	4.82	39.20	0.51	12.46
一九八五年	100.00	52.17	2.88	4.76	30.75	0.47	8.97
一九八六年	100.00	52.01	2.95	3.99	29.97	0.44	10.64
一九八七年	100.00	50.32	2.82	4.68	33.93	0.41	7.81
一九八八年	100.00	55.50	3.22	4.56	29.82	0.37	6.53
一九八九年	100.00	53.29	3.25	4.36	31.02	0.32	7.76
一九九〇年	100.00	52.50	3.38	4.08	32.01	0.68	7.35
一九九一年	100.00	41.68	2.49	4.70	45.30	0.37	5.46
一九九二年	100.00	30.90	1.72	4.18	58.83	0.32	4.05
一九九三年（1.8月）	100.00	29.23	1.52	4.32	60.49	0.30	4.14
九年平均（1981~1989年）	100.00	50.65	2.93	4.55	64.56	0.46	9.85

資料來源：葉玉蓮（1993，11月）。落實警勤區工作的具體績效。《警光》，448：28。

　　Reiss的研究與葉玉蓮的分析，事實上引發了一些值得再深思的問題。（一）到底我國警察在刑事案件處理上是屬於reactive或proactive？或者說是reactive的情況較多或proactive的情形較多？（二）葉玉蓮據以分析的資料可信度高嗎？（三）葉玉蓮的推論可信嗎？

　　以這三個問題來說，其中第二個問題是三個問題的核心。第二個問題涉及官方統計之「質」的問題，也就是官方統計是否被美化（主觀的）或是被污染（客觀的）的問題。如果第二個問題的答案是否定的，那麼第一個問題與第三個問題便不存在了。有關第二個問題，亦即警察官方統計的問題，中外學者均指出，無論質與量均有許多問題（Black, 1980；馬振華，1992；李湧清，1993）。第三個問題是關於葉玉蓮推論的可信度問題，其推論之邏輯，可議之處頗多。簡言之，約有下列：（一）其認為這是因為警勤區工作落實之故。警勤區工作落實嗎？本文第五章有深入探討，此處不論。（二）影響刑案破獲率的因素，到底有哪些？葉玉蓮單方面的認定這是警勤區工作落實所致。若然，照理說，台灣地區的犯罪破獲率應一直提升才對，然而我們找不出支持這種說法的證據，特別是從長期來看。其次，若警勤區工作這麼有效，那為什麼我們今天仍然對犯罪問題束手無策。其他可議之處仍多，本文不願浪費篇幅再作說明。本文只想提醒，也許「落實警勤區工作」有某些程度的解釋力，然而若把這種作法看成是唯一因素，那未免過於單純。最後，是第一個問題的爭議。葉玉蓮以歷年的刑案統計指出：我國警察在勤務中發現的刑案多過民眾的報案；因此，我國警察在這一方面可以稱得上為proactive，而非reactive。這個說法相當有趣，而更有趣的是另一個可用來與葉玉蓮之研究對照的實證研究。在一九八五的一項實證研究中，研究人員曾問派出所員警，「依您之體認，現在派出所處理之案件最多的來源為何？」，在回答的七百零八位服務於派出所的人員中有百分之八三點八的人選擇的是「民眾報案」，再次為「上級指示」約占百分之八點一，而選「執勤中發現者」僅占百分之七點二（江裕宏，1985：136-

137）。雖然這兩項研究的時間不同，似乎很難加以比較。但若以資料的可信度來說，參酌學理，似乎江氏研究之可信度較高，因為在Bottomley與Coleman的研究中也指出：在英國，由警察所發現的案子不到百分之十三，而由民眾（含被害人及目擊者）所發現的卻有百分之八十。若以案別看，警察所發現的案子以詐欺較多，但仍未高過民眾。其他無論是竊案、暴力犯罪、夜盜等由警察所發現之比例則甚低（Bottomley & Coleman, 1981）。

其次，是案件被發現後到報案之間的時間落差問題。傳統的假設總認為任何人發現刑事案件後的第一個反應，便是向警方報案。本文在第二章中早已指出：這樣的假設過於樂觀也不符實際。例如，Elliot與美國司法部的研究都有這樣的指陳，而Conklin與Bittner的研究更指出：以竊案為例，能即時立刻向警方報案的少之又少。每六件竊案中，只有一件能在發生後一小時內報警，只有約一半的竊案是發生在六小時之內報警的（Conklin & Bittner, 1973）。Walker（1985）稱此為「冷卻的犯罪案件」（cold crime），在這種情況下，Sparrow等人（1990）認為充其量警察所能做的，只有安慰被害人。以作者的立場來看，影響此落差的因素應有不少，而最重要的恐怕是：（一）刑案發現人與該刑案之間是否有任何關係？當兩者之間有任何關係存在時，刑案發現人很有可能因各種不同的考慮因素而影響其是否立即報案。換言之，刑案發現人本身的性質與特性，是第一個影響因素。（二）此與報案的設備有關。當刑案發現人即使主觀上有意立即報案時，也會因客觀環境狀況而限制其立即報案。例如在荒山野地發現焦屍。總的來說，在案件被發現與報案之間，亦存在著數量上與時間上之落差。然而，在影響時間落差的因素上仍待深入研究，特別是當時間因素於警察勤務中有特別意義的時候。

＊報案與到警察機關之間的落差

本項的焦點是針對各種報案方式之間的差異而言。當刑案發現

人主觀上有立即報案的意圖，客觀上卻會因為其採取報案方式的差異而有時間上之落差。

從實際狀況來看，目前，台灣地區的民眾約可透過兩類方式來報案，即親自報案或利用電訊報案。就親自報案來說，可以往警察局、分局或分駐派出所報案。實際上，警察局及分局由於單位太多以及沒有明顯的受理人員，因而到總局及分局報案者較少，多半往派出所報案。而由於觀念上、時間上或通訊上的原因，鄉下地區民眾親自往派出所報案的又比都市民眾多。親自報案的優點在於能清晰描述案情，受理人員較重視，但時效上較難掌握為其缺點。而電訊報案，又有下列四種系統。以下分述之：

❖ 按鈕報案系統——即由公民營金融機構、行號、銀樓裝設直通警察局、分局或分駐派出所。這套系統的報案方式，不以語言表達，而以燈號或鈴聲等顯示突發狀況。

優點：簡便、快捷、不投幣、不撥號。

缺點：1.昂貴——非一般民眾所能負擔。

2.必須經常檢查與測試。

3.易造成混淆——若派出所轄內各公司行號皆已裝設且無明顯標誌，易造成混淆。

4.容易誤觸。

❖ 自動電話報案系統——即由民眾以自宅或公用電話撥接警察局、分局或分駐派出所報案。這種報案方式正如同以電話交談一般。明顯的優點較少。

缺點：1.警察機關之電話號碼記憶不易。

2.須撥七碼或八碼方能接通。

❖ 110電話報案系統——即經由中華電信公司所裝設的專線向警察局、分局或分駐派出所報案。

優點：易記、簡便、有專人接聽。

缺點：1.線路有不足或擁塞情形。

　　　2.電信區域之劃分與警察管轄區域之劃分不盡相同，造成部分地區之報案不便。

　　　3.在心慌或緊急之情況下，民眾經常將110與119互相混淆。

❖119電話報案系統——本系統與110一樣，同為中華電信所裝設的專線報案電話。不同之處有二：一為本系統為火警或救護專用，即功能不同。二為本系統多半裝設於消防隊或消防分隊，即受理機關不同。優缺點則與110系統相同。

從上述的說明中，本文歸納出**表3-5**作為比較的參考。

從**表3-5**中，我們可以看出：刑案發現人主觀的立即報案意圖，事實上是受限於他所選擇的客觀報案方式。如果時間是警察勤務所強調，那麼顯然民眾所掌握的時間遠較警察所掌握的時間來得重要。隨著政策與科技進步，目前更可以透過單一窗口或網路報案，這些雖然有助於減少犯罪黑數，也使報案更加方便與迅速。但在警察的政策面上，上面所討論的，事實上指出：我們應以更嚴肅的心情、以更系統的方式來研究有關民眾報案的問題。

最後，即使前面所列的落差都不存在，仍有待解決的問題。包括：（一）指揮（派遣）時間。理論上，民眾報案之時間與受理單位之指揮本「一面記錄、一面處置」之原則，迅速指揮離現場最近之人員或車輛赴現場。然報案電話若過多，如同時有人報案，則必須視案件性質再依性質分別處理。（二）行車時間。理論上，在外執勤人員只要接獲指示，即以最快之時間趕赴現場。而實際上，影響行車時間之最主要因素在於道路之交通狀況。諸如道路寬度、發生交通事故之機率、交通流量等都有或多或少的影響。以實況言，台灣省內此方面之顧慮較少；都會區域，大者如台北市、高雄市；中者如台中、台南、基隆等省轄市；小者如板橋、三重、新莊及其他縣轄市都有這方

表3-5　個種報案方式比較表

類別\比較	親往報案	電訊報案			
		按鈕系統	自動電話	110電話	119電話
報案方式	口頭	燈光、音響	口頭	口頭	口頭
受理單位	以派出所為主	派出所、分局、總局	同左	同左	同左
報案所花時間	較慢	快	較慢	快	快
成本	低	高	中	中	中
受重視程度	高	最高	中	中	中
報案內容	詳細	很不詳細	中	中	中
其他		1.容易誤觸。 2.必須經常檢測。	1.必須牢記電話號碼。 2.必須撥七碼或八碼。	1.簡易、易記公用電話需投幣。 2.易與119混淆。 3.電信區與警政區不同。	1.同左。 2.易與110混淆。 3.同左。

面的困擾。總結警察反應時間方面的因素，可大致分為兩點，即主觀上的不能立即反應（如當時並無線上巡邏人員）與客觀上的不能立即反應（如道路擁擠）。

　　末了，必須提醒的是，由圖3-1可以看出，民眾掌握的時間對警察勤務之運作言，最具關鍵性。惟若以更宏觀的角度來看，民眾的報案，不但起動了警察組織，更起動了刑事司法這部龐大的機器（Klinger, 1994）。而從案件發生到民眾報案的各階段時間，所帶來的思考是，民眾的報案決定，不但決定了警察的反應時間，也決定了犯

罪案件的數量。這樣看來，即使警察本身有把「犯罪問題等同於警察問題」的傾向與意願，而事實上主要的控制權仍操在民眾手中[29]。

服務民眾模式之檢討與分析

● 模式淺說

服務民眾模式，可以**圖3-3**表示[30]，就此一模式而言，可從兩方面進行分析與說明。

首先，在模式的建立過程中，我們可以看出，構成此模式的是兩個部分：社會大眾面與警察面。

在社會大眾面，民眾對警察服務之期望，基本上，是受到三個因素之影響：個人過去的經驗、個人對服務之需求，以及民眾彼此間口語溝通與傳播等。雖然民眾因此對警察服務有所期望，但此期望與其所接受之服務間或許並不一致，因此可能產生不滿。

在另一方面，即警察面。本模式指出，警察服務的形式過程基本上具有階段性。首先，是警察管理階層對社會大眾的期望認識；在有這些認識之後，則是將此認識轉化為具體的服務品質目標；其後，則是實際的服務提供；而在服務提供的階段中，仍應同時保持社會大眾之溝通。在一般想像中，無論警察之服務民眾是否可被解讀為是警察的中心工作，由此模式可以看出，其過程遠較吾人想像之複雜。同時，此模式亦指出：每一階段都可能有落差存在。而更具體的觀察，在服務提供的警察面向中，從模式來看，則包括了四個主體：（一）警察管理（領導）階層；（二）幕僚階層；（三）執行階層，以及（四）社會大眾。因為各主體都有其理想與期望，亦有其立場與地位，更有其價值與文化，因此，其間之落差應不難想像。至於存在於

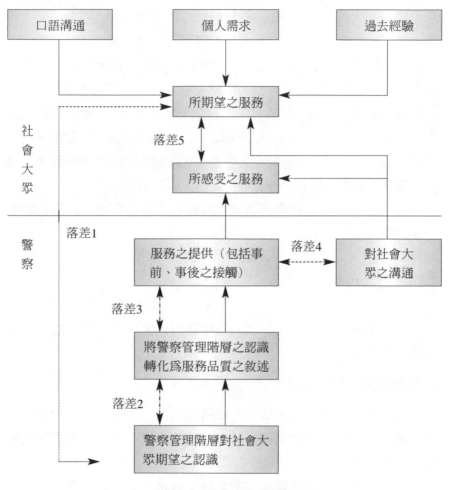

圖3-3 服務民眾模式圖

資料來源：Burgess, T. P. (1994). Service Breakdown and Service Recovery. *The Police Journal*, 67(1): 27

這些主體間的問題，本文稍後再論。

　　其次，從理論上來看，本模式的主要假設有二：（一）從成本看。Burgess指出：「雖然彌補警察服務出錯的工作相當花錢。然而如果這些服務方面的錯誤一再發生，同時又缺乏良好的監督與修正，

那可得花上大錢。」（Burgess, 1994: 26）。以Burgess的企管碩士背景，有這樣的預設並不令人意外。而事實上，這也是一種預防觀念。（二）從資產看。Burgess以為，警察工作需要社會大眾的協助與善意。因此，檢討警察之服務缺失相當重要，否則，「這種服務瑕疵可能導致不滿意、憤怒、苦惱與挫折，從而吞噬警察在一個守法的社會中所建立的形象。」（Burgess, 1994: 26）。換句話說，民眾對警察的意義未定，主要是取決於警察之服務；如果警察的服務瑕疵甚多，那民眾對警察而言，將是一種負債；反之，則是資產。

　　而這些假設與服務提供過程中可能存在哪些問題，以下是本文的檢討。

● 問題討論

　　在這個部分中，首先要談的是服務提供模式的假設問題，其次是過程問題。

✳本模式的假設問題

　　在本模式的假設上，如同前面所看到的，本模式之假設有二，特別是本模式的第二個假設有進一步討論的必要。因此，作者將把焦點放在第二個假設上。

　　民眾對警察究竟是資產或是負債？還是具有其他意義？是值得我們再思考的。

　　如同Burgess一樣，無論是我國或國外的學者大多數都會同意，民眾對警察工作而言，可能是資產，也可能負債。如果警察工作令人滿意，則民眾是資產；否則即是負債。「水能載舟、亦能覆舟」就是就此而言。作者在態度上也可以同意這個觀點。比較值得思索的是，如何將民眾轉化為警察的資源？

　　如同我們所看到的，Burgess以為，如果能改善警察服務，則民

眾為資產。換言之，除此一途外，似乎別無他法。作者必須指出，這種想法可能並不完全正確，可能也有一些問題。同時，這種想法又過於「素樸」（naive），也過於一廂情願。對此，我們至少可以從兩個角度進行觀察。

❖從理論上看，過去的先驗知識告訴我們，任何事物、現象的因果關係並不是都可以一眼看穿的。易言之，要使民眾成為警察的資產，改善服務可能只是必要條件，而不是充要條件。這指的是，要使民眾成為警察資產的方法有很多，改善服務可能很重要，但此不能意味只要改善警察服務就可以決定民眾對警察之意義。如果Burgess的原意是指警察「應該」改善服務，而不是從邏輯上說「警察改善服務可以化民眾為資產」，我們可以諒解；否則，這個假設便有問題。

❖從對人生的假設看，Burgess雖未明白指出人性是惡是善，但從他的推理邏輯而言，暗示著「只要警察改善服務（對民眾好）則民眾是資產（也對警察好）。」這個看法又低估了人性的複雜性以及誤估了人的異質性。人性可能是善是惡，但Burgess認定只要警察如何，民眾則會如何，作者以為這是將人性過度簡化。這種過度簡化對警察工作未必有利，因為這限制了我們進一步對問題的思考能力。此外，Burgess又高估了人的一致性，亦即誤估了人的異質性。如同我們所瞭解，以及前面Sherman（1992）所提出的警告一樣，不要企圖以一種方法來解決所有問題；因為人在多方面是相當不一致的。Burgess顯然沒有考慮這一點。服務提供，對某些民眾而言，可能足以將其轉化為警察的資產；但此種方法，並不見得能適用在其他民眾身上。退一步說，即使社會中的民眾本質上頗具一致性；但這種一致性，不見得會表現在每一個人的身上。具體的說，每一個個別的民眾對於其他的社會民眾或許具一致性；然而，其

本身的內在與外在即有相當可能之不一致。假設內在是態度、外在是行為,學者指出:人的態度與行為不一致並不少見(Worden, 1989A)❸。造成這種現象的原因有很多,此處不論。但若把「態度一定會表現在行為上」視為理所當然,則未免過於天真。最近的一項調查研究可以用來支持「民眾之態度與行為可能並不一致」的論證。在許春金、余玉堂等人(1994)的研究中,曾對台灣地區的治安狀況做抽樣調查。他們的調查發現,雖然一般民眾對台灣地區的治安狀況感覺憂心(此與歷年由各大報所做的民意調查之結果相似)(林燦璋,1994),但問及「在夜間出門是否覺得安全」時(一項非常具體且為學者衡量是否恐懼犯罪之衡量指標),多數民眾並不擔心,反而擔心「車禍、火災」等非犯罪事項(許春金、余玉堂等,1994)❸。由此可見,態度與行為不一致之可能性。綜而言之,在作者來看,Burgess的素樸觀點若能改進,如果能預設人之不一致以及假設人之內在與外在不一致,可能使此一模式或政策的設計時更為實用。

✳本模式的過程問題

❀警察管理(領導)層之概念形成❸

由圖3-3,我們可以看出,Burgess首先指出:在民眾對服務之期望以及警察管理階層對社會大眾期望之認識間存在有落差,而這個落差可以決定整個警察服務,因此相當重要。基本上,本文可以同意這樣的觀點。但後續的問題是,警察管理階層是如何形成對社會大眾服務之期望的認識?也就是其概念是如何形成的?這是本文首先關切的。

警察管理階層的概念形成,可能有相當深層的文化結構或社會環境因素,例如,Mannheim(見本章第二節)及其他學者❸所宣稱:「人類思想之產生與運作,並非在一社會真空之中,而是來自其

特定的社會環境。」此時，我們先拋棄這種形而上的論述、觀點，而從另一個角度觀察。

形成警察管理階層概念的因素，本文認為，資訊（information）扮演著相當重要的角色。也就是除了各種先天上的因素外，資訊也不容忽略。此處便是針對資訊所做的討論。

有關資訊，可以討論的問題有許多，此絕非本文有限的內容可以涵蓋，本文亦不擬就此作全面性的討論。惟從資訊品質看，儘管警察管理階層的資訊來源可能多元（Manning, 1992）；然而，這些多元化的資訊，可能其品質並不穩定、可靠，從而警察管理階層可能形成錯誤的概念。特別是當警察管理層的主要資訊來源可能為其下屬時。

如果在組織的層級結構中，我們把警察管理階層人員定位為策略層，也就是位於組織金字塔之上層時，許多學者都指出，組織結構本身可能就足以使下層人員原本獲得之可靠、正確與適時之資訊，在傳輸的過程中被有意、無意的扭曲、過濾，從而管理層（策略層）所獲得之資訊為不可靠、不正確及不適時之資訊。若然，那管理層之錯誤概念的形成便不難理解。

首先，我們假設警察管理層概念所形成之基礎，係根基於下層所獲致之資訊；同時，下層人員之資訊來源不但可靠資訊品管亦屬正確、適時。即使情況如此樂觀，學者仍然指出：「隨著官僚體系中的層級結構，資訊會漸漸被扭曲、失真。」（March & Simon, 1958）。這是指組織之層級結構對資訊之影響。March及Simon的看法，在Tullock的數學模式中更得以強化。經濟學者Tullock在一九六五的著作《官僚體系中之政治》（*The Politics of Bureaucracy*）運用數學模式驗證，隨著官僚體系之規模與層級結構，資訊之傳輸不但費時、花錢，也容易被扭曲（Tullock, 1965）[35]。亦因如此，在一般人均視組織之成長與拓展為健康的一種象徵時，Tullock強力反對此種看法，而認為組織之規模應予縮小，且在層級結構上力求扁平，有許多學者

均贊同這樣的觀點（Angell, 1971；McFarland, 1979；Donahue & Felts, 1993）[36]。由於警察組織之層級結構少有變化之可能（Reiss, 1992），因此管理層所獲致之資訊品質，即便下層人員之資訊具可靠性、正確性、時間性，也因組織層級結構之故，而不容我們存有如此樂觀的期待。

其次，退一步思索，下層人員提供給管理層人員的資訊果眞可靠、正確、適時嗎？公共選擇學派（Public Choice School）提出這樣的質疑。公共選擇學派的研究者，在研究立法機關如何監督行政機關時指出，即使立法人員再客觀、公正，然而受限於立法人員之人數及其資訊來源，因此，立法人員在事實上對行政機關並無法做有效之監督（Johnson, 1991）。Johnson指出：立法機關對行政機關監督之主要資訊來自行政機關，由於行政機關之自利與理性，因此只會提供對自身有利的資訊給立法機關。同樣的道理，行政機關之下層人員也是自利、理性的，他們所傳送給上級的資訊也是有利於自己的，也就是「稀釋的、帶有偏見的、選擇性的資訊」，Johnson稱此爲「控制失靈」（control loss）（Johnson, 1991: 285）。換言之，這可能是常態，而非病態。就Johnson的觀點來看，由於人之「自利、理性」，因此預設下層人員會充分、完全、正確、適時供應上級所需的資訊，恐怕把人性想像得太美好了[37]。

如果上述Johnson的見解，我們可以接受，那麼後續的問題便是，由於管理層也是「自利、理性」，因此對於下層的資訊，其亦非全盤接受，而是透過過濾，選擇其所需要及想要之資訊。由於認知基本上是一種「選擇」的過程（Gortner, et al., 1987）；因此，「我們認知我們所期望的認知或我們想要的認知」（Haney, 1979: 63）。職是，警察管理階層對社會大眾期望之認知與社會大眾本身之認知之間有落差也就不足以爲奇了[38][39]。

◉幕僚層之轉化管理層之概念

同樣在**圖3-3**中，我們看到的第二個落差是幕僚層對管理層構想

之轉化過程中所存在之差距。

在一個問題上，Burgess把批判的矛頭仍然對準警察管理者。他說：「警察管理層可能根本不會建立有關服務品質之標準或至少不會給予一個明確的標準；自然，即使有標準，但不切實際，或者此標準雖明確、實際，但其卻沒有決心去實踐此一標準。」（Burgess, 1994: 27）。Burgess所言或許屬實，但作者仍必須指出，由於這是一種轉化，而轉化的失真是不可避免的。

在研究方法有關的論述或書籍中，經常提到的一件事是如何將概念轉化為可以衡量之物（Babbie, 1990）。幕僚人員所做便是這種轉化工作，也就是將管理層之概念轉化為具體之目標，甚至於可衡量之物。

常見的轉化是將概念變化為一個或一組具體的、實際的、可觀察之指標（Babbie, 1990）。而這些指標足以「代表」我們所欲瞭解的概念。如同上面所提，由於這一個或數個指標，是用以「代表」概念的資訊，而非概念「本身」，因此難免在信度（reliability）與效度（validity）便會產生問題。

在信度上，一種比較簡單的說法是：

觀察情況＝實際情況＋誤差（Kidder, 1981: 26）[40]

換句話說，所謂信度是力求減少誤差，而使觀察狀況儘量趨近於真實狀況。以此而言，這是指力求減少幕僚層轉化工作之失真。正如同作者所指，由於誤差之不可免，因此失真亦不可免。

而在效度上，則是問一個基本問題：我們用來代表概念的指標，是否真能涵蓋或代表概念的意義與內涵？把這個說法放在本模式，這是指是否幕僚層真的瞭解管理層的意向。

綜合而言，信度與效度放在本模式的意義正是力求幕僚層不要誤解管理層的認識（不論此認識在幕僚層之判斷正確與否），同時以能代表管理層認識之指標來推展服務工作。

✿執行層之實際執行

在這個階段，我們要問的是，執行人員是否真能按所預定之計畫加以執行？

Burgess指出：「有很多因素會影響實際上所提供之服務」（Burgess, 1994: 28）。他並進而列出各種可能影響實際執行之因素，包括：機械因素、人的因素、時間因素、能量因素，以及政治因素等，已見前述。明顯的，Burgess已預見：任何制度或計畫並非只靠制度、計畫本身，而必須仰賴人之執行。因此，執行對任何計畫而言，都居於此計畫之核心地位[41]。

作者相當同意Burgess的分析，然而作者卻又關切：（一）執行之失敗（未如預期般地執行）、是不是計畫本身的失敗？（二）執行的成功（如預期般地執行）是否保證計畫結果的成功？亦即是否如預期之執行即保證預期之結果？（三）如何確保執行的成功？以下分別論述之。

首先，是否執行之失敗或執行與預期中存在有相當大之差距意味著計畫本身之失敗？在這個問題上，可以從不同的角度為多方面之觀察。首先可以確定的是，任何計畫或政策之執行必須考慮其可行性，這是多數學者所同意的觀點（曹俊漢，1991）。今天的問題在於，所謂的「執行可行性」必須站在執行人員的執行立場進行考慮，才容易提高計畫或政策成功的可行性，而不是由管理層人員天馬行空的想像；因此，充分瞭解執行人員的文化或價值，不但必要，而且重要[42]。對任何非警察組織或非警察人員而言，警察組織之文化、價值觀可能是一體的[43]。而對警察組織與人員而言，這種觀察與印象可能過於粗糙。作者必須指出：警察組織之文化可能有其一致性，亦有其差異性。外界（非警察組織、人員）只見其一致性，而警察本身則著重差異性。例如，Reuss-Ianni即認為，警察組織內至少存在著兩種不同的文化：街頭警察文化（street cop culture）與管理階層警察文化（management cop culture）（Reuss-Ianni, 1983）。對前者而言，團結是

最重要的事，而後者則以效率為其重點。而在Van Maanen（1984）的研究中，更指出：在警察組織的核心人物——巡佐（或街頭巡佐，street sergeant）。他們的工作與價值觀、文化均有不同。而兩者最大的區別在於：內勤巡佐是「站在長官之後」（behind the officer），而外勤巡佐則是「站在長官之旁」（beside the officer）（Van Maanen, 1984: 2）。由於組織文化的複雜，因此，管理層在擬訂計畫時，若不考慮執行層人員之價值、文化，事實上不但減少了執行可行性，也降低了計畫成功的機率。如果在執行事項上不具可行性，計畫本身自然是失敗的。

其次，是執行的成功（如預期般之執行）是否保證計畫結果的成功？在這個問題上，從理論而言，執行的成功似乎多半能確保結果的成功。但對許多學者而言，所謂「結果」可能遠比想像中之複雜。例如Ostrom等人（1979）在探討警察工作之執行過程與其評估時就提醒：在outputs與outcomes有區分的必要[44]。他們認為，outputs是outcomes的上位概念。他們解釋，outputs是一種輸出，outcomes則是輸出所帶來的結果（包括客觀的結果與主觀的結果）。舉例說，警察對民眾之報案的迅速反應是一種輸出，而這種輸出可能帶來的客觀結果是犯罪率的降低、主觀的可能結果是民眾對警察辦案能力的滿意（Ostrom, et al., 1979: 7-68）。雖然Ostrom等人具體而微的將outputs與outcomes加以區分，但他們忽略了可能在outcomes之後還有conseqences（後果）。以Ostrom所舉之例而言，在結果之後，還有可能產生不可預之後果（unintended consequences）[45]。結果是可預期之後果，但不可預期後果之影響同樣不應忽略。Ostrom等人認為，如果警察對民眾報案能迅速加以反應，其可預期之後果是犯罪率之降低、民眾滿意度提高；而有限的資源被瓜分，進而導致服務品質降低。在這種情況下，此計畫之結果能否列為成功是應該再深思的。我們也可以用政府開辦的全民健康保險為例。雖然政府信誓旦旦的保證此制之成功，但有更多人擔心此制是否會拖垮政府財政、是否會降低民眾之

工作意願、是否會停滯經濟發展等。如果這些事情都發生，全民健保算成功或失敗？類似這種問題指陳，即使執行成功，似乎不能保證「最終結果」（包括對不可預期之後果）之成功，再加上「成功」可能是一種價值判斷，因此，執行成功與結果成功之間，可能不是單純之線性關係，這是作者必須提醒的。

最後的一個問題是，如果執行的成功是結果成功的前提，那麼如何確保執行的成功？由於執行工作上有來自諸多方面的限制，例如前面所談的警察組織中之「階層文化」與「功能文化」，因此亦有人把執行工作之成效直接訴諸於倫理中而不論其他。也就是希望以工作論理為訴求，並冀此克服來自其他方面的限制。這種情況在警察組織中屢見不鮮。

本文對這種訴求，有若干程度的懷疑。作者的懷疑集中在兩個問題：（一）警察倫理可以被教育嗎？（二）警察倫理是被發現的、還是被發明的？

在過去論及警察之貪瀆行為時，有許多人把防制希望繫於警察倫理上；而在工作之執行中，也強調工作倫理或職業倫理。似乎倫理足以解決一切問題。

首先，本文肯定這種看法，亦即肯定倫理之重要性，也相信倫理的提倡確可以解決或舒緩組織中的一些問題。但作者的疑問是，倫理可以被教育嗎？Elliston與Feldberg（1985）認為「倫理是可以被教育的」。自然，作者也可以同意這個觀點，但必須提醒的是：倫理教育並不保證倫理行為之出現，這一層意義可能更重要。易言之，倫理教育之實施與倫理行為之出現，可能是兩件事；因而，預期以倫理教育必然導致倫理行為，是將問題簡化了[46]。其次，Donahue與Felts更指出：警察倫理教育並非不能實施，而是當倫理被放在警察組織結構中來談時，可能其狀況遠較想像中之悲觀（Donahue & Felts, 1993）。Donahue與Felts論證，今天警察倫理的危機，並不在於教育，而在於警察倫理之單面性與缺乏共識。他們認為「真正」的警察倫理可以協

助或減輕警察本身的許多問題，但問題卻在於在警察組織的層級結構下，警察倫理缺乏「溝通性的共識」，而變成單向性、無人性的倫理。因此，此刻的危機在於警察的倫理是被管理層所壟斷、是被「發明」（invented）的，是用來控制的。因此，Donahue與Felts借用Habermas的溝通理論，認為只有透過上下溝通[47]、角色互換等方式，減少警察組織中專業化、官僚化之色彩，才有真正的警察倫理可言[48]。

　　雖然Donahue與Felts對警察倫理之建立有這樣的期待，但作者仍必須提醒，警察倫理（特別是有共識的警察倫理）可能是減輕警察問題或執行成功的條件，只是如把此認定為唯一條件、充要條件，則未免過於烏托邦了。

 小結

　　在本章中，作者從模式的建立過程中，論述了兩個警察勤務的運作模式：打擊犯罪模式與服務民眾模式。

　　在打擊犯罪模式，作者從我國警察勤務的運作中，點出了幾個不容忽視的問題，包括民眾報案時的裁量權以及各階段之間的時間落差問題[49]。這些討論，一方面凸顯出我們沒有理由對警察的快速反應有過於樂觀的預期時，還有許多事項待改進。以微觀看，包括對民眾的教育、宣導、報案設備的改善等均是。而從宏觀面看，甚至還包括都市設計、警察機關區位設計等問題。事實上，在某些人眼中，如果犯罪或刑事案件是警察工作最主要考量的話，那麼犯罪或刑事案件已不再是單純的警察問題，而是社會問題了。

　　在民眾服務模式中，作者除了介紹Burgess的模式外，也討論了Burgess所沒有進一步論述的問題。包括了對人性的假設、以及整個模式所涉及的主體問題。自然Burgess的模式並不完美，例如除開作者已列出的檢討外，Burgess事實上忽略了在民眾所實際感受之服

務，可能還會形成經驗、還會有口語傳播。儘管如此，Burgess卻點出理論與實際上之差距，而這些差距足供我們進一步的思考。同樣的，作者在論述中雖力求客觀，但作者個人之見解事實上並不能客觀。然而無論作者的主觀性多麼強烈，並不損於Burgess的模式對我們的啓發。這種啓發便是以系統性的方式對警察勤務運作進行思考。

最後，雖然作者主觀的給這兩個模式不同的名稱，但此絕不意味此兩模式在本質上是衝突的、互斥的。本文提供這兩個模式的最終意義，旨在提醒系統、多元的思考，而這正是我國警察勤務工作中所最缺乏的。

註釋

註❶：模式的作用，還有幾點必須進一步說明：

一、模式的提出，企圖用最少的特徵，解釋最多的現象，因此，在
建立模式時必然有所選擇。亦因如此，所以公共行政研究者
Denhardt（1984）提到：「模式，一方面是實在的反映；另一
方面，也是對實在的扭曲。」Denhardt的此一說法，與其他學
者的見解互相呼應。社會學者Inkeles（1985）說：「……所有
的模式都是正確的；每一個模式都擁有若干真理」。然而，
Inkeles進一步提醒：「每一個模式、每一種觀點，都向使用他
們的人索取高昂的代價。」

二、若從哲學的立場出發、模式的提出，事實上具有思維經濟、解
釋經濟的作用。十三世紀的哲學家Ockham，即曾說過：「如
非必要，不可擅加實在」，也就是要用最少東西，解釋最多的
現象。Ockham的這個觀念，被稱之為奧坎剃刀（Ockham's
razor）（傅偉勳，1986；何保中等譯，1986）。因此，如果在
建構模式時，不能捨棄某些東西，從定義上來說，過於複雜的
模式，實際上不是模式。

三、以模式的方式進行思考，我們日生活中也經常在做。例如心理
學中所稱的「刻板化印象」（stereo type），事實上就是一個模
式的思考，這也是一種「思維經濟」。因為透過這種方式，我
們在處理事物、人際關係上，可以節省許多時間（Ainsworth,
1995）。以上分見：

　1.Denhardt, R. B. (1984). *Theories of Public Organizations*. CA.:
　　Brooks/Cole.

2.黃瑞祺譯、Inkeles, A.著（1985），《社會學是什麼？》。台北：巨流。

3.傅偉勳（1986）。《西洋哲學史》。台北：三民。

4.何保中等譯、Russell，B.著（1986）。《西方的智慧》。台北：業強。

5.Ainsworth, P. B. (1995). *Psychology and Policing in a Changing World*. UK.: John Wiley & Sons.

註❷：分類，無論是在方法論上或在認識論上，均具有相當重要的意義。在認識論上，分類可以作為認識的起點，同時也具有形成知識的作用（必須同時提醒的是，分類雖然具有思維經濟、解釋經濟的作用，但在分類的同時，也意味偏差的可能性）；而在方法論上，學者則利用分類進行對知識的推廣或對己見進行表達。亦因如此，對許多相同的事物，學者往往有各種不同的分類方式。典型的一個例子是有關警察人員行為與態度之研究。在Copes與Forsyth（1994）的研究中，他們整理出過去在此一方面的研究，指出至少有六種以上的分類方式，分別是：

一、White一九七二年的研究。以價值觀與所應用之技術為區分，White認為警察人員可以區分為四種：強悍者（tough cops）、循規蹈矩者（rule appliers）、問題解決者（problem solvers）以及犯罪打擊者（crime fighters）。這些人員在價值觀與技術之表現上，有同與不同，同時也對外界也有不同的對待方式。

二、Broderick一九七七年的研究。其以對社會秩序之需求與適法程序為面向，區分警察人員為四種類型：執法者（the enforcer）、理想主義者（the idealist）、現實主義者（the realist）以及樂觀主義者（the optimist）。執法者強調社會秩序之重要卻貶低適法程序；而理想主義者卻將兩者等量齊觀、視為同等重要；相對的，現實主義者卻不以為有任何維持社會秩序與遵守適法程序之需要，因為他們已對整個制度的運作徹底失望；

最後，是樂觀主義者。他們重視適法程序卻輕忽社會秩序。

三、Brown一九八一年的研究。同樣的，Brown也以警察人員的侵略性以及對犯罪案件之選擇為面向，把警察人員分為四類：老式犯罪打擊者（old time crime fighter）、勤區犯罪清除者（clean beat crime fighter）、專業者（professional style），以及服務者（service style）。第一類型者不但對犯罪案件有所選擇，且極具攻擊性；第二類型者並不特別選擇某一類型之犯罪，但卻深信勤區內之大小事故均應清除；第三類型者亦勇於面對各種事故，但卻不以攻擊、侵略的態度面對群眾，恰與第二類型相對；第四類型者主要選擇的是會威脅或傷害社區之犯罪，但以非侵略的態度去面對，他們同時也注重服務方面的工作。

四、Walker一九八三年的著作。Walker簡單的區分警察人員的兩種角色，第一種是嚴格執法型、第二種是犯罪預防型。前者強調警察的執法功能，後者卻視警察人員為社會工作者。

五、Hatting、Engel與Russo等人一九八三年的研究。由於警察人員多半身著藍色制服，藍色的隱喻（metaphor）已日漸形成共識，因之以藍色來代表警察或警察工作的研究或著作所在多見。例如Skolnick與Bayley一九八六年的著作，即以《新藍色防線》（*New Blue Line*）為名，探討丹佛、底特律、休士頓、紐瓦克、奧克蘭以及聖塔安娜等六地的警政措施。同樣的，荷蘭學者Hoogenboom亦以福利國家觀念的興起以及警察工作民營化的呼聲等原因，認為不同社會控制機構間之合作，已使警察工作的「藍色」色彩已逐漸褪色，而成為「灰色」（Hoogenboom, 1991）。Hatting等人則區分警察人員的勤務作為成三種顏色：正藍色（the true blue）、藍色（blue）與翡翠藍（jaded blue），他們各自有自己的行事方式。正藍色者是以服務民眾為取向的，通常較年輕且教育程度較高，由於缺乏經

驗，因此對工作仍抱持相當多的理想與熱情。藍色者則重視個人利益甚於對工作的付出。這些人通常來自勞工階級之家庭、且很少受高中以上的教育。促使他們從事警察工作的主要理由是經濟上之收益，通常其工作認真且經驗豐富。翡翠藍者，在許多基本特質上與前者有相似之處，不過他們通常年紀較大且經驗更豐富。兩者最大的差別在於，翡翠藍者通常未能升遷，因此對整個制度相當不錯。

六、Moore與Trojanowicz一九八八年的研究。Moore與Trojanowicz的分類方式，基本上是宏觀的，也就是以警察組織為對象所做的分類。他們將其區分為三類：（一）以問題為導向的勤務方式；（二）策略的勤務方式，以及（三）社區警政。有關第一類及第三類，請參閱本書第二章。而所謂的策略勤務方式，則是指同時運用傳統與革新的方式與技術，但強調警察打擊犯罪的角色。

其他的分類方式，仍然所在多有。例如Banton（1964）的研究發現，警察人員可大別為和平守護者（peace keepers）與執法者（law enforcers）兩類，制服警察傾向於前者而刑警偏向於後者；再如Wilson一九六八年的研究將警察組織區分為守法型（legalistic）、服務型（service）與看門人型（watchman）等三類；Muir（1977）於奧克蘭所做的研究將警察人員區分為專業型（professional officers）、互惠型（reciprocators）、執法型（enforcers），以及逃避型（avoiders）等四類。

這些對警察研究中所做各種分類方式的簡要介紹，除了呼應前面所說分類在認識論上與方法論上具有重要意義之外，事實上我們還可以看出上述學者的分類，在量上，也不至於太多（四種、三種或二種）。這說明分類也有一些簡化的功能與作用，而這種簡化，從另一個角度來看，事實上已說明分類可能面臨一些限制。明顯的限制包括了選擇（價值判斷）的

問題與因選擇而造成資料流失的問題。以上見：

1.Copes, J. H. & Forsyth, C. J. (1994). Behaviors and Attitudes of Police Officers. *Journal of Police and Criminal Psychology*, 10 (2): 38-45.

2.Hoogenboom, B. (1991). Grey Policing: A Theoretical Framework. *Policing and Society*, 2 (1): 7-30.

3.Skolnick, J. H. & Bayley, D. H. (1986). *The New Blue Line: Police Innovation in Six American Cities*. NY.: The Free Press.

4.Banton, M. (1964). *The Policeman in the Community*. NY.: Basic Books.

5.Wilson, J. Q. (1968). *Varieties of Police Behavior*. MA.: Harvard University Press.

6.Muir, W. K. (1977). *Police: Streetcorner Politicians*. IL.: The University of Chicago Press.

註❸：從嚴格的方法論觀點而言，這句話有相當語病。以人類現有對知識的認識或對現象的瞭解來看，我們實在不知道「所有」有多少。亦因如此，則不可能蒐集到足以涵蓋「所有」的資料。因此，以此一標準而言，應是模式建立者所應力求做到或是其所能掌握的，而不是指其「必然」可以做到。

註❹：驗證與否證、證成與證偽、歸納與演繹，這些觀念上互相對立的概念，一直在方法論中引起爭議與有所爭議，而這些爭議別說本文無法解決，甚至於哲學家們都無法解決。儘管如此，本文仍必須針對這些爭議，表達作者的看法。

　　一、本文並不否認驗證或證成的重要，但在驗證或證成之際，如果不能考慮其被否證或證偽之可能性，那麼知識、科學的增長可能性便大大降低了。這就像是Coser所抱持的觀念。Coser並不否認衝突可能有許多負面功能，例如，可能破壞群體團結、可能引起社會結構解體。但是，Coser提醒，衝突並不完全是負

面的。Coser這種對衝突正面功能的強調，以他自己的話說：
「對於已偏向其他方向的分析，這種強調可以引起一種矯正作
用。」（引自孫立平等譯，1991：x）。換言之，否證或證偽的
矯正作用或知識的增長作用，正是這種觀念的最主要貢獻。

二、其次是歸納與演繹的問題。基本上，人類的思維有兩種方式：
　　歸納思維與演繹思維。歸納思維的難題在於必須以我們的經驗
　　或現象世界為基礎。而訴諸經驗的第一個問題便是：我們據以
　　歸納結論的經驗材料在量上到底有多少以及我們能掌握多少；
　　而即使經驗材料之量的難題，能夠順利解決，我們仍然必須面
　　對選擇的問題以及合理化我們的選擇。在另一方面，歸納思維
　　的難題也帶給演繹思維以難題。演繹思維，一方面須以歸納思
　　維為其前提，因此同樣受制於歸納思維所必須面對的問題；另
　　一方，由於人類對事物在心靈上有一種完全化的要求，而形成
　　對事物的無限推理，也造成思考的困境。如果把歸納思維視為
　　知性、把演繹思維視為理性，這正是康德的觀念──知性有
　　其限制，理性應予限制。存在於這兩種思維之間的悖論，不但
　　是人類的難題，也是本文的限制。這也是為什麼有人提醒我
　　們：重要的是在收斂式思維（convergent thinking）與發散式
　　思維（divergent thinking）之間保持必要的張力（Kuhn,
　　1977）。

註❺：以這段文字而言，作者必須說明的是，有關歸納法之限制前面已充
　　分提及。因此，嚴格來說，本文在這裡所用的是「演繹的歸納
　　法」。因為所謂「重要的」一詞，其判斷標準主要是基於作者的先
　　驗知識以及作者認為重要的特質。從而，此處或本文下面所將要討
　　論的模式，是「作者」所建立的模式。然而為了避免贅語，故未將
　　條件完全列出。

註❻：在異例或者例外的相關問題上，必須考慮的重點，依英國科學研究
　　者Lauden（1992）所見，至少包括：

一、異例的質如何？如果異例在質上，足以讓我們去檢討某一理論之普遍性或概化能力的問題，那麼即使在量上很少，這種異例也應特別注意。

二、異例的量有多少？如果一個理論在解釋問題的能力上，遭到許多異例的挑戰，顯然暗示這個理論有問題。正因異例的質與量之問題，在知識的發展與理論的建構上，扮演相當重要的角色，因此，Kuhn對於Popper所說的否證觀念似乎不以為然，而認為那只是素樸的否證主義（naive falsificationism）。見：

　　1.陳衛平譯、Laudan, L.著（1992）。《科學的進步與問題》。台北：桂冠。

　　2.周寄中譯、Lakatos, I.等編著（1993）。《批判與知識的增長》。台北：桂冠。

註❼：本文此處只介紹兩種模式，但這並不意味在警察勤務中只存在兩種模式。事實上，由於模式的純化功能，因此模式被應用在學術領域（警察學術領域）中所在多有。除開本書第二章所談到的種種以電腦為應用基礎之模式外，自Wilson（1968）以降，陸續有各種模式被提出。Broderick（1987）對此曾經有過整理。較完整深入的中文介紹，見陳明傳（1992：31-49）及本章註二。

註❽：Reiss等人的研究發現，雖廣為人知，但此絕對不表示Reiss是第一個有這種發現的人。事實上，早在一九六五年Cumming等三人於雪城（Syracuse）警局的研究即有這項發現。隨後Webster於一九七〇年的論文、Black於一九七一年的論文都有類似的發現。見：

　　1.Cumming, E., Cumming, I., and Edey, L. (1965). The Policeman as Philosopher, Guide, and Friend. *Social Problems*, 12 (3): 276-286.

　　2.Webster, J. A. (1970). Police Task and Time Study. *Journal of Criminal Law, Criminology, and Police Science*, 61 (1): 94-100.

　　3.Black, D. J. (1971). The Social Organization of Arrest. *Stanford Law Review*, 23: 1087-1111.

註❾：Sherman的此一見解，與其他學者如Black（1980, 1993）以及
Bayley（1985）的看法相當一致。Black從法律社會學的角度來
看，認為人與人之間的關係距離（relational distance），包括身分
上、角色上、職業上甚至於空間的距離，在決定採用何種社會控制
機制時，有相當重要的影響。而Bayley的比較研究則指出：人際關
係的親疏遠近，在決定是否訴諸正式的社會控制時，扮演相當重要
的角色。舉例而言，親人之間的紛爭，由家庭或透過家庭會議自行
解決的機率遠高於訴諸司法解決的機率。若從更宏觀的角度來看，
在刑事司法制度的運作中，警察自然是正式社會控制中之第一道防
線。而願意向警察報案的影響因素，除了上述的人際距離外，還包
括：都市化的程度、工業化的程度、警民互動的程度、案件的嚴重
性等（Shane, 1980；Gottfredson & Gottfredson, 1988； Kelling,
1988； Birkbeck, et al., 1993）。以上分見：

1.Black, D. J. (1980). *The Manners and Customs of the Police*. NY.:
The Academic Press.

2.Black, D. J. (1993). *The Social Structure of Right and Wrong*. NY.:
The Academic Press.

3.Bayley, D. H. (1985). *Patterns of Policing*. NJ.: Rutgers University
Press.

4.Shane, P. G. (1980). *Police and People: A Comparison of Five
Countries*. MO.: Mosby.

5.Gottfredson, M. R. & Gottfredson, D. M. (1988). *Decision Making
in Criminal Justice: Toward the Rational Exercise of Discretion*.
NY.: Plenum Press.

6.Kelling, G. L. (1988). *Police and Communities: The quiet revolution*.
Washington, D. C.: National Institute of Justice.

7.Birkbeck, C., Gobaldon, L. G., & Lafree, G. (1993). The Decisionto
Call the Police: A Comparative Study of the United States and

Venezuela. *International Criminal Justice Review*, 3: 25-43.

註❿：科技與警察之間的關係，本書第二章已有探討。惟晚近在這個一個問題上，又有學者提出另一種值得思考的觀點。學者Manning指出，或許警察已能成功的使用現代科技產品，但我們所看到的卻是科技產品決定警察勤務方式，而非警察去決定生產什麼樣的科技產品（Manning, 1992）。這樣看來，面對科技，警察仍是相當卑微而又缺乏自主性的。自然，也有人並不贊同這樣的觀點，Kube & Kuckuck（1992）在論及研究發展對警察機關之重要性時，曾指出：今天警察高科技產品之研發，主要受限於市場。在需求決定供給的原則下，這並不令人意外。

註⓫：更深層的看，反應式的警勤方式可能還具有其他方面的意義。第一層意義乃就民主面以觀。如果我們將警察類比為國家，或將其視為國家的代表，那麼明顯的，反應式警勤方式可以解釋為國家儘量不干預私人生活，Moore（1992）稱此為「權威的經濟使用」，亦即不濫用權威之意。國家對人民或社會而言，是不是一種「必要之惡」，一直是政治哲學研究者所關切與爭論之問題，此處不論。然而，當我們在思考這一個問題的同時，事實上也是對警察角色與功能之再思考。與此有相關係的是，對反應式警勤方式之思考，事實上也可以看成對政府之角色與功能之探索。在今天一個民主的社會中，對於政府所應擔負的任務、角色與功能，一直有「有限政府」與「無限政府」之爭議。所謂有限、無限，意指政府的任務到底應有多少。有限政府指的是政府的功能應加以限制，許多學者如Nozick（1974）、Coase（1988）、Friedman（1981, 1993）都有這樣的主張。特別是Nozick的理論在晚近引起相當的注意。在其所著《無政府、國家與烏托邦》（*Anarchy, State and Utopia*）一書中，一方面批評無政府主義的觀點，再方面他又認為政府的功能不應太大，只能做一個單純的「守夜人」（watchman）。當一個政府的職權超過守夜人的範圍時，就必然侵犯個人的權利。類似這種觀點的

例子，在社會科學的領域中是俯拾可得。例如Mill（1961）也認為政府預防犯罪的措施比處罰的職權更易於濫用與侵害自由。在另一方面，如果說犯罪是社會進步、經濟發展所帶來的不可避免之後果，一種負的「外部性」，那麼經濟學者也質疑：是不是負面外部性就可以正當化政府的干預措施。例如Coase、Friedman都有類似的觀點。Coase等人所謂干預措施，主要是針對經濟活動而發。他認為「外部性」的產生，並不表示政府就有正當理由或理所當然地介入經濟活動或進行干預，這種看法是對Samuelson與Pigou的反動。甚至Coase還對Samuelson以英國「燈塔」（lighthouse）為例，進行嚴格的批判，認為Samuelson的舉例不當，同時也對英國的燈塔制度缺乏深入的瞭解。借用Coase、Friedman的論理方式與邏輯，當然我們也可以這麼問：是不是犯罪的存在與增加，就必然賦予政府採行更激烈措施的藉口？這些問題，當然不易找到明顯而清晰的答案，只是本文必須藉此提醒，存在於反應式警勤方式後的民主意理與討論，是不應忽略的。除了民主面的意義之外，另外不容忽略的是反應式警勤方式的原始意義。對此，必須說明的是雖然反應式警勤方式與先發式警勤方式是由Reiss加以分類，但此決不意味反應式警勤方式是二十世紀的產物。據Harring（1977）的研究，早在一八八○年全美各都市已有巡邏馬車及警報系統之設。早期這些工作之實施，其目的在於將民眾之報案或服務需求加以彙整後，再由巡邏馬車前往服務。以這一層意義來看，反應式的警勤方式還具有經濟或效率方面的意義。第三，若以一九七六年諾貝爾經濟學獎得主Friedman的用語來說，反應式的警勤方式亦可以說是一種「選擇之自由」。在這種自由觀之下，相對的說，先發式的警勤方式，一方面隱含了政府是保護者，而國民則是被保護者；另一方面，也可以說政府或國家的地位被高估了，而國民的地位則被貶低了。Friedman對自由的解釋，或許有人視之為異端，但從另一個角度來看，卻提醒我們，只有我們自己才能決定什麼是對我們自己有

利的。末了，如果借用社會學的立場進行考查，由民眾報案、發動所做的反應式警勤方式，正是一種民眾控制與自主權的表現，而這種自主與控制，無論是由Berlin（1986）或Dewey（1993）來看，這都是自由社會中一個最重要的觀念。最後，必須說明的是，政府並不完全等同於國家，而警察也不完全等同於政府，本文充分瞭解這種限制，只是為了討論上的方便，本文將這些用語交互使用，以上分見：

1.Moore, M. H. (1992). Problem-solving and Community Policing. In Tonry, M. & Morris, N. (eds.). *Modern Policing*. IL.: The University of Chicago Press.

2.Nozick, R. (1974). *Anarchy, State and Utopia*. NY.: Basic Books.

3.Coase, R. H. (1988). *The Firm, the Market, and the Law*. IL.: The University of Chicago Press.

4.Harring, S. (1977). Class Conflict and the Suppression of Tramps in Buffalo, 1892-1894. *Law & Society Review*, 11: 873-911.

5.藍科正、黃美齡譯、Friedman, M.著（1993）。《資本主義與自由》。台北：萬象。

6.呂志翔等譯、Friedman, M. & Friedman, R.著（1981）。《選擇的自由》。台北：長河。

7.郭志嵩譯、Mill, J. S.著（1961）。《論自由及論代議政治》。台北：協志工業。

8.陳曉林譯、Berlin, I.著（1986）。《自由四論》。台北：聯經。

9.呂亞力、吳乃德編譯、Dewey, J.著（1993）。〈民主是一種生活方式〉。載於呂亞力、吳乃德編譯、Locke, J.等著，《民主理論選讀》。台北：風雲論壇。

註⓬：比較的說，先發式的警勤方式若與「社區警政」或「以問題為導向的警勤方式」（problem-oriented policing）相結合，亦應具有某些服務功能。但反應式的警勤方式比較能提供個別的服務，而先發式

的警勤方式則否。

註⓭：以國內現有之資料與文獻而言，對社區警政最完整且系統的著作，
　　　首推陳明傳。見：
　　　陳明傳（1992）。《論社區警察的發展》。桃園：中央警官學校出版
　　　社。至於對社區警政的評估，陳氏書中有提及部分。英文部分則散
　　　見各期刊，詳見本書第二章註四十七。

註⓮：警察勤務的模式（亦有人名之為策略者），是否只有先發式（proac-
　　　tive）與反應式（reactive）兩種互相對照？Manning & Van Maanen
　　　（1977）認為有三種，除上述兩者外，再加上預防式（preventive）
　　　的警勤方式。然而，無論是先發式與反應式的警勤方式，在某種程
　　　度內，都含有預防之意味在內，因之本文不採。

註⓯：先發式（proactive）與攻勢性（aggressive）究竟有何不同？在
　　　Whitaker等人（1985）之研究中，把此二概念視為同一，並交互使
　　　用。而在Wilson與Boland（1978）的研究中，則未使用proactive此
　　　一形容詞。不過，Wilson與Boland，用aggressive與passive相對
　　　照。他們兩人解釋，所謂攻勢性的策略，是指執勤人員儘量對他所
　　　負責的區域採取介入（intervention）與觀察（observation）的方
　　　式，也就是透過經常性的攔車檢查（car checks）、盤詰（field
　　　stops）可疑人，以及誘捕等反犯罪手段來實現。以此說法，與
　　　Sherman（1992）所說的頗為類似，故本文視其為同一。

註⓰：先發式的警勤方式，在警察勤務中所占的比例越來越重，暗示著幾
　　　件事：第一，犯罪越來越多、型態越來越多樣、民眾覺得越來越不
　　　安全；第二，在刑事政策上，可能所採取的方向有問題；第三，政
　　　府對犯罪問題，沒有妥善的對策，只有用警察進行壓抑。

註⓱：此處所謂的選擇偏差，理論上也可能出現在反應式的警勤方式中。
　　　粗看之下，反應式的警勤方式由於是民眾所發動，似乎比較不易產
　　　生選擇偏差，事實上並不如此單純。反應式的警勤方式，在民眾發
　　　動之後，警察人員即應對之加以反應。受理報案人員（無論是派出

所值班人員或勤務指揮中心執勤官員）都會面臨派誰去、什麼時候去之類的選擇。當有選擇之際，就有價值判斷的問題，而不論什麼的選擇，在不同人的解釋中就可能產生偏差問題。

註⓲：從另一個角度觀察，事實上，Sherman與Sparrow等人的說法有其經濟學上之意義的。在經濟學的研究中，需求與供給的配合，自然是重要的。但需求與供給之間的關係，又可能與價格有關，於是會形成各種曲線。今天的問題在於，在需求、供給、價格之間，若不保持相當彈性，那麼有的時候對需求者、供給者可能都不是好事。法律之制訂與法律之執行亦然。如果立法者、執行者缺乏彈性觀念，恐怕後果不如想像中之單純。例如規定殺害警察人員者唯一本刑為死刑，在某些情況下，恐怕只會造成警察更多的傷亡。在另一方面，雖然警察與犯罪或犯罪人之間存在著某種共生關係，而犯罪的存在或惡化又可助於警察爭取資源與強化正當性，但是當警察（不論其為主動或被動）承攬下犯罪預防的責任時，在衝突論者眼中，這可能不是一件好事，Michalowski（1985）有這樣的見解。Michalowski指出：從長期的觀點而言，由於犯罪的增加必然性，意味著犯罪預防的必然失敗，這使警察必然成為犯罪的代罪羔羊。以上見：

Michalowski, R. J. (1985). *Order, Law, and Crime: An Introduction to Criminology*. NY.: Rondom House.

註⓳：作者基本上贊同豬口孝的觀點，認為國家與社會間存在著某種程度之對立的緊張關係，但義大利學者Mosca不同意這種觀點，認為：「國家乃是社會中所有份子的總體，它們適於擔任政治任務，而且有能力與意願去參與之。在此種意義之下，國家乃是那些人們的聯合與紀律之結果。……就吾人的觀點言之，國家與社會並無敵對之存在。國家只是社會的一部分，執行政治的任務。」（引自涂懷瑩，1994：2）總的來說，或許Macridis（1989）所提出的概念，比較能描繪國家與社會（或個人）之間的關係。Macridis指出：國

家與社會之間的關係有兩種模式，一是極權模式（the totalitarian model），另一則是自由民主模式（the liberal democratic model）。在極權模式中，國家即社會，亦即社會是包含於國家之中。而在自由民主模式中，又有三種型態。第一種型態是國家儘量不干預社會與個人生活。第二種型態則是國家適度的干預社會與個人生活。而第三種型態則是國家大量的干預社會與個人生活。下列即爲Macridis所提的例子，以**圖3-4**表示：

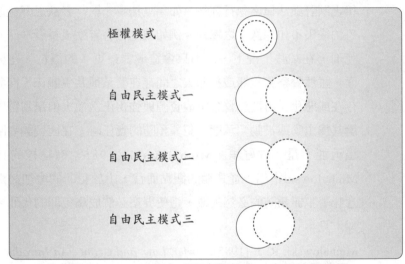

圖3-4 Macridis之「國家與社會」之可能關係圖

圖3-4中，實線表示國家，而虛線則表示社會與個人。有關國家與社會之關係，請參考：

1.Macridis, R. C. (1989). *Contemporary Political Ideologies: Movements and Regimes*. IL.: Scott, Foresman and Company.

2.Ebenstein, W. & Fogelman, E. (1985). *Today's Isms: Communism, Fascism, Capitalism, Socialism*. NJ.: Prentice-Hall.

註⓴：有關我國警察勤務之運作實況，是根據作者之觀察與經驗而歸納之

模式。此模式當然亦可名爲一種服務提供模式，但作者視此爲打擊犯罪模式，因爲相對的說，服務觀念在我國警察工作中仍待加強。換言之，這是作者主觀的分類。此外，有關我國勤務指揮中心之受理案件，有進一步補充說明的必要。若從警察勤務之運作來看，在一般情況下，勤務指揮中心的主要功能有二，一是勤務指揮，另一則是勤務之監督與控制。而從更廣泛的觀點來看，據Percy與Scott的解釋，其仍具有守門（gatekeeping）、過濾與協調之功能。而這些功能，均以發揮效率爲其著眼點。另外，勤務指揮中心本身的運作過程亦是相當複雜的。礙於篇幅，本文對此並不詳細討論。然而警政學者Mastrofski卻提醒，對於勤務指揮中心之受理報案，不宜掉以輕心，也不應認爲民眾對勤務指揮中心之報案都會翔實地記載在官方統計中。他指出：勤務指揮中心在記錄民眾的報案過程中，仍因勤務中心之組織結構，而有各種不同程度之修飾。Mastrofski對此之說明，事實上已暗示官方犯罪統計被美化之可能性。請參閱本章註二十九與下列：

1.Percy, S. L. & Scott, E. J. (1985). *Demand Processing and Performance in Public Service Agencies*. AL.: The University of Alabama Press.

2.Mastrofski, S. (1983). The Police and Noncrime Service. In Whitaker, G. P. & Phillips, C. D. (eds.). *Evaluating Performance of Criminal Justice Agencies*. CA.: Sage.

註㉑：一、所謂警察到達現場與破案率之間呈一種正相關的關係，指的是警察到達時間越快、破案的可能性也越高。當然，我們都清楚，社會科學研究中所稱之相關，不一定就是因果關係。換言之，警察快速到達現場，不一定就會帶來破案的結果。而兩者之所以有某種關係之存在，很有可能是警察越早到達現場、現場遭致破壞的可能性最少、或者警察越早到達現場進行查訪時，目擊者之記憶最清晰或深刻，從而有助於破案。這種說

法，首在提醒，在警察快速抵達與破案率此兩個變數間，即使吾人視其為因果關係，仍有一種可能性無法排除，那就是在兩者之間還有其他變數存在之可能。面對現象世界的錯綜複雜，以及在某些狀況下清晰、明確的關係很難斷定，因此本文有這些提醒。而這些提醒，不但對其他研究有適用餘地，對本文也同樣適用。以下是本文的提醒。

二、由於人類理性可以無限開展、且善於無限開展，加諸人類對於事物完整化解釋的要求，在某些情況下，以雙變數或以因果關係來進行對事物的解釋，便可能顯出力有未逮或力不從心。除了前述所說警察到達現場時間與破案率之關係外，晚近還有其他警政學者進行類似的反省，並進一步質疑警察界中的傳統知識與智慧。例如Klinger（1994）就懷疑：傳統的警察智慧告訴我們，民眾對警察之敵意或不友善之態度是影響警察人員是否進行逮捕的一個重要因素。Klinger透過統計、研究後指出：問題的重要關鍵可能在於，民眾在對警察產生敵意前，還有一個前置因素，那就是民眾本身的違法行為。換言之，過去在傳統知識中，研究者建立的理論架構是：

而Klinger則成功的否證前述，而提出另一種可能性，那就是：

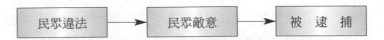

類似這樣的否證與反思，正是雙變數或因果關係可能面臨的危機。自然，我們深入思索，可以發現，上面的兩個理論架構仍然可以更完整化，例如以逮捕為中心，往前推展，則是問影響民眾被逮捕的因素到底有哪些？一般認為重要的因素包括人口背景因素、例如年齡、前科因素，如Jacob（1973）

指出：犯罪人與被害人之關係越密切、警察越有可能不逮捕犯罪人；Black（1980）稱此為「社會距離」（social distance）。社會距離越近者，越不容易受到逮捕。這些被歸類為警察裁量權之範圍。此外，Black指出影響逮捕之因素尚包括警方掌握證據的程度、案件的性質是否嚴重，以及對警察是否尊敬等。而關於逮捕行為之系統研究，早期有Sherman（1980），近期則有Riskheim與Chermak（1993）的研究。以Riskheim與Chermak的研究為例，他們研究了四種警察工作手段，包括服務、偵查、逮捕與使用武力。每一種手段，都從四個層面進行觀察。他們所列的四方面的變數為：（一）個人因素、（二）情境因素、（三）組織因素、（四）社區因素。而逮捕之後若繼續推移，又包括什麼樣的案子、什麼人（包括被害人與加害人）的案子會較積極的態度偵辦等（Brandl, 1993）。類此，可以稱之為「刑案偵查社會學」或「證據社會學」（Cooney, 1994）。格於本書意圖，無法詳述。以上見：

1.Klinger, D. A. (1994). Demeanor or Crimes? Why "Hostile" Citizens Are More Likely to be Arrested. *Criminology*, 32 (3): 475-493.

2.Jacob, H. (1973). *Urban Justice*. MA.: Little, Brown and Company.

3.Black, D. J. (1980). *The Manners and Customs of the Police*. NY.: The Academic Press.

4.Sherman, L. W. (1980). Causes of Police Behavior: The Current State of Quantitative Research. *Journal of Research in Crime and Delinquency*, 17: 69-100.

5.Riskheim, E. C. & Chermak, S. M. (1993). Causes of Police Behavior Revisited. *Journal of Criminal Justice*, 21: 353-382.

6.Brandl, S. G. (1993). The Impact of Case Characteristics on Detectives' Decision Making. *Justice Quarterly*, 10(3): 395-415.

7.Cooney, M. (1994). Evidence as Partisanship. *Law & Society Review*, 28 (4): 833-858.

註 ㉒：在社會科學的研究中，假設經常扮演著相當重要的角色。在某些情況下，假設（hypothesis）是研究者所欲驗證的命題，其目的是在瞭解研究者的企圖或用心能否得到支持。在某些情況下，假設（assumption）又是一種前提，以作為研究者論證之基礎。例如我們這裡所提到的，在警察工作中，警察儘速反應此一假設，正是一種破案率提高的前提與基礎。然而必須進一步說明的是，當假設（assumption）作為一種前提，並不一定就清晰可見或人人都深切瞭解的，典型的一個例子是5＋5＝10。5＋5有可能不等於10，5＋5等於10是以十進位為基礎的假設，當我們用九進位時，5＋5＝11。這指出，若以假設為前提，當假設改變，論證亦必須隨之改變。非但如此，學者Frobes與Tufte（1968）更指出：假設的改變，往往也會導致結論的改變。換言之，當我們放棄「警察儘速反應」之假設，或此假設有誤時，那麼後續的「高破案率」或「提高破案率」也就無法達成了。見：

Frobes, H. D. & Tufte, E. R. (1968). A Note of Caution in Causal Modeling. In Forcese, D. P. & Richer, S. (eds.). (1970). *Stages of Social Research: Contemporary Perspectives*. NJ.: Prentice Hall.

註 ㉓：自然不法與法定不法之區別，除了在被發現之可能性有程度上的差異外，另外也可能存在量變化的差異。所謂量變化的差異是指，如果我們假設犯罪件數在量上確有一個總量存在，那麼相對於自然不法的案件總量、法定不法的案件在總量上可能較容易有較大的變化，而自然不法案件在量上的變化較小。從過去歷年的刑案統計中，我們可以發現：若以殺人案件為例，我們很難發現有暴增一、

二倍或銳減一、二倍的狀況,而煙毒案或其他類型的法定不法案件,則其量則常有暴增、暴減的情況發生。如果說這種假設可以成立,那麼此說在警察實務上與對抗犯罪的措施上應具有相當意義。具體說,在警察實務上,有關績效考核不應以法定不法的案件爲主,而應以自然不法之案件爲主。這是因爲法定不法的案件是受警察勤務、公共政策、法令等之影響的;同時,自然不法對社會大眾心理上較具威脅性;而在對抗犯罪的措施方面,由於自然不法及法定不法兩者性質之差異,此暗示,要減少自然不法案件之發生,要加強道德教育,警察對此所能發揮之功效似乎有限。此外,經濟學的研究者從理性犯罪與不理性犯罪的角度論證,由於不理性之犯罪者,並不會考慮犯罪後加諸於其身的成本(如嚴刑峻罰),是以任何對犯罪成本之增加並不影響其犯罪,所以其犯罪之需求曲線是垂直的,彈性極小。這似乎意味著,對這些不理性之犯罪人,什麼辦法都沒有用(除非隔離)(Banton, 1964;黃瑞坤譯,1991;吳錫堂等譯,1991)。這也是爲什麼有學者認爲「消滅犯罪」是一種迷思(myth)(Walker, 1985;林燦璋,1994),有的學者認爲「這只是一場遊戲」(Manning, 1980)以及「注定會失敗」(Monkonnen, 1981)的理由了,因爲他們多半是針對自然不法的犯罪而發,因而相當悲觀。在此同時,雖然有的學者一方面對警察抗制犯罪的成果表示絕望、悲觀,卻又同時指出,警察的打擊犯罪不應是目的論,而應是過程論的。換言之,在打擊犯罪此一事件上,警察組織更重要的事在於宣示與實踐打擊犯罪的決心(Souryal, 1994)。

註㉔:有關於此,請參閱李湧清(1990,6月)。從組織社會學的觀點論警察貪污問題。《警學叢刊》,20(4):23-24。

註㉕:警察所製作的各項犯罪統計,在一般情況下,多數社會科學研究者把它看成一項工具與手段,也就是用犯罪率(刑案發生率)、破案率來衡量警察的績效。在法律社會學者Black(1980)眼中卻認爲這種研究取向忽略了一件事。那就是刑案統計、犯罪統計、犯罪

率、破案率等本身可能就是目的。Black認為，犯罪統計本身就是
社會組織的一部分，而且從社會學的觀點而論，當它是社會事實的
一部分時，它就不可能不正確。因為目的本身並無是非對錯可言，
可以評價的只是目的與手段之間的關係。為什麼當我們把犯罪率、
刑案統計視成目的時，就沒有錯誤或不正確可言，因為也許負責製
作這些資料的組本身就有意造成這樣的結果。我們可以看這樣一個
例子。在刑案統計中，關於毒品、賭博、賣淫等罪，其破案率幾乎
可達百分之百。造成這種現象之一，在於這些犯罪的取締或破案，
在統計過程中，若有破案，則必須補報發生；沒有發生，就無破案
可言。因此，Black一直主張：對於警方的偵查活動，必須從其社
會組織進行瞭解。所謂社會組織，亦即從組織的非結構層面進行瞭
解。見：

Black, D. (1980). *The Manners and Customs of the Police.* NY.:
Academic Press.

註 ㉖：上面的分析，當然仍無法窮盡形成犯罪黑數的原因，其他原因仍所
在多有。從警察面觀之，警察受理民眾報案時之態度，即有相當可
能影響民眾報案的意願。這存在著兩種可能性，一是警察的親切、
誠懇態度鼓勵民眾報案；另一種可能就是警察的冷漠態度而使民眾
降低了報案的意願。根據Lipsky（1980）的研究，以街頭為工作場
所之公務員，為求自己的方便，常會增加民眾的負擔，從而使民眾
對公共財之運用產生退卻。Lipsky指出：由於街頭公務員（例如警
察、第一線公務員）由於受限於資源以及必須處理之案件極多，所
以會形成固定的處理模式，包括：簡單化、標準化、例行化與常規
化。換言之，民眾雖然覺得涉及自己的案件很重要，但由於這公務
員對於案件司空見慣，所以會以自己的思維方式處理，而不會從民
眾的立場出發。再如警察組織所實施的政策，亦可能影響犯罪數字
的正確性或形成犯罪黑數。例如Seidman與Couzens（1974）的研究
指出：一九六九年Jerry V. Wilson被任命為華盛頓特區的警察局

長。其於上台後宣布，任何人若未能減少發生在個人轄區內之犯罪
案件，將會被撤換。可以想像的是，於是從此犯罪狀況有了改善。
華盛頓特區警察局不是唯一的例子，其他如費城市警局也發現過在
檔案中之犯罪案件多出正式出現的官方統計（Graham & Gurr,
1969）。此意指案件雖有紀錄、建檔，卻與對外公布的數字有所落
差。甚至於美國聯邦調查局的「統一犯罪報告」（Uniform Crime
Reports, UCR）也曾一度把紐約市警察局的某些資料排除不用
（Hagan, 1985）。在我國，最明顯的例子是一九九五年三、四月
間，台北市議員質詢警察吃案後，犯罪統計即出現巨大的變化。可
以預期的結果當然是：犯罪案件增加了。嚴格說，犯罪統計的變化
可以粗分為兩類，一類是因為統計方式變化所形成的「污染」，另
一則是主管機關的刻意「美化」。以上分見：

1.Lipsky, M. (1980). *Street-level Bureaucracy: Dilemma of the
　Individual in Public Service*. NY.: Russell Sage Foundation.

2.Seidman, D. & Couzens, M. (1974). Getting the Crime Rate Down:
　Political Press and Crime Reporting. *Law & Society Review*, 8: 457-
　493.

3.Graham, H. D. & Gurr, T. R. (1969). *The History of Violence in
　America: Historical and Comparative Perspectives*. NY.: Praeger.

4.Hagan, J. (1985). *Modern Criminology: Crime, Criminal Behavior,
　and Its Control*. NY.: McGraw-Hill.

註 **㉗**：無論是犯罪黑數或案件之磨損，在刑事司法工作中都具有特殊意
　　　　義。即以警察工作為例，案件磨損率，在學者的解讀中不但代表著
　　　　警察機關偵辦案件的慎重程度、對民權的尊重程度、也與檢警關係
　　　　有關，同時也反映刑事司法工作與外界環境之關係。而犯罪黑數的
　　　　意義，在警察工作中所意味的，至少是採取多面向的績效考查方式
　　　　之必要，因為單一的警察有關犯罪方面的統計資料中有太多問題。
　　　　此外，不應忽略的是，由警察所引起的犯罪黑數，特別是因績效壓

力所引起的犯罪黑數，由於破壞了警察與民眾之間彼此的信任與信託關係，尤應予以譴責。有關此，見：

1.Petersilia, J., Abrahamse, A., & Wilson, J. Q. (1990). A Summary of Rand's Research on Police Performance, Community Characteristics, and Case Attrition. *Journal of Police Science and Administration*, 17 (3): 219-226.

2.黃富源（1982，6月）。犯罪黑數之研究。《警政學報》。1：171-190

註⓬：本表之資料來源，除引前述McCabe（1980），Ennis（1970），Gottfredson & Gottfredson（1988），Smith & Maness（1976）等人之資料外，另參考：

1.Conklin, J. E. (1975). *The Impact of Crime*. NY.: MacMillan.

2.Schneider, A. L.,Burcart, J., & Wilson, II, L. A. (1976). TheRoleofAttitudes in the Decision to Report Crimes to the Police. In MacDonald, W. F. (ed.). *Criminal Justice and the Victim*. CA.: Sage.

3.Blum-West, S. (1983). Calling the Cops: A Study of Why PeopleReport Crimes. *Journal of Police Science and Administration*, 11 (1): 8-15.

註⓭：雖然多數警政研究者均指出，民眾在刑事司法體系的運作過程中，有著十分重要的地位；但在某些學者眼中，這樣的觀點並非有錯，而是不夠周全。學者指出，民眾的報案只是第一步。當民眾向警方報案或提供其他與犯罪或公安有關的各項資訊時，一方面警察可能不是完全照單全收。這意味著，民眾對警察勤務運作的影響，可能不如我們想像的那麼大（Bottomley & Coleman, 1981； Ericson, 1982）；在另一面，當這種資訊傳輸入警察組織後，不但民眾過問甚或監督的機會減少了（除非與其有切身關係），此時警察的社會組織因素（例如組織對於責任的要求）。也開始居中運作，扮演重

要的角色。在這種情況下，此一資訊已非「客觀的事實」，而是有其統一的時空標準。亦即在警察組織的要求下，資訊被「環境化」（contextualized）（Manning, 1977；Manning & Hawkins, 1989；Shapland & Vagg, 1988）。以上見：

1.Bottomley, K. & Coleman, C. (1981). *Understanding Crime Rates*. UK.: Gower.

2.Ericson, R. V. (1982). *Reproducing Order: A Study of Police Patrol Work*. Canada: University of Toronto Press.

3.Manning, P. K. (1977). *Police Work: The Social Organization of Policing*. MA.: The MIT Press.

4.Manning, P. K. & Hawkins, K. (1989). Police Decision-making. In Weatheritt, M. (ed.). *Police Research: Some Future Prospects*. UK.: Avebury.

5.Shapland, J. & Vagg, J. (1988). *Policing by the Public*. UK.: Routledge.

註 ㉚：Burgess所給的模式，討論了許多主題，包括：組織內外互動、溝通、組織的政策形成、組織內之溝通，以及組織之整合等問題。從最挑剔的眼光來看，Burgess所給的模式並沒有太多新意（從另一個角度來看，社會科學中有新意的著作，實在很難）。即以組織整合為例，事實上早在一九六〇年，Kaufman已提醒我們注意大型組織（筆者認為，應是所有的組織）所存在的行政整合問題，亦即上下層之間的各種差距問題。見：

Kaufman, H. (1960). *The Forest Ranger*. MD.: John Hopkins University.

註 ㉛：在態度與行為之不一致上，三〇年代有一個研究最常為人所引用。當時，一位美國白人教授與一對年輕的中國夫妻結伴環美旅遊。在當時，種族歧視仍相當嚴重，也沒有反對種族歧視之法律。他們三人曾住在二百多家不同的旅館，除了一家飯店之外，其餘均給予周

到的招待。事後，白人教授發信給所有的旅館進行調查，問他們是否會接待一對中國夫妻。在一百二十八封回函中，百分之九十二說不會接待。易言之，在種族歧視此一問題上，這些業者有其態度之歧視，卻沒有行為之歧視。見：

Hagan, F. E. (1994). *Research Methods in Criminal Justice and Criminology*. NY.: Macmillan.

註㉜：此項發現，雖然弔詭，但並不令人感到意外。如果我們相信人基本上是「自利且理性」的，那民眾之態度與行為，特別是針對犯罪問題，是可以理解的。因為民眾所言「治安狀況不佳」，對民眾而言較為有利。

註㉝：雖然本文在此處為求方便，而將領導（leadership）與管理（management）視為同一。但有的學者從語意的觀點而言，並不同意這種看法。例如Gibson（1994）就將兩者做明顯的區分。Gibson認為，管理是以物為取向的，講求資源的有效運用，而領導則是以人為取向的，力求激發人之潛能。此外，Gilbson也認為管理求組織之秩序與穩定，而領導求組織之發展與改變。以Gibson之見，兩者差異甚大。

註㉞：例如Hayward亦指出：「人類行為幾乎任何時候，均非依據對其周遭世界的直接感知，而是根據其當時信念來感知其所存在之世界。這些信念對每一個人之行動以及我們所認識之世界到底是什麼樣的狀況等提供一種脈絡，因此形成層層的預想或偏見。」（Hayward, 1987: 10）。Hayward的這個見解看來與Mannheim所言頗有幾分神似之處。

註㉟：總的來說，關於組織的層級結構與資訊傳輸品質之間的關係，學者都相當注意。例如本文所引的March與Simon以及Tullock皆為其例。而Blau與Scott（1961）更指出：以正式組織而言，其所面臨的三大難題是：協調與溝通之兩難、官僚紀律與專業紀律之兩難，以及管理規劃與原創力之兩難。此外，警政學者Oettmeier（1992）

也認為警察組織中層級與溝通之間的問題更加嚴重。以上分見：

1.Blau, P. M. & Scott, W. R. (1961). Dilemmas of Formal Organization. In Etzioni, A. (ed.). (1969). *Readings on Modern Organizations*. NJ.: Prentice-Hall.

2.Oettmeier, T. N. (1992). Matching Structure to Objectives. In Hoover, L. T. (ed.). *Police Management: Issues & Perspectives*. Washington, D. C.: Police Executive Research Forum.

當然，有關此一問題還有進一步的討論空間。我們可以借用 Starling（1988）的說法進行說明。Starling指出：在公共政策的研究上，問題的分析或診斷是第一個步驟，也可以說是最重要的步驟。此一步驟的決定，甚至於可能決定將來的政策。然而，在進行問題的診斷時，經常有所誤差。而常見的誤差有九個來源：（一）在組織結構上，如層級體系、專業化、集中化（centralization）都可能造成誤差；（二）源自意識形態之誤差，例如信仰、信念的堅持，可能影響對實際問題的認識，從而造成認知失調與誤差；（三）無知，如對專業知識缺乏瞭解，而相信媒體的報導；（四）資訊過多；（五）噪音干擾；（六）時間落差；（七）逃避問題；（八）隱避問題，如顧左右而言他；（九）虛假問題，如解決了錯誤的問題，但卻不會對真正要解決的問題造成傷害。歸結來說，這些誤差可能與人有關，或與認識有關，因此相當複雜。見：

Starling, G. (1988). *Strategies for Policy Making*. CA.: Wadsworth.

註**36**：關於警察組織之規模「大」好還是「小」好，甚至於公共行政組織「大」好還是「小」好，一直是警察行政學者、公共行政學者爭論不休的問題。從警察行政的立場來看，Whitaker（1985）回顧了從一九七○年到一九八○年的幾項研究後指出：（一）小型警察機關所提供巡邏方面之服務，無論是迅速性、禮貌性、公平性、誠實性上，都遠較大型警察機關之表現為佳；（二）在成本方面，小型警察組織可以用較少的單位成本提供至少等於或優於大型警察組織所

提供之巡邏服務品質。自然，Whitaker也指出：並非「所有」的研究都支持「小型警察組織表現較大型警察組織為優」之觀點，惟這種研究之數量甚少（Whitaker, 1985）。即使如此，Whitaker仍提出警告，他所做的研究與觀察，絕不意味亦不能因此推論「小比大好」。事實上，大型警察組織也有一些小型警察組織無法擁有的優點，例如通訊網路、刑事實驗室等輔助勤務之設備，都是小型警察組織所無法負擔的。惟若僅就溝通與資訊傳輸而言，Whitaker也同意Angell、McFarland等人之觀點，認為小型組織較佳。而在一九八五年後的研究方面，Mastrofski（1985）的研究指出：（一）對小型組織的合併，未必會形成組織之經濟規模；（二）以契約簽訂方式明定資源共通與互享，在各地實驗結果顯示，有的成功、有的失敗，因此很難一概而論；（三）在小型組織中，可以有更高的巡邏密度。換言之，小型警察組織的單獨存在，在成本上不一定較貴。Worden（1989）的研究發現，民眾對小型之警察組織往往有較高之評價；而Bayley（1992）也指出：在小型警察組織中，不但刑案被害的狀況較小，警察之反應時間較快，民眾對警察之服務也較滿意。因此，上述學者的觀點似乎暗示，在組織人性面上，小型組織有較多便利，而大型組織則是有其資源面之長處。

此外，依其他學者所見，此問題尚有進一步論述的空間。例如理論上有無組織之最適規模或經濟規模？組織之最適規模或經濟規模，是否即產出（output）之最適規模等（Prager, 1994）。以上分見：

1.Whitaker, G. P. (1985). Police Department Size and the Quality and Cost of Police Service. In Nagel, S., Fairchild, E., & Champagne, A.(eds.). *The Political Science of Criminal Justice*. IL.: Charles C Thomas.

2.Mastrofski, S.D. (1985). Police Agency Consolidation: Lessons from a Case Study. In Fyfe, J. J. (ed.). *Police Practices in the 90s: Key Management Issues*. Washington, D. C.: International City

Management Association.

3. Worden, R. (1989). *Police Department Size and Police Performance: An Exploration into Alternative Explanations*. Paper presented at the annual meeting of the Academy of Criminal Justice Science, Washington, D. C.

4. Bayley, D. H. (1992). Comparative Organization of the Police in English-speaking Countries. In Tonry, M. & Morris, N. (eds.). *Modern Policing*. IL.: The University of Chicago Press.

5. Prager, J. (1994). Contracting Out Government Services: Lessons from the Private Sector. *Public Administration Review*, 54 (2): 176-184.

註**㊲**：近三十年來，以經濟學的立場進行對組織理論的研究，引起相當廣泛的注意。以經濟分析為取向的研究模式中，又以所謂的「代理人」理論與交易成本經濟學最受重視，這是因為「這套理論促使其他理論發現本身有所疏忽的部分」，Perrow有這樣的評論（1986：222）。這兩種理論的共同特徵是，如同以往經濟學的研究，以方法論的個體主義為出發，以自利為假設，也就是以個人為分析單位，認為組織中之個體會盡量擴大自我利益，以促使組織利用資源提高效率。其中，人性的自利假設，是經濟分析中一貫的前提。當然，此一前提之設，已然說明無論是代理人理論或交易成本論，並無法解釋所有的組織現象。儘管如此，以代理人理論而言，仍有若干觀點深值吾人注意。代理人理論，此一由Alchian與Demsetz（1972）所倡導的理論，基本上研究的是組織設計的問題，也就是討論組織中授權人與代理人之間的關係，Moe（1984）認為這就是討論組織內部的監督問題。然而，Bendor（1988）卻指出：除了以代理人理論研究內部控制的問題外，也可以用來檢驗官僚制的影響問題。簡而言之，代理人理論本身的特有思考是認為社會生活乃一連串之契約，契約關係是淨收益等於回收扣除投入，因此，組織成員乃會盡

量擴大其淨收益。在組織中，傳統上都是透過合作的方式來達到目標，然而合作的缺點卻在於：每一位成員的具體貢獻難以衡量或決定，而產生了所謂「逃避」（shirking）或搭便車等問題。根據Miller與Moe（1986）的解釋，代理人理論的核心是所謂的「資訊不對稱」（information asymmetry），也就是授權人與代理人之間擁有的資訊不對稱。由於兩者之間擁有的資訊並不對稱，因此代理人常只顧及其個人利益，而忽略授權者的利益。資訊不對稱，可能帶來兩種後果：（一）逆向選擇（adverse selection）、（二）道德危害（moral hazard）。所謂逆向選擇，是指組織在求才時，必須根據求職者所提供的資訊來進行篩選。然而，只有求職者對自己的能力最清楚。在這種情況下，能力超過此一標準者，必不願屈就；只有能力低於此者，才會接受此一工作，所以組織所求得之人才，往往是不適者。而道德危害，則是指：由於資訊不對稱，只有工作者（受雇者）知道自己的工作績效，雇主事實上並無法瞭解是否受雇者能兢兢業業的工作。因此，必須對工作者（受雇者）的工作績效加以監督。然而如何進行監督呢？可能方法之一是由受雇者輪流擔任監督工作，這雖然避免了科層制的缺點，卻也喪失了專業化的優點；第二種可能是雇用一個外人或受雇者之一擔任監督，但問題在於：誰來監督監督者？因為這位監督者的工作效能仍然難以知悉，同時，我們也無法排除他偷懶的可能、而無法產生預期的監督效率。更糟的是監督不當所帶來的種種惡果：如對被監督成員工作績效之不當衡量及資源錯置等。因此，監督者在績效評估中的關鍵角色不容忽略；而與此關鍵角色有關的關鍵問題，便是確保監督者有足夠的動機或激勵努力地做好監督的工作。Alchian與Demsetz因此認為，這位監督者應被賦予可以用市場價格衡量的地位以及其在團體其他成員中之中心契約代理人的地位。這指的是，一方面，監督者根據每一位工作成員的績效賦與酬勞，這主要是根據他與每一位工作成員所訂定的雙方約定；另一方面，他可以把多出的成果作為

自己的收入。在Alchian與Demsetz來看，這種新地位的賦予可以收到下列好處：（一）提供監督者相當的誘因與職權進行監督、（二）可以根據成員的績效，調整待遇，並消除搭便車的問題。簡言之，這是一個將授權人與代理人利益結合的作法。組織研究者中，對此一理論有不同的評價，例如Jensen（1983）認為這是「組織研究中的革命」、Moe（1984）則以為代理理論超越了組織分析中的一般社會學所採用的方法，是一種突破；Miller與Moe（1986）則以為，雖然代理理論是以公司（firm）為討論對象，但其理論基礎與分析方式，卻牢靠地捕捉住組織、科層制行為的特質；也就是可適用於任何科層制組織中。自然，此一理論，亦有不少缺點，Perrow（1986）對此有深入的分析。在此本文只想藉此提醒資訊不對稱的重要性與後果。以上見：

1. Perrow, C. (1986). *Complex Organization: A Critical Review*. NY.: Random House.

2. Alchian, A. A. & Demsetz, H. (1972). Production, Information Cost, and Economic Organization. *American Economic Review*, 62, 771-765.

3. Moe, T. M. (1984). The New Economics of Organization. American *Journal of Political Science*, 28(4): 739-777.

4. Bendor, J. (1988). Formal Models of Bureaucracy. *British Journal of Political Science*, 18: 353-395.

5. Miller, G. J. Moe, T. M. (1986). The Positive Theory of Hierarchies. In Weisberg, H. F. (ed.). *Political Science: The Science of Politics*. NY.: Agathon Press.

6. Jensen, M.C . (1983). Organization Theory and Methodology. *The Accounting Review*, 8 (2): 319-337.

註㊳：認知或認識，事實上是一個相當複雜的過程。簡而言之，人類之認知外界，至少涉及三個變數，即認識的主體、認識的客體與認識的

方法（工具）。此三者變數之間會相互作用。即以認識的主體而論，即可由三方面加以討論：（一）認識的主體相干性、（二）認識的主體間性、（三）認識的主體差異性。這說明人與人之間對事物之認識，有同有不同。因之，不應以自己之認識去想像別人的認識。在警察工作中，典型的例子是如Moore等人（1988）所說：「什麼是犯罪嚴重性？發生在民眾身上的犯罪，對他們來說，就是嚴重犯罪。」換言之，警察定義中之嚴重犯罪與民眾定義之嚴重犯罪，必然有其不一致之處。此處不在否認警察與民眾的認知、上層與下層之認知有其相同處，但相異處的重要性遠大於相同處。就此，請參看本章註二十六。有關認識問題，建議參閱：

王宏維、江信硯著（1994）。《認知的兩極性及其張力》。台北：淑馨。

註 **39**：總的來說，除了本文前面所引的學者之外，還有其他許多學者對組織溝通的問題有所探討。在公共行政學者方面，Simon、Smithburg與Thompson（1950）就曾討論這個問題。他們指出：有效溝通的障礙，包括：（一）語言方面的障礙〔對此，Edwards（1980）指出：政府的政策有時是選擇性的模糊，因為如此才會獲得相關者的支持〕；（二）參考架構問題（frame of reference），此與個人的認識、經驗有關；（三）地位問題，不同地位的人看同一問題，有不同角度；（四）地理問題，包括設備問題、不足溝通問題；（五）資料掌握人的自利問題，上向是「糖衣」、下向是「欺騙」；（六）其他工作的壓力問題。Simon與March（1958）說，行政人員是有限理性的（bounded rationality），所以考慮不會完整。Wilensky（1968）指出：造成溝通扭曲或障礙之因素甚多，重要的包括：層級結構（hierarchy）、專業化（specialization）、集權化（centralization）、資訊蒐集的誤導綱要（misguided doctrine of intelligence gathering）、秘密性（secrecy），以及過度曝光（excessive publicity）等。而若從資訊的量來說，可能又存在兩種困境：資訊不足或資料

爆炸。資訊不足，可能造成的結果是照單全收；而資訊爆炸的結果
則可能是資訊的選擇、資訊的隱匿、資訊的揚棄等。在警政學者方
面，對資訊的傳播過程做有系統研究的，以作者所見，可能是
Manning的關注最多。Manning（1983，1988）相信，在當代社會
中人們面對的基本困境之一是所謂的「意義」問題。資訊與意義有
關，因為資訊傳達意義。從資訊的創造、傳輸、轉換、再製，依
Manning所見，都與社會組織（social organization）有關，因此意
義是「社會建構的」（socially constructed）。由於意義具有社會
性，同時也具有約定俗成的性格，因此在資訊的傳輸者與收受者之
間，很容易形成互相錯誤之期待，形成相互的有意（或無意）之欺
騙。對此，社會學者Berger（1982）一針見血的說：「每一個制度
結構都必須建立在欺騙之下，並且社會中所有的實體都帶有這不正
確信念的元素」；警察倫理研究者Souryal（1993）也認為制度或
結構上的欺騙（institutional lie）直覺地被認為、接受是處理事物
的手段。例如，Manning（1974）就指出：在刑警工作中，欺騙已
被認為是正當的工作手段。最後，不要忘了馬克思的見解。馬克思
早在一八四三年即已指出：科層權威的基礎在於秘密，而科層體制
則是一個弔詭的「知識層級」（hierarchy of knowledge）（參考朱元
龍，1995）。在這種情況下，在行政組織中，透過學者的洞見，我
們實在很難想像資訊的原貌與資訊被包裝之後會是同一件東西或指
涉同一件事物。以上分見：

1.Simon, H. A. Smithburg, D. W. & Thompson, V. A. (1950). The
  Communication Process. In Stillmon, R. J., II (ed.). (1988). *Public
  Administration: Concepts and Cases*. MA.: Houghton Mifflin.

2.Edwards, G. C., III. (1986). Problems in Bureaucratic
  Communications. In Rourke, F. E. (ed.). *Bureaucratic Power in
  National Policy Making*. MA.: Little, Brown and Company.

3.Simon, H. A. & March, J. (1958). *Organizations*. NY.: Wiley.

4.Wilensky, H. L. (1968). *Organizational Intelligence: Knowledge and Policy in Government and Industry*. NY.: Basic Books.

5.Manning, P. K. (1974). Police Lying. *Urban Life and Culture*, 3(3): 283-306.

6.Manning, P. K. (1983). Organizational Constraints and Semiotics. In Punch, M. (ed.). *Control in the Police Organization*. MA.: The MIT Press.

7.Manning, P. K. (1988). *Symbolic Communication: Signifying Calls and the Police Response*. MA.: The MIT Press.

8.黃樹仁、劉雅靈譯、Berger, P.著（1982）。《社會學導引──人文取向的透視》。台北：巨流。

9.Souryal, S. S. (1992). *Ethics in Criminal Justice: In Search of the Truth*. OH.: Anderson.

10.朱元龍（1995，6月）。風險知識與風險媒介的政治社會學分析。《台灣社會研究季刊》，19：195-224

註⓮：Kidder的此一公式十分詭異。事實上，亦可寫成：

實際狀況＝觀察狀況＋誤差

無論是何種表示方法，重點在於誤差之必不可免。

註⓯：相對於Burgess的考慮，我國警政當局在勤務設計時，不但顯得過度迷信執行層的執行勤務之意願、又顯得一廂情願的相信：制度可以被「完全」地執行。有關此，見：

李湧清（1994，6月）。巡邏、臨檢與勤區查察──攻勢性警察勤務之再思考。《警專學報》。1（7）：136-162。

註⓰：本文之所以有這樣的提醒，是因為無論從什麼樣的立場進行考查，我們經常可以發現，政策或法律執行者的文化、價值乃於執行能力被忽略。以政策而言，這指的是政策擬訂者與政策執行者並非同一套人馬，因之，政策擬訂者忽視了執行者的立場，也就造成難以執行或無法產生預期效果之可能性。而就法律而言，這種情況可能

更加嚴重。對此，印度警官學校校長Sankar Sen有非常嚴厲之批判。他說：

> 「在現代社會，導致執法工作日益困難的另一主因是：法律的大量增加。對吾人社會中的每一個真實或想像的問題而言，法律案之通過總是基於一個信念，那就是法案通過，問題即迎刃而解。那些負責起草法案者總是對執法面所存在的問題掉以輕心，而花費許多時間爭辯這項立法案的道德或抽象的意義。只要法案一通過，『這些法案就像是在警察機關後門的棄嬰一樣，被拋棄在那，對他們的健康狀況不聞不問。』遺憾的是，社會大眾對法律無效的批判矛頭總是指向警察，而全然無法瞭解警察在這方面是無能為力的。」（引自李湧清譯，1994：23）

Sankar Sen所言，並非是印度的特例，在我國也經常可以看到。例如兒童福利法的通過與施行，便是一個典型的例子。見：

李湧清譯、Sankar Sen著（1994，12月）。犯罪預防諸問題。《新知譯粹》。10（5）：15-27。

註❹：有關一般人對警察文化的認識，多半與保守、男性、危險、刺激等相連結，對此本文不加評論。但作者必須指出，若從另一角度觀察，則對此可能有不同的發現。有關一般人對警察文化之印象，中文見：

吳學燕（1990，6月）。論警察文化。《警政學報》。17：105-118。

英文部分，則可參考：

Reiner, R. (1985). *The Politics of the Police*. London: Harvester Wheatsheaf。在此書中，Reiner描繪警察文化，包括：使命感、懷疑心、孤立感、男性主義、保守心態、種族偏見與實用主義等。

註❹：此二字中文皆可翻譯為「結果」。

註❹：有關不可預期之後果問題，本文以為可以用Pareto的觀點進行說明。被視為經濟學者的Pareto，其實對政治學、社會學也表現出相當程度的關懷。在社會學上，Aron（1967）說：「要明白巴烈圖的社會學體系，必須先對邏輯行動與非邏輯行動這兩個概念有一番嚴格精確的理解。」（引自蔡錦昌譯，1990:108，以上均引自蔡譯）。所謂邏輯行動，「端視客觀真實狀況中手段與目的的關係是否符應於行動者心中設想的手段與目的的關係而定。」因此，「除掉邏輯行動，其他的都屬非邏輯行動。也就是，（一）一切在主觀方面或客觀方面沒有顯出邏輯關連的行動；（二）主觀方面的關連與客觀方面的關連之間不相互符應的行動。」（1990：113）。本文之所以要提出Pareto的分析，一方面是這指明了人的有限理性，正如Simon的觀點一樣；另一方面也希望在有限理性的情況下，做到最大之有限理性，這意指對事物應做更周全的考慮。見：
蔡錦昌譯、巴烈圖（1990）。載齊力等譯、Aron, R.著（1990），《近代西方社會思想家：涂爾幹、巴烈圖、韋伯》。台北：聯經。

註❻：作者此一說法不應被誤解為作者反對警察倫理教育之實施。此說法事實上是指如果把警察倫理教育視為解決一切問題的方式，則可能會產生更多問題。

註❼：有關溝通，特別在警察組織中之溝通，本文願借用Starling（1993）的觀點加以說明。Starling以為溝通並非單純文字或語言的表達，而是一種分享與交換（sharing）。換言之，溝通此一活動，無論對警察組織的內部管理或對外關係而言，絕不只是教育或傳達，而是彼此間資訊、經驗與觀念的分享、交換。另從語意而言，溝通（communication）的"com"其實也意味著這是雙向關係。此外，吾人也常忽略，「溝通」無論從語意或定義來看，其重點在於「通」。

註❽：雖然本文對於真正的、無扭曲而存在於警察組織中的倫理、道德之出現有所期待。然而，仍有人對此把持悲觀的態度，認為：倫理與

道德是弱者的訴求與工具。對強者而言，他們或許會提倡倫理、道德、缺乏整體之共識，只是作為某些事物的掩護與煙幕。必要時、最終時，他們仍是訴諸權力的。換言之，在這些人眼中，倫理、道德乃是一種烏托邦。

註❹：在我國警察勤務運作的架構中，圖3-1所繪者乃是針對行政警察勤務之運作而言。事實上，在刑事案件發生，警察人員抵現場之後，行政警察的角色與功能，便逐漸淡出，退居第二線了。此時，則由刑事警察接手，並從事現場勘查、訪問目擊者等偵查工作。至於這期間可能產生的問題也相當多。從階段來看，刑事人員必須進行初步的案件評估（case screening）並決定偵查的方向。影響刑事人員偵查的因素很多，Worden（1989）指出：影響因素包括案件的嚴重性、嫌疑犯之特質、被害人之特質、雙方之關係等均屬之。由於本研究是以行政警察為主要探討的內容，所以接下來的問題不續論。見：

Worden, R. E. (1989). Situational and Attitudinal Explanations of Police Behavior: A Theoretical Reappraisal and Empirical Assessment. *Law & Society Review*. 23 (4): 667-711.

第4章　警察勤務組織

 前言

　　經濟學者Rhoads（1985）在論及自由市場與彈性價格時，曾經舉過這樣一個例子：

> 「看看一枝簡簡單單的木頭鉛筆好了。要做這麼一枝鉛筆，得砍倒樹木，要這麼做，就有鋸子、繩子和卡車，這些東西又得『開挖鐵礦、產製鋼鐵、鍛成鋸、斧、馬達；種麻，經各道加工手續變成堅強的繩索；蓋起伐木山屋，鋪設睡床和餐廳』；更不必提為伐木工人喝的每一杯咖啡出過力的成千上萬的人了。接下來還有將木頭鋸成板的鋸木廠、後來成為鉛筆心的斯里蘭卡（Sri Lanka）來的石墨；包住鉛筆頂端橡皮擦的錫銅合金——黃銅；橡皮擦本身則是將產自印尼的菜籽油與氯化硫加熱反應而來。
>
> 一個人即使花一年，甚至窮其畢生之力，大概都沒有足夠時間與知識來造成一枝符合現代品質的鉛筆。」（引自薛光濤、李華夏譯，1991：102）❶

　　經濟學家們相信，在自由市場的經濟下，由於每一個人（或組織）後面，有一隻「看不見的手」（an invisible hand），所以我們只要花少許的錢就能買到一枝鉛筆。從另外一個角度來看，這又何嘗不是組織與其成員之間的協力合作所造成的結果呢？組織又是什麼？組織內成員之相互合作是必然嗎？這些構成本章的中心問題。

　　本章名為警察勤務組織，顧名思義，自是以討論警察組織為主要目的❷。同時，又由於本書在第一章定位本研究之性質時提到，本研究是以行政警察為主要研究對象，是以本部分的焦點也集中在分駐

（派出）所、警察分局以及警察局上。必須進一步說明的是，本章並未把警勤區與駐在所列入討論範圍之內。這是因為，根據定義，組織是「二人以上為達到某一（些）目的而形成的團體」，而警勤區與駐在所不符合這樣的定義。在此同時，應該一併說明的是駐在所的性質。根據警察勤務條例第七條第三項之規定，我們可以很輕易的看出，駐在所基本上就是警勤區，只不過地處偏遠、空間或時間上不適合與其他警勤區實施共同勤務，所以設駐在所。而警勤區為勤務基本單位，所以駐在所自然也是警察勤務基本單位。

在本章的內容部分，除了嘗試就前面所列出的問題找尋答案外，也將就我國分駐（派出）所、警察分局與警察分局設置之原理以及產生的病理做全面性的檢視，希望透過這樣的討論有助於警察勤務組織之健全。

本章在結構上分成四個部分。第一節：前言，說明本章之目的。第二節：警察分駐所與派出所，乃從分駐派出所設置之原理及當前所存在之問題加以討論。第三節：警察分局與警察局，係就其設置之原理以及實際運作中所可能產生的問題所做的討論。第四節：小結。

警察分駐所與派出所

警察分駐所與派出所在我國警察勤務及實務之定位中，有其共同性，亦有其相異性。其共同性表現在警察勤務條例中，如兩者均被定位為警察勤務執行機構；而其相異性則表現在勤務督導實務中，如分駐所所長對該鄉鎮內之派出所具有業務監督權。由於兩者之共同性重於兩者之差異性，故在本節的討論中，本文視兩者同一。

●原理與實際之觀察

　　警察分駐所與派出所原理與實際，依本文之觀點，在觀察上，無非嘗試回答下列問題：為何設置？何時設置？設於何地？以及設置何人等？這些問題，不但對本文而言，十分重要；而依White等人（1985）之觀點，這些問題也可以說是公共政策的核心。以下分述之。

✳為何設置？

　　這是討論警察分駐派出所設置的目的問題。根據定義，組織設置，必有其目的。我國警察分駐所與派出所之設置目的，從顯性面以觀，以現有的資料來看，可以有兩種解釋：實務解釋與理論解釋。

　　從實務上來看，內政部警政署於一九八六年所編印的《分駐（派出）所實務手冊》中明白指出：分駐派出所設置的目的有三個，即組合警勤區、形成治安面以及供作服務站（警政署，1986：34）。換言之，在警政署的構想中，分駐派出所之設置不但有組合警勤區之功能，更有打擊犯罪（形成治安面）以及提供民眾與員警膳宿等服務方面的作用。換言之，也就是分駐派出所是具有多功能之組織。

　　在另一方面，從理論上來看，在學者解讀中，分駐派出所之設置亦是具有多方面之功能與目的的。學者指出，警察派出分駐所之功能在於：（一）預防犯罪；（二）地區警察勤務活動之中心；（三）予民眾安全感；（四）供執勤員警休膳之所；（五）迅速有效處理治安事故；（六）瞭解民眾與社會需求、提出有效服務；以及（七）增進警民合作關係（江裕宏，1985：18）。從上面所引可以看出，學者對於分駐派出所之設置，不僅有其對內的功能，例如提供膳宿之服務，亦有其對外之服務、預防犯罪以至於增進警民關係之功能。

　　無論是實務解釋或理論上之解釋，從顯性面以觀，無非是強調

警察分駐派出所設置之正面之功能與目的。對於國家或政府在今日社會中所扮演之角色抱持著懷疑心態的人而言，警察分駐派出所設置之原始目的，可能並不如想像中之單純，如同本書第二章中所描述的衝突論一樣。衝突論者以為，作為一種社會控制的國家機器，警察分駐派出所之設，或許有其服務民眾之功能，然而，更重要的可能是其社會控制的角色。換言之，在衝突論者的解釋中，警察分駐派出所的隱性面在於對於社會大眾之監控，以及必要時作為鎮壓的力量。對於衝突論者的此一觀點，不論我們在情感上是否願意接受，然而這種比較悲觀的想像與解釋，卻是我們不得不瞭解的。

撇開功能論與衝突論的爭議不談，我們或許該從另一個角度去看警察分駐派出所是否在實際上真能達到當初所預期的目的？如果所預期的目的不能達成，那麼該如何進行改善？這些問題，本文稍後將予以探討。

✱設於何地？

這是從警察分駐派出所之設置的地點所做的關照。由於資源有限、由於政府之組織不可能無限制地加以擴充，因此，在這個問題上，事實上也是回答警察分駐派出所設置之標準問題。

到底在什麼樣的情況之下，應設立警察分駐所或派出所？或是應基於什麼條件來設立？有沒有一致而為各方所接受的標準？本文以為最好的解釋應是來自法令。

在二〇〇〇年七月，警察勤務條例未修正之前，規範我國警察勤務運作的主要法令「警察勤務條例」是這樣規定的：「前項分駐所、派出所設置標準，由省（市）警察機關定之。」換言之，當時，以中央的立場來看，有關警察分駐派出所之設，由於治安事故的地區性以及很難建立一個放諸四海而皆準的標準，因此授權地方的省（市）警察機關來決定❸。而在省（市）警察機關方面，當時卻未建立此類標準（蕭玉文，1992）❹。不過，二〇〇〇年七月的修正條文，卻將

這個工作（訂定分駐派出所設置基準）交給警政署。為了讓讀者有全盤的認識，本文擬從兩方面觀察分駐派出所設置原則：一是針對過去，另一則是針對現在。在過去，由於省市均未訂定設置基準或標準，所以我們只好從現象面去觀察並進行原則性的歸納。這種觀察，使我們導出下列兩個結論：（一）台灣地區警察分駐派出所之設置存在著兩個原則，即警察分駐所之建立原則與警察派出所之建立原則；（二）此二原則之標準，不盡相同。以下分述之。

在警察分駐所方面，可以歸納出的兩個原則為：（一）配合行政區域而設之警察分駐所；（二）因治安特殊區域而設之警察分駐所。以前者而言，在目前台灣地區（台北市除外）凡未設警察分局之各鄉、鎮、市、區，均設有警察分駐所，並冠以各區域之名稱。例如台北縣警察局新莊分局之轄區包括新莊市、泰山鄉、林口鄉，而新莊分局設於新莊市，故在泰山鄉與林口鄉分設泰山分駐所與林口分駐所，對泰山鄉與林口鄉境內之其他派出所進行警勤業務之指導監督。這並不意味分駐所之地位高於派出所，而只是在警察行政中為發揮效率所做的一種設計❺。同時，由於效率以及經濟規模的原因，並不是所有的鄉鎮區都應設立警察分局，是以警察分駐所之設是可以理解的。而就後者而言，台灣地區仍有少數特殊治安區域，或因聯合警衛之故、或因交通不便，而設置並指定階級較高的警察人員前往主持之分駐所，典型的實例是過去桃園縣的慈湖分駐所以及台中縣的梨山分駐所。總的來說，警察分駐所之設，在警察行政上的意義，不外乎效率以及行政成本之節約。

而在警察派出所方面，以目前之狀況而言，幾乎無一定之標準可遵循。依學者所見，有以為「應考量轄區面積、地區特殊、治安狀況、交通狀況等因素，或所轄警勤區適中之處所」為原則（蕭玉文，1992），亦有認為「大多設在各警勤區的適中地點」者（丁維新，1990）。面對這樣含糊籠統的標準，以及考慮警察勤務條例中有關警勤區設置之規定，可以肯定的是：警察派出所設置時必須考慮的因素

十分複雜，而重要的考慮因素從學理上而言則包括人口、治安狀況、業務、面積等（梅可望，1990）。

二〇〇三年一月二十七日，警政署訂定「警察分駐派出所設置基準」，其設置之重點原則為：（一）分駐派出所應有二個以上之警勤區。（二）其轄區以不跨越鄉（鎮、市、區）為原則。（三）且以不分割村里自治區域為原則。不過，因執行專業性警察任務、特定地區守護任務或為民服務工作，不受前面之限制。顯然，後面的這個規定，是基於彈性與事實的考慮。而在大原則上，基本上仍遵循警察勤務條例的規定與過去的作法。在此一設置基準中，同時也就分駐派出所之調整，作了原則性的規定。在下列情況下，可以調整設置：（一）警勤區數眾多且轄區工作繁重，顯難有效督導管理者。（二）轄區各類案件急遽增加者。（三）交通狀況複雜，難以全盤掌控者。（四）因應轄區發展趨勢，認有必要者。（五）行政區域調整，認有必要者。

至於在設置分駐派出所方面，基本上必須經該管地方政府核准，並備妥（一）轄區治安交通狀況資料、（二）警力配置、（三）勤務運作及成效、（四）警用裝備器材配置、（五）設置地點、以及（六）轄境範圍調整對照圖等資料，進行利弊分析，方准設置。值得注意之處在於，分駐派出所之設置與調整，考慮警察勤務之性質，所以設置與調整權限均交給地方政府，這是事理之必然。不過，維持組織運作所需之經費與人員，根據道理，同樣由地方政府負擔。

對於警察分駐所與派出所之設置原則與警政署所定之設置基準，本文基本上認為並沒有太大的爭議。較大的困惑來自於：（一）我國的分駐派出在設置的過程當中，能否發揮其原先所預期之功能與目的嗎？（二）論者常謂警察分駐派出所設於警勤區之適中地點（江裕宏，1985；丁維新，1990；蕭玉文，1992），這樣的觀察正確嗎？這些令人產生疑惑的問題，本文於後將加以探究。

＊何時設置？

這是從警察分駐派出所之設置時機所做的關照。換個角度來看，這也是有關警察分駐派出所設置建議權的問題。

警察分駐派出所應於何時設置？粗看之下，似無一定規則或標準可循。勉強可稱得上的規則是，當外界環境有劇烈變化之時以及地方政府之財政可以負擔之時，理論上均是警察分駐派出所設置之適當時機。具體的說，設置警察派出所之適當時機有二：（一）當地區民眾覺得有需要之時；（二）當地方警察機關覺得有必要之時。

首先論民眾主觀上之需要。雖然在學理上有關警察分駐派出所之設置存在著功能論與衝突論之爭議，而長久以來台灣地區民眾對分駐派出所所存在的心理依賴感（彭衍斌，1974；江裕宏，1985），使得此一已存在已久之分駐派出所制在我國今天仍維持相當之規模。再就政府在這件事上所扮演的角色而言，為了表現現代政府對民眾需求之反應，因此，只要在其他條件得以配合之情況之下（如財政可以負擔、用地取得容易），也願意迎合民眾之需要成立分駐所或派出所。是以，分駐派出所之設置時機，以今日台灣的狀況來看，是具有民主政治之意涵的。

在另一方面，或基於行政裁量權或基於效率或其他原因，地方政府或警察機關在覺得必要時，也會主動設置分駐派出所。相對於來自民眾壓力，地方政府或警察機關主動設置分駐派出所之情況較少見。這不代表主其事者沒有這樣的意願，而是受限於台灣地區當前土地之取得不易，在缺乏設置之正當性之下，因此較難取得上級之支持。

無論是地方政府之主動或被動地迎合地方民眾之需要，今日在分駐派出所設置時機上之問題仍在於是否當前分駐派出所之設能達到效率之目的？是否有可能淪於民粹主義？本文稍後將予以關切。

✱設有何人？

人是警察勤務執行之核心因素，因此，分駐派出所在成立之後，有哪些人在其中執行勤務也是另一個值得注意的問題。

以當前台灣地區之分駐派出所以觀，其所置之成員依其身分（或職務）分，可大致分為主管與警員兩類，其人數則由二人至四、五十人不等。

由於台灣地區之分駐派出所複雜而多樣，因之，分駐派出所之主管身分，亦複雜而多樣。主管的身分與職務之所以在此處強調，乃緣於其肩負各該所工作之成敗責任。不寧惟是，其工作之內容亦相當廣泛，簡而言之，集設計、執行、考核三項工作於一身。例如各項勤務計畫之草擬、勤務分配表之安排，可算是設計方面的工作；而實際的帶勤則屬執行方面的工作；查勤、督勤則為考核方面之事務。在此同時，又因台灣地區各分駐派出所警力多寡之不同，而由不同職務的人專任或兼任此一職務。有以警員兼主管者、有以巡佐兼主管者、有以巡官任主管者，亦有以分局員任主管者。不論是由何人擔任此一職務，其工作之內涵大同小異。

而在警員方面，其狀況較單純。無論是大所小所之警員，無論其官等為何，無論其教育背景為何，在這一方面主要的差異在於各分駐派出所人數之多寡，而工作之內容並無太大的差別。

今天問題的焦點在於到底應由何人擔任分駐派出所之主管工作？以當前的標準決定主管之人選可能產生什麼問題？有沒有其他簡單易行的改進方法？這是本文稍晚要特別關切的。

● 問題討論

在前一部分中，本文分別從四個面向簡要論述了警察分駐派出所之設置原理。而在論述中，本文也分別說明了這些原則在實際適用

中可能存在的一些問題。順著前面所列，這個部分將就這些問題加以研究。

✱分駐派出所之經濟規模與其他

第一個應予關切的問題是，我國警察的分駐派出所之設置，眞能達到理論上或實際上（例如在分駐派出所實務手冊中所宣稱的「組合警勤區、形成治安面、供作服務站」）所說的功能嗎？對此本文深表懷疑。

理論上，警察分駐派出所，若欲達到無論是預防犯罪、服務民眾或予民眾以安全感之功能，本文以爲，其設置必須滿足幾項條件：（一）在空間上──必須分駐派出所之位置位於轄區之中心。位於轄區中心此一要求係著眼於力求對轄區內每一方寸之土地反應時間最短、且最公平。（二）在時間上──必須能廿四小時全天候服務。除開少數地區，警察若欲彰顯其服務功能，則必須能提供全天候之服務。（三）在人力上──必須有足夠的人力維持分駐派出所之勤務運作。本文以爲此三項基本條件，是求分駐派出所欲發揮理論上之功能時，不可不考慮的。根據此三項標準，我們可以就台灣地區分駐派出所的現況加以檢驗。

第一是有關空間之標準。在此一標準之檢驗上，首先本文必須指出：台灣地區目前的分駐派出所在空間上多數均未達到位於轄區中心的標準。何以如此？學者解釋：

「現行警察派出所的位置，大多沿襲日據時代所留下的地點，由於時代之進步，工商業之發達，往昔治安上重點地區的位置或交通之衝要地點，或已變遷，派出所原先的位置對其轄區而言，或有所偏頗，或數個派出所隔鄰很近的距離，或同在一條主要市街上，以致使警力無法迅速的達於轄區的每一地點，或造成警力的過於集中一地區，或造成員警往警勤區作業的不便，在在都影響警察派出所轄區治安狀況的掌握和民眾報案後

> 的迅速反應功能，實有予以調整之必要。」（江裕宏，1985：
> 25）

這種現象的造成，當然不能歸咎警察當局。惟就事論事，若此基礎條件不能滿足，那當初對分駐派出所功能之樂觀預期也就無法達成了。對應我國的實際狀況，江裕宏進而指出：

> 「日本的警察派出所，設於其管區的中心，全國各所轄區平均面均為十一‧九一平方公里，半徑約為二公里，徒步巡邏兩個小時一班足夠來回，因此，雖然平常甚難看到警察或巡邏車，但在任何時間、任何地點，當民眾發生事故需要警察時就會發現警察人員就在你的身旁，任何地點平均只需四分廿八秒即可到達，故日本治安的良好為世界公認，警察派出所能掌握轄區治安狀況為其主要原因。」（江裕宏，1985：25）

是不是派出所設於轄區中心轄區之治安狀況就會因此良好，此刻尚難斷言❻。然而可以肯定的是，如果這種基礎條件無法建立，對警察分駐派出所之預期功能的想像，恐怕過於素樸。

第二是有關時間之標準。在此一標準上，目前台灣地區只要稍具規模之分駐派出所，亦即六人以上之所，大體上均為全天候廿四小時開放，因此較無問題。然而相關的另一項顧慮，即其自身之安全問題。此部分本文將於後再提及，此處略過。

第三是有關人力的標準。在此一標準上，本文承認，由於各分駐派出所轄區之面積不一、人口數目或有治安顧慮、犯罪傾向之人口不等、交通狀況不等，以及其他許多條件之不同，因之很難定出一個放諸四海而皆準之標準。但對警察勤務有深入研究者應該都會同意，警察分駐派出所，至少必須符合：（一）在勤務上，所內之警力必須足以因應基本的勤務要求，例如維持廿四小時的值班、有足夠的外勤活動時間或有足夠的攻勢勤務，如臨檢、巡邏、勤區查察等。（二）

若不能符合上述條件，則所內之警力至少在消極上足以確保自身之安全。這樣的標準，需要多少警力呢？在繼續論述之前，本文必須提醒，稍後的警力計算，是以若干條件為基礎的，包括：（一）派出所分駐所在勤務執行上所需人力，即為其最適規模。（二）人力之最適規模，即意味著產出之最適規模。（三）每一個人在各方面的條件與能力是相等的。若不論特例，而僅以常態方式計算，本文以為基本上分駐派出所，在其人力之時間計算上，下列是基本的要求：

❖維持全天候之值班勤務

12班×2小時×1人＝24小時

❖維持每天四班（上午、下午、晚上、深夜）之巡邏勤務

4班×2小時×2人＝16小時

❖維持每天二班（上午、下午）之勤區查察勤務

2班×4小時×1人＝8小時

❖維持每天二班（20~23、23~2時）之臨檢勤務

2班×3小時×3人＝18小時

❖維持每天三班（18~24時）之備勤勤務

3班×2小時×1人＝6小時

❖維持每天一人輪休與一人外宿

24小時＋8小時＝32小時

以上合計一○四小時。設每人每日服勤十小時，則任何一個維持正常輪休外宿（計卅二小時）、有足夠之攻勢勤務（巡邏＋勤查＋臨檢＝16＋8＋18＝42小時）、且外勤活動多於所內活動（外勤四十二小時、內部活動為值班＋備勤＝24＋6＝30小時）的警察分駐派出所應設置十點四人。而目前台灣地區之分駐派出所實況如何？**表4-1**為警政署所統計之資料。

由**表4-1**以及本文有關警力之計算，我們明顯的可以看出：

表4-1 各縣市警察局警勤區、分駐（派出）所統計表

縣 市 別	警勤區數	分駐所數	派出所數	平均警力（不含主管）
基 隆 市	258	3	20	11.22
新 竹 市	148	0	12	12.33
台 中 市	585	3	20	25.43
嘉 義 市	178	0	13	13.69
台 南 市	499	1	33	14.68
台 北 縣	1,549	16	119	11.47
桃 園 縣	655	9	67	8.62
新 竹 縣	357	9	56	5.49
苗 栗 縣	384	13	57	5.49
台 中 縣	630	15	65	7.88
彰 化 縣	715	18	54	9.93
南 投 縣	451	6	84	5.01
雲 林 縣	440	14	51	6.77
嘉 義 縣	452	12	69	5.58
台 南 縣	586	21	92	5.19
高 雄 縣	746	21	69	8.29
屏 東 縣	675	26	96	5.53
宜 蘭 縣	377	7	63	5.39
花 蓮 縣	366	8	76	4.36
台 東 縣	307	12	63	4.09
澎 湖 縣	106	4	21	4.24
台灣省合計	10,464	218	1,200	7.38
台 北 市	1,783	0	93	19.17
高 雄 市	902	3	40	20.98
總 計	13,149	221	1,333	8.46

資料來源：內政部警政署（1992，3月）。

❖兩個院轄市（台北市、高雄市）以及台灣省的五個省轄市（基隆、新竹、台中、嘉義、台南）在警力上，均符合上述之標準。

❖在台灣省部分，除了台北縣各分駐派出所內之警力配置符合上述標準外，其餘警力均未符合。

❖再就台灣省整體以觀，平均每所警力為七點三八人，距上述標準相去甚遠。

從**表**4-1中，當然可以做進一步的分析，此處不論。本文關切的是，對上述標準有不同意見的人可能質疑：

❖為什麼值班要計算廿四小時？若干規模較小之分駐派出所夜間實施之值宿可以不計算。必須說明的是，無論夜間值宿的時間是從廿二時或廿四小時開始，只要基層人員有值宿之事實，即應予以計算，也不論是否在值宿時間內有民眾報案、求助或求救。這種計算對警政之管理上有人性化之意義在內。本文不能保證這種足額時間之計算能否增加基層人員對工作的滿意程度，惟若依Herzberg（1966）的觀點，這是一種保健因素，相信是可以減少其對工作之不滿意。

❖也有人會辯稱為什麼一定要安排四班巡邏勤務呢？巡邏為什麼一定要二人共同執勤呢？對此，本文以為，巡邏也許不能嚇阻犯罪，但沒有巡邏或看不見警察出現，本文無法預期民眾會有什麼樣的想像、甚至會不會造成鼓勵犯罪的現象。同時，每天上午、下午、晚上、深夜的各一班巡邏，在本文來看，其基本意義是在於表現警察的能見度。在某種程度內，這也是一種與有心犯罪者之對話與溝通，顯示轄區警察是會在轄區內活動的。另一方面，這種算法是相當保守的，只預設這是一種單線巡邏。對任何轄內狀況較複雜的派出所或分駐所而言，同時有二線或三線巡邏，並不少見。最後，是巡邏人數的多寡。依本

書第五章之描述，已可看出影響因素甚多。而此處的二人基準，是根據傳統而定。自然，也可以實施一人巡邏，只是作者懷疑基層人員對此之接受程度。同時，更必須強調的是，若依警網之標準來看，顯然二人巡邏在嚇阻力量上仍是不夠的。因此，此一標準事實上仍是相當保守的。

❖在有關勤區查察勤務上，同樣的，這也是保守而傳統的計算方式。對任何一個粗具規模的派出分駐所而言，每天排定八小時的勤查，並不離譜，更何況對分駐派出所基層人員而言，此勤務尚有獨立、自立的意義在內。自然，也必須提醒，一人、二班、每班四小時的預設並不極端。

❖而在臨檢勤務上，以當前台灣地區民眾一般的活動狀況、犯罪的統計看，因此，在計算上維持晚間八點到凌晨二點的兩班、每班三小時的臨檢勤務。對此可能產生疑慮者會質疑為什麼是三小時、而不是二小時或四小時，這是將交通時間列入計算之故。而以三人執勤，則是考慮執勤人員之安全性以及發揮必要之嚇阻力量。因此，此一標準亦不極端。

❖當然，還有人認為，對於轄區狀況單純的派出分駐所而言，並不一定要安排備勤人員。對此，本文的看法是，那是針對「狀況單純」的所而言。同時，十八至廿四小時的備勤，是針對台灣地區一般民眾之生活、交通、犯罪狀況所做的通盤考慮。對此有任何懷疑者不要忽略了本文只預定由一人擔任備勤，而不是由二人執勤，這也是保守的計算。

❖上面關於人力與時間之計算，基本上不考慮一些極端的例子。本文之所以不考慮極端的例子，是嘗試為台灣地區分駐派出所之人力建立一個標準。換言之，本文想嘗試建立一個模式。對本文之計算方式有疑義者，建議參閱本書第三章第二節與第三章註一。

最後，對前述之基本要求有任何質疑者不要忽略了下列事實：

❖即使扣除臨檢與備勤勤務，總勤務時數仍為七十八小時（104
－26＝78），以每人每日服勤十小時計，仍需七點八人。若依
表4-1之統計來看，絕大多數的分駐派出所仍在此標準之下。

❖本文所列之標準，並未將其他臨時勤務列入。例如某些分駐派
出所定時的交通整理或守望勤務、聯合警衛勤務、選舉期間之
政見會發表會場之秩序維持勤務、春安工作期間之重點工作
等。同時，本文之標準也未將基層人員的不在勤，例如休假、
事病假、考試、結婚等列入考慮，是以對任何欲達到分駐派出
所預期功能者來說，作者相信這是一個可以接受的標準。

從另一個角度來看，以台灣省各警察分駐派出所的平均人力七
點三八人來看（以七點四人計），在勤務上能有什麼樣的作為？下列
是本文的計算。

❖7.4人×10小時＝74小時　　　——總勤務時數
❖12班×2小時×1人－24小時　——值班勤務
❖24小時＋8小時＝32小時　　　——輪休與外宿人員
❖2班×4小時×1人＝8小時　　　——勤區查察勤務
❖綜合上面，1－（2＋3＋4）＝74－64＝10小時

以規模七點四人的分駐派出所而言，扣除值班、輪休、外宿、
勤查，每日約有十小時的時間可以安排巡邏、臨檢等被認為較具嚇阻
犯罪效果之勤務。若以巡邏為例，則大概可以安排每天三班、每次由
二人執行之二小時巡邏。以本文的立場來看，如果我們認為警察攻勢
性勤務在犯罪嚇阻上有特別意義的話，作者實在懷疑這種規模的派出
分駐所能在犯罪嚇阻上發揮什麼作用。尤有進者，當所內有任何同仁
因事故無法在勤時或有其他臨時勤務時，顯而易見的維持正常運作的
方式便是：（一）或停止輪休、外宿；（二）或減少外勤活動，如取

消勤區查察或減少巡邏。在前者，可以想像的是基層人員的怨聲載道
（這可由過去歷年所做的調查研究看出，見本書第五章）；而在後
者，不是民眾以為管區警員很少查戶口（見本書第五章），就是民眾
很少看見警察人員執勤。而若以最極端的三個例子花蓮縣、台東縣與
澎湖縣來看，以規模四點五人計，在四十五小時中，扣除值班與外宿
輪休，則幾乎排不出任何外勤活動之時間。換言之，只能作到一個單
純的據點作用，一種為民服務的據點作用，而非防止危害、維持治安
之據點。而這樣的據點，由於人數過少，在某種程度內不但不足以為
民眾防止一切危害，更可能因警力單薄以及存放有足以吸引有心犯罪
者所欲取得之物──槍械，而引誘危害。在這種情況之下，有人質疑
分駐派出所之作用何在，也是不足為奇的。

　　以上是從理論面所做的觀察。再將警政署所宣稱的功能來看，
情況也不樂觀。以下，本文將試圖加以解構。

　　警政署宣稱，分駐派出所具有組合警勤區、形成治安面、供作
服務站等三大功能。本文以為這只是純粹的文字敘述與遊戲，是一種
純想像。

❖首先是針對「組合警勤區」而言。從語意上看，所謂的組合，
　指的是先存有散在或分布的狀況或事實，而後加以組合。亦即
　先有分方有合。而從因果關係看，則是先有警勤區存在之事
　實，而後設置分駐派出所加以整合。對我國之分駐派出所工作
　稍有認識的人都可看出，「組合警勤區」此一說法是倒果為
　因、因果錯置。不但在實際上我們看不出有先設警勤區再設分
　駐派出所之實例，而在不同人的心目中也找不出支持這種說法
　的論證。以民眾而言，民眾不會有產生設置警勤區之要求；而
　以有權決定設置警勤區之機關或人員而言，他們也不會做「只
　設警勤區不設派出分駐所」之決定。總的來說，組合警勤區一
　詞是不具任何意義的，而沒有分駐派出所之警勤區是找不到

的。

❖再就「形成治安面」來看。從幾何的觀點以觀,三個點即可以形成一個面。因此,台灣地區面積爲三萬六千平方公里,設置一千五百餘分駐派出所,平均每廿四平方公里即設有一分駐派出所,粗看似可形成治安面。然而,仍有爲數不少的分駐派出所警力少於十人(本文所認定之經濟規模)。這樣的據點若爲數過多,可能在服務民衆上有其必要;但也可能因警力過少,安全上形成負面因素,造成治安面的斷層現象,而失去所謂形成治安面的意義。換言之,以純幾何觀點而言,由於三點即決定一個面,形成治安面的說法是可以成立的。然就「治安面」一詞以及所代表的意義而言,這是一種素樸的樂觀。

❖末就「供作服務站」以觀。在警政署立場,所謂的供作服務站,意指「接近民衆、服務民衆、親民愛民、促進警民合作」。如果在分駐派出所內之服勤人員,都能確實做到以民衆的福祉爲重,在散在的事實下,當然有其「供作服務站」之作用與目的。當然,對警察工作或對政府運作有深入瞭解者亦清楚的知道,這種「說法」只是一種目標的宣示,實際上是無法如此的 ❼。是以若警政機關以此爲努力之目標,當然無可置喙,甚至應加以鼓勵,但如視其爲可以確實做到的,顯然把這一切想像的過於美好。

　總結第一個問題,由上面的論述中,本文的立場已清楚的呈現,有關我國警察分駐派出所設置之功能與目的是值得再檢討的。

　既然我們懷疑分駐派出所設置之功能與目的,後續的問題是,分駐派出所未來何去何從?本文以爲,可以從兩方面進行考慮:一是廢止分駐派出所,將警力集中於分局,運用勤務隊(組)的方式,以攻勢性勤務爲主來涵蓋整個轄區,這也是孔令晟先生在推行革新勤務方案時之想法。二是仍保留分駐派出所,但進行必要的合併與裁撤,

餘維持當前分駐派出所之運作方式。比較的說，這兩種作法所具的共同優點是，有其經濟規模存在，也可以將警力做更有效的運用❽。儘管本文有這種預期，但不應忽略的此兩種方式的實施障礙與不同的聲音。

裁撤派出所，就我國警察現代史而言，並非新鮮事。無論是一九六一年左右的日新專案，抑或是一九七六年左右孔令晟氏所主持的警政現代化，都曾有過這樣的主張，惜皆因當時的主客觀條件均未臻成熟，因而沒有成功。就當前之客觀條件而言，若依彭衍斌先生之見解（1974），舉凡比較重要的，如員警之駕駛能力、電話設施、警察機關之通訊設備、警察機關之車輛等，無一不比一九六一年左右、或一九七六年有更大的進步。因此，若純從客觀條件來衡量，裁撤派出所在當前應屬可行。惟若論及主觀條件，無論是一九七四年彭衍斌先生的研究、抑或是一九八五年江裕宏先生所做的調查，似乎都顯示各地民眾對派出所仍尚存在著一份難以割捨的土地公式的情感。彭氏的研究指出：無論是在報案或廢除派出所的觀點上，民眾多數向派出所報案以及反對廢除派出所；江氏的調查發現，在調查樣本中，贊成裁撤派出所者僅占百分之二五點八，而不贊同裁撤派出所者占百分之五〇點八。十年之間，這種現象並沒有太大的改變，是以從主觀的心理認知考慮，當前是難以裁撤派出所的。換言之，民眾的心理認知，恐怕是實施此制的重要障礙。其他的障礙亦不容忽略，例如基層警察人員對此制的看法，江裕宏的調查顯示，百分之九十二點四的基層員警反對裁撤派出所；潘志成（1993）的調查發現，贊成裁撤派出所的基層員警僅占百分之二點九，以及國防部對此制之看法（Lee, 1992；陳連禎，1980）❾均是。

認為裁撤分駐派出所過於極端的人也許比較願意接受的是裁撤部分的派出所，而將所裁撤所之人員集中在其他未裁撤之所，其餘維持目前的運作方式的作法。在本文的立場而言，這也是一種可以接受的選擇。而可能有的反對聲浪，則仍是被裁撤地區當地民眾之接受程

度。以此而言，部分民眾甚至會對警察之公平性產生疑慮。然而，若民眾能體會，公平係植基於服務品質上，而非地區分駐派出所之設置上時，也許其疑慮能稍稍化解。

　　歸結第一個問題，本文的結論是：若單純就理論或實務上看，當前的分駐派出所是無法達到預期的功能與目的；惟若考慮實施成功的可能性與民眾的心理狀態，則應就分駐派出所為通盤之檢討，裁撤未達經濟規模之所[10]。如此，即使「組合警勤區、供作服務站」之目的無法達到，但因具經濟規模，仍具「形成治安面」之作用。

✻分駐派出所之設置時機與民粹主義

　　Sparrow等人（1990）在《九一一之外》（*Beyond 911*）這本書中提到：

> 「在任何民主社會中，稅金與公眾權威（public authority）永遠都處於短缺狀態。這些稅金與權威賦予公共團體，並非民眾心甘情願。因此有關稅金與權威的運用必須受到民眾及民意代表的嚴密監督。民眾期望與要求這些給予警察的經費能被充分、公平且有效率的運用。權威亦然。」（Sparrow, et al., 1990: 150）

　　Sparrow等人的言語提示，不管社會大眾是透過什麼樣的方法去監督警察機關之經費運用與權威，有一件事是可以肯定的：資源與權威並不是無限制供給的。

　　本文前已提及，分駐派出所的設置時機有二：一是地區警察機關覺得有需要時，另一則是地區民眾覺得有需要時。今天的問題便在於受制於資源短缺之事實（台灣地區還必須加上土地取得不易），如何去迎合地區民眾的需要？如果一味地迎合民眾需要，是否會淪於民粹主義？

　　以經濟學的觀點來說，需求與供給之間的不協調是常態。然而，如何縮短其間的差距，便成為經濟學之重要課題。以本文所關切

的焦點來說，當民眾有這樣的需求，政府卻限於資源或其他因素無法普設分駐派出所，如何平衡其間的差距便是重要的議題。

雖然從專業的觀點，本文力主分駐派出所在理論上與實際上是沒有辦法達到當初設置分駐派出所之預期功能的。然而，本文也瞭解，這些基於客觀資料而發的論證，事實上對於民眾主觀的心理感受可能說服力不強。Moore、Trojanowicz與Kelling（1988）更具體地說：「什麼叫犯罪嚴重性？」對任何民眾來說，「發生在他們身上的犯罪就是嚴重犯罪。」因此，面對這樣的主觀感受，客觀的資料與分析之不具說服力是可以理解、也難以否認的。這亦可由本文前所呈現的各項調查數據看出。在此同時，在某些民眾的心目中，也許他們也可以意識到分駐派出所的功能有限，但心理上卻是一種降低對犯罪的恐懼之方法（Moore & Trojanowicz, 1988）。甚至於當分駐派出所門首的紅燈一亮，對某些民眾而言，其意義在於他們知道警察在那裡。

在另一方面，地方政府也不可能無限制地設置警察分駐派出所，因此，如何求取其間的平衡，對政府與民眾而言，都是重要的。面對這樣的兩難困境，本文以為，如果警察機關或警察人員的顯見對於民眾具有特殊意義，在沒有辦法普設分駐派出所的情況下，就應針對不同地區的民眾提供不同的勤務。舉例來說，對於偏遠或交通不便之地區，以車巡的方式進行巡邏。這種作法，可能導致有人認為浪費警力或浪費汽油之批評，然而從政府的職能看、從行政的公平看，這是不得不投入之成本。自然，論及公平性，也有人會以為這不是與本文前面裁撤派出所的論點互相矛盾嗎？本文不同意這種看法。在主客觀條件之允許下，裁撤派出所是未來台灣地區的發展趨勢，而裁撤派出所在理論上並不等於減少偏遠地區的警力或警察活動。如前所述，無論是全面或選擇性地裁撤派出所，將其警力集中於分局或其他派出所，由於其本身之規模具經濟性，在本文的構想中反可以安排較多外勤活動（不論其名稱與內容為何）。如果說增加巡邏密度之頻率與活動，就可以增加警察之能見度，增加民眾之安全感（或減少對犯罪之

恐懼感），那麼裁撤派出所對各地民眾而言，不見得是負面因素，也不意味警察的撤守。同樣的，在都會地區，則可車巡與步巡兼探。換言之，這是在求資源不足與民眾需求之間的均衡。這裡必須強調的是：裁撤分駐派出所，並不是警察功能的裁撤：因為制度並不等同於功能。

最後，該附帶一提的是，雖然在許多問題上，民眾的要求或對某些事項的期許被認為不夠理性且盲目的，例如對於死刑存廢制之選擇以及對於分駐派出所之心理依賴均屬之。依專家的看法，這是一種民粹主義。雖然本文在各章中，力求這種偏見的避免，但作者不敢確定是否已完全避免。儘管本文在某種程度內可能會無意識的流出專家偏見，但在分駐派出所的問題上，本文以為，民眾的看法必須尊重，也無所謂的民粹主義，因為理性是無法由第三人仲裁或判斷的。專家的理性力求客觀，民眾的理性卻是基於自利的，以這樣的標準來看，兩者之間是不太相容的。而從警政之分析上來看，本文仍秉持上面所強調的觀點，如何在資源不足與民眾需求間求其調和、平衡與妥協，才是最重要的。

✻分駐派出所之主管與警員

在這個部分中，討論的重點將置於派出所主管上，因為在台灣地區目前二百廿一個分駐所中，較少有這種存在。

目前，在派出所主管此一問題上，所必須正視的是到底應由什麼職務的人擔任派出所主管之工作。

如前面已提到的，當前決定派出所主管人選的主要標準在於派出所警力之多寡。因此，對若干小所而言，有以警員或巡佐兼主管者，而規模較大之派出所原則用巡官或分局兼任主管。這種以派出所警力之規模為主要考慮標準，有什麼值得關切之處？本文以為，可以有下列的思考。

首先，本文從理論面加以關照。以本文的立場，有兩件事實值

得關切：一是若從警察勤務的層級結構上看，無疑的，派出所是勤務執行機構，因此屬於執行層；惟從另一個角度觀察，派出所主管不但在組織層級上可以被歸類為管理層，其所擔任之工作也是多功能的，簡言之，設計、執行、考核均有之。此雙重事實，使我們必須正視警員或巡佐擔任主管之正當性。

　　從管理的觀點來看，一般來說，權力之基礎有六：獎勵權、懲罰權、專家權力（expertise）、合法權力（legitimacy）、參考權力（referent power）與資訊權力（information）（French & Raven, 1960； Albanese & Van Fleet, 1983）。即使不論別的權力基礎，而單就專家權力而言，以巡佐或警員兼任主管職務，其在專家權力上可能就容易引起其他同階而未任主管者同仁之質疑。這種狀況，尤以警員任主管時為最。我國基層警員之教育，自一九八一年起，由一年延長為二年，數年後，警察學校亦升格為警察專科學校。在這種情況下，如果警員主管只受過一年的警員教育，而未任主管之警員卻受過二年的警察教育，那麼非主管警員質疑主管警員之專家權力是可以預期的。自然，對某些人而言，判斷專家權力的標準甚多，學歷僅為其中之一；而就身歷其境的非主管警員而言，學歷卻是最好的參照標準。如果非主管警員之上進心頗為強烈，那麼主管警員與非主管警員之衝突是不足為奇的。巡佐之兼任主管，所面臨之挑戰，由於仍有職務高低之分，故情況不會如主管警員之挑戰那樣激烈，然而，巡佐在專家權力上所面對的質疑仍然是存在的。

　　其次，如果我們視派出所主管為管理者，那麼管理者的角色中的某些面向，恐怕也不是巡佐或警員任主管所能負擔的。Sparrow等人（1990）基於警察行政的立場認為，作為一個中層管理人員，在面對激烈變化的工作環境時，必須做到：

❖鼓勵執行之基層人員去瞭解其所面臨的問題，並傳授適當的專業知識。Sparrow等人認為，管理者雖以知識為其權力基礎，

但不以知識為兩者之間之隔閡。

❖管理人員必須盡力提供一個專業的工作環境。換言之，管理人員必須有能力排除各種對執行人員可能造成影響之困擾。

❖管理人員必須有能力去改變許多既定的工作程序。

❖管理人員必須鼓勵創意。

　　Sparrow等人的上述看法，也許過於理想化，甚至可能引起懷疑：這些要求或標準，連負責決策的首長都不易做到，更何況基層人員？本文相信這些懷疑。然而，以Sparrow等人所說的作為檢驗標準，相對的說，無論是在專業知識的傳授方面、提供專業的工作環境方面、改變工作程序方面以及鼓勵創意方面，以一個受過警察大學四年或二年之專業教育且經正式任命為巡官者，比巡佐、警員之兼任主管者，在一般情況下，更容易做到上面四件事。

　　以巡官以上者任派出所主管、而不以巡佐或警員任主管，本文的這項建議可能是獨創的❶。必須說明的是，這個見解在理性上並不懷疑「有一些」巡佐與警員之任主管可能較巡官之任主管為恰當。惟從管理之正當性上以及專業知識上以觀，巡佐與警員相對於巡官將面對更多挑戰，也不難想像。其次，本文的這個見解在感性上，不是也不應被解釋為輕視巡佐或警員，而是從管理內涵所做的考慮。第三，基於人力之節約以及行政成本之考慮，作者亦可充分理解為什麼警政當局是以派出所警力之多寡作為派遣主管之標準。只是，本文也必須指出：若考慮其他因素（如本文之針對管理正當性），這樣的標準是有待商榷的。

　　最後，對本文所提出之建議可能有人質問，除了管理之正當性外，還有什麼更堅強的理由支持本文的見解。本文以為，在當前這個所謂知識或資訊爆炸的社會中，知識與資訊就是力量❷。而大概只有受過大專以上教育者，才能充分體會知識與資訊的重要性；加之我國民眾之教育水準正日漸提高、警察所面臨的困難日漸增多，這些都是

支持本文此一見解的理由。此外，以作者的專業立場而言，若此一見解能被採行實施，還有活絡警察組織與警察人事之作用❸。

　　我國的警察組織與警察人事正面臨一個空前而結構的困境。困境的原因是多元的，詳見本書第七章，而結果則是：中高層警察人員的精壯化，亦即中高級警察人員仍有相當長的時間繼續在警察陣營中服務。中高層人員的精壯，對警察組織而言，有正面的影響與負面的影響。整體來看，典型的正面影響是警察之政策與作為有較大之革新可能，而典型的負面影響是基層人員（尤其是管理人員）的升遷受阻。加上在過去數年來在基層管理人員之盲目擴增（根據陳明傳之研究資料（1994），從一九八九年起，培育基層管理人員之短期升職訓練班——中央警察大學警佐班，其招生人數分別為一九八九年：一百八十二人；一九九〇年：二百四十八人；一九九一年：四百八十六人；一九九二年：三百五十〇人；一九九三年：五十人），不但使這些人員未來的升遷受阻，同時也因短期內的大量招訓警佐班，使中央警察大學其他的班期——包括大學部、專修科、轉學生等三個班期，從一九九四年起，面臨即使招生，學生畢業時卻無法分發的窘境。中央警察大學的招生，係以警政署的用人需求為主要依據，而主其事者的短視，卻造成這樣的問題，已引起對我國警政發展關切者之憂心。以本文的目的來看，欲解決短期的困境方法甚多，派出所主管之由巡官擔任可以舒緩在警佐一階一級此一層管理人員的問題。理論上，此一作法，可以收到下列好處：除開前面所論述者之外，還包括兼收內升（警佐班、專修科、轉學生）與外補制（大學部）之優（至於比例如何分配，另當別論）。而結構的解決方法，則包括官等比例、職務比例、新增單位等多管齊下之方法，方得以稍為舒緩問題。雖此解決辦法，作者亦有心關切，但格於本文意圖與篇幅，本文不續論。

　　總之，以本文所持的觀點，以巡官任派出所主管，無論是在管理的正當性或在警察人事管理上都具有意義的。

　　至此為止，有關警察分駐派出所之問題上，本文已針對三個問

題分別加以檢討。當然，其他的問題所在多有。例如有人關切我國警察派出所之業務量是否過多過雜（蔡中志、劉世林，1991），亦有學者思考在當前國家的財政處境下引進所謂「全面品質管理」（Total Quality Management, TQM）（孫本初，1994）於警察分駐派出所工作之運作的可能性。這些學者所提供之問題與見解，自然都值得再深入研究，而基於本文「詳人所略、略人所詳」的立場，其他的問題也就不多談了。

 # 警察分局與警察局

警察分局與警察局，這兩個在警察勤務運作中被定位為重點性勤務執行以及勤務之規劃與督導之機構，在警察勤務之運作中，何以有其存在之必要？其是如何運作的？在其運作的過程中，可能產生什麼問題？這是本節想要繼續探討的。

● 原理與實際之觀察

✱警察分局

警察分局無論在警察勤務執行中或在警察組織運作中，都具有關鍵地位。是以梅可望先生認為：「以擁有充分人力和合理組織的分局，來作為警察組織之基礎，自然不致發生頭重腳輕的陀螺現象，而有上輕下重的穩定作用。」（梅可望，1990：134）。而我國的警察分局，是如何建構的？其在勤務執行中又具有何種地位？以下是本文的描述與討論。

❋警察分局的地位與性質

警察分局，在我國的警察組織體制中，是一種派出機關。這種

不以「派出所」為名的派出機關，依實況來看，是有其意義與必要
的。其意義在於：（一）配合地方自治之意義。雖然對鄉鎮市（縣轄
市）的法律定位可能有人抱持不同的看法與見解，惟以警察機關的立
場而言，為了配合各地民眾的不同需求，在無法全面普設警察分局的
情況下，聯合兩三個鄉鎮市設置警察分局便成為不得不採的權宜措
施。（二）管理上的效率意義。警察分局之設，在事實上能不能發揮
管理上之效率，此刻不論；惟從理論上來說，警察分局之設，是一種
地區專業化的表現，其最終目的乃是求其效率的。管理學理上相信，
不同地區的人會有不同的需求與願望，是以顧客為中心的思考方式
下，警察分局之設乃成為必然。因此，在追求效率的前提下，我國台
灣地區常有聯合兩三個性質、語言或文化相近的地區而成立一個警察
分局的情形。這樣的例子不勝枚舉。以桃園縣為例，在以前，中壢警
察分局之轄區即包括兩個以客家語為主的縣轄市──中壢市與平鎮市
（平鎮現已成立平鎮警察分局）；而桃園警察分局的轄區，則包括通
行閩南語的桃園市與八德市（現已成立八德警察分局）。在此同時，
為求效率，台灣地區的各警察分局，又因警察分局編制、縣之甲、乙
種警察分局與山地分局編制之區分。

　　其次，在警察組織構上，警察分局，無論從警政署或警察局之
立場以觀，都屬於協調管理層。協調管理，顧名思義，包括上層與下
層之協調以及對下層之管理。換言之，無論在訊息的傳遞或在意見的
溝通上，警察分局都具有承上啟下的居間作用。警察分局的局中地
位，意味著其組織結構設計上將不同於以執行為主的分駐派出所，也
不會如以監督為主的警察局結構之複雜❶。自然，警察分局若以另一
個角度觀察，又可視之為警察組織中之基層。這種基層地位同時代表
著其所可能承受之工作或績效壓力也將不同於警察局。綜合的說，警
察分局可以對其有不同角度的觀察，而在不同警察人員的心目中，其
所代表的意義也不相同。

　　第三，在警察勤務運作中，依警察勤務條例之規定以觀，警察

分局也是具有雙重身分的。警察分局是在勤務運作中之第一個身分是勤務執行機構。對此，警察勤務條例是這樣描述的：「警察分局為勤務規劃、監督及重點性勤務執行機構，負責規劃、指揮、管制、督導及考核轄區各勤務執行機構之勤務實施，並執行重點性勤務。」從語意上言，警察分局雖是勤務執行機構，但所執行者非一般性之勤務，而係重點性勤務。而所謂重點性勤務，學者間之見解大同小異，係指在勤務性質上不適合由分駐派出所執行者或在警力運用上無法由分駐派出所直接負擔者，例如聯合警衛、春安工作均屬之。警察分局在警察勤務運作中所具的第二個身分是針對轄內各勤務執行機構勤務之實施，進行規劃、指揮、管制、督導與考核，亦即同時是設計者、指揮者與督考者。為了負擔這些功能，所以分局在組織設計上設有不同的單位負責不同的工作。例如規劃、指揮、管制之工作，基本上是由分局的督察組與勤務指揮中心擔任；然而就警察工作中之各種業務而言，分局內之各組均有其規劃、管制、督導、考核之作用與功能。

❋警察分局與警察分駐派出所之區別

警察分局被定位於勤務之規劃、指揮、管制、督導與考核之機構以及重點性勤務執行機構時，無論從法律上或組織結構上以觀，他們之間都有相當明顯的區別無庸贅述。以本文的立場來看，除了一些顯而易見的區別外，最重要的區別有二：（一）警察分局的準機關地位、（二）警察分局的規模經濟。

警察分局在法律的稱呼或定位上，究竟是「機關」還是「機構」？區分機關與機構究竟有何實益？不區分又有什麼困難？這些因語意所引發的問題，是警察分局在本文中被稱為「準機關」之理由。

首先，本文先探討警察分局究竟屬「機關」或「機構」？在此一方面，不但在現存的諸法律之間彼此存在著矛盾，即使單一的法律，如警察勤務條例在此一方面的規定上也是漏洞百出。以各法律之間規定的不一致來看，集會遊行法第三條第一項：「本法所稱主管機關，係指集會、遊行所在地之警察分局」。換言之，在集會遊行法中

警察分局是「機關」；在另一方面，警察勤務條例第九條前段卻又定義「警察分局為勤務規劃監督及重點性勤務執行機構」，此時警察分局又搖身一變為「機構」。更妙的是，警察勤務條例中的各種規定。首先，該條例第二條：「警察機關執行勤務，依本條例行之」。若機關與機構沒有區分的必要，本條不致產生疑問；惟若兩者有區分之必要，則依此條文的反面解釋，明顯的警察機構之執行警察勤務是不必依本條例行之的。若然，不但警察分駐派出所不必遵循本條例，因為上述這些組織在警察勤務條例中都被定義為「機構」（警察勤務條例第七、九、十條參照）。簡言之，若機關與機構必須為明顯的區分，那警察局以下的各級警察單位是不能適用警察勤務條例的。

其次，為什麼要區分「機關」與「機構」？其實益為何？不區分又如何？這項在行政法學的領域中曾經引起討論的議題，似乎一直未有比較明確的答案出現。目前，可以肯定的是，不但有行政法學者認定機關與機構確有不同，行政院也有同樣的立場。例如行政院在一九八〇年七月十七日以台六九規定第八二四七號函進行行政解釋，認為「機關」之認定標準有四：（一）獨立編制；（二）獨立預算；（三）依法設置；（四）對外行文。換言之，只要有一項條件不合，即不屬行政院心目中之機關。如果根據這個標準，「別說警察派出所、分駐所、分局、大隊不能稱之為機關，連若干專業警察局、警察總隊都不具備機關要件」（王善旺，1985：9），學者有這樣的評論。同時，如果我們承認這種看法，結論仍與前面相同，亦即許多警察組織都沒有適用警察勤務條例的餘地。

最後，在此一問題上，本文的意見是，無論機關或機構有無區別之必要與實益，在立法技術上至少應力求各法規之一致。若認為有必要，當就各法規之內容逐一檢討；若認為無必要，亦應加以改正。就此而言，學者的評論是值得參考的：

「由以上例示觀之，法規中對於機關、機構之用法，殊不一致，甚至混而為一。……。惟法規用語，既以嚴謹、整齊為要，而此二用語，每需在法規中使用，倘不加以區別，勢將益趨紊亂，致適用上頻添困擾。」（黃守高，1989：174）

黃守高以為，一方面有區分兩者之必要，但在另一方面又應做到整齊、嚴謹，此一觀點或可作為警察勤務條例未來修法之參考。

拋開此一問題不談，以本文目前的立場而言，由於警察分局的準機關地位，在許多行政行為的表現上與警察分駐派出所有諸多不同。典型的不同包括了警察分局有印信、可以對外行文、有行政處分權，這些都是警察分駐派出所沒有的職權。也因分駐派出所在法律上沒有這些職權，因此，無論在對外或對內的溝通上，其他都採用不同的方式進行。例如在對內之溝通上，以文書或行政作業而言，其必須以所謂的「呈報單」或「報告單」進行，而無法如警察分局以「函」的方式進行上、下與平行溝通；而分駐派出所在對外溝通上，則必須透過勤務的表現來顯示，如巡邏、臨檢等之運用。也因為如此，所以有學者認為，警察的各種作為與活動，如巡邏、逮捕，不但是一種警察實力的展現，也是一種與外界的溝通與對話（Kohfeld & Sprague, 1990）。換言之，警察勤務事實上是可以為多方面的想像與解釋的。

警察分局與分駐派出所除了在行政法學上有區別之外，第二個區別是行政管理方面的，也可以說是經濟學方面的。亦即相對於分駐派出所，警察分局比較具有規模經濟性。

首先，必須指出，截至目前為止，本文一直對組織之規模經濟性給予相當之注意。而規模經濟的判斷標準，以本文目前的立場而言，是以人力為考慮標準的。自然，作者充分理解，這樣的判斷標準，可能並不健全，但在現實的狀況下，此雖非最佳選擇，卻是不得不之選擇。其次，許多經濟學者相信組織的經濟規模可能帶來產出的經濟規模；然而也必須提醒，在邏輯上這種可能性雖然存在，但此絕

不意味組織的經濟規模必定帶來產生的經濟規模。這是我們必須先體認的。

其次，相對於分駐派出所，警察分局的經濟規模性，只要從其組織結構圖即可看出。不論警察分局的規模如何或為何種編制，在系統上由上而下以觀，先有分局長、副分局長、再下則為各組（設有組長、分局員、巡官、辦事員、巡佐、警員、書記、雇員等）、勤務指揮中心（其中包括主任、各專任人員）與警備隊。在這些成員中，除開雇員外，餘均有形式上之執行外勤工作之資格與能力（實質上很難判斷），因此，僅以人力為標準，基本上警察分局相對於分駐派出所是有其規模經濟性的。然而，回憶前段所談到的組織之經濟規模與產出之經濟規模之關係，可以想見警察分局基本上在勤務運作上是有問題的，此部分於後再論。

以上是針對台灣地區警察分局之原理與實際所做的簡要描繪。總體而言，以警察分局來說，比較值得注意的是其派出機關之性質以及其地區專業化的特性。同時，在上面的觀察中也指出警察分局在若干法律中的地位是不一致的。至於這些狀況與現象，是否會存在於警察局中？下一部分乃是就此所為之分析與討論。

✱警察局

警察勤務條例中所稱的警察局，其內容相當廣泛。例如在當前的區分中，從行政警察而論，至少就包括了直轄市警察局以及台灣省各縣市警察局。而台灣省各縣市警察局，又可因人口數、地位之不同，區分為省轄市警察局、甲、乙、丙種縣警察局等。不論其編制之型態如何，在地位與性質上，大體而言，是相同的。

❀警察局的地位與性質

若以對警察分局之瞭解去推論警察局之地位與性質，可能在某些情況下會犯下錯誤，因為兩者在某些程度內有若干之區別。

第一個應予釐清的看法是，警察局本身並不是派出機關。具體

的說，警察局並不是派出機關，而是在地方自治的實施下，在地方政府中爲維持地方秩序與地方公共利益所設之「專業機關」。警察局之設，依本文的立場而言，仍至少有兩方面之意義：（一）配合地方自治之實施；（二）追求管理上之效率。地方自治之推行，依我國憲法之規定，其中有關縣警衛之實施事項，爲縣立法並執行。因此，爲了推動是項工作，成立警察局是十分可以理解的。同時，爲了求更大的效率發揮，這項工作並不交由其他單位如民政局辦理，而交由警察局辦理、則是因爲以警察局之專業立場在執行縣警衛相關事項上，能得到更佳效果。在另一方面，我們肯定的說，警察分局是派出機關，其因在於，在組織體制上，必須先有警察局存在之事實，才能有警察分局之成立；而警察局之成立與隸屬，並不繫於省警務處之存在與否，反倒與地方政府之成立息息相關。而這種關係，在語意上，並不稱爲「派出機關」，因此，警察局不但不是省警務處之派出機關，也不是地方政府之派出機關。今天，任何人對警察局有派出機關之想像者，是在所謂「警政一元化」之下所產生之誤解，這是不可不查的。

其次，從警察組織體制之總體以觀，警察局在警察組織體制中，理論上具有雙重地位。其雙重地位之一是被歸類爲協調管理層。這是從有關全國性的警察法第三條與警察法施行細則第三條所定義的，警察官制、官規、教育、服制、勤務制度[15]及其他全國性警察法制等。在上述這些事項上，由於有關警察工作之基本法——警察法，已將其劃歸中央，因此，就這些事項而言，無疑的，警察局是居於協調管理層之地位。此時，警察局（如分局），扮演的是承上啓下的居中角色。警察局雙重地位之二是可以被視爲策略層，特別是當警察局所辦理的工作是有關地方警衛之實施事項時。有關地方警衛之實施，基本上中央是不宜也不便置喙的。中央的不宜與不便，理由至爲單純，因爲這不但是屬於地方自治的範圍、同時中央對於地方治安狀況之掌握也不如地方深刻。當中央過於關切，不但可能被認爲侵犯地方行政首長的權限、更可能是隔靴搔癢。所以，在地方警衛之實施上，

警察局是具有決策之策略層地位的。

第三，與警察分局相同的是，在警察勤務的運作上，依警察勤務條例之規定，警察局亦具有雙重身分。警察局第一個身分是作為勤務執行機構。對此，警察勤務條例第十條規定：「警察局為勤務規劃監督機構，負責轄區警察勤務之規劃、指揮、管制、督導及考核，並對重點性勤務，得逕為執行。」由條文的規定來看，警察局的這個勤務執行機構的身分，是次要的；主要的身分仍為「勤務規劃監督機構」，只是在某些狀況下，「對重點性勤務，得逕為執行」。由此來看，雖然在警察勤務之執行或運作中，警察分局與警察局有大同、亦有小異之處。而所謂的重點性勤務，蕭玉文（1992）以為有下列：

- 遇有重大群眾活動或特別勤務，認為由警察局執行更能圓滿達成任務。例如聯合警衛，重點地區臨檢，全面巡邏等勤務之規劃、督導及派遣。
- 遇有重大治安事故或災害事故，成立專案執行小組全般策劃並執行。
- 治安事件發生跨兩分局以上，負責協調、統一調度指揮。
- 奉上級命令指定由警察局成立執行機構。
- 遇有重大工作，非分局人力、財力、物力所能行者，由警察局執行更能圓滿達成任務時。

歸結來看，只要是非例行的工作或是警察分局在資源上無法負荷的工作，此時，警察局就具有勤務執行機構的身分。此外，就警察局的主要身分——勤務規劃監督機構而言，警察局同時對轄內之警察分局可以作為設計者、指揮者與考核者。而為了充分發揮這些功能，所以警察局不但在內部分工上有專責的單位負責這些工作之推動，例如督察室、勤務指揮中心與各科（課）室之設，也有專門的外勤單位執行某些特別的工作，如刑警（大）隊、保安（大）隊、交通（大）隊、婦幼警察隊、少年警察隊等。

◉**警察局與警察分局之區別**

在上一部分中，本文已指出，警察局與警察分局的重要區別之一在於，警察分局為派出機關，警察局則不然。具體的說，其他的區別仍所在多有。比較明顯的區別則包括：

- 隸屬關係之不同：如前所述，警察分局在體制上是隸屬於警察局的，因此，必須受警察局之完全節制。然而，體制上，警察局並非隸屬警政署或其他警察機關，而是隸屬於地方政府。換言之，在某些情況下，警察局可以不受警政署或其他警察機關之節制的。今天這種狀況之不易發生，並不意味警察局受警政署之完全節制，而是在人事或資源上警察局受限於非體制上之指揮監督機關。此點必須明查。
- 勤務運作中之不同：如前所述，警察局在勤務執行中的主要身分是規劃監督機構，次要身分是勤務執行機構。而對警察分局來說，以警察勤務條例第九條以觀，並無主次要之分。

而其他明顯的區別尚包括：（一）在內部分工上，相對的說，警察局的分工比較精細且複雜，而警察分局的內部分工則較單純；（二）同時，警察局的「機關」地位，也較警察分局明顯（雖然在警察勤務條例中在對警察局之勤務執行中地位之認定上，也犯了與對警察分局認定的相同錯誤）。

以勤務之執行而言，明顯的，由於警察分局與警察局的地位與性質，所可能引發的問題較少，但仍有值得關切與注意之處。以下是針對本文所見的若干問題所為的檢討。

◉ **問題討論**

在此部分中，首先是針對警察分局所可能存在問題之討論。其次，是針對警察局而言。最後，則是探討中央警察機關在勤務運作中所面臨之問題。

✳警察分局

梅可望先生在其所著《警察學原理》一書中，曾經指出，以警察正式組織的觀點而論，增進行政效率之組織因素有五，其中之一則為「基礎穩固」（梅可望，1990）。梅氏進而指出，欲發揮上輕下重的穩定作用，則必須以有充分人力與合理組織之警察分局為基礎不可。本文基本上同意梅氏警察分局為警察基層組織之觀點；然而，本文必須指出今日的警察分局，也許在組織之設計上合理，但在其他方面卻有諸多問題。

首先是警察分局在勤務執行中所可能遭遇之難題。可以肯定的是，如純就組織之經濟規模而言，在某些方面，警察分局的經濟規模是遠較警察分駐所與派出所明顯的。然而，這樣的明顯性，卻不意味著其組織的已然合理，尤其當面臨重點性勤務執行之際。

具體的說，今天警察分局的主要問題在於其本身可以直接使用之警力過於缺乏，特別是在一般中小型的警察分局。從警察分局的組織結構圖來看，警察分局可以直接掌握使用的警力有二：一是警備隊、二是刑事組。而無論是警備隊或刑事組或兩者的聯合運用，目前各地警察分局可運用的警力極其懸殊。例如桃園縣警察局中壢分局，其警備隊的配置警力四十四名、刑事組廿六名，以這樣的規模維持一般性的地區治安，當無太大問題。但也有警備隊之警力不到十人的警察分局，在此情況之下，如何執行重點性勤務便有疑問。例如新竹縣警察局新埔分局，其警備隊僅有警力四名，加上刑事組十二名，以這樣單薄的警力，是很難維持地區治安的❶。理論上，派出所具有形成治安面之功能，實際上卻因警力有限，無法達到這個目的。在此狀況下，如果分局警備隊之警力充足，分局的警備隊當可以對派出所之勤務產生補充作用。然若以新埔警察分局為例，顯然這種構想便無法落實。是以，如何擴充分局自身可運用之警力——警備隊，實屬當務之急。

除此以外，警察分局在勤務的運作上還有其他困境。典型的困境是警察分局所面臨的資源短缺問題。其中的人力短缺困境，警備隊人力之缺乏，僅係其中一端，其他的還包括分局各組之人力短缺。表現在人力短缺上最常見的是一人身兼數職或同時辦理數種業務。由於這種人力之短缺在警察分局為常態，因此，面對警政署之勤務方面的要求與規定，警察分局事實上並沒有能力將之消化並配合地區狀況來規劃勤務也就不足為奇了。此外，作者曾非正式的與幾位任警察分局的中階警官有過意見交換，他們普遍認為，另一資源方面的問題便是經費。以下是本文針對經費使用問題所做的訪談。

> 「分局的辦公費用少得可憐，而分局長可以直接用在警察分局的經費也很少。分局的辦公費用，是以警察分局的實際人數乘以五百五十元。若以二百人規模的警察分局計算，每月辦公費約有拾壹萬元。在這些錢中，分駐派出所的辦公費必須全數發下去，因為分駐派出所的處境更艱困。剩下的則由分局統一運用。分局每月所固定支付的費用，主要包括水費、電費、瓦斯費、電話費、影印費，以及以分局為名義的公關費用（如義警、義消、民防及其他地方人士之紅白帖、聚餐等），實際上是入不敷出的。當這些錢不夠之際，有時是用各種獎金支付、有時則必須另想他法。」

儘管這位接受訪談的分局長不願明白說出「另想他法」何所指，但可以肯定的是警察分局資源短缺之事實。資源短缺之狀況，雖未必對警察勤務之執行造成衝擊，但如果所謂的「另想他法」是求助於地方人士時，自然必須考慮這些地方人士可能對地方警察勤務實施之影響。這正是警察分局當前所面臨的問題。

綜而言之，今天警察分局在勤務運作中所面臨的主要問題是，如何在資源短缺之際去應付來自外界環境的挑戰，亦即如何以有限的人力與經費，去面對地區治安狀況的變化以及地方人士的不同需求。

✳警察局

　　無論從組織的經濟規模以及所可以運用的資源上，警察局都沒有警察分局與警察分駐所、派出所那樣的處境。然而，如果因此預期警察局在勤務執行上可以充分發揮效率，則是過於樂觀的想像。今天警察局在組織與勤務運作上，仍然有一些可以檢討之空間。

❀警察局與警察分局之互補與互助

　　在當前警察勤務運作的過程中，基本上是以地區責任制之原則進行的。亦即在勤務運作上，是由警察分局就各地區之治安負主要責任，警察局所擔任的工作則以勤務之規劃與監督為主，已見前述。惟在工作分配或任務分工上，以警察局而言，不應侷限於單純的規劃、管制、考核等工作上。由於分局事實上可以自行支配的警力是相當有限的，是以警察局如何來填補警察分局之勤務死角（包括時間之死角與空間之死角），以本文的立場而言，便顯得十分重要。相對於警察分局的警力與所擔負的責任，警察局本身所擁有的警力，包括保安（大）隊、交通（大）隊、婦幼隊、少警隊，無疑的其警力較為充分而責任也較輕，因此，透過每日協調或例行的任務分配，警察局所擁有的專業警力可以對分局之警力短缺發揮相當之補充作用。在另一方面，透過這種協調，對警察局的專業警力而言，這種方式也有工作豐富化的意味在內。而當社會或治安狀況有特殊之變化，警察局必須執行重點性勤務時，各分局的警力也可以發揮充分的後援作用。易言之，警察局與警察分局在警力上之互補以及彼此間之互動，就地區治安之維護言，應是有助益的。

❀分工之效率與反效率

　　從組織的理論層面而言，組織內，無論是垂直分工與水平分工，基本上是有助效率的。然而，分工的效率是必然嗎？在本書第六章〈警察勤務之督考與考核〉中，作者已充分表達對垂直分工效率觀之懷疑，此處不論。此處將再針對警察局內部水平分工表達本文的懷

疑觀點。

　　首先，某些人可能會先質疑：爲什麼只針對警察局的分工效率
有所懷疑！難道警察分局與分駐派出所沒有分工嗎？對這種詰問，本
文的解釋是，在分駐派出所與警察分局的內部設計中確實存在著分工
的事實，但在分工的方法與程度上，卻與警察局有所不同。以分駐派
出所而言，整體而言，其分工基本上是時段的分工，亦即在不同的時
段服行不同的勤務，同時其服勤時段的分配是平均的、也是輪流的，
可觀察各分駐派出所的勤務分配表及警察勤務條例第十七條之規定，
就可以發現。特別是該條第一項第二款、第三款，更充分流露出工作
豐富化之意涵，因此，在分駐派出所而言，分工也許不會增進效率，
但至少不會是反效率的。更何況分駐派出所由於人數較少，彼此之間
的互動較多，是以其時段之分工也不會造成反效率。再就警察分局而
言，相對於警察局，不但其內部分工較簡單（最多的台北市或高雄市
的警察分局也不過七個組或八個組），人數較少，加上許多內勤承辦
人員都身兼數項業務，因此，即使其分工可能造成反效率，但情況也
不如警察局等機關明顯。

　　其次，對於警察局之分工所可能造成之反效率，本文是基於以
下幾個理由：（一）警察局的內部分工，可粗分爲內勤與外勤兩大部
分。在外勤單位部分，由於以勤務之執行爲主，故狀況較單純。而以
內勤而言，則又可依其性質，分爲業務幕僚（以科或課命名）、支援
幕僚或輔助幕僚（以室命名）以及廿四小時全天候執勤的勤務幕僚
（以中心爲名）。由於幕僚的性質不同，學者相信，很容易造成彼此間
信念不同、文化不同的衝突（Hallenberg, 1970）。（二）也有學者指
出，組織是發明的、創造的、人爲的，而不是發現的，因此，從組織
的結構面來觀，無論是其平行分化（橫的結構）或是垂直分化（縱的
結構），組織都不是一個「整體」，更不是一個嚴謹的整體，充其量而
是一個「鬆散」（loosely coupling）的整體（Weick, 1976, 1979；
Lynn, 1987）❶。組織之所以鬆散，是因爲它是由許多部門所組成。

由於它是由許多部門所組成，所以部門之間會因彼此的利益、文化、信念而產生衝突，這會使效率降低。更何況組織不是一體成型，所以會有漏洞（鄭樂平譯，1992）。（三）而馬克思更以為：

> 「自一開始，分工即意味著，勞工、工具與物質的必要事物之區分，以及不同所有權人之間積累資本的分隔。這亦包括資本與勞工以及不同形式的財產本身的分開。分工愈為發展以又積累愈形增加，則這種分化便愈為尖銳地呈現出來。」（引自蔡伸章譯，1992：191）

　　把馬克思的觀點推到極致，分工不但不可能有效率，反而可能造成尖銳的衝突。即使揚棄馬克思的極端論點，Hallenberg、Weick、Lynn的平實立場，也已充分表達出分工反效率的存在可能性。遺憾的是，以我國警察學術之研究而言，目前並無實證的資料與研究支持本文的看法（必須說明的是，是沒有這樣的實證研究，而不是沒有這樣的研究發現），而以作者個人的經驗而言，分工之反效率是隨處可見的。例如，當業務幕僚如行政科（課）有業務之推動計畫，必先尋求支援幕僚──會計室的經費支持，會計室有可能當下立刻答應，亦有可能必須透過主官的裁示或私誼或其他方式才在經費上予以配合，此時，在業務幕僚眼中，支援幕僚是反效率的。再如人事的獎懲上亦然。類似這種各單位基於工作上所做的本位判斷，並無所謂是非，然而卻充分顯示出分工反效率之可能性。

　　至於在此一問題上，有無改善之可能？從理論面思考，這樣的可能性是存在的。換言之，可以透過一些行政行為，如開會之協商、明確標準的訂定等來舒緩反效率的可能性。惟從深層來看，這一個問題，只要有分工的事實存在，這種可能性也就一直存在。

✽警政署與其他中央警察機關

　　以最狹義的眼光來看，警政署與其他中央警察機關如刑事警察

局是不適合在此處進行討論的，因為警察勤務條例對警政署與刑事警察局並無任何規範與約束的效力。本文之所以在此討論，是因為此二中央警察機關之工作與警察勤務之運作息息相關。

　　首先就警政署而言。警政署在我國警察勤務執行中的地位是尷尬的。其在我國警察勤務執行中的主要法律依據是警察法與警察法施行細則中有關「勤務制度」之規定。本文在本章、第二章、第七章中，已分別從勤務的實質與理論論述，警察勤務不但不是個制度（實質面），也不應是個制度（理論面）。因為無論從警察勤務條例的規定或是警察勤務之執行來看，警政署都沒有插手的空間與餘地，甚至於警政署於一九八六年所頒行的分駐派出所實務手冊也都包涵太多的空想成分，因此，在單純的我國警察勤務之執行中，警政署沒有理由再加以干預。

　　再就刑事警察局以觀。以行政警察所執行的勤務而言，當然刑事警察局不會加以干涉。惟若論廣義的警察勤務，由於刑事警察的工作亦包括在內，是以刑事警察局便無可避免的與此有所關係。刑事警察局在今日刑事警察勤務之執行中所必須面對的其所訂定績效評核計畫所引發之基層挑戰與反彈。由於台灣地區在警政之指揮上強調一元化，因基於主管工作的立場，刑事警察局便訂有所謂的績效評比標準。績效評比標準所招致的批評甚多，包括：（一）重結果、輕過程（重偵破、輕預防）；（二）計算標準之瑕疵（如不計刑案發生數）；（三）官方統計的信度；（四）可能引發的後遺症；（五）名實不符；（六）不合理與不公平；（七）缺乏科學性等（李湧清，1993；許春金、余玉堂等，1994），這些或基於理論或基於實務所做的批評，相當程度地反應出學界與實際執行者之反彈，也顯出此問題有再檢討之必要[18]。至於是不是有做地區評比之必要？是不是可以在方法或技術上改進，以更確實的反應地區警察機關之績效與生產力？則有賴進一步的討論。而這些來自地區警察機關的聲音，卻是在刑事警察工作中不應忽略的。

　　綜合以上，本文已指出各種不同勤務機構所面臨的不同問題。其中，就警察分局與警察局而言，其所有的共同問題是語意之辯，亦即機關與機構之別。在個別的問題上，以警察分局來說，本文關切的是，其所擁有的可支配警力是否足夠、是否足以維持地區治安以及其所能運用之資源問題。而在警察局部分，本文則顧慮其與警察分局的關係與其內部分工反效率之可能性問題。附帶的，本文也檢討了警政署與刑事警察局在勤務執行中之地位與功能問題。這些觀點的呈現，當然不足以涵蓋所有的問題，但是也指出，在許多有關勤務之問題上，仍有許多待思考或拓展之空間。

 小結

　　對於警察行政者而言，警察組織的建立是推動工作的手段之一。以Rhoads的故事為開端，本文即針對執行警察勤務之組織——警察勤務機構做縱斷面與橫斷面的剖析。第二節的焦點是放在警察分駐所與派出所上。在這一節中，本文不但嘗試對分駐派出所建立之原理與其構成提出解釋，也從理論與實際中批判分駐派出所設立的有效性。不但如此，本文也從實際的服勤時數計算中，推估一個分駐派出所的經濟規模。在此節中，本文的看法是，如果分駐派出所不能全面地廢止，至少在技術上還有調整的必要。此外，在這個部分中，作者也建議，為求領導之正當性以及整個警察組織系統的活絡，有必要將所有的分駐派出所主委由巡官兼任。第三節則是針對警察分局與警察局的討論。由本文的討論可以看出，警察分局與警察局之設，不但對地方自治具有意義，也有行政管理上之效率意義。同時，在此節中，也就警察分駐派出所、警察局分局、警察局做了簡單的比較。另一方面，本節也個別分析警察分局與警察局所存的問題。在前者，作者的眼光是放在警備隊與資源上；在後者，本文則著重警察局與警察分局

勤務互補關係以及警察局分工的效率問題。以作者的觀點而言,前者是可以透過協調來改善,而後者的結構性原因則存在改善之可能性卻無法排除其發生之可能性的。最後,是針對警政署與刑事警察局在勤務執行中之地位的分析。基於警察勤務之技術性以及實際績效評核中的問題,本文以為,他們是應逐漸淡出警察勤務之內涵的。

由分工到合作,由上層到基層,由理論到實際,本文已嘗試以全面的觀點來觀照警察勤務組織。雖然本章已企圖就警察組織為全面的解析,但也必須坦承,本文的努力不夠。可以探討的問題仍多,例如在警察組織中層級性十分明顯,而學者如Thayer(1981)又指出:層級可能是異化的根本原因,格於作者能力,無法就其為深入之檢討。同時,警察組織的經營管理,又可能存在著多種不同的面向,如正義公平面(秩序維持、打擊犯罪)、福利面(提供各種服務),以及商業面(效率之追求)等(Dorn, 1994)。這些也都對警察組織有若干程度的衝擊影響,本文也無法加以照顧。同時,由於警察組織的公共性,很容易被視為只是一個以績效為導向的組織建構,而非以解決問題為導向的組織結構(Starling, 1993)。這些都足以說明,在警察組織的問題上仍有相當寬廣的探討空間。總之,必須提醒的是:立足於不同的觀點,可能就會導致不同的結論。

註釋

註❶：如果組織能類比為廠商的話，那Rhoads的這一觀點基本上是Coase
　　　觀點的承續。R. H. Coase，這位一九九一年諾貝爾經濟學獎得主，
　　　發表於一九三七年《經濟學》期刊（*Economica*）的大作〈廠商的
　　　本質〉（The Nature of the Firm）中就直指：由於人與人在市場中的
　　　交換行為所產生的費用或成本大於經由廠商代勞的交換，因而有必
　　　要組成廠商。同理，由於人與人之間在市場中的交換行為或因資訊
　　　不足或因成本過高，因此有必要形成組織。

註❷：公共行政研究者在討論將企管觀念應用於公共組織時，常思考公共
　　　行政組織與一般企業組織，是否相同？同或不同，是一個認知的問
　　　題。因此，有些學者認為公共行政組織與企業組織之間不同，如
　　　Appleby（1945, 1973）；也有的學者認為他們之間不同的地方較相
　　　同的地方重要，如Allison所說：有同與不同，而不同之處之重要
　　　性，大於相同之處。在本文來看，比較重要的不同之點在於：

　　　一、公共性：警察組織的公共性（對民眾而言）較強，因為民眾必
　　　　　須主動去接觸其他行政組織，但就警察組織而言，民眾則主動
　　　　　或被動的接觸皆有。

　　　二、地域性：警察組織的建立，必須考慮地域因素，這只要從警察
　　　　　發展史即可看出。

　　　三、指揮性：除開軍事組織外，在行政組織中，鮮少有像警察組織
　　　　　如此強調指揮命令服從之關係者。

　　　此外，警察組織的內在管理上之強調督導、外在的缺少對民眾之親
　　　和性等都是警察組織有別一般行政組織之處。以上見：

　　　1.Appleby, P. (1945, 1973). Government Is Different. In Shafritz, J. M.

& Hyde, A. C. (1992). (eds.). *Classics of Public Administration*. CA.: Wadsworth.

2.Allison, G. T., Jr. (1980). Public and Private Management: Are They Fundamentally Alike in All Unimportant Respects? In Stillman, R. J., II. (1988). (ed.). *Public Administration: Concepts and Cases*. MA.: Houghton Mifflin.

註❸：有關分駐所、派出所的設置標準問題，雖然警察勤務條例過去授權省（市）警察機關定之，但此項規定仍有其可議之處。本文之所以認為這項規定可議，主因來自於此規定與當前的警察組織體制有不合之處。此項所稱之省警察機關，依現制言，指的應是台灣省政府警務處；而市警察機關，則應是直轄市警察局，亦即台北市、高雄市政府警察局。以直轄市警察局而言，本文以為無論就警察勤務條例或就現狀以觀，其訂定各該市的分駐派出所設置標準，均有其合法性與正當性。惟就省警務處而言，一則其在警察勤務條例中並無任何地位、角色與功能可言，再則分駐派出所之設置標準，應屬縣警衛事項，因之，其並不適合擔任這項工作。不過，隨著二○○○年警察勤務條例部分條文修正，此一問題已不復存在。除此之外，行政院在一九九七年七月十七日曾函示：「地方警察機關員額設置參考基準」，指示：人口因素、面積因素、車輛因素與犯罪因素等作為員額設置參考基準，一併提供參考。

註❹：警察勤務條例，從一九七二年立法迄今（截至一九九五年），已近二十五年，四分之一個世紀。如果分駐派出所之設置標準十分重要，那麼二十五年一直沒有訂定，無論是中央的警政署或是地方的省市警察機關都有違法失職之處。前者監督不周、後者執行不力。

註❺：除了行政效率的考量外，在已廢止的違警罰法中賦予分駐所某些違警處分的代行權限，可能是建立分駐所的第二個重要因素。

註❻：派出所設於轄區中心，是否即會使轄區治安狀況好轉？從因果關係上來看，很難下斷言。依學者所見，通常所謂因果關係之建立，最

簡單的判斷方式是三項條件的滿足。以X與Y兩個變數爲例，若我們視X爲自變數（independent variable）、Y爲依變數（dependent variable），則必須：（一）X與Y是共變的，也就是同步產生變化；（二）在時間上，X在前、Y在後；（三）其他相關因素都加以控制或排除之後，而仍然呈現這種關係（Hagan, 1993）。以派出所爲例，則必須派出所設立於轄區中心之後，該轄區之治安（如犯罪率）有好轉的現象，同時沒有其他的干擾因素介入，如此才能有這樣的推論。問題的焦點在於，我們很難確知相關因素到底有多少，也面臨如何加以控制或排除的問題。這不但是有關派出所設於轄區中心會使治安狀況好轉此一命題面臨的難題，也是社會科學研究者所面臨的共同問題。而若以日本爲例，則可以探討的問題更多，可以討論的問題包括：日本的治安狀況，相對於西方的工業先進國家，是好許多。但日本的治安良好，是警察的因素嗎？還是日本社會結構較具解釋力，或是文化因素，或是其他？傳統的西方警政研究者，如Bayley（1976）、Ames（1981）都解釋成是日本警察的效率有以致之。但晚近有更多的學者懷疑這種見解，例如Steinhoff（1993）、Huang與Vaughn （1994）。以上參考：

1.Hagan, F. E. (1994). *Research Methods in Criminal Justice and Criminology*. NY.: Macmillan.

2.Bayley, D. (1976). *Forces of Order: Policing Modern Japan*. CA.: University of California Press.

3.Ames, W. L. (1981). *Police and Community in Japan*. CA.: University of California Press.

4.Steinhoff, P. G. (1993). Pursuing the Japanese Police. *Law & Society Review*, 27 (4): 827-850.

5.Huang, F. F. Y. & Vaughn, M. S. (1994). A Descriptive Analysis of Japanese Organized Crime: The Boryokudan from 1945 to 1988. *Journal of Police Science*, 25: 293-331.

註❼：根據蔡中志等人（1992）對我國派出所之研究指出：我國派出所今
　　　日所存在的問題之一即是為民服務工作不足。此一檢討，可作為支
　　　持本文的證據之一。

註❽：一、有關合併與經濟規模之間的關係與爭論及相關研究，請參閱第
　　　　　二章註十一。不過，對我國的現況而言，由於警察勤務一直是
　　　　　採行中央集權制的型態，並不同於美國的地方分權制，因之，
　　　　　合併的結果可能也會與美國有所不同。

　　　二、從經濟學觀點研究行政組織，是最近二十年來頗為流行的趨
　　　　　勢，有人稱之為「組織經濟學」。就這方面來看，參考文獻與
　　　　　資料，可以從三方面切入。第一，思考所謂的「場合資產」
　　　　　（site asset）問題，也就是從宏觀面研究派出所的位置問題以
　　　　　及從微觀面討論派出所之廳舍設計問題。第二，則是考慮所謂
　　　　　的「物質資產」（physical asset）問題，也就是探究派出所應該
　　　　　有哪些業務與勤務以及勤業務的委託外包問題。第三，則是思
　　　　　索所謂的「人的資產」（human asset）問題，亦即斟酌派出所
　　　　　的人員應該如何招募以及招募何種人才問題。這些思考方式，
　　　　　甚至可以放大至對於警察組織的整體研究，由此亦可看出警察
　　　　　組織的研究還有諸多討論空間。

　　　三、對於分駐派出所未來的革新可能性，雖然本文此處僅討論兩種
　　　　　方式，但嚴格來說，卻存在著四種可能性：（一）全面裁撤分
　　　　　駐派出所，即採純粹之集中制；（二）裁撤部分分駐派出所、
　　　　　亦保留部分分駐派出所，亦即就現狀加以改進；（三）全面保
　　　　　留分駐派出所，但不採任何改進措施；（四）全面保留現有之
　　　　　分駐派出所，但增加警力，使其達經濟規模。這些可能之改善
　　　　　途徑，在實施上都有其問題存在，因之值得再深入研究。

註❾：據陳連禎與作者之研究，軍方在此事件上扮演反對角色的主因著眼
　　　於分駐派出所在送達動員召集令上之角色及必要時之鎮壓作用。
　　　見：

1.陳連禎（1980）。化阻力為助力：新警察勤務制度暫停實施有
　感。《中國論壇》。10（6）：48-50。

2.Lee, Y. C. (1992). *The Relationship Between Social Change and Changes in Police Organizations-A Case Study in the Republic of China*. Unpublished PH. D. Dissertation, Michigan State University.

註⓾：將分駐派出所全面（或部分）裁撤，而將撤消後多餘的警力集中於
　　警察分局，有人可能因此質疑：這是不是一種反潮流？是不是一種
　　對社區警政的反動？對此，本文有不同的看法。（一）潮流、趨勢
　　不一定是正確的，特別是科學中的潮流，否則我們很難解釋在組織
　　理論的發展上常常有「格式塔轉換」（gestalt switch）的情況發
　　生。（二）即使潮流是正確的，將警力集中分局也不代表就不能實
　　施社區警政的策略，更何況社區警政有許多變體（更嚴格的說，對
　　於社區警政的內涵還沒有定於一尊的解釋）。必須特別說明的是，
　　以上本文的解釋與說明，並不即意味本文立場的反潮流，而是反對
　　對潮流的盲目信仰與臣服，也就是反對潮流對人類自主性之宰制。

註⓫：本文的此項建議與說法，到底有沒有社會學者Sorokin所說的「哥
　　倫布情結」（Columbus complex）存在（引自陳耀祖譯，1987：
　　135），是作者認為必須一提的。這裡涉及二個問題：（一）是本文
　　所說的到底有沒有哥倫布情結。（二）是哥倫布情結的社會意義。
　　就第一個問題而言，本文不敢肯定，因為前人的論文、著作，本文
　　無法完全掌握，因此只能說「可能是獨創的」。而哥倫布情結的社
　　會意義，放在學術研究社群來說，指的是原創性。原創性的重要
　　性，以及學術研究者對原創性的爭取（參考Black, 1995；Merton,
　　1990；Barber & Fox, 1958），看在外人眼中，可能是個笑話；但在
　　Merton來看，這不過是人性的表現。換言之，學術研究者之光環再
　　怎麼明亮，如博士、中研院院士、諾貝爾獎得主，他（她）還是一
　　個人。社會學者Williams對其老師Sorokin的回憶中，寫到：
　　Sorokin最值得推崇的一點，便是：「不要隨便說，這是新發現，

那是前所未言，或自古未見」（引自陳耀祖譯，1987：135）。
Sorokin對學術的謙卑與自省能力，是我們應該學習的。以上依序
分見：

1. 陳耀譯、Merton, R. K. & Riley, M. W.編（1987）。《美國社會學傳統》。台北：巨流。

2. Black, D. (1995). The Epistemology of Pure Sociology. *Law and Social Inquiry*. 20(3): 829-870.

3. 林佳瑩譯、Merton, R. K.等著（1990）。《社會學發展趨勢——應用篇》。台北：桂冠。

4. Barber, B. & Fox, R. C. (1958). The Case of the Floppy-eared Rabbits: An Instance of Serendipity Gained and Serendipity Lost. In Forcese, D. P. & Richer, S. (eds.). (1970). *Stages of Social Research: Contemporary Perspectives*. NJ.: Prentice-Hall.

註⑫：專欄作家Toffler認為：權力的品質還有高下之分。其中，暴力是低品質的權力，缺乏彈性，只能用來處罰。金錢是中品質的權力，不但多樣，在運用上也可較有彈性。而知識則是高品質的權力，可以用來獎懲、說服、甚至轉化。Toffler的說法，與Galbraith、Marcuse、Althusser、Gramsci等人均有其相似之處，參閱第一章註六、第二章註二十五，以及：
吳迎春譯、Toffler, A.著（1992）。《大未來》。台北：時報。

註⑬：雖然本文認為，以巡官任派出所主管可以收活絡警察人事之效，但對此，有人不以為然，而表現出不同程度的憂心。例如，有人以為在未來警員與巡佐便沒有任主管的機會了。這是典型的杞人憂天。因為對任何有志進修的巡佐或警員，其仍可透過不同的管道進修，達成其任主管之心願。也有人認為，若此制實施後，巡官至分駐派出所查勤，不是將面對與他至少同級的同事或長官嗎？那將增加查勤之困難。對於這種憂慮，本文必須指出：上述的說法在邏輯上不但有錯誤，在實務上也忽視了授權的意義。如果上述說法能成立，

那麼警政署的科員就無法對分局檢查業務，同時，巡官之前往分駐派出所查勤，雖查勤者職務為巡官，但學理上他卻是代表分局長的。同理，警政署的科員，在警察分局檢查業務時，他的身分也非單純的科員，而是警政署長的代表。

註⓮：雖然本文一直以批判的立場來關照警察勤務條例，但此決不意味警察勤務條例的條文設計均無可取之處。以規範警察勤務組織的幾個條文來看，如第七條、第九條、第十條，雖有其不妥處，但不容否定的是亦有其可取處。以行政三聯制而言，對照第七條、第九條、第十條之規定，可以看出，隨著分駐派出所，警察分局以及警察局的層級變化，這些組織在設計、考核、執行的比重也有所變化。這是條文設計之可取處。

註⓯：勤務制度在此特別被標明，是因為本文不但反對有所謂的勤務「制度」存在，也反對中央對地方勤務之實施有任何干預之權利，詳見本書第七章的論點及所提供之證據與理由。

註⓰：在作者的訪談中發現，以台灣地區各警察分局的警備隊警力而言，存在著相當大的差距。如新竹縣新埔警察分局警備隊警力僅四名，而桃園縣中壢警察分局、楊梅警察分局則有四十餘名之警力配置於警備隊，台北縣新店警察分局則有八十餘名。為何有如此懸殊的差距？警政署行政組解釋，曾經有建立標準之打算，如單純警察分局有一小隊（十三人）、較複雜之分局為二小隊（廿七人）成一中隊（四十人），但因故並未實施。警政署人事室解釋，分局警備隊由於其工作區域並不固定（相對於警勤區），加上勤務班次可增可減，因此在警力的分配上是以警勤區為優先考慮的。若警力有多餘，則交由警備隊運用。易言之，警備隊有警力調節之作用。

註⓱：組織的鬆散整體觀點，意指對組織的外部而言，其似乎是個整體；惟若從組織的內部而言，其又可分為許多獨立的個體或單位。這個觀點，如前所見，Weick於一九七六年於論文中，一九七九年於其著作中兩度提及，Lynn也同意這種看法。這樣的組織或制度型態，

從效率的觀點來看，可能是反效率的。但此並不意味這種型態只會帶來負面作用，它可能也有一些優點，例如Simon（1994）就說，「這種組織型態的優點之一在於，由於組織內一個部分的變化可能不會影響其他部分，因此當領導階層有意做組織內部之結構變動，便容易實施」（引自Lynn, 1987: 84）。而Hagan（1985）也以為這種型態的組織或制度，面對外界環境的變化，比較容易以內部之改變加以因應。以上分見：

1.Weick, K. (1976). Educational Organizations as Loosely Coupled Systems. *Administrative Science Quarterly*, 21: 1-18.

2.Weick, K. (1979). *The Social Psychology of Organizing*. MA.: Addison-Wesley.

3.Hagan, J. (1985). *Modern Criminology: Crime, Criminal Behavior, and Its Control*. NY.: McGraw-Hill.

4.Lynn, L. E., Jr. (1987). *Managing Public Policy*. MA.: Little, Brown and Company.

註⑱：關於績效評比，有許多問題可以研究。首先，績效評比主要是透過競爭的機制，激發組織成員的工作表現。績效評比之後，賞罰隨之，則是以「功利主義」（utilitarianism）與「行為主義」（behaviorism）為理論基礎，而其中又隱含著「人是自利且理性的」觀點。功利主義強調，能增加快樂的，就是善的；行為主義認為人會隨著刺激而所反應。這些都是人類世界常見的基本思考。嚴格來說，績效評比不是原罪，因為沒有組織不談績效評比的。問題的重點在於，如何衡量、如何取其善果、避其惡果的問題。此外，為什麼警察組織傾向「重偵破、輕預防」，也有許多解釋。解釋之一在於我們相信「看得到的」，而偵破剛好符合此一特質，預防的效果則較難看到。同時，偵破很容易證明，預防很難證明。解釋之二在於預防需長期的努力、偵破則不必然。我們人類又習慣「看短期、不看長期」，套句著名經濟學家Keynes的名言：「長期而言，我們

都已經死了」。有關績效評比，當然還有許多論述空間，典型的例子是其對警察人員的行爲所造成的影響。若將績效評比中的最低標準之規定，視爲警察人員之工作配額（quota），Lundman（1979）的研究發現，對於警察人員而言，當配額決定後，其等通常每月上半月績效較差，而後半月則加緊工作、且以吹毛求疵的態度進行違規案之告發。當然，仍還有其他後遺症。見：

1.Lundman, R. J. (1979). Organizational Norms and Police Discretion: An Observational Study of Police Work in Traffic Law Violations. *Criminology*, 17, 159-171.

2.李湧清（1993，12月）。警察績效考核之理論與實際。《警學叢刊》。24（2），17-44。

第5章　警察勤務之設計與執行

前言

　　一九九四年十一月，台北市政府警察局保安大隊三位基層員警，在執行巡邏勤務的過程中，發現兩名可疑人物，進行盤查時，可疑人之一槍殺了一位小隊長、並重傷一位警員後逃逸。這是近年來發生執勤人員傷亡案件之一。想像中，以三位受過訓練的警察人員，配備有國造六五式步槍（M-16），爲什麼會有這樣不應發生的結果發生？警察執勤時人數之多寡，與警察人員之傷亡有關係嗎？爲什麼警察人員於深夜仍必須進行巡邏？所有的警察巡邏，都如同上述三位的敬業嗎？這是本章想要探討的諸多問題之一。

　　依一般之見解，任何行政工作或政策之推行，在時間上（或流程）不外乎將其分之爲三個階段，亦即設計、執行、考核。此亦即先總統　蔣公所稱之「行政三聯制」。此三個階段、環環相扣、關係十分密切。警察勤務，雖然一般把它看成是達成任務的手段；然而，如果我們把這些手段單獨的或分開的來看，那麼行政三聯制的觀念也可以應用在警察勤務中。即以巡邏爲例，在行政三聯制的精神之下，我們亦可以把它分爲：巡邏的設計、巡邏的執行以及巡邏的考核等三個階段。其他勤務方式亦然。

　　本章即是以討論警察勤務之設計與執行爲主要目的。在警察勤務之設計方面，本章主要的焦點將放在勤務設計的一般原理上，也就是分別從爲何、如何、何時、何地、何人等探討勤務設計的一般理論。而在警察勤務之執行方面，則依警察勤務條例的分類，分別探討巡邏、臨檢、勤區查察、備勤、值班、守望等勤務在執行上所存在之問題。

　　本章計分四節。第一節：前言。第二節：勤務設計之原理，是談勤務設計之一般原則。第三節：勤務執行問題之探討，是本章重點

所在。特別是一般警察勤務論著中所忽略的觀點，本文著墨較多。第四節：小結。

勤務設計之原理

　　一般而言，警察勤務之設計，與一般計畫之擬訂並無太大差異。換言之，警察勤務之設計，無非是回答下列問題：

● 目標爲何？

　　以一般巡邏爲例，此項問題在瞭解巡邏的目標爲何？是以交通整理爲主、還是犯罪預防爲主、或是在提供一般性的服務？因爲目標決定其後的各種事項，因此這是在擬定勤務計畫時，第一個必須考慮的因素。

● 手段爲何？

　　這是有關勤務執行策略上之問題。此處所關切的是，達成目標的方法有哪些？例如今天的工作目標是整理交通，那麼我們就必須考慮到如何整理？是由巡邏人員兼負交整工作呢？還是由專人在重要路口擔任交整勤務呢？還是兩者併用呢？在思考執行勤務之手段時，不可忽略的是：應儘量包括可以達成目標的方法，然後再根據需要進行選擇。換言之，擬訂計畫人員不應先天性的即排斥某些看來似乎不太可行的方法，而應透過各種方式，如Delphi法❶，去蒐集各種可能達成目標的方法之資料。

● 何人執行？

在這個問題方面，可以有數個層面的考慮。例如以預防犯罪為主的勤務，到底是交由制服警察執行或便衣警察執行較佳？同時，也要考慮的是：預防誰犯罪？預防誰被犯罪？在以交通整理為主的勤務中，是完全交給制服警察處理呢？還是可以輔以少量的便衣警察？甚者是否一定要由警察人員執行呢？或者在某些工作範圍內，可以委託民間或非警察人員來執行？其次，更進一步的問題可能是：什麼樣的人格特質者適合執行什麼樣的勤務？這個問題對許多人而言，可能覺得並不重要。然而，在過去的一個研究中，已有研究者指出：人格特質與警察勤務間存在著相當密切的關係（陳家欽，1985）。換言之，具有不同人格特質者，理論上應指派其服行不同的勤務。如此，不但能求服勤人員之適才適所，也對整體勤務效率之提高有所助益。申言之，人口對於警察勤務實具特別意義❷。上面的說明，是從警察若將警察工作的對象視為顧客或消費者，那我們同樣也可以針對警察的顧客進行「顧客區」（segmentation of the consumers）。顧客區隔的用意，在針對不同的顧客群，提供不同的服務❸。行銷越來越多，那麼針對老年人口所規劃的勤務，將不同於針對犯罪人口所規劃的勤務。類似這種問題，都是在規劃警察勤務時，必須考慮到的「人」的因素。

● 何時執行？

警察勤務的根本目的，在求其效果的發揮，因此時間因素也相當重要❹。「時間」對於警察勤務的意義，除了前面各章所提到的快速以外，還包括了「恰當」，也就是適時。申言之，不是適時的勤務，將較難達成所欲期的目的。適時的警察勤務，依作者之見解，包

括「時與人之結合」、「時與事之結合」，以及「時與地之結合」。時
與人之結合，意指針對不同的顧客、在不同的時段，提供不同的勤
務。例如有犯罪傾向者與老年人口的活動時段並不相同，因此，針對
前者活動時間所排定的勤務應不同於針對老年人口活動時間所排定的
勤務。時與事之結合，意指針對不同時段所可能發生之不同事故，即
應有不同的勤務方式。目前「春安工作」就是一個典型的時與事結合
之實例。時與地之結合，指的是在不同的地段、不同的時段，則應安
排不同的勤務。在都會地區中商業精華區的活動，基本上是從上午十
一時開始，因此，上午十一時前的勤務安排，相對來說，並不重要。
針對台北市西門町電影街星期例假日所安排之勤務，則明顯的應比非
例假日的勤務來得重要，因此，亦應有不同的勤務安排。簡而言之，
警察勤務中所稱之適時，除了包括每日的區別外（小時別）、還包括
日別、月別與季別等。此外，應附帶一提的是勤務時間的間隔
（interval）問題。勤務時間的間隔問題，不但對勤務執行人員有特殊
意義，也對勤務本身之效果、勤務執行之對象具有特別意義。

　　對勤務執行人員而言，從人類心理學的觀點來看，勤務時間的
間隔（如服勤二小時、休息兩小時）或勤務方式的間隔（如八至十時
勤務為值班、十至十二時為巡邏勤務），不但有其調節身心的效果、
也有「工作豐富化」（job enrichment）的意味，從而有助於效率的提
高。而從心理學的觀點而言，當勤務人員長時間的執行某項勤務，例
如，每晚十一時至翌日二時都舉行擴大臨檢，則不但勤務人員感覺疲
憊；而擴大臨檢之效果，也因長期不斷的執行，在比例關係上，也會
由擴大臨檢變成例行臨檢或一般臨檢了。同樣的，過多的勤務督導
（多半只督未導）或督導的手段不知節制（如五層督導網），督導的效
果，也會因量變而質變，大打折扣。以經濟學的用語，這都可稱之為
邊際效用遞減。再對一般社會大眾而言，當他們查覺某個路段定期都
有擴大臨檢時；對守法者而言，他們不會在乎，因此臨檢不會產生效
果（Banton, 1964）；面對有違法傾向者而言，他們的選擇將是避開

此一路段，因此也失去擴大臨檢的意義。綜合來說，時間對警察勤務的意義有三，一求其快速、二求其適時、三求其間隔。

● 何地執行？

何地執行是針對警察勤務的空間性所做的考慮。以派出所的勤務執行來說，其在空間上所必須列入的考慮就包括：（一）不同警勤區間之特性；（二）本所內易生警察事故的地段；以及（三）本所內必須特別保護的治安要點等。在警勤區的特性方面，以住宅區為主之警勤區，其勤區查察應與以商業區為主之勤區查察不同。前者重防竊、後者重防搶。同理，應特別是保護的治安要點、或易生警察事故之地段地點，勤務型態也應不同。因此，地域是勤務設計時第五個重要的考慮因素。

此外，資源是警察勤務設計中另一個不可忽略的因素。由於警察機關所擁有的資源並非無窮盡，所以「機會成本」（opportunity cost）的觀念必須建立。換言之，「勤務規劃」設計時，必須考慮各種勤務的優先順序，方有可能使資源得到最有效的運用。

總而言之，勤務之設計，無非是考慮人、時、地、物等各因素，以及資源的綜合運用；因此，沒有所謂「最好的勤務方式」，只有所謂「最適切的勤務方式」。同時，上面所說的，還需要有其他的配合條件。例如，必須有大量的統計資料以供運用，方足以使上面所說的勤務規劃得以落實。

警察勤務執行之問題探討

依現行警察勤務條例之規定，警察勤務的方式有六種，分別是：值班、備勤、守望、巡邏、臨檢與勤區查察。在這六種勤務方式

中，除勤區查察為個別勤務外，餘值班、備勤、守望、巡邏與臨檢與共同勤務。共同勤務與個別勤務的分野在於前者無專責區而後者則是專責。換言之，勤區查察是指警勤區警員或巡佐在自己勤區內進行查察訪問。這個分類方式是警察勤務條例中所明定的。除上之外，作者認為也可以用有無主動發現問題之能力或能否主動選擇勤務目標區分為攻勢勤務與守勢勤務兩類。攻勢勤務，指的是巡邏、臨檢與勤區查察等三種勤務，因為他們的共同特徵是能夠選擇目標並透過反覆、動態的勤務，因為這三種勤務在實際執行上比較沒有發現問題的機會。順著這種分類方式，作者在本節中將分別探討這些勤務所存在的問題，特別是一般警察勤務論述中所忽略者。

巡邏

對於巡邏，首先我們觀察法令的規定。規範我國警察人員巡邏之法令，主要有二：一是警察勤務條例，另一則是警察勤務規範。警察勤務條例對巡邏是這樣定義的：「劃分巡邏區（線）、由服勤人員循指定區（線）巡視，以查察奸宄、防止危害為主；並執行檢查、取締、盤詰及其他一般警察勤務。」此外，警察勤務規範第一百二十六條明定，巡邏的工作項目有下列：

❖犯罪預防：可疑人、事、地、物之查察及盤詰等。
❖人犯查捕：通緝犯、現行犯、準現行犯、逃犯之逮捕及現行違反社會秩序維護法人之帶案處理等。
❖事故處理：交通事故，社會秩序維護法案件及刑事案件。
❖秩序維護：交通秩序之維護、環保、賭博、色情營業取締等。
❖市容整理：街道、公共場所、攤販、廣告標語等。
❖安全保護：迷童、酒醉者之保護，傷患，急難者之救護等。
❖排解糾紛：一般民事糾紛應盡量避免涉入為原則。

❖接受民眾詢問及口頭報案。

❖其他有關政令執行及爲民服務。

在這些規定之下，比較值得注意的問題是：（一）爲何執行巡邏時必須劃定巡邏區（線）？（二）服勤人員究竟指誰？（三）在巡邏的人數上，是一人巡邏好呢？還是二人以上的巡邏好？（四）巡邏的目的何在？（五）檢查、取締、盤詰這三種手段之間的關係如何？

✱巡邏區線之劃分

首先，在巡邏區（線）的劃分上，這是一般人所經常忽略的問題，而視其爲理所當然，實則有討論空間。

從理論上而言，巡邏並不一定要劃分巡邏區線。然而，過去的先驗知識與實證研究卻顯示：未劃定巡邏區線的隨機巡邏（random patrol），既不能降低犯罪率，也不會增加犯罪者被逮捕的機率，甚至於也無法提昇民眾的安全感（Kelling, 1981）。因此，如果我們從巡邏之結果進行評估，無巡邏區線的巡邏事實上是無效的。在另一方面，借用Popper的否證論觀點，這是否意味著，經縝密規劃的巡邏區線之巡邏工作就會有成效呢？以美國的資料爲例，從一九七一年開始的十年之中這個問題就不斷的被質疑。首先，Kakalik與Wildhorn（1971）就提出：經縝密規劃且有巡邏區之巡邏的功效在直觀上是可以想像與理解的，但需要實證研究的支持。Larson（1972）也指出：巡邏的功效需要再進一步深入研究。一九七四年的堪薩斯市預防巡邏實驗之結果也認爲巡邏的功效未如吾人所預期那麼有效❺。既然有巡邏區線的巡邏，在事實上均無法證實巡邏有預防犯罪的功效，那我們即使不問爲什麼還要巡邏，也必須去瞭解爲什麼巡邏一定要劃分區線？

在作者的認識中，巡邏之所以要劃定區線，一方面與警察領導人的信念有關，亦即他們認定巡邏可以預防檢肅犯罪，也可以提高民眾的安全感；但更重要的意義卻在於管理與監督的方便。換言之，巡

邏之劃定區線，其顯性功能在於犯罪之抗制面，而其隱性功能則是對執勤人員的管理監督面。亦因如此，所以在我國的警察勤務執行中，不但規定必須劃定巡邏區線，也必須設置巡邏箱。

巡邏箱，在我國警察勤務的執行中，是一個不應被忽略的問題。對於巡邏箱之設置目的，有兩種見解。

主張巡邏箱有積極功能者，認為：

❖因為在巡邏箱內放置巡邏簽章表，可作為督勤查考之依據。
❖因為巡邏箱設置之地點必須經過審慎的評估、選擇，故能逼迫巡邏人員巡邏至該處，是以可以消滅治安死角。

而強調巡邏箱之負功能者卻認為：

❖巡邏箱之設置，使警察所能觀察之情況及接觸民眾僅於巡邏箱周圍，及由某些巡邏箱設置之點所串成沿途有限之情況而已。
❖巡邏人員可能出現之地域，歹徒可能從巡邏箱內簽章表之時間予以推斷，致使巡邏勤務，不僅缺乏機動性，且無遍及性可言，更破壞警力部署「無處弗屆」之原則。
❖當巡邏人員簽巡邏箱時，易遭致歹徒之襲擊，如一九八二年台北市保安大隊李勝源命案即是。
❖巡邏要簽章，其目的在控制巡邏人員執勤，而巡邏人員為應付督勤查考，只重形式簽章巡邏箱了事，忽視巡邏勤務實際功能，以致巡邏功能減退，缺乏績效。

換言之，對持否定論者而言，巡邏箱之設置其負功能是多於正功能的。特別是巡邏箱的設置，基本上不但限制了警察巡邏的空間，也會使勤務僵化，甚至會造成對巡邏人員生命的可能危害（黃肇嘉，1983；陳世寬，1992）。自然，巡邏箱設置之後，簽巡邏箱不再是手段、而成為目的了。這正是典型的、也就是Merton所稱官僚制度的反功能之一「目標移置作用」（goal displacement）（Merton, 1957）❻。

針對這些現象或不可預期之後果，或許巡邏箱不應再被強調了，而應輔以更科學的督勤方法。此外，巡邏箱之存在雖然在警察實務上，不免產生目標錯置之識。但對社會大眾而言，似乎又有某種程度的保護作用，因為這意味著這個區域是警察巡邏所及之區。而從另一個角度來看，對有犯罪意圖或有心挑戰權威者而言，有巡邏箱之區域正是個足以挑戰的目標。因此，在不同的解讀中，巡邏箱也有多方面的意義了。

✲服勤人員之意義

其次，服勤人員究竟何指？顯然，警察勤務條例開放很大的空間給各執行機構自行裁量，因為它並沒有就此有具體的規定。事實上，以警察勤務所強調的「因人因時因地因事制宜」原則而言，服勤人員也不宜硬性規定。因此，無論從警察人員的階級、年齡或工作性質來看，任何人都可以執行巡邏勤務。然而，以不同階級、年齡之警察人員執行警察勤務，卻可能予外界不同的觀感與意義。例如當局長或分局長親自帶班執行巡邏時，此舉不但可以向外界顯示巡邏工作的重要：對基層執行人員而言，此舉亦顯示主官（管）與部屬同甘共苦患難的情懷，意義相當重大 [7]。甚至於局長或分局長在親自帶班巡邏的過程當中，也足以使其發現有關巡邏的許多問題。同樣的，若以青壯年的警察人員執行警察巡邏，其給予外界的印象將不同於以即將退休者來執行巡邏。青壯年之基層人員或許體能較佳、勇於任事，但處理事故之經驗較缺乏；而年齡較大者或許體力較差，但經驗豐富。因此，如何予以適當的組合，也是一個不可忽視的問題。再次，則是一個在我國警察學術研究領域中尚待開發與耕耘的領域——女警問題[8]。究竟女警巡邏的可行性如何？效率如何？與男警在效率上有何差異？可能引發的問題有哪些？都缺乏本土性之研究。然而，若以美國的研究來看，其中頗值深思之處甚多。下面所引的這些觀點與實證，正是值得再加以考慮的（以下均引自徐昀譯，1985，12月）

首先，是反對女性從事警察工作的人之主張，他們強調警察工作的危險性，因而對女警處理緊急狀況的能力存疑。同時，一般認為：警察工作大多涉及傷害及暴力，所以警察須永無休止地與攜械犯人、絕望逃犯、尋找刺激的變態者等作生死鬥。

其次，民眾對女警攜械可能會誤傷旁觀者而感到不安，民眾一般相信女警無法處理危急狀況。這個論點主要是基於女性的體能天生較男性為弱的假定上。

第三，是對女警執行巡邏的效率，普遍存著疑惑，認為他們較易請假，且駕駛技術較差，因此不適合任何巡邏。

上面的這些反女警觀點，不幸地分別受到學者及實證研究的質疑。例如，（一）Tanley（1969）及許多學者表示：警察百分之九十以上的時間花在非犯罪及服務性的工作上。（二）針對女性之體能而言，Milton（1972）指出：男女警處理火爆場面的結果相同。男女警與工作夥伴彼此之間相處都十分愉快。從其他單位也都能獲得相同的援助。在病假日數、受傷人數、車禍件數、離職人數上也是一樣。其研究的結論說，在決定巡邏任務的職業性資格上，性別並不是最重要的。

如果說，我國女性在體能上與美國女性無太大差別的話，那麼女警的參與巡邏勤務之時間、方式等都是值得再深入研究的[9]。

✱巡邏人員之人數

另一個有關巡邏的問題是：究竟以多少人執行巡邏為宜？這是關於「量」的討論。Wilson與Brewer（1992）在檢視過許多相關研究後指出：有關巡邏人數之多寡問題，不容易有清晰的答案，因為這涉及巡邏的重點是放在效果（effectiveness）、成本（cost）或巡邏人員的安全性（safety）上。首先，從效果面來說，Bentley與Bardswell（1972）、Boydstun等人（1977）之研究均指出：除了在交通違規告發工作上二人巡邏有較佳的成果外，餘一人巡邏在效果上與二人巡邏並

無太大差異。而就成本上來看，Kaplan（1979）的數學模式指出：二組的一人巡邏車所巡邏之涵蓋面大於一組二人巡邏車達百分之七十一。而從安全性的觀點而言，Decker與Wagner（1982）的研究認為：一人巡邏與二人巡邏在受傷的機率上並無顯著差異。這些研究，對我國的警察勤務而言是有相當的啟示作用。首先，必須說明的是，上面所引的研究，並不必然表示一人巡邏比二人巡邏為優。其次，以作者的觀點來說，這可能有兩方面的啟示。第一層啟示是：在巡邏人數的決定上，我們必須考慮到我們想要達成的目標是什麼？是安全呢？效果呢？還是成本？這些目標之間，可能彼此並不相容且有所衝突。惟有在前提決定之後，我們才能決定巡邏的人數。而第二層啟示則是：警察學術研究者或警察實務工作者，對於領導人的信念該抱持什麼樣的態度，特別是領導人的信念與學理有違背或不合之處時。以巡邏而言，典型的一個例子是：羅張先生就任警政署長後，就大力推動所謂的「機動警網」，也就是強調警察人數優勢的巡邏。換言之，每次巡邏至少四人組成一警網。對於巡邏的這種硬性規定（因為警政署通令全國各警察機關實施並列入考核），研習警察學術或對警察勤務有認知者都知道，這與理論上所說的「警察勤務應因時因地因事因人制宜」原則有違。諷刺而又弔詭的卻是，在羅氏主持警政署五年一個月的時間內，警政署的官方刊物《警光》從沒有刊載過檢討機動警網的文章；而就在羅氏卸任之後，《警光》第422期（1991，9月）、《警光》第423期（1991，10月）連續兩期刊出檢討機動警網之文章❿。顯然，在警察學術及實務之研究中仍是政治性高於學術性的。

✳巡邏勤務之目的

巡邏的目的究竟是什麼？綜合警察勤務條例及警察勤務規範的有關規定，我們可以看出，似乎巡邏一方面有預防事故發生的功能；再方面當事故發生時如果沒有其他因素的限制，也具有迅速處理的功能。我國警政當局規定巡邏的工作項目有九項之多，本文也不否認通

常當巡邏人員在發現事故時也會迅速加以處理。本文的疑問是：是否所有的巡邏人員都如警政當局之期待——凡事勇於任事呢？警政當局之期待是否過於樂觀呢？事實上，這也就是在探究理論與實際之間的差距。在一九九二年，有一項研究是針對我國警察勤務執行的現況而做的。在這份由國科會所補助的專案研究中，研究人員調查發現：（一）在執行巡邏勤務之際，巡邏人員約有百分之二十的活動是與公事無關的（其中3.1%是處理私事、3.7%是私下休息、喝酒應酬占1.3%、找人泡茶聊天占11.8%）；而在其餘百分之八十的活動中，調查顯示：除開義工訪談（占9.1%）與找鄰里長聯繫（占9.1%）或許與預防犯罪有關之外，其餘百分之六十之活動是與犯罪預防無直接關係的。（二）在對主管與警員的調查中，主管與警員對於巡邏人員有無利用巡邏勤務私下休息或找人泡茶聊天呈現認知上之顯著差異（蔡中志、劉世林，1992）。換言之，主管認為警員利用巡邏勤務從事非關警察工作之比例較警員為高。這些數據，如果沒有信度與效度方面的問題，那麼意味的是：（一）我國警政當局顯然對於巡邏人員抱著太多的期望；（二）巡邏勤務的目的也非預防犯罪了。本文的推論十分大膽，也可能有錯；而就理論的意義來說，作者的推論事實上是建議對巡邏勤務的再思考以及對於人性的再省思。

✽檢查、取締與臨檢之關係

另一個問題是，檢查、取締與盤詰之合法性以及其關係之問題。這主要是從法律層面所做的思考。首先，從語意上來看，何謂檢查？其與調查有何區別？有學者從英美法的觀點指出，檢查（inspection）為調查（investigation）的下位概念（洪文玲，1993）。因此，調查事實上包括檢查在內。然而，作者的疑問卻包括：（一）檢查與調查的區分有何實益⓫？（二）事實上，從時間上來看，依一般語意，檢查通常為事前或事中所實施者，調查則多為事後所實施者。如果兩者有其時間上的先後關係，亦不意味兩者之間有上下位之區分。

（三）以警察勤務條例這個立法技術並不嚴謹的法律來看，所謂的檢查應是指對可疑人、事、物之檢查，至於其效果如何尚有許多疑義。同樣的，「取締」亦是一個滋生困擾的名詞。以作者對現行警察相關法令的認識程度而言，取締是警察人員執行勤務中之觀念名詞，而非法律用語。換言之，對警察人員而言，檢查與取締有時間上之先後關係。當巡邏人員針對可疑人、事、物加以檢查後。若發現有違反法令情事者則加以取締。復次，盤詰也有語意上的困擾。比較值得注意的是，在我國警察勤務條例第十一條第二項以及刑事訴訟法第八十八條之一此二條文中，都出現與盤詰十分相似的字眼──盤查。學者認為：「從語意上瞭解，盤詰應限制於詢問方式確認身分、盤查則範圍較廣，除詰問以外，尚包括其他必要手段之採取」（李震山，1986：1），因此盤詰與盤查不同。拋開法律上可能產生的爭議不論，盤詰在實際運用上也有困擾。例如，（一）盤詰與檢查有何不同？有何關係？實際上，有可能巡邏人員先檢查，發現可疑物再盤詰；也可以先盤詰、再檢查。有必要加以區分。（二）「盤詰」一詞在某些程度內暗指巡邏人員的優越地位，而非假設被盤詰者與巡邏人員有地位上之平等。類似這些問題都必須進一步的討論[12]。簡單的說，從警察實務工作中我們可以經由上面的討論得到一些初步的結論：（一）無論檢查、取締或盤詰，都是巡邏勤務執行中必須運用的手段；（二）檢查或盤詰的法律效果問題，完全視現場狀況而異。換言之，如果我們把民眾與警察的接觸狀況簡化為兩類：非志願與志願的（李湧清，1986）。那麼，檢查或盤詰的法律效果可能並不相同。若是民眾自願、主動的與警察接觸，那檢查與盤詰事實上便成為警察幫助民眾的一種方法；反之，若民眾非自願、非主動的與警察人員接觸，那依一般之見解，其檢查與盤詰可能在適法性上即有問題。此亦即任意手段與強制手段之辨。

　　附帶應加以考慮的問題是，在街頭工作的巡邏人員，是不是應具備比較特別的知識或常識，學者Rubenstein提出這樣的問題。在過

去，警察人員（特別是於街頭工作者）在工作上的知識往往是來自學校，在Rubenstein（1973）眼中這樣的知識可能不夠，因此，在警察工作中，尤其對於巡邏人員而言，他特別強調有關「領域的知識」（territorial knowledge）。他認為這種知識有助於告訴巡邏人員他們身處何處，在這塊領域可能哪些人較多，這些人可能有哪些行為。然而，依作者的觀點，這樣的知識可能仍然不夠。還必須加上時間的知識、物的知識，以及將這些知識加以整合、比對的能力。舉個例子來說，若借用Douglas（1966）與Foucault（1965, 1979）的觀念，對巡邏人員而言，必須將上述加以整合、判斷，才能在工作中找出可疑點，如某種人在不該出現的時間空間出現，Douglas以為這可能就是失序，因此就應加以密切注意❸。巡邏人員對可疑人事物的認識過程，還可以用上所謂"triangulation"三角測量法。也就是透過對文件、事物人之交叉比對，以找出其疑點。只是在實際運用的過程中，如何避免類似Kirkham（1974）加入過多個人主觀情緒，才是最重要的。

最後，考慮晚近的社會發展狀況，學者Roberg與Kuykendall（1993）認為：在與巡邏有關的問題上，還有一些狀況值得特別關注。這些問題包括：巡邏在藥物濫用的問題上可能發揮的作用、如何利用巡邏對某些特別人口（如無家可歸者）提供援助、巡邏中進行追捕（pursuit）所可能產生的問題、對愛滋病患或是疑似SARS病患的處理等。這些問題，當然與巡邏工作有所牽連，但其社會問題的特性更強，因之本文略過，留待有興趣者自行研究。

● 臨檢

有關臨檢，主要規定在兩項勤務法規中。在警察勤務條例中這樣定義：「臨檢，於公共場所或指定處所、路段，由服勤人員擔任臨場檢查或路檢，執行取締、盤查及有關法令賦予之勤務。」此外，警

察勤務規範第一百五十六條也規定臨檢的工作項目包括：

❖公序良俗維護：對違警、違規之勸導、制止及取締等。

❖犯罪預防：對可疑人、地、事、物之查察及盤詰等。

❖人犯查捕：對通緝犯、現行犯、準現行犯、逃犯之逮捕。

❖其他有關政令執行及為民服務事項。

在這些規定之下，以作者的立場而言，有關臨檢比較值得注意的問題約有下列：（一）何謂臨檢？（二）臨檢之目的何在？（三）臨檢的主客體為何？（四）拒絕臨檢之法律效果如何？以下分別探討之。

✷臨檢的定義與意義

首先，是臨檢的定義問題。我國之警察勤務條例與警察勤務規範都認為臨檢是「臨場檢查」。換言之，在這層意義下，臨檢是針對警察工作中特別之處所所做的檢查行為，也就是以空間為著眼點的。然而，從語意上而言，警察之臨檢工作是為了發現對治安有潛在危害之人或事，因之，其臨檢若不臨場，則根本失卻臨檢之意義。換言之，警察之臨檢絕非做些書面審查的工作，因之臨檢必須臨場。這樣看來，把臨檢定義為「臨場檢查」，就語意而言，無非畫蛇添足❶。此外，以作者對警察勤務之認識與瞭解，若只把臨檢定義為「臨場檢查」事實上也無法發揮臨檢的功能與作用。以派出所之勤務執行為例，目前的臨檢實務是這樣進行的。首先，在所內由主管或服勤人員根據所蒐集的情報與資料，由主管在次日的勤務分配表中指定第二天的臨檢時間與勤務人員；屆時，再由服勤人員依時間執勤。作者以為，臨檢一詞，如欲發揮其應有之功能，則應有兩層意義：一是臨檢的空間意義，亦即針對最容易發生危害時間之突擊檢查，即臨場檢查、而無臨時檢查，而且時間是預定的，恐無法發揮臨檢之功能與作用，而流於形式。

✱臨檢之目的

其次，是有關臨檢之目的問題。從現行法規以及一般警察勤務的論述來看，學者通常認為臨檢的目的有四，即公序良俗之維護、犯罪預防、人犯查捕，以及有關法令之執行（蕭玉文，1992）。換言之，在我國學者的假設中，當臨檢勤務能確實執行的時候，那麼臨檢的這四個目的應可以達成。作者並不懷疑、也不否認當臨檢能「確實而適時」執行之時，臨檢應有其為人所預期的功效。例如，如服勤人員在臨檢時能確實檢查各公眾得出入場所之安全設備，那麼確能提高民眾之生命安全保障。然而，對這些目的與臨檢之間的聯結，卻還有若干值得思考之處，如下所列：

❋臨檢與犯罪預防

作為警察勤務之一，臨檢可以預防犯罪嗎？從警察的觀點來說，傳統上認為犯罪之發生是兩個因素的合致，亦即主觀上犯罪人有犯罪之意圖而客觀上又有犯罪的機會，如酆裕坤（1980）、Wilson（1977）都有這樣的見解。作者認為，除此之外，犯罪人還會考量其犯罪能力，例如刀、槍之使用。犯罪能力，有助於犯罪意圖的強化以及犯罪機會的增加。換言之，以微觀的角度看，從警察的觀點言，犯罪人主觀的犯罪意圖以及犯罪能力，都非警察勤務所能奏效，充其量在警察勤務上所能做的只有減少犯罪機會了，因此，巡邏、臨檢都是減少犯罪機會的手段。問題之一在於，正如作者前面所說的，當臨檢勤務只有臨場、而無臨時，事實上警察所可能出現的時間已為人所掌握，而無法減少犯罪機會；同時，定時或預定時間的臨檢，也和警察勤務所強調的適時原則不符，如何減少犯罪機會？問題之二是，以臨檢的實務來看，臨檢之處所若不是特定營業、即是行政院所指定的八大行業，這些場所似乎是有犯罪意圖或傾向者較喜歡前往之處所。對有心在此地犯案者而言，若臨檢已定型後，他們所做者就是避開臨檢時段[15]；當臨檢時段避開後，由於實務上警察人員很少就同一處所進

行重複臨檢（否則會被認為是擾民或別有意圖），因此當臨檢時段過後，對有心犯罪者而言不啻是犯案的最佳時機。如此看來，臨檢不但無法預防犯罪，有時甚至可能助長犯罪。微妙的是，臨檢對業者而言，應可協助淨化其營業空間，但業者卻並不十分歡迎警察臨檢。顯然，其間的弔詭、辯證關係頗值深思。問題之三，依作者前面的推論，那臨檢恐怕只有延後有心犯罪者之犯罪時機之作用，而沒有消滅犯罪意圖的功能了。這樣說來，認為警察臨檢可以預防犯罪的說法、不是過於一廂情願就是過於把犯罪問題簡化了。也因如此，有學者一針見血而毫不留情的指出：警察對抗犯罪的一切措施，無非是一場遊戲（Manning, 1980），其目的是告知外界，警察是有作為的；事實上，他們卻是無能為力的。然而，這是否意味我國的警察勤務中之臨檢可以刪除呢？顯然，這是個不容易有答案的問題。取消臨檢之於警察人員，在某些程度內就像是詢問民眾我國是否該廢除死刑一樣，雖然死刑在實效上學者對之有諸多懷疑，但民眾在情感上總難以割捨；更何況，對某些警察人員來說，臨檢能否預防犯罪事實上並不重要，重要的是伴隨臨檢而來的可能附加利益。總的來看，本文並不以為臨檢能夠預防犯罪；而對臨檢有過於樂觀之想像者，本文則以為Popper的否證觀，應有啟示作用。

❀臨檢與公序良俗

次談臨檢與公序良俗維護之間的關係。對臨檢心存依賴者多半認定臨檢有助於公序良俗的維護。撇開法律用詞不談，何謂公序？何謂良俗？實不易界定。用最簡單的話說：「公序者、公共秩序也；良俗者、善良風俗也！」臨檢有助於維護公共秩序與善良風俗嗎？作者深表懷疑。我們再從臨檢實務談起。如同前面已經提到的，臨檢之處所在警察實務中多是以特定營業以及行政院所稱之八大行業為主，以這些場所來進行臨檢。當臨檢之實施範圍如此時，顯然所維持的公共秩序是「特定場所的公共秩序」，而非「一般場所的公共秩序」了。在警察實務中，很少臨檢公園這些公共場所、而多臨檢各種公眾得出

入之場所，是具有相當意義的。一方面是公共場所出入之群眾複雜、較難有特定目標，同時執行時又較不易看出具體績效，因此，警察人員很少是以公園等公共場所作為臨檢對象的；二方面，對某些民眾而言，制服警察的臨檢公園，似乎與公園所強調的寧靜、祥和氣氛不甚協調。因之，警察人員也避免臨檢類似公園這些公共場所；三方面，由於臨檢及伴隨其所能產生之潛在利益（或可以反射利益稱之），因之，警察人員在預防犯罪、維護公序良俗的口號下，也就當仁不讓的以公眾得出入之場所作為臨檢對象了。綜而言之，在維持公共秩序此一層面上，既然在實務上警察人員甚少對公共場所進行臨檢，而在理論上對公眾得出入場所之臨檢又有盲點、加上可能在警察風紀上所產生之問題，因之，取消臨檢似乎並無不妥之處。

再就良俗而言。臨檢有助於善良風俗的維護嗎？本文對此也存有一些疑惑。首先是有關善良風俗的定義問題。從文化人類學（cultural anthropology）的觀點而言，「善良風俗」一詞的界定有其實際的困難。因為「風俗」涉及文化、價值觀等，有時很難有統一的「善良」標準。例如，愛斯基摩人對好友表示友善的一種風俗是叫自己的太太陪客人睡覺，這對許多國家而言是十分不好的風俗，但他們卻認為不如此無法表現其好客。因此，學者建議：人類學之於刑事司法工作的一項意義是瞭解不同的風俗習慣，並避免以自己的風俗標準來評斷他人的風俗是否善良（Bracey, 1981）[16]。人類學或文化人類學的觀點，在此有進一步強調的必要。因為文化人類學的觀點，基本上是免於吾人思考之意識被限制，這正是Giddens所說的：「……它使我們能夠欣賞呈現在這個世界上被各種不同人類遵循的多采多姿之存在方式。」（引自廖仁義譯，1992：19）。同時，這也是Foucault（1970）的警語：「在對此分類感到驚異之際，可看出這是另一套思想體系展現的奇特魅力，而事實上我們完全不可能做如是想，這正是我們思想的限制。」（1970：XV）。換言之，風俗、思想乃至於文化，都應避免從自己的立場賦予任何主觀的意義與詮釋。如果我們同意或接受這

種觀點，那麼善良風俗一詞事實上已預設風俗有主流與非主流以及善良與邪惡之分。退一步說，拋開文化人類學的論點不談，在我國社會風俗中，或有一些風俗在今日來看並不善良，例如蓄奴養婢；然而，並不是所有的風俗都是那麼容易認定是否善良。例如以前違警罰法中所稱之「奇裝異服」，現在社會秩序維護法中所說之「乞討叫化」都很難說這是否叫違反善良風俗。

　　事實上，更進一步探討，所謂的善良風俗，作者以為是由國家領導人或統治階層所界定，而這種界定，正是一種「牧民」思想。國家領導人定義善良風俗的原因不外乎：（一）便利其統治之遂行。風俗，一方面是價值觀，會對一般大眾的內心，形成內化作用；另一方面，表現在外在，則引起從眾行為。當民眾都臣服於所謂的善良風俗之下時，對國家領導人統治之挑戰將會減少，因此有利於其統治。（二）正如本書在第二章所指出的，Spitzer（1975）認為，善良風俗之維持有助於資本主義社會中生產關係與過程的維持，因此國家領導人之界定善良風俗，亦有其政治經濟學之意義的。而Foucault在其一九六五年的著作《瘋狂與文明》中，亦隱含了類似的觀點；此一觀點，在其「紀律與處罰」中更加表露無遺。此外，根據我國學者許春金的研究（1993）也表達了這種看法。既然善良風俗的定義與範圍都有問題，臨檢又如何維持善良風俗。

　　另一個值得思考的問題是：公眾得出入之場所與善良風俗之間的關係。本文前已指出：警察人員臨檢之處所主要有二，一為公共場所，二為公眾得出入之場所。以公共場所而言，若依刑法中之概念，係指多數人往來、聚合或參觀遊覽之場所，如公園、車站、紀念堂、名勝古蹟等均屬之。由於績效方面的壓力，因之警察人員甚少對上述地點進行臨檢，也因此在此一問題上並無所謂維持善良風俗一事。惟若就公眾得出入之場所來說，這些場所一定妨害善良風俗嗎？以目前三種被列為特定營業的爆竹煙火業、委託寄售及舊貨業，以及汽機車修配保管業來看，其或與公共安全、社會治安有關，但卻很難將其與

「善良風俗」作有意義的聯結，更何況對社會大多數人來說，除非其有特定目的，否則也少有機會光臨這些行業。

再就一九八五年一月二十四日經行政院會議決議劃出原屬特定營業的十種營業來看，包括舞廳、夜總會、酒家、酒吧、特種咖啡茶室、戲院、遊戲場、旅館、傭工介紹所、刻印業等亦非全部與善良風俗有關，例如刻印業即是。再說，如果維持善良風俗對領導人而言，真是具有特別意義，那麼上述十種營業（除刻印業外）由於潛在中即對善良風俗帶有威脅，因之在起初即不應核准其設立。然而，由於上述行業在事實上由於禁絕有困難，因而政府不得不核准其設置，而對其設置又要求其顧及善良風俗，兩者之間充滿矛盾。換言之，在政府核准之右手與臨檢之左手間並不協調。再就台灣目前的現象來看，上舞廳、酒家有違善良風俗嗎？恐怕答案是人言人殊，不易有結論。既然如此，我們也很難將十種非特定營業之營業與違反善良風俗之間劃上等號。附帶須研究的一個問題是：以舞廳、酒家、特種咖啡茶室業為例，假設臨檢時發現有違反善良風俗之情事，這到底是這些行業之常態或非常態？恐怕亦有爭議。道德標準高者可能認為是非常態，而思想前進者可能認為是常態，換言之，不容易有共識。若當社會上有共識這是常態時，則對這些場所便沒有臨檢之必要，因為所謂「妨害善良風俗」情事之發生在這些場所中是可以預期的；當社會大多數都認為這是非常態時，則根本不應讓其設立，亦不生臨檢問題。

綜上所述，作者以為，臨檢若作為預防犯罪的一種手段，雖然在實際上可能效果不大，但在理論上作者可以理解；然而，若視臨檢為維持善良風俗的一種手段，那麼我們不是高估了臨檢的實效、便是低估了臨檢可能對警察風紀產生之危害，更有可能錯估了社會大眾對善良風俗之認知。總之，對臨檢這種行為或手段，實不宜賦予矯正風俗的色彩、或有此期待；實際上，也無法產生矯正風俗的作用或效果。

❋臨檢之主體與客體

臨檢既然規定在警察勤務條例中，明顯的，這也是警察勤務執行方式之一。同時，由這項規定可以看出，臨檢勤務執行之主體是警察人員。此處之警察人員指的是狹義的警察人員，亦即依警察人員管理條例任用並執行警察法有關任務之警察人員。即使如此，有關臨檢之主體仍有若干疑點尚未澄清。

首先，警察從不同的角度可以有不同的分類。因之，有所謂的行政警察、刑事警察、保安警察、交通警察、外事警察等。再從警察勤務條例第三條的規定來看：「警察勤務之實施，應晝夜執行，普及轄區，並以行政警察為中心，其他各種警察配合之」，加上該條例從第四條至第十條有關警察勤務機構之規定；因此，吾人可看出事實上警察勤務條例所規範者乃行政警察（狹義的行政警察）之勤務，故稱之為「行政警察勤務條例」實不為過。問題在於，非行政警察有適用本條例之餘地嗎？從臨檢的規定來看，其中只說「服勤人員」，並未明白規定何種警察有臨檢之權，極易引起困擾。在另一方面，有關臨檢之處所中又指「公共場所」或「指定處所」，顯然各種警察都有執行臨檢之可能。相關規定之間矛盾重重，有待釐清。

退一步看，即使各種警察都可依警察勤務條例之規定執行臨檢勤務，仍有其他問題存在。

第一，未經法定程序任用之警察人員在無臨檢權限？在過去，中央警察大學四年制、台灣警察專科學校專科警員班的畢業學生而言，在其畢業後並考試至銓敘部審查其任用資格為止，至少有六個月的「空白期」。換言之，在渠等畢業後至正式任用為止，至少有六個月的時間是所謂的「支警佐待遇人員」。這些人若依警察勤務條例執行臨檢工作，形式上有無違法？若有違法，其臨檢所生之法律效果與責任為何？其次，對台灣警察專科學校警員班（其與專科警員班不同之處在於其受警察教育之時間僅一年）畢業學生而言，仍有為數不少

者畢業時仍未滿二十歲;易言之,這些人除非結婚否則在民法上仍未具完全之行爲能力,其執行臨檢之適當性暫且不論,在形式上是否合法?是否符合公務員任用法中所說之「積極要件」?同樣的,其臨檢所生之法律效果與責任如何?對此,通常有兩種解釋:主張從寬解釋者,係著眼於行政之需要,認爲上述人員或雖未經正式任官、或未滿二十歲,但已分別經一年、二年或四年的警察教育,其知識、能力均足以勝任臨檢工作,因之,並無違法之問題;反對者,則以人民之權利與法律規定爲考慮,主張從嚴解釋,認爲一方面初畢業者由於涉世未深,同時有待歷練,並不適合執行這種可能隨時會侵害人民權益之勤務;另一方面,既然民法認爲未滿二十歲人只有有限行爲能力,那麼警察機關身爲執法機關,斷無不守法之理。兩者見解各有立場。惟若我國強調法治,則作者以爲從嚴解釋爲妥,否則不足以教育人民、政府亦不足以爲表率。不過,隨著新制的實施(國家考試及格方予以任用),這種狀況已成明日黃花。

第二,其他警察機關或機構之警察人員有無至本轄臨檢之權限?在警察實務工作中,我們經常可以發現各縣市警察局爲了績效需要,而往他縣市辦案或進行逮捕。春安工作中,通緝犯之逮捕便是一個最典型的例子。以通緝犯、現行犯或準現行犯之逮捕言,從刑事訴訟法的相關規定來看,本縣警察人員赴他轄或他縣警察人員至本轄進行逮捕,並無多大疑義。問題在於:臨檢並非逮捕,其爲行政行爲,而非司法行爲,因此,其他警察機關或機構之警察人員能否在本轄執行臨檢便產生疑義。以訴訟法的用語來說,這是涉及管轄權的問題;以警察用語而言,這是所謂地區責任制之問題。地區責任制,亦即土地管轄,爲典型組織分工方式之一。簡而言之,是指各警察機關就其所工作之區域內就可預防之治安事故,負完全責任。就此一問題而言,亦有兩種對立的見解。持肯定說者,立於行政之觀點,認爲基於治安一體之觀念,他縣市警察機關、機構之人員,自然有至本轄臨檢之權限。同理,本縣市警察人員因工作需要亦可赴他轄臨檢。持否定說

者,則分別從法律與行政觀點,反駁肯定說。否定說者以爲,從行政上來看,至非本轄臨檢有違地區責任制之意義;若從法律上而言,至非本轄之臨檢,是無權限之臨檢,即形式違法,有觸犯刑法妨害自由罪之嫌;同時,若肯定說可以成立,那北區國稅局亦可至南區國稅查稅,非但擾民,同時嚴重侵害人民權益。若從法律觀點而論,顯然否定說之理由較堅強。若再就管轄法定原則與管轄恆定原則來看,同樣的,否定說的理由也較堅強。雖然作者有這樣的見解,但有學者對此卻持較開放的觀點。例如吳庚(1993B)就認爲,警察越區執行勤務,並不生影響行爲之效力。是以有關此項爭議仍有賴進一步之研究[17]。附帶的一個問題是:警察機關或機構之所轄到底其範圍如何?換言之,以臨檢問題來說,例如台北縣林口鄉有一酒家,到底是林口分駐所有權臨檢?或新莊警察分局亦有權臨檢?或台北縣警察局有權臨檢?甚或所有警察機關與人員均有權臨檢?對此,亦有各種不同的看法。持最廣義說者認爲,所有警察機關與人員均有權對之進行臨檢,若因而有任何事故發生,則生內部責任問題,對外基於國家統治權,則臨檢仍具法律效力。持最狹義說者則以爲,僅林口分駐所有權對之臨檢,因其位於林口分駐所轄區內。此二說而言,事實上皆有所偏。最廣義說者將警察轄區之範圍擴充太大;以當前台灣地區七萬五千名警察人員來看,若採此說,不啻造成對民衆權益之侵害。在另一方面,最狹義說卻又將範圍縮至太小,恐將造成警察行政上之不便。因此,作者建議以集會遊行法中之規定爲標準。集遊法中規定,主管集會遊行之警察機關爲集會、遊行所在地之警察分局。易言之,以警察分局轄區作爲臨檢之範圍,這不但避免最廣義說與最狹義說兩者之缺憾,同時也符合警察勤務條例對於警察分局的定位。

　　第三,派出(分駐)所內之警察人員未被編排入臨檢勤務內可否就本轄內特定營業場所進行臨檢?相對於上一個問題,此問題更加具體而微。對此,學者有從警察責任的觀點出發,持否定見解,認爲未被編排或指定擔任該項勤務之警察人員無權執行臨檢(許文義,

1989）。此一看法，就保障人民權益而言，用意甚佳；惟若揆諸實際，亦引發不少問題。問題之一在於，正如作者前已指出，臨檢若非臨時，則其實效可能大打折扣。在此情況之下，從目的而言，究竟是預防犯罪為重還是民眾權益為重，恐怕有賴當事人之抉擇。問題之二在於，在警察實務工作中，若有警力不敷使用之情形時，往往會商請義警、民防等民力協勤；若臨檢時亦然，那麼斷無民力可以協勤，正式任用之警察人員卻不准執勤之理。顯然，此一問題不如想像中之單純。作者以為，即使派出（分駐）所內未被編排入臨檢勤務者亦可執行臨檢勤務，前提是不任帶班或主導工作。換言之，學者之見解必須附帶條件，否則不合情理。

　　有關臨檢之主體，上面已作了簡要的探討。接著，是有關臨檢的客體問題。

　　學者許文義（1989）指出：臨檢因其客體之不同，可分為處所臨檢、身體臨檢與物件臨檢等三種。順著此一看法，本文認為有關臨檢之客體，尚有討論之空間。

　　首先，許氏的分類係將處所、人之身體、與人所攜帶之物件視為三個獨立的個體。然而，實際上，這樣的考慮可能尚待補充。本文認為，還可以借用民法上所謂的主物、從物觀念加以補充。為了方便討論，我們可以將處所、人、物品簡化為兩種狀況。

　　第一，討論被臨檢處所與人之間的關係。揆諸實際，若配合民法中之主從物觀念，則處所與人之關係可化約為下列兩種狀況：（一）處所與人之間不為主從關係。當被臨檢處所與人之間未存在主從關係時，那麼從警察勤務條例的規定來看，作者認為只能就處所加以臨檢，而不能及於處所中之人。（二）處所與人之間呈現主從關係。若是如此，則不外有三種可能：（一）人為主、處所為從。（二）處所為主、人為從。（三）處所與人皆為主。以第一種狀況而言，若是以人為主、處所為從，從警察勤務條例的規定來看，那只能對處所（空間）加以臨檢而不能及於在處所中之人。以第二種狀況來說，若處所

與人之間的關係是處所為主、人為從，依警察勤務條例中明指臨檢者
為處所，顯然，由於人為處所所涵蓋，因之，自然可以對處所之人加
以臨檢。以現象面而言，處所中之人又可大別為兩類：一是以此處所
謀生者，如各特定營業之從業人員，另一則是顧客或消費者。從現行
許多法規以觀，似乎從業人員無可避免地必須接受臨檢，如台灣省各
縣市管理娼妓辦法中規定妓女必須接受臨檢，瞭解其有無許可證、健
康紀錄表等。但這是否意味前往各特定營業場所之顧客也必須接受臨
檢？又其拒絕臨檢時又應如何處理？這些都有待進一步研究。再以第
三種狀況而論，若處所與人皆為主，那麼依警察勤務條例，從嚴解
釋，仍無法對人加以臨檢，臨檢對象僅止於處所。綜合上面的討論，
本文以為，除非我們認為處所與人之間所呈現的是處所為主、人為從
的關係，否則臨檢應只限於處所。

　　第二，討論被臨檢人與物品之間的關係。無論是從通常之觀念
或是刑事訴訟法有關搜索之規定來看，人與物之間的關係基本上是相
當明確的。亦即，人為主、物為從。易言之，若警察勤務條例中認定
可以對人加以臨檢時，自然臨檢之效力亦及於其所附隨之物。只有在
異化、物化之時，人與物之主從關係方會易位。

　　有關臨檢之客體問題最後一個值得討論的是：除公共場所外，
警察人員亦可對「指定處所」加以臨檢。問題的焦點在於：是誰指
定？換句話說，到底是誰有權指定？以警察實務來看，這包括兩個議
題：（一）誰會去指定（實際面）？（二）誰有權指定（理論面）？
以作者對警察工作之瞭解，配合警察組織體制，大約有四種人與此問
題有關：警察局長、警察分局長、派出所主管（或分駐所所長），以
及臨檢勤務之帶班人員。先從警察局長看起。從刑事訴訟法的有關規
定以及警察行政法規來看，局長之有權當是無庸置疑的。亦即從理論
上來說，沒有問題。惟從現象面而言，除非有特別情況，否則警察局
長是無暇去管臨檢處所之問題。因之，以警察局長而論，其是「有權
不會」。再看警察分局長。從相關法規而言，警察分局長理論上也有

權指定臨檢處所。而從實務上看，警察分局長會不會去指定處所，則很難一概而論，因此可能是「有權不會」或者「有權也會」。接著是派出所主管（或分駐所所長）。他們是否有權呢？以台灣地區實況而論，分駐所所長均為刑事訴訟法所稱之「司法警察官」；因之若從寬來說，其亦可解為有權；同時，又由於地區責任制，故其不但「有權」指定，「也會」指定。派出所主管，則又區分為警佐一階一級以上主管與警佐一階二級以下主管。以前者而言，由於其仍為司法警察官，是否適宜解為「有權」？當其無權，卻「也會」指定時又當如何？同理，當臨檢勤務之帶班人員若亦為警佐一階二級以下人員時，又如何？顯然，「指定處所」一詞尚有待有權機關及學者做進一步的澄清。

　　此外，以最嚴格的觀點來說，作者以為，警察人員無論其官等、職務，對「指定處所」之臨檢，事實上已是量變而質變，由行政行為轉變為司法行為了。換言之，當臨檢之處所是非公共場所亦非公眾得出入之場所時，事實上已非臨檢，而是搜索了。對指定處所之臨檢，其合法性與正當性之問題，已非作者能力所及，故本文就以引發問題的方式不再論，留待學者就臨檢之界限進行探討。

✳拒絕臨檢之問題

　　有關拒絕臨檢者之法律效果與責任問題，就目前在警察實務中，很少有民眾或經營特定營業之業者有拒絕臨檢之情事。然而，從現象面所做的觀察並不表示臨檢就不會產生法律問題。事實上，學者對臨檢所做的批評所在多有。例如學者李震山（1988）指出：有關臨檢、盤查，以我國所作宣示性規定最為簡略。他進而指出：這種以法有明文規定為已足的現狀，實有違法治國家法律規定「明確性」及「可預見性」之原則，對保障人民自由、權利的機能確有漏洞。此外，學者梁添盛（1992）在研究行政上之即時強制時，亦指出：

> 「嚴格言之，警察勤務條例所規定之臨檢，僅係一種勤務方式，
> 在此種勤務方式範圍內所為之臨場檢查、路檢、盤查等措置，
> 宜另有作用法之授權，不得以警察勤務條例為直接依據。由於
> 我國目前尚乏對上開措置加以授權之制定法，從而現行實務上
> 所為之上開措置，似宜解為純粹任意性之手段，對於拒絕警察
> 人員採取上開措置之人，不得加以處罰。由是，社會秩序維護
> 法第六十七條第一項第二款不能視為拒絕警察臨檢之罰則。而
> 在無罰則之情形下，警察人員依警察勤務條例第十一條第三款
> 所為臨檢等措置，宜仿日本警察官職務執行法第六條第二項之
> 性質，解為係行政調查或行政指導。」（梁添盛，1992：149-
> 150）

　　上述學者之見解，明白指出：在警察勤務條例中賦予巡邏、臨檢之法律地位，實有不當。然而，無論從警察機關或政府的立場來看，上述見解似乎稍嫌保守；惟本文以為，在我國人治重於法治的傳統上，上述學者的見解卻是極具啟發意義的，因為政府的守法對民眾守法具有示範作用。是以，臨檢的明確化、可預見化、法律化應是努力的方向。隨著大法官會議五三五號解釋以及警察職權行使法的制訂，臨檢已具有法律地位，所以上述問題也初步獲得解決。不過，同時可以預見的是，在民意高漲與法治意識抬頭的現代，臨檢的法律爭議問題雖已初步解決，但這不是問題的結束，而可能是其他問題的開始。

● 勤區查察

　　以警察實務工作言之，規範勤區查察工作的法規極多。但主要的仍是警察勤務條例與警察勤務規範。在警察勤務條例中對勤區查察是如此定義的：「勤區查察：於警勤區內，由警勤區警員執行之，以

戶口查察為主,並擔任社會治安調查等任務。」簡言之,勤區查察就是由警勤區警員對其勤區內之戶與口進行查察,並擔任蒐集情報之工作。在另一方面,警察勤務規範第三十六條:「勤區查察,由警勤區警員於警勤區內實施之,為貫徹『面的監控』,執行下列任務:(一)戶口查察。(二)可疑地、事、物之查察。(三)情報布建與蒐集。(四)推展警民合作。(五)為民服務。(六)推行必要政令。」

由此明顯的可以看出,勤區查察的顯性功能是極其廣泛,而其隱性功能卻是「面之監控」的。順著警察勤務條例與警察勤務規範這兩條主軸,本文擬針對下列問題進行討論。

第一,勤區查察勤務之目的究竟何在?第二,台灣目前執行勤區查察之實況究竟如何?以及第三,勤區查察勤務究竟是否仍有改善之空間?

以上述的第一、第二問題而言,事實上可謂之勤區查察勤務之理論與實際;同時,此二個問題的根本癥結在於警察勤務區制度(簡稱警勤區)。

警勤區制度究竟源起於何時何地?一直是困惑作者的問題之一。此問題之所以重要,在於由警勤區制度的起源,吾人可瞭解此制度之原始功能。然就警勤區之源起而言,依作者所蒐集之資料,似有兩種說法。第一種說法將警勤區制之始追朔至國民政府的大陸統治時期。例如我國警界前輩,有我國和麥之稱的酆裕坤先生在其所著《警察行政學》一書中曾說:

「民國二十三年余應浙江省警官學校之聘,長該校教務,時趙龍文先生旋以校長兼任浙江省會(杭州市)警察局長,乃與教官余秀豪博士及周炳榮先生等計議,初步以杭州市警察局為實驗,創立『巡守互換制』,二十四年夏,並率領浙江警官學校員生赴盧山實習巡邏區制,功用因益顯著。時陳果夫先生主蘇政,任張達先生為昆山縣警察局長,銳意革新警政,更名為

『警管區』制，試行結果，成效亦卓著，自是巡邏區制之功用乃為各方所公認。惟其後政府實施憲政，為適應民主社會環境，始正式定名為『警勤區』制，同時提高警察素質，採用同委任職級資格之警員，使負責各該地區之警衛。」（鄺裕坤，1980：93）

另一種說法，即是針對台灣地區的警勤區制而言，認為台灣地區的警勤區制是源於日據時代。李郁華先生指出：

「台灣地區之警勤區制度，乃源於日據時代一九一四年（民國三年），日本駐台總督四健治郎對台灣警政作重大改革，州設警務部，廳設警務科，市設警務署，衝要地方並設警務科分室，其下設派出所，派出所即由若干受持區組成，在蕃地則設駐在所，台灣之受持區制度因而確立。台灣光復後，警察勤務制度除沿用大陸各地實施成效卓著之警勤區外，並參酌當時社會環境之狀況訂定警勤區制度，以為執行警察勤務之基本單位。政府自民國卅九年遷台後，亦未作大幅度之更改而沿用迄今。」（李郁華，1979：16）

仔細比較鄺氏與李氏的說法，不難發現下列幾個重要事實：第一，鄺氏所言乃針對大陸地區的警勤區而李氏則是就台灣的狀況而說的。第二，從鄺氏的言語我們可以看出，大陸地區的警勤區制其原始用意並不同於台灣地區的警勤區制。簡言之，大陸時期的警勤區制的功能在以巡邏取代守望，因為鄺氏是在談巡邏時論及警勤區制的。台灣地區的警勤區制則不然，日據時代之警勤區（當時稱為受持區），其目的在調查戶口並順利統治，因此，劉匯湘先生曾在研究日據時期台灣警察之後，曾這樣評論：

「日人統治臺灣，得力於警察，已為公認之事實，筆者更認為其

> 警察之所以發揮效能，在於使警察掌握保甲及以調查戶口為警察主要業務之制度。警察掌握保甲，無異將神經末梢，深入民間，於民間遍布無形之警察，對於政令之貫徹，耳目之增強，以及警察實力之補助，作用甚大。故研究臺灣之警察制度者，不可徒知其有形警察網之布置嚴密，更應注意到此種無形之警察網之重要性，彼此縱橫交織，相輔相成，故雖實施散在制，每一地區配置之警力較少，仍能發揮絕大之作用。至調查戶口，係列為巡查之中心勤務，不僅基於治安上之目的，並以之兼辦戶籍行政，各項規定甚為完備，故警察人員對於管區內住民之身世、素行、生活、行動、無不瞭如指掌。戶籍行政，亦因職責專一，制度完備，成績斐然。人民對於戶口之申報，亦感利便，而無法令繁雜，手續複雜，無所適從之苦。」（劉匯湘，1952：40-41）

　　劉氏的言詞並不極端，因為在林端（1993）的分析中，也持類似的看法。林端進一步指出：「在保甲制度的配合下，警察力量深入每一戶，由中央到地方層層嚴密的警察制度有了保甲的配合，殖民法律由推及每一個村落，抗日的力量逐漸被清除。」（林端，1993：73）如此看來，有學者認為：「我國現行警勤區制度之淵源，仿自英美警察之『必特』制度（Beat system）與日本『受特區』制度」（胡盛光，1978：7）[18]的說法並不盡然正確。換句話說，這種觀察把我國現行的警勤區制弄混淆了。既然台灣地區的警勤區制與大陸地區的警勤區制並非指的同一件事，因此不宜再將其混為一談。

　　暫時拋開日本人統治與控制台灣的因素不談，為何台灣地區要實施警勤區制？除為了行政上之便利以及「政府自一九五○年遷台後，亦未做大幅度之更改而沿用迄今」（李郁華，1979：16）此兩因素外，論者通常認為警勤區制有下列功能；例如，胡盛光氏（1978）認為警勤區制的理論基礎在於：（一）素質與勤務並進；（二）人員

與地域配合；（三）治本與治標兼顧；以及（四）職權與責任分明。
此外，亦有認為警勤區制優點在於「工作專一、責任分明、績效易
顯、考核公平」（姜馨，1988：16）。這是贊同者對警勤區制以及勤
區查察所作的立論。

　　歸納贊同警勤區者的立論，我們不難發現，在他們心目中，警
勤區制約有兩大功能。在對內的功能方面，警勤區制可以提高警察人
員之素質；同時，由於是地區責任制，因之，職責分明、績效易顯、
考核公平。換言之，有其行政管理上之意義。在對外的功能上，則運
用勤區查察的方式，論者深信其可「深入民間採取面式控制，掌握勤
區動態，透視社會黑暗面，戶口瞭如指掌，對素行不良者嚴加監護，
移風易俗，教化人群，自可收防患未然之效」（胡盛光，1978：
10）。簡言之，勤區查察在贊同的觀念中，即使勤區查察沒有政治上
的意義，但絕對有其犯罪預防之意義的。

　　至於警勤區與勤區查察的實際究竟如何？有沒有任何當局所未
曾考慮到的盲點？下面是三項實證研究的調查發現：

❖根據由淡江大學教授張紘鉅先生所主持的一項研究「目前一般
　警察服務態度之民意測驗」中，明白指出：在調查的最近本年
　內，與管區警員未曾有過接觸者高達百分之三十二點五。易言
　之，約有三分之一的受訪民眾未曾在半年內接受戶口查察（引
　自李湧清，1987：92）。
❖潘玉崙等人（1987）之研究顯示：
　‧當問及民眾，你家常有管區警員來查戶口嗎？在回答的七百
　　零七位民眾中，回答不常來者有二百五十九人（或極少看見
　　者二百一十四人），占百分之六十七。換句話說，有三分之
　　二的民眾很少看到警勤區警員進行勤區查察。
　‧當問民眾：「你家除管區警員來戶口外，他們也常來訪問探
　　視嗎？」回答不常來與極少看見者占全體回答民眾之百分之

八十六。

・當問民眾是否認識其住宅之警勤區警員時，回答不太熟悉與
　極不熟悉的占所有填答民眾百分之七十二。

・當問民眾警勤區警員對其家庭的認識程度時，有百分之七十
　的民眾選擇的是「不太知道」以及「毫不清楚」。

由上面兩項對民眾的調查中，我們可以看出，警勤區警員對其
勤區內民眾之認識程度實不如想像中之樂觀；在此同時，勤區
查察勤務由上面兩項資料來看，也不落實。比較有趣的是一九
九二年由蔡中志等人所做的研究。蔡中志與劉世林的研究與張
紘鉅、潘玉峋研究不同之處在於，蔡氏與劉氏不調查民眾之意
見，而去瞭解警勤區警員以及派出所主管的看法。

❖蔡中志等人（1992）的研究指出：依據十八個派出所二百零四
份有效填答的問卷中顯示，勤區查察除了戶口查察外，有百分
之八十七點三的員警認為大部分的員警還送達召集令；其次為
義工訪談，占百分之五十三點三；送交通違規告發單，占百分
之五十七點四；同時有百分之十四點七及百分之十九點六認為
員警利用勤區查察時間處理私事和私下休息。此外，蔡氏等人
也針對警員與主管分別做了調查，其研究顯示：「在所有從事
的活動項目當中，主管和勤區警員的看法大致相同，但在『處
理私事』和『私下休息』兩項的看法則完全一致」；蔡氏等人
根據統計，進而指出：「主管和警員的看法均已達到統計上極
顯著的差異（P=0.000）」。對此，其解釋「即主管認為員警利
用勤區警員在填答這兩項問題時仍有保留，而主管則站在較客
觀的立場。」最後，其結論說：「因此員警利用勤區查察處理
私事及私下休息的比例，整體上應較統計的數據為高。」（以
上均引自蔡中志、劉世林，1992：71-72）。

觀察前面三個實證研究，或許我們可以提出幾個暫時性的結

論：

❖ 民眾與警察人員對勤區查察之認知並不一致；而在警察人員間，主管與警員對勤區查察的看法，又有不同。到底是誰的認知比較趨近於事實呢？

❖ 退一步看，即使所有的警勤區警員都依勤務分配表執行勤區查察勤務，也就是不偷勤；但他們在幹些什麼呢？從蔡中志等人的研究來看，無論是「送達召集令」（占87.3%）或「送交通違規告發單」（占57.4%）都是與犯罪預防並無任何直接關係者，而是典型的輔助一般行政；只有「義工訪談」（占58.3%）與犯罪預防有關。這樣看來，這份資料所透露出來的訊息是：勤區查察的行政意義是大於其犯罪預防之意義的。若然，有什麼理由可以讓我們對勤區查察勤務在犯罪預防的工作上有如此樂觀的期待？

既然我們對勤區查察對外的功能存疑，論者或許會說：即使勤區查察沒有對外之功能，其仍有對內之功能。這種說法，我們亦可一一檢視、驗證。

第一，首先，在提高警察人員素質方面。大陸時期的警勤區，在當時由於警長警士充斥，或許有提高素質的功能。然而，以當前的時空而論，如果說，我們認為警員制是提高警察人員素質的一項客觀指標，那這個「提高警察人員素質」的階段性任務已經完成。因為目前台灣地區的警察人員至少都高中畢業或有同等學力。至於高中畢業或警員制是否就意味著警察人員素質的提高，那又是另一個問題，此處不論。

第二，次就考核公平而論。考核是否公平、能否公平、主要視考核人的態度、心理狀況、與被考核人之間的互動狀況而論，其影響因素極多。本書第六章對此有較多的討論，此處略過。是以若認為只要實施警勤區就可以考核公平，又高估了警勤區的效果。

第三，再就職責分明而論。以作者實際工作的經驗以及從理論上來看，或許這是警勤區制最重要的消極功能。作者認為這是「消極」的，乃源是在地區責任制之下，發生於警勤區內任何與治安有關之事件，警勤區警員輕則負行政責任，重則甚有法律責任。亦因此，警勤區警員因管理警勤區不慎而被記大過甚或調地服務者時有所聞。問題的焦點在於：警勤區警員到底應為什麼樣的治安事件負責？是以該事件之可以預防性為標準，還是以什麼樣的事為標準？由於社會現象之複雜，似乎很難找出一個通則。前中央警察大學校長顏世錫先生曾經講過一個極端諷刺的例子。在屠宰稅還沒有廢止之前，台北市警察局警勤區某警員在轄內分別發生了命案乙件與被查獲私宰肥豬一樣，結果該警員因私宰案被記申誡乙次。顏先生笑說：「死了一個人沒事、死了一條豬倒有事。」這個例子或許可以作為「職責分明」的一種反諷。弔詭的是，即使有許多警勤區警員認為工作份量很重，也認為警勤區警員的獎懲不公、職責不分明，但續任的意願仍然不低。原因何在？稍後，本文會加以探討。

既然，勤區查察在理論與實際之間存在著如此大的差距，那麼後續的一個問題便是：到底我們還要不要警勤區？如果沒有警勤區，自然也就不必勤區查察。

對於警勤區或勤區查察之存廢問題，以作者對警察工作的認識以及所蒐集之資料顯示：似乎對警察實務工作者而言，這是個不成問題的問題。在警察行政的領域中，除開少數警察學術研究者（如作者），幾乎是一面倒的認為警勤區不必裁撤、勤區查察所應做者只是技術上之改善（如簡化警察業務、調整警勤區等）即可。若從前面的討論來看，似乎稍有理性者都會傾向採取裁撤警勤區之態度，然而事實上調查之結果顯示卻非如此，這是十分耐人尋味的。若從原因來看，或許真有人在主觀上即認為警勤區有其存在之必要，而在客觀上又有其實際功能，因此不宜裁撤。另一種見解或許是極端的悲觀主義者的想法。在他們心中，也許認為警勤區已脫離早期所預想的功能因

此應予廢除。但或因人微言輕、也因「講了也沒有」，所以對此略而不談。若以比較系統的眼光進行分析，作者認為可以從三方面來看，亦即針對三種對象來探討原因。

首先，是針對有權決定警勤區制存廢者而言。這是指哪些有權決定警察政策者，例如警政署長。依作者的看法，警政掌權者對警勤區的態度是「不敢不要」。不敢不要緣於一方面是長久的心理依賴（無論從民國二十幾年起算或從政府遷台起算，警勤區都已有數十年的歷史了，沒有警勤區總覺得少了什麼些似的）。二方面是恐怕裁撤後反彈的聲浪太大（以孔令晟先生推行警政現代化運動為前例，其中裁撤派出所部分則分別有來自軍方、警察內部，以及社會民眾的反彈）。第三則是緣於掌權者所具備的保守與不必冒險的心態。特別是第三個原因有進一步說明的必要。在Glaser、Abelson與Garrison（1983）所著《把知識賦諸實用》（*Putting Knowledge to Use*）中，他們特別談到行政人員（如掌權者）與研究人員的差異。他們指出：行政人員屬於知識的使用者，因之，知識對使用者的意義是：能被立刻使用者、短期能夠生效者。換言之，知識使用者是「如何」（how）取向的，短期效益重於長期效益，亦即非必要的險絕不冒。在另一方面，研究人員是知識的「發展者」（developer），因此其工作重點在長期、在追根究底，是「為何」（why）取向的。顯然，因角色不同而引起之認知差異與價值判斷，將會是永遠存在於實務與理論之間的鴻溝，彼此之間是很難對話的，即使對話也將是充滿歧見的。

其次，是針對勤務的執行者而言，這主要指的是警勤區警員。對警勤區警員來說，他們對警勤區的態度是「不能不要」。不能不要緣於警勤區警員兩方面的認識，也就是警勤區對勤區警員具有兩方面的意義：一是客觀上的經濟意義，也就是擔任警勤區警員可能帶來的反射利益；另一則是主觀上的心理意義，也就是Lipsky（1980）所強調的工作自主權。再加上警察人員的保守與抗拒變遷特性，因此是「不能不要」警勤區。

　　最後，是針對社會大眾而說。社會大眾對很多公共性議題的態度是相當耐人尋味的，死刑就是一例。法務部在一九九三年針對死刑之存廢所做的民意調查中，有七成一的民眾贊成維持死刑制度（〈死刑存廢之民調〉，1993），事實上社會大眾未必瞭解死刑存廢之利弊得失。同樣的，就以派出所之存廢而論，無論是一九七四年的研究（彭衍斌，1974）或是一九八五年的調查（江裕宏，1985），社會大眾多數都反對裁撤派出所。雖然對警勤區之存廢而論，依作者所蒐集之資料，目前並無這樣的調查，然而以前面所談的兩個事例（死刑與派出所之存廢）加以作者之先驗知識，我們似乎不難推論出答案。這樣看來，我們的社會大眾雖然已日趨異質性，但在某些議題上似乎還頗具「同質性」。

　　雖廢除警勤區的意見在今天似乎仍屬絕對的少數，但作者仍以為警勤區制應予廢止，同時也不應再有勤區查察勤務。其理由在於：

　　第一，以批判理論的立場來看，強調的是從現有觀念與作法之解放，因此，自應廢止警勤區、停止勤區查察。當然，對許多人而言，這樣的見解似乎只是為反對而反對，不夠建設性。惟即使拋開批判理論，作者仍有其他理由反對警勤區之設。

　　第二，從前面的討論中可以看出，在學者眼中所認為警勤區所具之功能，如提高素質，作者以為已完成其階段性任務，故放在今天的時空環境下，真可謂格格不入。至於在考核公平、職責分明方面，卻由於人性之複雜，存在著一些永遠也難以解決的問題，因此，事實上也可以說警勤區並沒有辦法解決這樣的問題。

　　第三，再從警勤區的外在功能來看，由於勤務執行者並沒有去落實執行，因之，警勤區所被預期的應外功能大打折扣，是以也到了警勤區制做徹底思考的時候了。

　　第四，最後，也是作者認為最重要的一點，警勤區的源起（特別是台灣地區的警勤區）是與民主精神相杆格的。具體的說，台灣地區警勤區的源起，從李郁華氏、劉匯湘氏與林端氏的見解中，我們可

以發現主要是為了便於日本人的統治而建立的制度。這種為便於進行異族統治所採取的手段，今日已沒有存在的必要。換句話說，在我國日趨民主法治的今天，警勤區制是沒有存在的價值與必要的。

也許有人以為最後一項的指控過於嚴厲，認為在政府心目中，警勤區制與勤區查察是最單純也不過的事了。也就是，警勤區制與勤區查察之所以存在，是純粹預防犯罪與服務導向的。因此，今天所面對的主要課題應是談如何改善，而不是全盤拋棄。作者也同意撇開前面第四個觀點來論警勤區制改善的可能性，畢竟這是多數人認為比較具建設性的（然而，作者仍必須指出：多數人的意見，並不必然是真理；否則，地球中心論的說法，也不會持續至十五、六世紀才被推翻）。因此，接續的問題是：警勤區制與勤區查察究竟有無改善的空間呢？

以中央警察大學所發行的學術性期刊──《警學叢刊》為例，檢視過去十年來有關警勤區與勤區查察方面的論述，我們不難發現，過去學者專家所認定改善警勤區與勤區查察方面的意見大同小異，不外乎：簡化警察業務、合理調整勤區、安定勤區人事、簡化相關法令等（張兆常，1984；古奠基，1985；周勝政，1987；丁維新，1990），這些建議，或許重要；但依作者之見，這些建議，並未觸及改善的核心問題。此核心，亦即執行勤區查察的人──警勤區警員。上述作者，或許基於各方面的考慮，均對此略而不談或視而不見。對警勤區制，我們必須瞭解，警勤區之劃分，係以人口與自治區域為兩大標準。同時，警勤區的運作，是以警勤區警員為基礎，本地區責任制的原則來維持治安，而這個構想，繫於警勤區警員之全力執行，方能充分發揮警勤區的功能。因此，即使有其他方面的配合，而警勤區警員仍不落實執行勤務，其效果仍屬枉然。因之，作者建議，以準實驗方式來瞭解警勤區制是否仍具改善空間。具體作法可以分為兩個部分：

第一，同時不同人之間的比較：亦即在同一分局轄區內，指定

若干個條件相近的警勤區，分別指定警察學校警員班畢業學生、警察學校專科警員班畢業學生，以及警察大學四年制大學部畢業學生等三類具有不同教育年限、不同教育方式之學生進行比較。比較範圍包括：勤區績效、勤區關係、敬業程度等。

　　第二，同勤區不同人之間的比較：亦即在同一分局轄區內，指定若干警勤區，然後分別由警察學校警員班畢業生擔任第一年的警勤區警員、警察學校專科警員班畢業學生就同一勤區擔任第二年的警勤區警員，同一勤區第三年的警員由警察大學四年制大學部畢業學生擔任。以同一勤區進行不同人之比較。

　　上面作者的兩項建議只是最原始的意見，在實際執行的過程當中，當然必須把很多因素納入考慮、同時儘量控制或排除足以影響實驗結果的因素，其細節仍有賴學者進行多方面的討論。換言之，有關實驗設計尚待進一步的討論，其內容也絕非本文所能涵蓋。作者所提供的意見只是提醒做不同方向的思考。如果實驗結果顯示，在作者所提議的三種對象中對勤區查察的績效，均沒有太大差異，那麼或許人的因素也不重要了，也許我們就應重新思考是否需要警勤區；如果說，實驗結果顯示這三種對象確實在發揮警勤區的功能上有顯著的差異，那麼可能是人的因素大於制度的因素，我們就應該可以找出最適合擔任警勤區工作的人。自然，也許還有其他可能性存在。例如，Sherman（1982）即指出：警察對犯罪問題的策略之一是鎖定某些特殊團體或個人。Sherman引用他人的資料指出：據估計在所有犯罪人中之百分之五可能犯下所有犯罪之一半，因此這百分之五的犯罪人應是最重要的工作目標。同理，勤區查察勤務也可以鎖定一、二種戶，三種戶則無需查察。理論上而言，針對特定團體所採取的策略，較容易奏效。因此，在多數有關公共政策的論述中，幾乎都建議確定目標是有效公共政策或計畫的第一步。總之，只有透過嚴格設計的實驗，才能找出最適當的解決或改善的方法[19]。

　　最後，應該一提的是，由於警察職權行使法的立法通過，使得

勤區查察勤務可能作某種程度的改變。未來，可能的發展方向一方面
是停止三種戶的查察甚至於取消三種戶方面的規定，另一可能則是同
時轉向社區警政的方向。而這些可能作法的利弊得失，只能等到付諸
實施之後才能加以檢驗。

● 值班

值班勤務，依梅可望先生（1990）之見解，是警察靜態勤務中
最重要的一種勤務。而何謂值班？為何其在警察工作中具有相當重要
性？在執行時又存在哪些問題？以下是本文的討論。

首先，是值班的定義問題。警察勤務條例，是這樣定義的：
「於勤務機構設置值勤檯，由服勤人員值守之，以擔任通訊聯絡、傳
達命令接受報告為主；必要時，並得站立門首瞭望附近地帶，擔任守
望等勤務。」而在警察勤務規範中，則明定值班勤務的工作項目有：
（一）通訊聯絡、傳達命令。（二）接受民眾查詢。（三）接受民眾
申請。（四）接受民眾報案。（五）駐地安全維護。（六）簿冊保管
與收發公文。（七）內務及環境衛生之整理。（八）其他指定事項。

由上面兩項規範中，我們不難看出值班人員所應有之作為。而
對照理論與實際，本文以為值班勤務可能在學理上具有三方面的意
義。簡言之，一是值班的生物學意義：由於值班受理民眾報案，是警
察生理的反射中樞，因之，本文認為這具有生物學的意義。二是值班
的政治學意義：派出所是國家主權的表現，而值班又是每一派出所均
有之勤務，因之值班勤務依作者來看，是具有政治學意涵的。三是值
班的警察學意義：派出所值班人員受理民眾報案後，必須儘速處理，
特別是當犯罪或災害發生時，是以就此而言，值班亦具有警察學之意
義的。但在另一方面，也由於條例與規範的某些規定不甚妥當，因
此，仍有一些定義方面、執行方面的問題有待澄清。以下分述之。

第一，由警察勤務條例的規定來看，明顯的，它只規範分駐

（派出）所之值班勤務，而未及警察分局以上機關。作者以為，這樣的規定並不周延，因為事實上分局以上機關勤務指揮中心的值日勤務，其重要性並不亞於派出所值班勤務。以目前警察機關已建立的三級勤務指揮中心（警政署、警察局、警察分局）而言，事實上派出（分駐）所之值班第四級的勤務指揮中心。從本書第三章中我們可以瞭解，勤務指揮中心在警察勤務運作中居於一個樞鈕的重要地位，因之，就值班而論，實亦有就分局以上勤務指揮中心之值班（亦即值日人員）加以規範之必要。

第二，由於警察事故發生之不可預期性、同時民眾可能分別透過電訊或親往警察機關（構）報案，因此，對派出所之值班人員而言，其最重要的工作就是固守值勤台。更何況值班人員尚有肩負有維護駐地安全的重要任務，因此，警察勤務規範中所謂值班有「內務及環境衛生之整理」此一工作項目，可謂極不恰當。

此外，值班與守望之間的關係也相當值得注意。由於警察機關一方面是政府最顯見、最直接的第一線代表，二方面警察機關所掌握的武器極多，加諸警察機關的散在性，使警察機關很容易成為有心人士挑釁、攻擊的目標。是以若以派出所值班人員來說，警察勤務條例即規定，其於必要時（例如丕基計畫）應於門首附近守望。如此看來，在某種程度內，值班可以說是「靜態的守望」。相對的，派出所被輪派擔任守望勤務者，由於其仍具顯見性、仍是政府最直接之代表；同時，值班勤務中最重要的一些工作項目，除開駐地安全維護以外，餘如通訊聯絡、傳達命令、接受民眾報案或查詢，守望人員基於警察一體之原則，也責無旁貸。因此，在這一層意義上，事實上守望也可視之為「動態的值班」。既然如此，若有人認為守望已不復重要，恐怕這種說法有待商榷。

對警察工作而言，為什麼在物換星移之下，值班勤務仍未減其重要性？簡言之，這是因為值班的多重功能使然。首先，從犯罪偵防的觀點來看，由於警察業務之緊急性及不可預期性，因此，有必要維

持一天二十四小時都有人在派出所擔任值班勤務，以便隨時受理民眾報案及處理突發事故，這也就是「永不間斷」所涵攝的意義。其次，從為民服務的立場而言，也許民眾在心理上並不喜歡警察，但警察機關的全天候無休特質，使民眾在事故發生時，便無可避免的找上警察機關，而值班人員便是代表警察機關首先出面者，因之，值班的重要性並不因時代或社會變遷而有任何改變。最後，是值班所代表的主權意義。換言之，值班人員所彰顯的是國家主權無時不在、無所不在的意義。

接著，是針對值班勤務實況所做的討論。以目前台灣地區值班勤務的執行來看，仍有一些不容忽視的問題。

✻安全與便民

在這個部分中，主要討論的是三個問題，包括：（一）值班勤務之安全性問題；（二）值班台之位置問題；以及（三）值班台之設置問題。

以上述第一個問題來說，首先，我們必須瞭解，台灣地區各警察機構，特別是分駐所、派出所，其值班勤務均只有一人服勤。由於值班人員之人數單一性，因而有關值班勤務的安全性便產生了兩方面的顧慮。一在於維護者（值班人員）本身的安全問題，一在於被維護單位的安全問題。以前者而論，此問題之所以被凸顯，是因為在一九八四年有號稱「瘋狂殺手」者李慧昌槍擊挑釁高雄市新興警察分局後所引發的。此後，警政署即規定警察勤務執行機構值班勤務須由二人執行，即所謂「一明一暗」。明者指的是制服值班警員，其工作項目有如警察勤務規範中所指定者；暗者則是指便衣警員，其工作項目主要是維護安全、防止危害。當時，警政署的這項規定，即曾引發警察內部的熱烈討論與不同意見 [20]。今日，再回首李慧昌攻擊新興分局事件，值得深思的是：到底李案是特例還是通例。若是特例，也就是少有發生的，那有沒有必要去考慮值班人員的安全性問題？這樣的思考

是否過於反諷？就好像今天有許多分駐（派出）所都裝上鐵窗一樣？若是通例，也就是有經常發生之可能性，那警政署當初規定的「一明一暗」之執行方式在動機上則無可非議❹。或者我們該做的是不同思考，畢竟，達成目標的方式往往有很多。作者以為，無論是就值班人員的安全問題，或是被維護機構的安全問題，在傳統的警勤觀念中，均將維護的重任放在人的身上，也就是均委由人來執行（這也就是為什麼有人認為警察工作基本上是屬於勞力密集的工業），而忽略以機械輔佐的可能性。比較的說，人有其優點，如具有歸納推理之能力，具有判斷能力，具有發展創造的能力，這些能力都不是機械所能取代；然而人會疲勞、會因情緒或外在環境的變化使其原有的能力產生誤差。因此，在某些情況之下，運用機械來代替人力，是可行的，也是應加考慮的。**表5-1**是有關人與機械的優劣比較。

表5-1　人與機械的優劣比較表

人的優點	機械的優點
1.有通融點 2.可以作多目的的活動 3.有學習能力 4.綜合的判斷能力高 5.可以作理由的選擇 6.有命題解決的能力	1.可以發揮較大的物理的力量 2.可以高速度化 3.有連續的運動性 4.性能的恒常性 5.耐久性高 6.信賴度高（reliability）

資料來源：廖有燦、范發斌（1973）。《人體工學》（台北：國立編譯館），頁130。

以上表來說，它使我們可以有這樣的想像：警察機關（構）的安全可否以機械或物理設備來取代或輔助？以這個問題來說，我們應該有兩個層面的考慮：一是其是否可行？若是可行，則二該如何實施？以可行性而言，從現有的一些文獻觀察，警察機關運用硬體或物理設備以維護安全的可行性是無庸置疑的。警察機關是一種營造物，

也是一種建築實體，因此，應用在一般建築物上的原理，同樣也可以用在警察機關。這方面，依舊可以分兩方面說明：

第一，在建物設計伊始，即考慮安全上的原題。亦即除開一般防火上的因素外，尚考慮防盜、防破壞等，這涉及建物本身的設計問題。在此方面，撇開建築材料不談，一般認為門（前門、後門、側門）、窗（含天窗）、閣樓、籬笆、照明等都是必須要考慮的因素（Whisenand, 1977），煙囪亦不能忽略。

第二，則從社會整個環境來考量。即透過社區的設計來維護安全。亦即地位的選定，乃至整個社區的設計，都有助有警察機關的安全。Newman所著《防衛空間》（*Defensible Space*）一書與Jeffery所著《運用環境設計預防犯罪》（*Crime Prevention Through Environmental Design*）一書都曾做深入之探討，可稱為此一方面的經典之作，可供參考。從建物本身或環境設計，所做的考慮，基本上是建立在減少犯罪機會的著眼點上。而日本學者清水賢三、高野松男在其所著《都市犯罪防止》中所提隔絕、威嚇、強化、迴避、誘導、矯正、隔離等七種方法（黃富源譯，1985），則更清楚的歸納出以主動的阻止危害或主動的保護自己等兩種方式來維護安全。美國一位警察局長Knapp在一九八六年三月「中美警察學術研討會」所提的一篇報告中，即曾舉例證明因硬體設備改善而減低了犯罪率（Knapp, 1985）。因此，就可行性而言當是無庸置疑的。另外，如何運用？最理想的安全，當然是從整個大環境來著手，也就是運用環境設計來維護安全。然而所牽涉的因素太多、範圍太廣，如政府財力、都市計畫等，難以執行，退而求其次的方法就是警察機關建物硬體設備的改善或加強。鑑於硬體或物理設備的並不全然可恃，因此，本文認為應雙管齊下。一方面，值班人員提高執勤警覺性，一方面則加裝某些防範設備。以台北市警察局而言，其中某些派出所大門係採電動門裝置，無論何人欲進出派出所，隱藏的電鈴必先發出聲響，而後門再開啟。這樣的裝置，與傳統警察行政人員所持「派出所大門應隨時敞開」的理念似乎並不相容，

亦即從方便、親近、無藩籬的眼光來看，似乎，這在民眾與警察機關間築起一道無形的圍牆。然而，若從維護安全的角度以觀，這種電動門又可以說是一層有形的保障。親近與安全之間誠難取捨，惟本文以為不妨力求兼顧，即仍以電動門為出入之方式。因為對有心要尋求警察幫忙的民眾而言，多一道門並未形成障礙，民眾也不因此門而不找警察；而對意欲危害警察單位的人來說，這道門卻為值班人員爭取了一些時間，是以不失為好方法。更宏觀的看，值班安全性所帶來的問題不僅止於其表面上之問題，而是涉及組織設計乃至於都市設計方面的問題了[22]。

此外，值班台的設置與位置問題，也值得進一步的探究。

值班台的位置問題之所以值得關切，是因為與值班勤務之目的有關，同時，又與安全問題有關，亦與其象徵意義有關。以作者近數年來對台灣地區數十個派出所或分駐所所做的觀察，幾乎台灣地區從南到北、不分地區、不分派出（分駐）所為獨立建築物或位於大樓中，絕大多數派出（分駐）所值班台之位置，均如圖5-1所示。

由圖5-1，我們可以看出，派出（分駐）所值班台多位於派出（分駐）所入口處，且位於中心（事實上，幾乎所有與外界必須有接觸之行政機關其接待中心或服務台多設於這個位置）。就理論而言，這種設計有「節約交易成本」方面的考量（很容易看到，節省民眾時

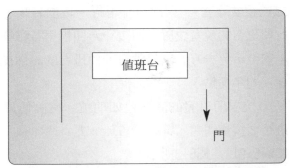

値班台

門

圖5-1　派出（分駐）所值班台位置示意圖

間）。在另一方面，若我們將警察工作視為必須行銷的商業，那麼值班台事實上就是客戶接待中心。民眾對警察印象之良窳，有很多係由其所接觸之值班人員之態度所決定，由此亦見此勤務之重要性。

由於值班人員具有接待、服務、答詢之性質，因此，值班台必須位於一棟或任何建築物之底層，此無疑義。同時，在對外的意義上，為了發揮值班勤務的功能，值班台又必須力求顯見，因此，值班台必須位於派出（分駐）所一樓或底層的中心。由於值班台位於底層或一樓中心，同時又是二十四小時輪值制，因此彰顯出警察勤察「永不間斷」的意義。然而，由於值班之外在顯見性、空間之中心性、時間之不間斷性，因此也容易成為安全方面的顧慮。如前面論值班勤務安全性時，作者已提及這可能是安全與便民之間的兩難。若純粹以安全的角度出發，或許可以考慮不需值班勤務、或以二人（一明一暗）值班、或變更值班台的位置。然而，這些提議都有令人非議之處。派出（分駐）所不設值班，在觀念上不具可行性，且與警察分駐（派出）所所強調之顯性功能有違，更可能招致因噎廢食之譏，因此不能實施。而以二人服行值班勤務，則在事實面上，不具可行性，因為耗費人力太多，並可能因此減少警察在外活動之頻率，是以也不可行。或許可以考慮的是變更值班台的位置。然而，無論何種方式的變更（往左移、往右移甚至移至樓上），不但失去了值班的為民服務意義，也喪失了值班位於中心地位之警察意義（以最佳的角度對派出所分駐所以外的空間之監視並守望），因此也不可行。這麼看來，也許最好的方式便是維持值班台的現有位置，而後一方面借用各種物理設備來維護值班人員之安全，另一方面則是就目前值班台的設備加以改進，以求得安全與便民的平衡點了。

有關值班台位置所引發的問題已如前述。續論值班台的設置問題。有關值班台之規格問題，警政署曾於一九八六年八月有過統一規定，其式樣如**圖5-2**以及**圖5-3**所示。

如果有關值台班的設置仍按此實施〔據聞目前已有某些派出

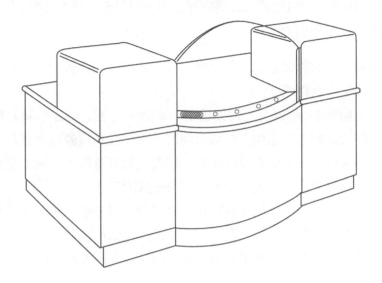

圖5-2　值班臺正面透視圖

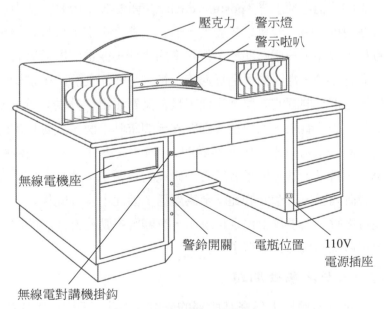

圖5-3　值班臺背面透視圖

（分駐）所值班台的玻璃已改爲防彈玻璃，但仍不普及〕，則仍有一些問題值得討論與研究。

❖值班台的防彈玻璃，是否應普設？其高度應爲多少，方具有防護之安全功能？

❖從圖5-3之值班台之背面透視圖來看，是否應就左櫃與右櫃所應放置的各類應勤文件加以規定，例如左櫃放置基本資料，如轄區狀況圖、治安維護要點、相關人物簿冊等，右櫃則放置以及重要政令、出入登記簿、工作紀錄簿等。

❖值班台的設備，依作者所見，其設計原則，應力求明顯、易讀（如各式警示燈）、安全（如放置保管槍櫃鑰匙之抽屜），因此，有必要由人體工學學者專家與警察實務者共同進行研究。

最後，附帶的一個小問題卻十分有趣的是：可以肯定的是，值班台的座椅必須由值班台的高度互相配合。但座椅之設計，是否一定要所謂的「稱身椅」❷³（posture chair）（郭俊次，1991）？由於值班人員在值班之時，若無事故發生，依警政署之規定，可以在值班台整理資料，因此，一把有助於工作效率的座椅，從這個層面來看十分必要。問題在於，當座椅太過舒適時，特別是夜深人靜時，這樣的一張座椅，是否有催眠的效果？這樣，是否又對派出（分駐）所之安全造成威脅？如此看來，如何在效率與安全間求其平衡，或更具體的說，如何設計一張可以坐（因爲要處理文書）、又不宜久坐（怕催眠）的值班椅，當是人體工學學者所必須研究的課題了。總之，值班台的位置、設置問題，所牽涉的範圍至爲廣泛，因此不宜等閒視之。而對此所進行之討論，事實上已足以說明，有關警察勤務方面的問題，已不容再用傳統的觀念去看待了。

❋值班人員之屬性問題

這是針對值班人員在其所屬的分駐（派出）所中之法定地位問

題而言。作者前已談及，在勤務運作中，值班人員事實上是警察機關的第四級勤務指揮中心，在警察勤務執行機構中居於承上啓下的地位。由於值班人員在警察勤務中具有多方面的意義，因此其法定地位與權威的賦予十分重要。

　　具體的說，如果警察勤務條例仍有存在之必要（參見第七章），那麼應該賦予值班人員之主管的法定代理地位。換言之，就任何勤務執行機構而言，平時事務或事故之處理，由主管負責。若分駐（派出）所無副主管、或正副主管同時不在時，則各該時段之值班人員即爲代理主管。值班人員代理主管地位之賦予，從理論上有下列好處：（一）當有任何事故發生時，值班人員不因資深、資淺，都能指揮線上或所內人員迅速處理爭取時效，避免所內或因基於同儕情感、學長學弟關係而不派遣人員迅赴現場之窘境，進而直接、間接損害人民權益。（二）由於值班勤務爲輪值制、故所內人人均有機會擔任值班勤務。在值班人員其有法定代理主管地位後，一則符合現代管理中所謂的「參與管理」（participatory management）原則，以激發其榮譽心與責任感，再則也可藉此訓練具領導與處理各種事務之能力。凡此，都是值班人員必須賦予代理主管地位之充分理由。

●守望

　　有關守望，警察勤務條例是這樣描述的：「於衝要地點或事故特多地區，設置崗位或劃定區域，由服勤人員在一定位置瞭望，擔任警戒、警衛、管制；並受理報告、解釋疑難、整理交通秩序及執行一般警察勤務。」而在警察勤務規範中，則明定守望的工作項目如下：

❖警戒：於特定時間內，對特定地區所實施之戒備措施。
❖警衛：對特定人或特定處所，所實施之安全維護措施。
❖管制：人、車之管制。

❖為民服務：受理報告，解釋疑難。

❖整理交通秩序。

❖執行一般警察勤務。

從上面兩項之規定與說明來看，本文首先必須指出的是：警察勤務條例對於守望所下的定義前後有矛盾及互相杆格之處。以警察勤務條例對守望之定義來看，基本上是針對空間（或地域）所實施的勤務手段，因為守望是「於衝要地點或事故特多地區」而實施的。既然是針對空間而採行的勤務手段，那麼「警衛」——一種對於特定人所實施之安全維護措施——則與守望應無關係，顯見其有矛盾之處。此外，擔任守望勤務者，在面對社會大眾之時，基於政府與人民之間的平等原則，那社會大眾無論是有事之「報案」或無事之「詢問」，警察機關並不必然地居於優越之地位。換言之，從語意的觀點而言，所謂的「受理『報告』」事實上是相當封建與官僚的。

拋開上述能因語言而引起的誤會不談，有關守望，參酌法令規定與實施現況，本文歸納出：

❖守望勤務基本上是具有雙重功能的：一是安全維護的功能，另一則是為民服務的功能。在安全維護的功能上，是透過警戒、警衛、管制等方式，對特定人或特定地區處所加以保護。而在為民服務的功能上，則是選擇衝要地點或事故特多地區，以交通整理、定點瞭望等方式為民服務。同時，在這一層功能上，除了仍具有保護人民之意義外，更由於其必須受理報案、解答問題，因此，守望也可以稱為「動態的值班」。

❖以守望勤務實施的現況來看，基本上可以有三種分類：

‧針對特別時間所實施的守望勤務：典型而傳統的例子是各分駐派出所於交通尖峰時間所派遣的守望勤務以及春安工作期間所設置的守望崗。

‧針對特定地區所實施的守望勤務：最常見的實例是如保安警

察第二總隊針對國營事業所實施的安全維護工作。

・是針對特定人所實施的守望勤務：例如保六總隊對各國駐華
　使館之工作人員所實施之守望。

　　以上述的三種分類方式，本文覺得守望在執行上存在著兩個重
要問題：一是守望勤務的安全性問題、二是守望勤務之合適性問題。
以下分別探討。

　　首論守望勤務之安全性問題。此問題主要是針對上述對特定人
所實施之守望勤務而言。這個問題之所以重要，是因為在過去十餘年
間已有數位警察人員因執行此項勤務而遇害。因此，守望勤務的安全
性問題有進一步研究的必要。

　　有關此一問題，也許我們可以有下列幾個層面的考慮。第一，
針對特定人士所實施的守望勤務可否不要？例如上面所提到的保六總
隊針對駐華使節所提供的安全維護措施可否不要？無論是從國際慣例
以及國家主權的彰顯意義來看，這個建議並不可行，甚至可能帶給國
際社會極不良的認知，因此這項勤務不宜廢止。其次，把這項工作交
給保全公司執行如何？以整體性來看，保全公司可以執行這項工作，
但主要問題在於其仍必須居於輔助地位，否則，不但有損國家尊顏，
警察機關也會覺得顏面無光。既然上述兩項建議有來自各方面的限
制，那麼只好仍維持原議，也就是由警察機關派員執行是項勤務。若
然，我們必須從上面的幾個案例中，去瞭解引發守望勤務安全性之原
因。從過去的案例來看，無論是一九八二年的李勝源案或是一九八五
年的蕭益勝案，這些警察同仁遇害的主要原因是因為其等執行勤務時
必須攜帶槍械、而彼時槍枝之取得又極其不易，「匹夫無罪、懷璧其
罪」因此遇害。那麼也許執勤不帶槍是另一個考慮的方向。目前的問
題在於，槍枝之於警察，雖未如某些社會學者所想像這是一種雄性表
徵，但絕對具有特殊意義。換言之，槍枝在許多警察人員眼中是信心
與能力的象徵，因此，除非某些特殊狀況（例如執行防制群眾事件之

勤務），否則斷無因安全性而禁止攜槍因噎廢食之理。在作者心目中，如果不考慮成本因素、增加此項勤務安全性的方法有許多，包括便衣執勤[24]特定時段之複數執勤（例如深夜零時四時由二人以上執勤）、科技設備之輔助（如監視器之使用）、崗哨之更新與重新設計等。總之，必須結合各種學者、專家對此進行研究，以求得維持安全之最佳方法。嚴格地說，除非完全廢止這項勤務，否則我們對其安全性之注意更應超過對值班勤務安全性之重視，因為守望勤務以實況來看，多為一人執勤，且隻身在外，無法像值班勤務時所內仍有其他同仁可支援。比較諷刺的一點是，隨著槍枝的取得容易，守望勤務的安全性似乎已提高了。

而在特定時間所實施的守望勤務，例如各分駐派出所於交通尖峰時間所派遣以交通整理的守望勤務，由於其一方面為警察責無旁貸者，二方面由於勤務時間多為不特定多數人所能共見共聞、三方面其安全方面之顧慮主要並不是來自槍械、而是交通事故，因此此處不深論。

最後，是警察機關針對特定地區所實施之守望勤務問題。以作者所掌握的資料以及對現狀之瞭解，這類勤務在目前警察工作中是交由某些負有特定任務的警察機關去執行。最明顯的例子是保安警察第二總隊（以下簡稱保二總隊）。保二總隊，依其組織規程以及學者之說法：「保二總隊隸屬於警政署，配屬於經濟部所屬各事業機構，負責國營事業廠礦生產事業單位之安全維護及警備、警衛之專業警察行為」（盧學純，1993：147）。依此來看，保二總隊所負的正是一種警衛勤務，也是一種守望勤務。拋開其在指揮管理上之問題以及其是否「專業」之問題不談[25]，也不論其安全性之問題，事實上，針對特定地區所實施之守望勤務所帶來的主要問題是其合適性的問題。具體言之，這也就是「警察民營化」（the privatization of policing）的問題。

在警察民營化（或可譯之為私有化）的這個問題上，或許應從我國所處的外在大環境談起。

　　學者Hyde與Shafritz（1992）在論起一九八○年代以後公共行政之發展與變化時，曾這麼指出：「在美國，一九八○年代以後是個變化的階段，這代表在政治與經濟價值觀上的一個重大變化。」兩位學者指出，在政治上，美國自雷根主政後，由於其保守的態度，因之不但政府之規模縮小、管制減少（deregulation），也強調「供給面之經濟」（supply-side economics），並重新思考「公部門」（public sectors）與「私部門」（private sectors）之區別與關係。而在公共行政上，為了回應經濟學理論中所謂的「公共選擇理論」（public choice theory），公共行政學者也再度思考其價值觀、假設與限制等（Shafritz & Hyde, 1992: 441）。

　　公共選擇理論，基本上挑戰長久以來對政府與經濟的兩個想法，也就是質疑所謂的福利經濟以及政府的效率問題。以政府的效率而言，公共選擇理論不但懷疑政府的效率；同時也認為，除了在計畫的擴展推動與預算爭取外，政府並沒有強烈的動機去執行政府所應擔負的各種功能。因此，公共選擇理論的支持者認為政府的規模、行動與經費應儘可能減少或降低（特別是聯邦政府），而由地方政府來推動地方事務。

　　在這股的風潮下，不但美國這種趨勢在八○年代後日趨明顯，在我國也受其影響。宏觀的看，對我國而言，這似乎也是抵擋不住的聲勢，政府的大量釋出公營事業股票、銀行的開放民營都可以明顯看出這種趨勢。在刑事司法工作的領域中，私人警衛（private policing）及私營監獄（private prison）之蓬勃發展正是這種趨勢的反映。

　　雖然我國並無私營監獄，保全公司規模雖已建立，但作者以為仍有必要對警察民營化此一問題作進一步的思考。

　　在這個問題上，首先是定義的思考問題。何謂民營化？何謂私有化？其所指涉的概念是否相同？這些不但學者有爭議，世界各國有不同的作法與解釋（Donahue, 1989），更可謂人言人殊。學者詹中原（1993）的研究也指出：「檢視民營化相關之文獻，可以發現對於民

營化一詞的定義及用法相當含混且不一致」。詹中原進一步指出：

> 「一般在美國的研究者，通常將民營化一詞指公共服務之簽約外包而言（contracting for public services）；而在美國以外之地區，尤其是歐陸之英國等，則將民營化與『非國有化』（denationalization）視為同義語。」（詹中原，1993：8）

此外，亦有將之視為「非商業化」（decommercialization）甚至於「公司化」（corporatization）、「自由化」（liberalization）（詹中原，1993）者。既然名詞人言人殊，我們不妨換個角度觀察。

美國明尼蘇達大學教授Kolderie在他發表於「公共行政評論」（Public Administration Review）一九八六年的一篇文章〈民營化兩個不同概念〉（The Two Different Concepts of Privatization）中，首先指出：民營化的意義有許多，正如前面所提到的一樣。Kolderie也提到：為了配合社會的各種需求，政府事實上必須有兩種活動。第一種活動是：政府必須有提供服務的各種決定，這是公共政策之決定；第二種活動是政府必須去完成或去執行達成那種服務的活動。簡言之，前者是決策、而後者是行動。在Kolderie的心目中。這兩種活動——決策及行動，都可以私有化，或者由私人來完成。因此，所謂的私有化或民營化，可以指公共財與私有財之間各種可能不同的組合。以安全維護工作為例，他舉出下列幾例：

❖決策及行動均由政府來做——立法機關制定法律，提供經費，而由矯治機關經營、管理監獄，私人毫不涉入此兩活動。

❖行動由私人來完成——如某市政府決定對某高中球隊提供安全維護，該市政府委託私人警衛公司完成這項工作。

❖決策由私人發動、行動由政府完成——如某公司舉辦球隊表演賽，而請當地警察局提供安全服務。

❖決策與行動均由私人發動——如百貨公司自行聘請、訓練人

員，維護公司安全，政府毫不干涉（Kolderie, 1986）。

在Kolderie所給的四個例子中，我們明顯的可以看出：第一個，若將矯治機關變成警察機關，則屬於「公警衛」的範疇，而第四個則屬私警衛的領域。第二個與第三個呢？我們一下子很難決定。配合我們的的社會狀況，此處我們再假設兩個例子：

❖選舉即屆各地警察分局都必須對候選人的事務所、政見發表會場乃至於投開票所做好安全維護工作。這是我們警察機關的一項工作重點。假設今天桃園警察分局警力不足以負擔這項工作，鄰近分局、縣警局乃至於警政署都無能力支援。桃園分局只好請在桃園的保全公司支援。所支援的範圍，不管是否與選舉事務有關的工作，如前面所說的，或單純的一般勤務，如值班、巡邏，這時，保全公司究屬公警衛或私警衛？法律效果如何？尚有待研究。

❖例如我國的職業成人棒球比賽或由娛樂公司所舉辦的影歌星演唱會或由私人經營的大型娛樂場所，像台中的亞哥花園，由當地警察分局所做的巡邏或其他的安全維護工作，在性質上究屬公警衛或私警衛？如該項安全維護措施是由業者所要求，當地警察分局應其要求而提供，此屬公警衛抑私警衛？當地警察可否依「使用者付費」或「受益者付費」的原則要求服務費？若有事故發生，警察在法律上有何責任？再如業者沒有提供服務的要求，而係當地警察分局主動提供這種服務，此時，這種服務為公警衛或是私警衛？若有事故發生，當地警察分局在法律上必須負擔什麼責任？這也是值得研究的。

此外，這個問題也可以從經濟學中的「需求──供給」的角度來觀察。同樣的，我們可以列出下列狀況：

❖民眾（私人）有公共秩序與安全方面的需求，而由政府來供給
滿足這種需求的服務。在一般的情況下，政府所提供的這種服
務正屬於公警衛的範圍，但又不完全屬於公警衛的範疇。例
如，今天警察人員巡邏政府所設立的公園，毫無疑義的，這是
公警衛；惟如警察人員所巡邏的是私產業或私人公園、有營利
行為，那麼這是公警衛或私警衛？

❖政府（可以是政府所興辦的企業或公司）有安全方面的需求，
由於地方警力的限制無法提供這方面的服務。於是政府，不論
是透過什麼方式，請保全公司提供安全維護服務，這個時候，
保全公司究屬公警衛或私警衛？

❖其他如民眾的需求由民眾自行供給以及政府的需求由政府自行
供給，則較易決定其性質。

從宏觀的角度而言，學者以為，民營化的動力主要來自四方
面：實用主義的動力、意識形態的動力、商業化的動力，以及民粹主
義論者（populist）的推動（詹中原，1993）。而微觀的看，也就是從
私人警衛公司的興起來看，有兩種主要的解釋（李湧清，1991）[26]。

第一個解釋私人警衛興起原因的是所謂的「警察真空理論」
（vacuum theory of police）（Gilsinan, 1990）。警察真空理論認為：在
你需要警察的時候，警察永遠不會在你身邊（there is never a cop
around when you need one）。由於警察不能有效、也無法隨時地維護
公共安全、提供私人的安全保障，因而私人警衛公司應運而生。而警
察之所以難以維護公共安全，則是因資源的限制。類似的解釋是私人
企業為了維護其自身利益，例如防止順手牽羊的顧客（大型超級市
場）、防止內賊（一般公司）或防止劫機（航空公司），而委託私人警
衛從事安全維護，從而給予私人警衛公司發生及發展的空間（Cole,
1989）。這種解釋雖然不強調警察無法提供有效地安全保障，但暗示
「私人警衛比警察更能有效維護其安全」。這也是為什麼Sparrow等人

（1990）認為，私人警衛的成長與茁壯，是警察工作失敗的象徵。

　　第二種說法，則是以效率為其出發點。這一種說法認為：由於私人企業比政府更有效率，是以私人警衛公司會比由政府所設置之警察更有效率。這種說法，事實上，與前面的解釋是一而二、二而一的。換句話說，是因為警察，乃至於政府的各種服務，效率低落，而使私人警衛得以生存發展。更具體的說，兩者事實上是以效率為著眼點。

　　接著的問題是私人警衛，或以更廣泛的意義來說，政府服務企業的民營化，有什麼好處呢？

　　主張私人警衛或政府企業民營化的人深信：一旦政府企業民營化或警察民營化之後，由於允許不同警衛公司採取不同的經營策略，再加上市場上的自由競爭，因此會刺激進步，同時也使效率較差私人（警衛）公司在「適者生存」的鐵律下而淘汰。相對的，警察或是政府企業，由於寡占、缺乏競爭對手，因而效率較差。明顯的，這種論調含有相當濃厚的資本主義色彩，而且相信效率是一切的決定因素，凡不合乎效率的，就應該淘汰。由此引伸出來的問題是：（一）為何政府企業或服務相對於私人企業總顯得效率較差？（二）如完全將政府企業民營化，效率真的會如這些人所宣稱的提高嗎？

　　有關政府效率低落的原因有許多，學者也分別從不同的角度對此加以解釋。下面所列的一些見解，或許有助於瞭解為什麼政府的效率低落：

　　第一，從政治經濟學（political economy）的立場來看——經濟學中認為：所謂效率（efficiency）是指在財貨（不論公共財或私有財）的生產上，當邊際成本（marginal cost）等於邊際效用（marginal benefits）時，最有效率（Apgar & Brown, 1987）。然而，由於民眾的效用的均衡點，因而就可能產生浪費或公共財之供應顯得沒有效率。在這一方面，Mueller蒐集了五十個比較公營企業與私人企業的研究，發現如果將服務品質因素使之穩定，那私人企業的經營的確比

公營企業有效率的多（Mueller, 1989）。此外，由於政府所提供的服務性在性質上屬公共財（public goods），而公共財的各種特性，如績效不易衡量（Lipsky, 1980）、缺乏獨占性、無排它性（nonexcludability）所導致的「搭便車」（free-rider）問題（Alt & Chrystal, 1983；Stokey & Zeckhauser, 1978），因此，可以預期的是政府之效率、效能及績效，理論上不能事實上也難以提高。

第二，從政府機關成員的心理因素來看——Downs在其一九六七年的著作即指出：上層公務人員的心態與基層公務人員的心態並不一致；前者希望擴充機關、擴大權力，後者有的尋求工作穩定、有的則希望升遷（Downs, 1967）❷。這種上下並不一致。高層人員希望擴大其個人所擁有的權力，而基層則希望擁有工作上的自主權（Lipsky, 1980）。類此，亦可能使政府的效率因而降低。

第三，從政府各機關之間的關係來觀察——由於政府各機關之間所追求的目標並不相同，甚至相互衝突❷，例如環保與經濟之間，再加上機關目標的曖昧不明（Hudzik & Cordner, 1983； Cole, 1989；Donahue, 1989），這些都會使政府的整體效率因而降低。

第四，從政府施政的考慮因素來看——政府之施政，效率當然是其中的一個考慮因素，但這並非唯一、絕對的考慮因素；在考慮效率因素的同時，公平因素也很重要。例如很多學者就主張政府具有再分配社會財富的功能（Downs, 1967）。然而，一方面公平與效率是兩個並不相容的概念，再方面，政府為了維持公平必須增加許多行政費用（Okun, 1975；Friedman, 1981），因此，政府在維持一個公平社會的同時，也犧牲了效率（Okun, 1975）。

第五，從民主政治的整體以觀——民主政治也是一種責任政治。面對立法機關，行政機關一方面要表現其經營效率，再方面要對立法機關負責。不幸的是，有責任（accountability）與效率之間存在著一種抵銷（trade-off）作用（Knott & Miller, 1987）。所以，行政機關所定的各種嚴密規則，雖然保證了其責任，從而犧牲了效率。有責

性——如公平一樣，都是抵銷行政效率的重要因素。

　　最後，不容忽略的是政府的社會主義性格。基本上，任何政府，不論是民主或獨裁，都含有或多或少的社會主義性格，例如施政的公平考慮、社會財富的分配均屬之。即使在資本主義最發展的國家，如美國，其政府施政仍帶有若干社會主義的色彩。而社會主義國家，由其政府的效率往往較低（Okun, 1975）。

　　或許政府與警察真的是因為缺乏競爭而效率低落，然而核心的問題卻在於：（一）警察工作適合民營化嗎？（二）若然，應如何進行？（三）國外除了私人警衛外，還有更令人心動的實例嗎？

　　以上面所列的三個問題來說，首先，也許必須瞭解的是，由於警察在社會中所必須擔負的功能極多，例如有防制犯罪、秩序維護、執法等功能，所以可以肯定的是並不是「所有」的警察工作都適合民營化。反過來看，這也指出「有一些」警察工作可以民營化或者政府可以不管。更深入的看，即便是同一件警察業務，都可以再進一步分割，某些交給民間、某些自行辦理。

　　至於那一些警察工作可以民營化呢？Fixler與Poole（1988）建議：視性質而定。例如屬公共財或「集體消費財」（collective goods）者，宜由政府提供；而純私有財（pure private goods），則政府不管。何謂純私有財？最典型的例子便是針對特定人或特定地區的安全警衛工作。

　　在警察工作民營化的內涵上，Fixler等兩人的具體的建議是：（一）透過使用者付費（user-financed police services）的方式，例如在台北市所舉行私人演唱會即應對之收費。其目的除了課業者以責任外，也提醒資源有限，不應濫用。（二）透過外包（contracting out）的方式，如警察機關的通訊系統之維修、交通拖吊業務等。換言之，在警察內部運作中，凡居於輔助功能的工作，都可以透過外包方式進行㉙。

　　最後，在國外的實例方面，Fixler與Poole兩人所舉的實例包括：

（一）在德國慕尼黑是由私人警衛巡邏地下鐵。（二）在美國密西根州的Kalamazoo，早在一九五一年就將街道巡邏以及逮捕交通違規者的工作外包達三年半之久。（三）一九八一年，美國俄亥俄州的Reminderville，由於預算限制，甚至於將整個地方的治安工作將給一家私人公司負責。有趣的是，此私人公司不但開出以九萬美元承包的底價（僅爲該地原有警政預算之一半），並保證提供多一倍的巡邏車巡邏以及縮短對民眾報案的反應時間。同樣的，在亞歷桑那州的Oro Valley地方，於一九七五年時，當地一家私人公司曾提出一整套的公安維護計畫，包括消防、救護等。此公司甚至切結：願設立一個警察局，並遵守州的法律規定建立一切必要檔案，並將警察局交由警察人員指揮控制（Fixler, Jr. & Poole, Jr., 1988: 112-114）。由上面的描述可以看出，這樣的前例所在多有。

而在實證研究方面，Colby（1982）在對美國伊利諾州的Burbank調查後發現：以Burbank（人口二萬九千五百）地方之規模，而與該州十七個規模相當（人口二萬五至三萬五）的地方相互比較，Burbank在將地方警政事務外包之後，雖然在犯罪率，逮捕率與破案率並不見得比其他地方爲佳，但所需之費用卻遠低於其他地方。如果說，警政經費（成本）也是衡量效率的一種有力指標，那明顯的，將地方警政工作外包應是一個可以考慮的選擇。

歸結來說，暫不論地方治安工作可否交由私人公司去經營的問題。以保二總隊的情況而言，作者看不出有哪一點不能交給民間經營的理由。因爲：

❖這與當前政府所推動的「公務機關縮小規模」的政策相符。

❖對於業者課以責任。目前政府對中小企業之安全維護問題，是交由其自行處理。那麼，爲什麼獨厚大型或國營企業？退一步說，即使有些大型之國營企業，例如中油或台電，在安全上有加以特別保護之必要，但並非所有目前受保二總隊保護之國營

企業均具有與中油或台電相同的特性。

❖警察之不管國營企業安全維護的指施,與警察之主權彰顯意義無關,因為這是純私有財。

總之,本文在此所列,僅是初步性之討論,在後續的問題上仍有頗多再思考之處。再應檢討的地方,包括,保三總隊以及台灣省保安警察總隊的前途與定位問題,因為他們也有與保二總隊的相同困境。再如,使用者付費的範圍、程度與限制等亦屬之。高希均(1985)的建議也許可作為這個部分的結論。他指出:除非政府所能提供的是低成本、高效率的公共財,否則政府不須一手包辦。而在公共選擇理論的主張之下,明顯的有關上述問題的答案已日漸浮現❸。

在結束對守望勤務的討論前,也許還有一個問題需要澄清。那就是守望勤務會過時嗎?

有學者從二十世紀各方面的發展推論,特別是從警察工作的發展內涵來看,認為,由於科技之發展、電訊之發達等因素,守望勤務之重要性已不復存在(梅可望,1990)。這種論點,本文覺得仍有商榷之餘地。

或許,從時間的某些斷代來看,守望勤務有其相對之不重要處,例如從Vollmer的推動車巡來看,也許守望勤務在車巡的相對比較對下,就顯得不重要了。然而,若從人類防衛自己及其所居住社會之發展史實而論,守望勤務的重要性也許不會增加,但絕對不會過時的,因為:(一)守望方式是人類基本的防衛策略,誠如Sherman(1983)所言:這種防衛策略在實施的方式上,簡單、易行,且富於變化(例如與巡邏相結合,為「巡守合一」。事實上,巡邏中若不實施守望、巡邏可能成為走馬看花,並造成與民眾之隔閡)。因此,對於任何犯罪行為,在沒有找到其他更好的方式之前,守望往往是最佳選擇。(二)從成本的觀點來看,相對其他許多勤務型態,守望的成本是相當低的。因為成本低,所以實施起來的障礙較小。(三)從目

的上而論，守望雖無法像其他攻勢性勤務能被賦予積極的尋找犯罪根源並防制的目的，但至少能做到消極的防止犯罪與被害。警察或民眾之使用積極的手段，往往有法律上之困擾；而守望勤務，特別是民眾自發的守望，由於其目的在求防衛及免於被侵害，因此較少爭議。

總結來說，或許因外界環境的變化，守望已較少運用，但這絕不意味守望會過時。

● 備勤

備勤，是我國法定的一種勤務方式。由於備勤勤務涉及警察人員工作時間的計算問題，因此一向引起警察人員的重視，特別是基層警察人員。

在備勤此一問題上，本文首先觀察其定義及相關規定，後再就一些較為人所矚目的問題進行討論。

在定義上，警察勤務條例是這樣說的：「備勤：服勤人員在勤務機構內整裝待命，以備突發事件之機動使用，或臨時勤務之派遣。」此外，比較特別而與其他勤務方式不同的一點是，在本文前面所已討論的五種勤務方式（巡邏、臨檢、勤區查察、值班、守望）中警察勤務規範都有規定具體的工作項目，惟獨對備勤沒有規定其工作項目，取而代之的是規定派遣備勤人員之時機。其時機如下：

❖臨時勤務之派遣。
❖替補缺勤之派遣。
❖傳達重要文件。
❖解送人犯。
❖其他上級交辦事項之處理。

由上面所列的定義以及派遣備勤人員之時機來看，我們可以對備勤勤務建立幾點概念：

　　第一，由於警察勤務條例中可以看出，備勤勤務只存在於「勤務機構」中，包括了勤務監督與執行機構以及純勤務執行機構（警察勤務條例第七至九條）。換言之，只有警察分局以下的警察單位才必須安排備勤勤務。放大來看，在警察局中，也只有外勤工作單位（如交通隊、保安隊、刑警隊）才有備勤勤務。這意味著備勤勤務的對外性，也就是凡直接而明顯與外界或社會大眾有互動關係的警察組織才有備勤勤務的安排。

　　第二，因為備勤勤務在執行上要求服勤人員「在勤務機構內」「整裝待命」，這一方面意味著備勤人員不能離開勤務執行機構，他方面也暗示備勤人員必須能夠隨時出勤（否則無須整裝待命）；由此，我們可以歸納出備勤勤務的時效性。引伸的說，由於備勤勤務乃「以備突發事件的機動使用」以及「臨時勤務之派遣」，因此，凡未具時效性的突發事件，自可不派用備勤人員處理。

　　第三，由於備勤人員並沒有指定具體、特定的工作項目，而是針對「突發事件的機動使用」以及臨時勤務，由此亦見備勤勤務之廣泛性。易言之，任何事故只要為突發且緊急，都可派遣備勤人員。

　　第四，最後，備勤勤務有其最終性。這是指當沒有其他人員可以指派時，備勤人員方會被用上。備勤勤務的最終性，用口語來說，這是勤務執行機構最後所能掌握的籌碼。由於警察事故之突發性與不可預期性，因此，當分駐派出所有其他警力可供運用時，沒有必要運用備勤人員；否則，動輒使用備勤人員，將可能發生無人可用之苦。

　　梅可望先生（1990）在論及警察勤務執行的五項基本原則時，曾指出：「控制預備警力」是相當重要的。控制預備警力（備勤）此項觀念的產生，其基本假設在於：各種有關警察事故的發生是無法預知的。也就是「天有不測風雲、人有旦夕禍福」。正因如此，為了彰顯警察的服務功能，為了爭取時效，所以，備勤勤務的重要性是相當明顯的。

　　雖然備勤勤務在梅可望先生與作者的解讀中有相當重要的意

義，然而晚近亦有針對備勤勤務做不同方式之運用。以下，便是針對備勤勤務所引發的問題所做的討論。本文所討論的問題包括：（一）備勤勤務必要性之再思考；（二）備勤勤務對基層警察人員之意義。

❋備勤勤務之再思考

警力有限。因此，「欲從有限的警力中挪出部分警力作為預備警力，是一種矛盾」（梅可望，1990：387），為瞭解決這其中所產生的矛盾，因此自一九九二年在警政署所推動的所謂「新勤務方案」中[31]，即嘗試以巡邏勤務取代現有之備勤勤務。亦即在規模較大、人數較多的分駐、派出所，不再依時段排定專任的備勤人員，而由在該時段的巡邏人員兼任備勤工作。當有任何事故發生時，或透過警察分局的勤務指揮中心或透過分駐派出所值班人員之指揮，由巡邏人員趕赴現場處理。換言之，專任備勤改為兼任備勤。

從批判理論的觀點來看，警政當局這一番嘗試的用心顯然是值得鼓勵的，因為這種思考至少已顯現出解放備勤的企圖與用心，從而不受傳統的觀念所束縛。而從實際勤務運作面來觀察，或許還有些事有進一步的考慮空間。

第一，備勤勤務是否應該專任呢？主張備勤勤務必須排定專任人員擔任者，多半是想像由於警察事故之不可預期性，同時並非每一分駐派出所二十四小時都排有備勤勤務，因此最好由專人擔任。而認為備勤勤務可以由巡邏人員兼任者，則考慮備勤勤務可能成本較大，因此若能由巡邏人員兼任，而把省下來的警力來安排巡邏勤務，如此不但增加巡邏密度，也可以避免備勤勤務的人力浪費。

上面所列出的這兩種觀點，都有其立論的理由，故有其「不可共通性」。但上述兩種說法，帶給我們的思考卻是：

❖在有關公共政策的論述與思考中，學者經常提醒，解決問題的方法應力求其廣泛、可能，且不帶價值偏見，因此宜透過腦力激盪、Delphi Method等方式列出可能的選擇，以供上級參

考。也因此,在為對問題之解決或減輕來說,這也是一種方法。只是當決策者決定採用(或續用)這種方法時可能要面對很多批評。如此看來,「備勤人員或勤務是否應該專任?」此一命題根本不重要,重要的是當我們決定其為專任或非專任所承擔的後果是什麼。

❖ 備勤勤務若沒有任何事故發生時,是不是一種人力上的浪費呢?這不但涉及「浪費」的定義問題,更涉及所有一切「備而不用」之物的問題。反過來看,是不是所有「備而不用」的東西或事務,均在最終都能用到才不叫浪費?例如,搭飛機買保險,是不是浪費?在時間的長河中,顯然對這一類的問題不容易有清晰的答案,因為這已是價值判斷的問題了。換言之,備勤是不是浪費警力,是見仁見智的。最後,連帶的一些問題包括了:巡邏勤務中若沒有發現任何可疑的事物,也沒有任何事故可以處理,這是不是一種浪費?政府每年花上上千億購買武器、軍備整備,是不是浪費?這些形而上的問題,限於作者能力不再討論,這是留給警政哲學家思考的問題。

第二,以巡邏人員兼任備勤勤務的支援條件拋開剛才的形上問題不談,以巡邏人員兼任備勤勤務在理論上的最大好處應是人力、成本的節約以及巡邏密度的強化(如果把原任備勤勤務者指定擔任巡邏工作)。儘管如此,這項構想仍有賴於其他條件之支援。其主要原因在於,在警察勤務運作的構想中,對於警察事故的發生是做最壞的打算,也就是最悲觀的估計。之所以強調最悲觀之估計,主因在於警察面臨的不確定狀況極多。學者指出:在面臨狀況之不確定(uncertainty)下,有權決定者往往基於其個人理念或價值觀念,在「最大之最大報償原則」(the maximax payoff criterion)」、「最大之最小報償原則」(the maximin payoff criterion)以及「最小之最大遺憾原則」(the minimax regret criterion)中做選擇(許士軍,1981:184-187)。

而美國警政學者Muir針對美國警察人員的研究則指出：「在損益交換的矩陣概念下，警察人員的最佳策略（minimax strategy）是對任何人均持可疑之認定，如此可降低其自身之傷亡率。」（Muir, 1977: 167）由此可以看出，警察人員基本上是被認為自利與保守的。由於警察機關之自利、保守性格，反映在備勤勤務上的便是做最悲觀的估計。也因此，新勤務方案中的巡邏兼備勤的用心便值得喝采，因為此制的精神所做的是最樂觀的估計。話說回來，由於警察事故的難以估計、預料，且並非全台灣地區所有的派出分駐所能都做到二十四小時都排有線上巡邏，因此，以巡邏兼備勤的構想在實踐上就必須有其他支援條件之配合。否則，當任何一分駐派出所轄內同時（或間隔甚短）有三件警察事故發生時，警力均有捉襟見肘之苦。基本的支援條件，包括：（一）分局的警力足夠、健全；（二）所與所之間的相互之援；（三）其他勤務人員之支援（例如由勤區查察者回所支援）；（四）不同的反應策略（例如非必須立即反應者，可稍後處理者，可轉介至政府其他之機構者）。綜合來說，本文的這個觀點主要點明，此制或有其理想的一面，但我們若欲求其成功，必須考慮更多的問題。這個觀點，就像Riechers與Roberg在論社區警政能否成功時所忠告者。他們說：「有一件事是可以確定的。社區警政如果有任何成功的機會，必須有來自警察管理與領導上之強力支持。」（Riechers & Roberg, 1990: 113）。我國學者也有這樣的建議（陳世寬，1992），如果我們希望巡邏能夠成功的兼備勤，那麼其他支援條件便不可忽略。

✱備勤勤務與基層警察人員

相對於其他中高階級的警察人員，備勤勤務不但攸關基層員警的工作時間，也對之有其他的特別意義[32]。

第一，基層員警看備勤：雖然在前面的討論中已指出，目前在我國警察勤務之執行中，已有以巡邏人員高備勤的作法；在另一方面仍有一些分駐派出所安排有備勤勤務。至於基層員警是如何看備勤

呢？下面是作者從《警光》雜誌中所看到的一些意見：

❖有人認為：「備勤不算正式勤務，但均需時時在所，隨時防範
　突發事件，備勤往往遇到偶發事件；又不是一兩個小時可以處
　理得了的。一拖數天，甚至更長的時間，無形中不知消耗了我
　們的多少精力與體力，真是難以數計。」（郭宗成，1987：20）

❖還有人說：「其實，備勤在警察勤務條例中原本就是正式勤
　務，只是現在大家均將它視為領超勤津貼的一種變相勤務。」
　（楊文清，1992：44）。

❖更有人建議：「取消現有的在所待命及備勤兩項勤務項目，並
　將臨檢及守望併入警網勤務中，而提高警網勤務的密度」。
　（許建華，1992：44）。

　　由上面所列的意見來看，基層員警對備勤勤務存有相當複雜的
情結。在繼續討論下去之前，也許有人會有這樣的疑問：「這三個意
見具有代表性嗎？」「這樣的抽樣，可信嗎？」面對這些問題，作者
是這樣來看的。

　　首先，這三個意見都是從《警光》雜誌──一份代表警政署官
方且以對內發行為主的定期刊物──中所摘錄出來的。從嚴格的方法
論觀點而言，由於《警光》雜誌所刊載的文章以實務性之文章為主、
且較少有學術性之論文，更由於其尚肩負有溝通觀念、傳達政令之功
能，所以在學術論文的寫作中，其委實不是一個好的資料來源。然
而，這並不意味其內容全然不可置信未具代表性。試以《警光》雜誌
第450期（1994，1月）為例，本文對其內容進行大略的分析。本期
共九十六頁。在這九十六頁中，依內容可分為下列幾類：（一）封面
專題；（二）論著；（三）報導；（四）考察報導；（五）特載；
（六）案例；（七）其他。以作者對《警光》雜誌之瞭解及長時間之
閱讀、觀察，若循上面的分類，分別來說，對學術論文及寫作者而
言：（一）封面專題部分，由於官方色彩甚濃，因此不宜引用。（二）

在論著部分，則必須視其內容及作者身分而定。若內容是警察政策導向者，則適合瞭解當前實務之運作情形。換言之，也因如此，所以凡與警政當局意見不合（特別是對當局所大力推動的工作）之論著不會在當時出現，也就不足爲奇了。從這個角度來看，論著部分是否可信，端視其內容、作者與時間而定。（三）在報導部分，理論上應可信度甚高，但由於報導者之身分初步仍有退休與在職、專業與非專業之分，因此也必須視內容而定。（四）在考察報導方面，內容很難一概而論。若以《警光》雜誌第450期爲例，其內容不外乎「備受禮遇」、「爲國爭光」之類，是否具公信力，端視撰文者的價值判斷了。（五）在案例部分，則是多由與破案或辦案有關人員記錄其辦案過程、破案經過等，依作者之研究，在這一部分的文字中，結果泰半可信、過程則不盡然，所以，是否適合引用，也以撰文者的目的爲準。正因這些限制，所以當作者將本文定位爲學術論文時，對《警光》雜誌中資料之引用也相當小心。

然而，若就作者此處所引用的這三份資料而言，上面的一些疑慮均可排除。因爲一方面這些事實上是老生常談，同時，又屬於技術上之枝節問題，因此不會對當局所推動的工作造成任何困擾；在另一方面，這些文章的選用，也足以顯出《警光》雜誌的開放性，有助於營造上下溝通、意見交換、智慧分享的氣氛。也因如此，所以作者認爲上述所引的三個看法仍具代表性的。

話說回來，由於備勤勤務「原本就是正式勤務」（楊文清，1992：44），卻「不算正式勤務」（郭宗成，1987：20），因此遇到突發事件後，無法在短時間內處理完畢，「一拖數天…，無形中不知消耗了我們多少精力與體力」（郭宗成，1987：20）。僅管如此，基層員警也非全然排斥備勤勤務，因爲「大家均將它視爲領超勤津貼的一種變相勤務」（楊文清，1992：44）。這種愛恨交織的矛盾情結，正是典型的趨避衝突。

第二，備勤與基層員警：由上面的討論及基層員警的意見中，

我們可以發現備勤勤務帶給員警的困擾主要是來自時間。這也就是說，備勤勤務一方面在時間的計算上可能在現實面中有若干問題存在；在另一方面，備勤勤務在碰到突發事件時，由於基本上各分駐派出所是採「事件責任制」或「包工制」，亦即例如張三在備勤時間內有車禍發生，則車禍從發生時之現場測繪、訊問相關筆錄、到案件移往分局甚至於和解都由張三負責，因此「一拖數天」。特別是在備勤勤務的時間上，攸關基層員警超勤加班費至鉅，所以如何計算備勤勤務之時間乃關鍵所在。

　　備勤勤務的安排與其執勤時間之計算，以目前台灣地區一千五百餘分駐派出所言，甚難將其種類歸納。勉強區分，則可分為兩類：（一）未排專任備勤人員，而以在所休息人員充任備勤來處理突發事故。這種型態的派出所，多為鄉村或山地派出所以及人數較少的派出所。（二）排有專人備勤之派出所。這種派出所多係都市派出所及人數較多的派出所。此類派出所，又可因排定之人數與時間而有不同。以人數分，有排一人者、有排二人者、有排三人者，其中又以排定二人備勤者為最多。以時間分，有以二小時為一班次者，有以四小時為一班次者，有以上午或下午為一班次者，亦有以全日備勤為當日勤務者。備勤人數的多寡，並未造成警員的問題，基於同儕相助的道理，若備勤忙不過來，其他同仁都會幫忙處理。時間之計算才是核心所在。由於事故發生的機率不一，因而最可能發生的情況是，前二小時某甲備勤一件事情也沒有，後二小時某乙備勤，一下車禍，一下打架，一下酗酒滋事，忙得不可開交。本來，基於公平的規定，無論如何輪流，大家的機會相等，應屬無可非議，看幸與不幸而已，因而爭議尚小。最大的爭議在於若備勤為全日備勤（當日八時至翌日八時）或半日備勤（夜間六時至翌日八時）其勤務時間究應如何計算？前已言之，各所排定備勤的時間不一，計算亦互異。有實排實算者，如二小時備勤即計二小時，這種方式最實在，亦最能為基層警員所接受；有實排虛算者，則計算方式五花八門，不一而足。例如，有些派出所

備勤爲全日備勤制，在計算時間的方法上，實際折算爲十小時；也有派出所爲半日備勤，惟僅計四小時，亦即警員日間需再服四至六小時，方符合警員每日勤務八至十小時的規定。這樣的計算方式，導致派出所主管（或更高的長官）與員警之間認知的差距。領導人認爲，備勤不一定有事；沒有事，員警就「賺到」了。員警則認爲備勤多半有事或實排廿四小時（全日備勤）或十二小時（半日備勤），爲什麼僅計八小時或四小時？因而基層員警總感覺勤務時間過長。

　　總的來說，以台灣地區派出所分駐所備勤勤務之複雜與多樣，因而在事實上也很難找出一個可以爲各方所接受且又公平的準則。或許比較實在的一種方式是取消備勤將其併入巡邏，如前面所見許建華的意見。然而，以巡邏兼備勤的概念卻不見得爲多數員警所歡迎，因爲在最近的一項調查中，有百分之五十六的警員寧可選擇在派出所待命服勤，而贊成線上備勤（即巡邏兼備勤）者相對的較少，只有百分之三十七點九（蔡中志、劉世林，1992：81-82）[33]。而若以Maslow的需要層次論爲考慮之基礎，那實排實算是比較妥當的[34]。

　　最後，儘管近幾年來的研究雖然都顯示基層員警在勤務時間都覺得過長（陳明傳，1981；林文祥，1982；曹爾忠，1983），但當問及「若依現行勤務制度」或「若廢除在所待命服勤」「在可報領超勤加班費之情況下」，仍有約九成的基層員警選擇的是願增加一至四小時不等的時間（蔡中志、劉世林，1992：82-83），這似乎又暗示基層員警所在乎的不是勤務時間而是超勤津貼了[35]。更宏觀的看，這也似乎意味著基層警員的待遇（薪水）不佳。而在備勤、時間、待遇、風紀及其他問題間如何做有意義的連結，則又是另一個問題了。

 小結

　　在本章中，作者分別從警察勤務之設計與執行從各個角度進行

了討論。

　　總結前面三節的討論，在勤務的設計面中，作者討論的焦點放在理論上，也就是勤務設計的目標為何？手段為何？何人執行？何時執行？何地執行等。比較有必要突顯的一個觀念是，作者嘗試將行銷管理中的一些觀念，如「顧客區隔」，介紹至警察勤務中。此觀念之所以有必要特別加以說明，是因為警察勤務之設計必須具前瞻性，因此未來社會中之任何變化，警察機關與人員都有必要去瞭解，並及早因應規劃。美國警政學者如Trojanowicz與Carter等人（1990）都有這樣的建議。

　　而在勤務的執行面中，作者純粹是從本土化、人性化、民主化、法治化的觀點來進行對我國警察勤務執行方式的關懷。在巡邏方面，配合上面所說的顧客區隔，作者思索了女警參與正視巡邏的問題，也考慮巡邏之適法性問題；在臨檢方面，作者質疑是不是當局高估了臨檢的作用，也詢問了臨檢主客體的問題。而對勤區查察，作者則從歷史的觀點指出：此勤務已不具時空意義、也懷疑其真正的目的何在？至於值班，本文提出其安全方面的問題，並論述其所代表的意義。而就守望而言，除了安全問題以外，本文也認為有必要對「警察工作民營化」進行深度的思索。最後，是對備勤必要性的考慮。在這些討論中，有的問題因作者能力有限，無法進一步探討，這是本章中最大的缺陷；而在某些問題上，作者也嘗試提供一些原則性的建議。比較弔詭而有趣的一點是：在作者所作的分類中，其中屬於攻勢勤務的如巡邏、臨檢及勤區查察，似乎都存在著適法性的問題；相對的，守勢性之勤務，如值班、守望與備勤則沒有這方面的困擾。若用Reiss（1971）的言語表示，當警察作為屬proactive時，似乎有其法律方面的困擾存在；當警察作為屬reactive時，法律就相對的不重要了。或許該留給讀者思考的一個問題是：在本質上，警察該proactive呢？還是reactive？[36]

註釋

註 ❶：Delphi法（德菲法）是一種預測未來的技術，也是一種蒐集資料的
方法。一九五〇年代中由Rand公司所發展出來的。透過專家討
論、交換意見等方式，來瞭解社會現象或未來。見：
White等人(1985). *Managing Public Systems-Analytic Techniques for Public Administration*. MD.: University Press of America.

註 ❷：人口因素，就警察勤務而言，無論是作為輸入項或輸出項，都具有
重要意義。以輸入項而言，可以關切的問題，包括：誰來當警察？
什麼原因促使他們當警察？這些人當警察後對警察組織、勤務會有
什麼影響？以誰來擔任警察為例，可以從社會階級的角度來觀察，
也可以從心理學的角度進行考查（這是問警察的權威與保守心態是
先天的，還是後天的）。以原因而論，則可以觀察就業市場對警察
招募的影響。其後，則是被招募者進入此一工作後的影響。在此一
方面，英美已有甚多研究。例如在擔任警察者的人口組成上，
Niederhoffer（1996）發現，在美國經濟大蕭條期間，有為數不少
的中產階級加入此一陣營。他們的加入，也帶入屬於中產階級的意
識形態、文化、價值觀，也造成警察組織的內部衝突、緊張與對
立。在另一方面，英國也有類似情形。據Cain（1973）、Reiner
（1978）等人的研究發現，警察人員的家庭背景，在人口組成上也
呈不均勻分配的狀況，亦即最高層及最低層的比例甚低。在原因方
面，Reiner（1992）於回顧文獻後指出：一九八〇年代之前，經濟
因素並非吸引民眾參與警察之主因，而是這份工作的內在吸引力。
隨著經濟狀況的變化、就業市場的萎縮，一九八〇年之後，警察工
作的穩定、安全，便成吸引人的首要考慮。而在警察的心態方面，

一九八一年至一九八二年Scarman爵士就Brixton的騷動案之調查報
告指出：警察工作吸引具保守、權威心態者之參與。此一說法，暗
示警察的權威與保守乃是先天的，曾引起軒然大波。然多數的研究
仍指出：被招募的人員中，並沒有這種傾向。以上是就人口因素作
爲輸入項所做的簡單描述。而人口因素若作爲輸入項，則可以考慮
什麼樣的人格特質適合執行什麼樣的勤務？對什麼人採行什麼樣的
勤務措施？不同的勤務方式是否帶來不同的結果？此稍後本文將陸
續談及，此刻不論。以上參考：

1. Cain, M. E. (1973). *Society and the Policeman's Role*. UK.:
   Routledge.

2. Niederhoffer, A. (1969). *The Urban Police Department: From
   Bureaucracy to Profession*. NY.: Anchor.

3. Reiner, R. (1978). *The Blue-coated Worker*. UK.: Cambridge
   University Press.

4. Reiner, R. (1992). Police Research in the United Kingdom: A
   Critical Review. In Tonry, M. & Morris, N. (eds.). *Modern Policing*.
   IL.: The University of Chicago Press.

註❸：民衆對於政府或警察組織而言，是不是只具有顧客或消費者的身分
　　　與地位？最近，Schachterr（1995）對這種觀念提出質疑。
　　　Schachter並不否定民衆的顧客身分，但他同時也指出：在一個民主
　　　的制度中，民衆同時也是政府的主人。當我們的思考朝此轉向時，
　　　行政組織的「公共性」便開始浮現。當行政組織具公共性時，連帶
　　　的，代表性、有責性、合法性、正當性的問題便不能迴避。見：
　　　Schachter, J. L. (1995). Reinventing Government or Reinventing
　　　Ourselves: Two Models for Improving Government Performance.
　　　Public Administration Review, 55: 530-537.

註❹：例如Vanagunas與Elliott（1980）兩人就具體的指出：警察勤務事實
　　　上最需要考慮的因素，就是時間與空間兩者。

註❺：堪薩斯市預防巡邏實驗，是美國一九七〇年代以後少幾個令人矚目的研究之一。本研究之主要目的在衡量傳統式巡邏之效果，所謂的效果包括：犯罪之被害狀況、民眾之犯罪恐懼感、民眾之滿意程度等。研究設計與發現如下所列：

一、在研究設計上：這項實驗選擇堪市南區之二十四個勤務區（beat）中的十五個作為對象（其餘九個因未具代表性而剔除）。這十五個勤務區，根據五方面的資料輸入電腦計算後，分為三組，每組五個。這五方面的資料，包括：犯罪資料、服務需求電話總數、人種組合資料、平均收入及流動人口資料。對這三組，指定不同的工作：（一）反應組（reactive）：無預防巡邏勤務。只有在民眾電話請求服務時，才派警車前往，在無電話時，則在勤務區外巡邏。（二）主動組（proactive）：在此區域內，增派二倍或三倍有明顯標幟的警車巡邏。（三）控制組（control）：在此區域內，維持正常的巡邏。

二、在研究發現上：堪薩斯市的實驗發現：在欲考驗的項目中，巡邏等級之變化並沒有造成太大的差異。研究的主要發現包括：（一）在三組中，六十九個項目之比較，並未發現在犯罪被害化方面有任何統計上之顯著差異。（二）市民對犯罪之恐懼，並不因預防巡邏之改變而受到明顯之影響。（三）民眾對警察之態度，並不因預防巡邏之改變而受到明顯之影響。（四）警察之反應時間，並不因預防巡邏之改變而有明顯的變化。

關於本研究當然有許多批評。惟就本文來看，重大的缺陷有二：第一，所選擇的實驗區，是否相當；第二，所給的量夠不夠。這兩大問題，一般研究均未注意。此外，可以續談的問題是，即使堪薩斯市的實驗發現符合現狀，那為何巡邏無法壓制犯罪。在此，本文願提供兩個可能的原因：第一，執勤人員的心理倦怠；第二，依Banton（1964）的看法，對有心因犯罪而付出成本者，巡邏也不會

有用。以上參考：

1.Kelling, G. L., et al. (1974). *The Kansas City Preventive Patrol Experiment: A Summary Report.* Washington, D. C.: The Police Foundation.

2.李湧清譯、Walker, S.著（1985，8月）。堪薩斯市預防巡邏實驗簡介。《新知譯粹》。1（3）：1-6。

註❻：Merton所謂官僚制中的四個反功能，除目標移置外，還包括：視法規為神聖、訓練之無能以及職業病態（將組織之價值觀強加於組織成員身上）。其中，目標移置作用，是最常見的。例如常年訓練中、各種集會中之點名，使參加人員產生之應卯心態。

註❼：一、警察組織中，分局長、局長之帶班巡邏，在運用的頻率上，必須同時加以考慮。因為這會產生的問題包括：（一）帶班的頻率太低時，會被譏評為作秀；（二）帶班的頻率太高時，則可能被認為侵害了基層人員的自主權以及產生邊際效用遞減的狀況；（三）根據「時間之機會成本」考慮，分局長與局長之帶班，會減少他們對於重大政策的思考時間。

二、從理論的角度而言，分局長、局長甚至於警政署署長之親自帶班巡邏，也要考慮到他們在組織中之角色以及他們所需要之知識等問題。Mintzberg（1973）認為，組織管理階層（chief executive）必須考慮的角色，包括：（一）人際方面的角色：如作為組織的精神象徵、主持儀式、領導、組織內外之溝通協調；（二）資訊方面的角色：如對組織與其環境之間之資訊之接收、監督、傳播以及擔任組織的發言人；（三）決策方面的角色：如作為企業家、危機處理者、資源分配者、談判等。而Katz（1974）則認為，組織中各層級領導人員所之知識，並不完全相同。他認為，一個成功的管理者所需的知識與技術有三類：（一）概念上之知識（conceptual skills）；（二）人性上之知識（human skills）；（三）技術上之知識（technical skills）。概念上的知識與能力，強調宏觀、整合與系統，也就是能使組織形成一個配合良好的整體。人性上之知識與能力，講究心理，亦即瞭解組織成員之工作動機及能夠激勵成員。技術上之知識與能力，就是對工作中所使用之手段、程序、技術等之瞭解。Katz認爲，這三方面的知識、技術，會隨組織中之層級而有所變化。上述兩位學者的說法，同時也在指出，各層級人員由於角色不同，其時間之運用與管理也不會相同，這涉及所謂的「時間之機會成本問題」。至於圖5-4則是Katz所說不同層級人員所需之知識內涵的變化。

圖5-4　不同層級人員所需之知識內涵的變化

資料來源：Katz, R. (1974). Skills of an Effective Administrator. *Harvard Business Review*, 52: 95

因此，對警政署最近所推動的計畫，也就是局長、分局長等之帶班巡邏，雖然本文認爲立意甚佳，但必須注意Mintzberg與Katz的見解。同時，高層的帶班巡邏，更重要的是不應形成對基層人員的困擾，因爲作者相信：（一）領導者重要的在成事、而不是作事；是領航、而非操槳。（二）成功的領導是：將適當的人，在適當的時間，放在適當的位置，用適當的資源與手段，做適當的事"put the right person, at the right time, on the right place, with the right means, to do the right thing."以上見：

1.Mintzberg, J. (1973). *The Nature of Managerial Work*. NY.: Harper & Row.

2.Katz, R. (1974). Skills of an Effective Administrator. *Harvard Business Review*, 52: 90-102.

註❽：我國對女性警察之研究仍處於起步階段。以作者所蒐集之資料來看，目前國內針對女警所做的研究論文或其他論著，可謂少之又少。這當然與警察工作一向被認爲是屬於剛性的工作有關。由於此塊園地中相關的論述已少，因此，若從積極的一面去看，女警研究（乃至於女性研究）不但有必要開發，更值得開發。

註❾：關於女警問題，從認識論的觀點問題，還有一些可以討論的問題。典型的一個問題是，女警視她們自己爲「女」警或女「警」。當他們強調自己是「女」警時，也就是當把性別放在第一位時，她們則多半會要求組織應考慮其身分、角色的特殊性；而當她們認爲自己是女「警」時，則多半會以組織的要求爲重。由於「女」「警」二字，在世俗的觀念中，其衝突多於調和，是以對女警而言，她們對此一名詞的認識與詮釋，已然決定她們在警察組織中之可能定位。同樣的，中央警官學校的更名及組織條例的通過，已反應出「警察大學」此一名稱所可能存在的內在矛盾。是強調「警察」呢？還是強調「大學」？

註❿：1.李德明（1991，9月）。「四人一組」巡邏勤務檢討。《警光》。422：26-270。

2.許志明（1991，10月）。也談機動警網勤務制度。《警光》。423：50-51。

無獨有偶的是，卸任的警政署署長顏世錫也犯了同樣的錯誤。顏先生認爲警政署過去推動的機動警網是錯誤的。就此而言，本文可以同意。但在另一方面，顏先生又認爲巡邏勤務應由二人執行。如果這只是他個人的意見，並未通令全國一體實施，作者可以接受。惟

當這個想法變成規定時，從學理上來說，則犯了與羅張先生同樣的錯誤。

註⓫：在法學的研究中，作者經常思索：為什麼對於有些名詞，法學研究者或立法者要加以區分？例如對於當事人財產上所為之處分，刑事法中多以罰金稱之，而行政法則多以罰鍰名之。又如當事人在訴訟程序中所為之救濟措施，對程序法所為者稱之為抗告、對實體法所為者為上訴、對行政訴訟所為者稱之為行政訴訟。這些區別，對法學研究者或初學法律者而言，或有建立共識、便於交集的作用；然而對社會大眾而言，這不啻指出法律的獨占性（吳錫堂、楊滿郁譯，1991）。換言之，法律專業的目的，其隱性目的是獨占與壟斷、對社會多數未研究法律者而言，並不公平。

註⓬：對警察權限行使的界分、範圍與內容等諸多問題，非本文討論之重點；更重要的是，限於作者學養，亦無法就此做進一步之討論，建議讀者參閱：

1.李震山（1992）。《警察任務法論》。高雄：登文。

2.梁添盛（1992）。《警察法專題研究（一）》。桃園：中央警官學校出版社。

其他論文、期刊，限於篇幅，不一一列舉。

註⓭：學者Ericson（1982）指出：對於可疑事物之觀察，警察人員有其自己的判斷標準。這些判斷標準，如同「共同分享的食譜」（shared-recipe），是集體智慧的分享。一般來說，以人為核心，警察人員對可疑事物為四個判斷標準：（一）某些人不在其應在的地方（individuals out of place）；（二）某些人出現在某些特殊地方（individuals in particular places）；（三）不論地方為何，某些人以特殊的型態出現（individuals of particular types regardless of place）；（四）關於財物方面的異常狀況（unusual circumstances regarding property）。Ericson所說，恰與Foucault、Douglas所說有異曲同工之妙。對此，另見第二章註五十五。參考：

Ericson, R. V. (1982). *Reproducing Order: A Study of Police Patrol Work*. Canada: University of Toronto Press.

註⓮：定義並不是一件容易的事，本文同意。然而，在法律條文中，無論如何應力求避免重言式或套套邏輯（tautology）的定義（也就是以定義項定義定義項），是立法人員應加注意的問題。我國法令中，重言式的定義經常發現，這讓我們感覺：說了等於沒說。試舉二例：

一、刑法第十條第二項：「稱公務員者，謂依法令從事於公務之人員」。

二、台灣省各縣市管理娼妓辦法第三條：「本辦法所稱妓女，係指經登記許可而採娼妓行為者。」

註⓯：對任何有犯罪意圖者而言，臨檢時段之避開（時間移轉）僅為其中一端；其他的移轉方式，依Gabor（1981）、Trasler（1986）等人之看法，還包括空間移轉（如到其他處所犯罪）、技術移轉（如改變作案的方式）、目標移轉（如選擇不同的目標）等。見：

1.Gabor, T. (1981). The Crime Displacement Hypothesis: An Empirical Examination. *Crime and Delinquency*, 26: 390-404.

2.Trasler, G. (1986), Situational Crime Control and Rational Choice: A Critique. In Heal, Laycock (ed.). *Situational Crime Prevention: From Theory into Practice*. UK.: Her Majesty's Stationary Office.

註⓰：關於人類學的重要性，本文以為Kessing的一段話語，最足以說明人類學對我們生活的重要。Kessing是這樣說的：

> 「文化相對觀並不是我們可以執著的立場，而只是我們在追求更明晰的明瞭過程中所必須經歷的立場。徘徊於相對觀的荒漠中，我們可以辨別輕重主從，檢討我們的動機和良心以及風格和信仰。就跟所有夢想的追求一樣，它也可能是孤獨而危險的；但它能引導我們對自己，對

> 所謂人性，對人類意願下產物有更為徹底的認識。目
> 前，人類總是企圖把自己的政治教條和宗教信仰強銷到
> 別人身上，現代意識形態的彈壓更為了拯救生靈而把人
> 類逼進刀光劍影之中，在這種情況下，我們亟需的就是
> 這種智慧。」（引自張恭啓、于嘉雲譯，1992：104）

人類學或文化人類學教育我們所需的包容智慧，在警察學術中，更
有突顯的必要，因為警察工作的對象多樣且複雜。然而，同時必須
提醒的是，在某種程度內，人類學起源的原始動機，可能並不純
正，只是為了殖民管理上的需要，因為人類學者Radcilffe-Brown曾
這樣說過：「人類學正愈來愈要求被看成這樣一門研究，即是關於
對落後民族的治理和教育有直接實際價值的研究。對這個要求的認
識是最近大英帝國人類學發展的主要原因，……」（引自夏建中
譯，1991：49）。以上見：

1.張恭啓、于嘉雲譯、Keesing, R.著（1992）。《文化人類學》。台
　北：巨流。

2.夏建中譯、Radcliffe-Brown, A. R.著（1991）。《社會人類學方
　法》。台北：桂冠。

註❶：對於前大法官吳庚以學者立場對此所做的學理解釋，本文不能表示
　　　同意，特別是當本文認為警察勤務之地域性特質有相當重意義之
　　　時。因此，有此一議題上，本文以為應視狀況而異，亦即應就個別
　　　事件加以認定。若一口認定越區執行勤務並不生影響行為之效力，
　　　恐怕不但容易滋生問題，對人民權益之保障亦有不周。

註❶：關於我國的警勤區與英美的必特區，到底有什麼差別，一般學者都
　　　有提及。然而，依作者所見，其重要區別有三：

　　　一、在區域內的活動方式不同：我國警勤區內，主要的活動是勤區
　　　　　查察，亦即以戶口查察為主；在必特區內，則以巡邏為主。

　　　二、是否專任不同：我國的警勤區為專任制，必特區則否。

三、責任型態不同：我國警勤區之佐警，所擔負者爲空間責任；而必特區內所擔負者爲時間責任。

註⑲：雖然本文以十餘頁的篇幅討論與勤區查察有關的幾個議題，但此並不意味有關此一問題決無再議空間。揆諸理論、法律與實務，本文認爲可議之處仍所在多有。一個明顯的例子便是存在於警察勤務條例第五條與實務中之矛盾與不一致。該條例是這樣規定的：「警察勤務區（以下簡稱爲警勤區），爲警察勤務基本單位，由警員一人負責。」此項規定，不但明白規定警勤區之主體，也規定了其運作狀況與責任歸屬。別的不說，僅以主體而言，由警員擔任應爲強制性規定。若警員爲強制性規定之最高標準，那麼實務中任命巡佐擔任警勤區工作，就有違法之虞；若警員爲強制性規定中之最低標準，那麼將來就有可能任命巡官擔任警勤區工作。巡官擔任警勤區工作，對我國高級警察教育可能產生什麼影響？對我國警察工作各層面會造成什麼衝擊？都值得再深入探討。

註⑳：見李湧清（1986，12月）。當前警察勤務問題之探討──一個無結構的參與觀察實例。《警政學報》。10：30-31。

註㉑：一明一暗，雖然在動機上無可非議，但這不代表這種規定就有其正當性可言。這項規定最可議之處在於，忽略了執行可行性，特別是當分駐派出所警力未具經濟規模時。

註㉒：關於運用環境設計以預防犯罪，建議參閱：
楊士隆（1985，6月）。運用環境設計預防犯罪之探討。《警學叢刊》。25（4）：119-138。

註㉓：所謂「稱身椅」，依郭俊次先生（1991：430）所引資料，必須具備下列條件：
一、高度可自由調整，能配合工作者身體的高度，使膝蓋以下的腿部得以伸直，不受侷限。
二、有硬度適當的彈簧座墊，久坐不感疲憊。
三、有角度適當及襯有軟質的靠背，使後身有所支持。

四、椅腳有橡皮滑輪，使用者坐在椅上，稍稍著力即能向前後左右移動。

五、椅心裝置轉軸，使用者可旋轉自如，應付四周的工作。

六、必要時尚可裝置可輕微搖動的息腳板，以增進下肢血液的循環。

註❷：便衣執勤，對任何警察機關（或具有維護特定機構安全任務之機關，如憲兵）絕非新鮮事。但在實際執行上，講究「藏於無形」，也就是必須與當地環境相配合，否則，警憲人員穿著便衣執勤，事實上正是宣告：「我就是警察（憲兵）」。最明顯的一個「藏於無形」的失敗示範是：在總統府四週，我們經常可以看到每隔十餘公尺，就有一個著長袖、理平頭、未戴眼鏡、年約二十歲的男子手中拿一個手提包（通常是鼓鼓的）在東張西望、有經驗或稍有常識者即可判斷其身分。同樣的，當附近沒有明確的建築物（如總統府），而又出現樣樣裝扮的一堆人時，我們亦可推知有要員居於附近或即將在此出現。

註❷：有關保二總隊及其他專業警察之間問題討論，請參閱：

李湧清（1987）。《台灣省警察機關組織編制之研究》。台北：三鋒。頁80以下。

註❷：許春金等人（1992）從另一個角度解釋私人警衛興起的兩個主要理論：第一，集體安全模式理論。第二，大眾化私人財產理論。見：許春金等（1992）。私人企業尋求保全保護決定因素之探討。行政院國科會專題研究。

註❷：Lipsky的研究是針對一般以街頭為工作場所之公務員。專門針對警察人員所做的研究，可以用Reuss-Ianni（1983）為代表。在針對紐約市警局的研究中，Reuss-Ianni指出：警察組織內至少存在著兩種不同型態的文化：街頭警察文化（street cop culture）與管理階層警察文化（management cop culture）。他們之間的訴求、價值觀等均有明顯區別。例如前者會訴求團結、後者則會強調效率。Reuss-

Ianni的研究，無論在英國或美國的研究中，都獲得相當支持。
見：

1.Reuss-Ianni, E. (1983). *Two Cultures of Policing: Street Cops and Management Cops*. NY.: Transaction Books.

2.Walsh, W. F. (1985). Assessing Patrol Officer Arrest Activity: ASubcultural Explanation. *Paper Presented at the Annual Meeting of the Academy of Criminal Justice Sciences*. LV, Neveda.

3.Reiner, R. (1992). Police Research in the United Kingdom: A Critical Review. In Tonry, M. and Morris, N. (eds.). *Modern Policing*. IL.:　The University of Chicago Press.

註❷：更具體的說，政府各機關之間不但有衝突存在；即使是同一機關內各種單位與人員，也可能有明顯衝突。例如垂直分工之衝突，存在於領導者與被領導者之間、監督者與被監督者之間。而水平分工之衝突，更不勝枚舉，如註二十七所示。再如美國警政學者Manning（1974）亦明白指出：在警察工作中，特別是刑案偵查，為了工作需要，刑警必須運用秘密與欺騙手段，而這與制服警察所必須抱持的信念：坦誠、透明，並不相同、也不相容。同樣的，學者Roberg與 Kuykendall（1993）認為制服警察與刑事警察，在本質上就是衝突的。見：

1.Manning, P. K. (1974). Police Lying. *Urban Life and Culture*, 3(3): 283-306.

2.Roberg, R. R., Kuykendall, J. (1993). *Police & Society*. CA.: Wadsworth.

註❷：當然，必須提醒的是外包或民營化並非增加政府效率的萬靈丹。以外包而言，必須考慮的因素甚多。Prager（1994）提供了多方面的意見。Prager認為，外包要考慮的因素包括對產品的特殊需求、價格、供應商的穩定性，乃至於外包組織本身的生產規模與經濟性、組織之規模與經濟性等。換言之，在Prager的解釋中，外包的實質

面遠較其形式面複雜。Prager同時批評，在論及外包工作時，大多數的人都只見其有益之一面，而對其不利處視若無睹。見：

Prager, J. (1994). Contracting Out Government Services: Lessons from the Private Sector. *Public Administration Review*, 54 (2): 176-184.

除Prager外，Moe（1989）對民營化或外包也有批評。Moe指出：民營化應有其限制，例如涉及國家主權、強制權、宣戰權等工作均不宜民營化。見：

Moe, R.(1987). Exploring the Limits of Privatization. *Public Administration Review*, 47: 453-460.

而Moe與Prager等人之思考。有關公共組織之公共性，可參考：

Denhardt, R. B. (1984). *Theories of Public Administration*. CA.: Brooks/Cole.

註❸：有關警察民營化或政府服務民營化可供參考的著作甚多。在外國書籍方面，建議參閱：

1.Savas, E. S. (1982). *Privatizing the Public Sector: How to Shrink Government*. NJ.: Chatham House.

2.Donahue, J. D. (1989). *The Privatization Decision: Public Ends, Private Means*. NY.: Basic Books.

而在中文書籍方面，除開前引詹中原外，比較易讀的書籍建議：

1.劉毓玲譯、Osborne, D. & Gaebler, T.著（1993）。《新政府運動》（*Reinventing Government*）。台北：天下。

2.夏道平等譯、Lepage, H.著（1991）。《自由經濟的魅力──明日資本主義》（*Tomorrow, Capitalism*）。台北：天下。

註❸：新勤務方案的推動，由於在時間上賦予基層人員較多的彈性，因之基本上頗受基層人員及其眷屬的歡迎；在另一方面，這種彈性的給與，從另一個角度而言，是對主管（無論是基層或中層）控制權的剝奪。在控制權力的減少下，主管的責任並未隨之減輕，因此主管的不歡迎新制也不難預期。再加上警政署長的走馬換將，因此，此

制於一九九四年停止實施。

註32：本文之所以要強調工作時間，是因為時間是一種資源（每人每天都只有二十四小時），具有財富、自主等意涵，同時又是有限與定量的。非但如此，時間也可以轉化為其他東西。有的人用時間換金錢（少數人可以如此，多數人偶爾可以如此）。自然，有的時候，此兩者無法互相轉換。所以，時間管理，就是組織之經營管理。由此可見時間的重要性（另請參照第二章註六十五）。學者Cordner（1992）指出：在警察工作中，有關勤務時間之分配，必然形成管理者與被管理者之衝突。見：

Cordner, G. W. (1992). Human Resources Issues. In Hoover, L. T. (ed.). *Police Management: Issues and Perspectives*. Washington, D. C.: Police Executive Research Forum.

註33：稍早的另一個實證研究所得到的發現，卻與蔡中志、劉世林等人之研究發現不同。在潘志成（1991）對都會區（台北縣、台北市）的警察人員的調查中發現：同意或非常同意採取「巡邏兼備勤」者達百分之六十三點六，有百分之二十七點一之樣本則是持「不同意或非常不同意」之態度。這是否因調查時間之差異有以致之？還是Campbell與Stanley（1963）所稱的「成熟」（maturation）？還是調查對象之差異所造成？頗值深思。見：

潘志成（1991，6月）。〈我國都會區基層警察勤務方式之研究〉。中央警官學校警政研究所碩士論文，未出版。

註34：一、無論從Maslow的需要層次論或從Herzberg的二因素理論來看，備勤勤務在時間上的實排實算，對基層人員而言，都是十分重要的。Maslow的理論暗示，基層人員重視的是生理的需求；而Herzberg的理論則指出備勤的實排實算，是一種保健因素。基層不一定會因此而增加滿意，但我們相信如此有助於減少不滿意。更何況在勞工意識高漲的今天，備勤的實排實算還蘊含有對人性之尊重與反剝削的積極意義。這都是為什麼本文力主

實排實算的主要理由。

二、另外，同時也必須指出，Maslow與Herzberg的理論，一般均視之為激勵的理論。事實上，當運用不恰當或故意誤用時，他們的理論同時也是反激勵的理論。

註 ㉟：超勤津貼或所謂超勤加班費，對警察組織及警察人員而言，有不同的解讀。從組織的立場來看，這筆津貼應是補償員警的手段，因此應先考慮是不是有必要超勤的問題；惟基層人員視領津貼為目的，所以幾乎均領至上限。由此可見兩者看法之差異。此外，若從機會成本的觀點考慮，如果警察同仁執意領取至上限，所必須付出的代價便是犧牲與家庭相處的時間與個人自主的時間。是以，筆者一再呼籲，不管超勤加班費名為加班費或津貼，如果政府真有照顧警察人員的用心，應列為法定薪資。如此，方能避免警察人員為了金錢而犧牲家庭。

註 ㊱：在此一問題上，晚近有學者指出，警察工作究應為"proactive"或"reactive"不容易有清晰的解答。例如"reactive"的勤務方式，即有其民主哲學方面的意義。同時，學者也指出，"reactive"的勤務方式也不見得不如"proactive"的勤務方式，尤其在效果上。對此之詳細討論，見本書第三章及參見：

Sherman, L. (1992). Attacking Crime: Police and Crime Control. In Tonry, M. & Morris, N. (eds.). *Modern Policing*. IL.: The University of Chicago Press.

第6章　警察勤務之督導與考核

 前言

　　人類建立組織的歷史，似乎就是一部追求效率的歷史。不論是何種型態之組織，也不論是基於何種目的所建立之組織，效率雖未必是最終的考量，但總是最重要的考量之一。為了達成組織之效率，所以人類嘗試用各種方式企圖達到此一目的。即以最單純的組織——家庭而論，男主外、女主內之分工，正是一種力求效率的結構。再以組織與管理發展的歷史來看，這樣的先例亦所在多有。在這一方面，有的先驅把提昇效率的重點，放在組織的制度與結構上，韋伯正是這樣的一個例子。韋伯深信：科層制（bureaucracy，亦有譯之為官僚制者）可以使組織獲得最高效率，因為科層制之精確性、穩定性、可靠性，以及紀律之嚴明性，都優於其他任何型式之組織（Weber, 1992）❶。為了追求效率，也有人把研究的重心放在工作的程序上，泰勒的工時與作業研究（time and motion study）正是這方面的一個典型的例子（Taylor, 1912）。亦有人從市場運作的觀點認為，提昇效率的最佳方式在鼓勵競爭，公共選擇學派正是持這種看法；因此，他們強調的是組織的重疊性（redundancy）（Rourke, 1984；Knott & Miller, 1987）❷。包括公共選擇學派的主張在內，韋伯、泰勒等人之理論，放在警察組織內，都有其適用的空間❸。除了這些設計外，以警察組織而言，另一種常見用以提高效率的設計便是透過內部的監督考核來達成。對警察勤務之督導與考核就是用以考核是否仍具其他功能或作用？勤務之督導考核是否真有提昇效率之作用？在警察勤務的督導考核中，可能產生什麼問題？為什麼警察勤務之督導考核在警察組織中會特別地強調？本章企圖就這些問題尋求答案。

　　為了探討有關警察勤務督導與考核的理論與實際等相關問題，本章的結構是這樣安排的。第一節：前言，說明本章的目的；第二

節：警察勤務督導考核之原理，係從理論面探究有關勤務督導的原理原則；第三節：警察勤務督導考核之實際，係從實務面探討有關警察勤務督導與考核中所可能產生的各種問題；第四節：小結。

警察勤務督導與考核之原理

　　首先，在論及督考原理之前，必須說明的是有關督導與考核的定義。督導與考核，在作者的認識中，可以指涉的是同一件事，也可以指涉大同小異的事。從語義上看，辭源解釋：督有監察、端正、責備等意義；而導則有導引、啟迪之意；考則有稽核之意；核則是考驗。由這些字個別來看，除了導字之外，其餘所指內容相去不遠，對組織而言，這些字之消極的意義大於積極的意義。因此在本文中，我們亦視其為同一而交互使用。從更廣泛的觀點來說，事實上督導與考核就是一種控制（control）。這種控制的產生，就是為了達到組織的目的。至於督導、考核或控制何以必要？其又如何可能？以下就警察勤務督導與考核的各個面向，分別加以論述。

警察勤務督導與考核之重要性與必要性

　　警察勤務督導與考核之必要性與重要性，可以從兩方面加以研究。一是論為何必要？二是討論其如何重要？

✽勤務督導與考核之必要性

　　所謂必要性，係從其督導考核之形式面所做的觀照。我們觀察人類所有組織的設計，無論是何種組織，無論是自然形成的、或是人造的組織，幾乎都能找到督導考核單位的設立，少有例外。為什麼從實然面來看，這種單位之不可避免，這種工作之不可或缺？

督導考核之必要性，可以從多方面進行討論。而本文則擬從管理與組織理論以及行政的觀點對此進行觀察。

首先，從組織與管理理論的發展來看，學者有關控制之必要性的論述可謂汗牛充棟，不勝枚舉。如前所見，韋伯的官僚化組織之設計便是一個典型的例子。而依作者所見，在這些有關控制之理論中，比較值得注意的是Argyris的組織成熟理論（immaturity-maturity theory）。

Argyris被歸類為組織理論中的行為系統學派（Kast & Rosenzweig, 1973）。而其組織之成熟理論，事實上也可以稱之為組織之不成熟理論。相對於傳統理論時期的視組織為機械性的，Argyris強烈的反對這種觀念。在他的心目中，組織事實上是可以朝更開放、更鼓勵參與的方向邁進。Argyris在其一九五七年的著作《人格與組織：系統與個人間之衝突》（*Personality and Organization: The Conflict Between System and the Individual*）中提到組織的成熟理論。他以人的生長過程為例，指出：組織之成長如同人的成長一樣，是由嬰兒期的不成熟，逐漸成為成長期之成熟。例如在嬰兒期，人的行為是極端依賴他人的、同時也只能有一些有限的行為，也缺乏自省能力；而到成人時，人與他人之間基本上是互相獨立的、能以許多不同的方式表現其行為；同時，不但能自省而且能自制。組織亦然。然而，Argyris又指出：組織先天上有一些特性是不利於組織成熟的。也就是若干的組織原則，會妨害組織成熟，亦即妨害組織的健康。例如，專業化可能會降低組織成員的進取心、創造力，而造成組織成員只運用有限的技巧來應付工作。同樣的，層級節制原則會造成組織成員對上級之依賴、工作缺乏主動性；控制幅度亦然。Argyris以為，對任何人格成熟的組織成員來看，組織的這些特性是一種不成熟的象徵，而此會造成組織成員與組織之衝突。在這種情況下，組織成員可能會採取各種不同的應付方式，像是辭職離開、降低工作標準、甚至無所事事等。

　　表面上來看，Argyris將組織擬人化的目的似乎是在提醒組織的不成熟是不可避免的；而一般也以為Argyris的理論用意在關切組織的民主面（Swanson, et al., 1988）。然而，作者以為事實上正由於組織有其不成熟之一面，因此對任何建構或設計組織的人而言，如何在結構中加入一種避免不成熟的機制便顯得十分必要。換言之，由於組織不成熟之難免，因此，防止組織及其成員出錯的結構設計也是不可免。督導、考核乃至於人事單位之設計與成立，都是這種觀念下之產物。我們觀察各種型態之組織，似乎很難找到例外。

　　其次，是從公共行政發展的立場進行關照。在此一方面，首先，本文擬介紹學者Rosenbloom的觀點。一九八三年學者Rosenbloom在「公共行政評論」（Public Administration Review）的一篇名為〈公共行政之理論與權力分立〉（Public Administrative Theory and the Separation of Powers）的論文中回顧了公共行政理論之發展。Rosenbloom認為，從公共行政理論的發展過程來看，對公共行政的理論研究有三種途徑：管理途徑、政治途徑與法律途徑。Rosenbloom以為，早期的公共行政理論是管理途徑取向的，所強調的是公共行政組織的效率性；而政治途徑的研究則關切組織的代表性、反應性與有責性；法律途徑的研究則在意組織之合法性、施政之平等性。他以為，效率對組織而言或許重要，但組織之其他目的如代表性、反應性、有責性等亦不可忽略（Rosenbloom, 1983）。在另一方面，研究警察行政的學者Potts（1983）也指出：警察組織內內部控制之必要，乃是一種有責性與反應性之具體表現。Rosenbloom與Potts的見解雖然與Argyris不同，思考的方式也不一樣，但他們卻同時指出，內部控制或是督導考核除了具有效率的意義外，也具有責任以及對民眾之反應予以回應的意義。

＊勤務督導與考核之重要性

　　所謂勤務督導與考核之重要性，則是從督導考核之實質面所做

的考查。雖然從表象看，督導與考核於組織有其必要性，亦有其效率性、有責性、反應性等多方面之意義；惟更深層的考查，我們將可看出組織之督導考核功能還意涵著人類對秩序的渴望心理。

秩序的問題（problem of order）一直是社會學研究的重心之一（Heidensohn, 1989）。美國社會學者Turner在其所著《社會學理論的結構》（*The Structure of Sociological Theory*）中，一開始就引用Hobbes的話問道：「某些類似社會秩序與社會組織的東西，是如何建立與維持的？」（引自馬康莊譯，1989：2）。而英國社會學者Craib在其所著《當代社會理論》（*Modern Social Theory*）中也說，事實上，社會學的研究正是在探討什麼是社會秩序，以及其如何可能的問題（引自廖立文譯，1986：56）。若把組織類比為社會，秩序的問題在組織而言，則是問：為什麼要有組織之秩序，以及如何維持組織之秩序？❹

從功能論或從Parsons的觀點來說，Giddens解釋，所謂秩序的問題，事實也就是「順從的問題」（a problem of compliance），亦即社會內之個體如何附著於團體的規範（Giddens, 1990）。而規範或秩序之所以重要，是因為規範或秩序意味著可預測性，亦即規範或秩序是可以減少不確定性。而人類通常在面對不可預測的事物時，不但比較容易慌亂，對於其行動之結果也難以預期。因此，只有透過規範或秩序之建立，才使事物之可預測性能夠提高。這也是為什麼當有許多人對科層制或官僚制大加撻伐時，學者Perrow為官僚制、科層制辯護的主要理由（Perrow, 1986）❺。

除了組織秩序所帶來的意義之外，學者Berger的觀點也十分值得注意，Berger指出：

「社會最重要的功能是秩序化（normization）。此一命題的人類學預測是人類對意義的追求似乎具有本能性的力量。人天生就有對實在強賦予具意義之秩序的驅力。此一秩序預設了組合世

界建構的社會工程。與社會分離會使個體面臨一連串令他難以
抗拒的危險，推及極端，會有永遠毀滅的危機。與社會分離更
會導使個體產生難以忍受的心理緊張，此一緊張乃源於社交性
（sociality）的人類學。事實上，此分離最為危險的是意義的喪
失。這個危險是無以倫比的惡夢，個體會因此沈淪於失序、失
感、和瘋狂的世界之中。實在與認同（identity）會惡毒地被轉
化成無意義的恐怖形象。生存於社會之中即是神智健全，如此
可以免於因此脫序恐怖而終會來臨的瘋狂失智。脫序（anomie）
會嚴重到使人寧死而不願繼續忍受的地步。相反地，假若人們
相信犧牲具有合序的意義，他會不惜代價地犧牲和忍受，甚至
付出生命以尋求在一個秩序化的世界中生存。」（引自葉啓政，
1991：106-107）

　　明顯的，Burger把對秩序的想像推到了極點，認爲當個體失去社
會可能會導致意義的喪失，從而使人生乏味。而Burger的觀點也指
出，缺乏秩序之社會其後果難以想像。

　　第三個值得注意的觀點是學者Douglas從文化人類學的立場對秩
序所做的解釋。Douglas的觀點之所以值得特別提出，是因爲她以分
類的方式對於一般吾人認爲不潔或不正的事物提出一種解釋。例如在
研究污染、秩序時，她明白地指出：

「我們遺漏了很早以前骯髒是位置不當的定義。此定義相當具有
暗示意味，暗含兩種情況：一套秩序井然的關係，以及違反此
秩序的狀況。因而骯髒絕不是獨一無二、孤立的事件。有髒東
西的地方就有系統。骯髒是系統化的秩序以及事物分類的副產
品，這是因為秩序安排本身就包含著『排除不適當的元素』」
（引自王宜燕、戴育賢譯，1994：91）

　　從骯髒的討論引伸到秩序，Douglas的觀點事實上卻又點出，秩

序可能還存在著共識或「誰」的秩序方面的問題❻。

　　總的來說，上述所引學者的見解已可以相當程度的說明秩序對於社會或組織的重要性，今天比較可能產生爭議之處在於如何建構組織秩序，以及建構組織秩序的過程。

● 警察勤務督導與考核之功能與目的

　　從社會學的眼光來看，警察勤務督導考核之功能與目的，前已有部分提及。亦即除了有秩序、效率、可預期性等之功能與目的外，警察行政的研究者對勤務督考之功能的見解也不脫前面所言，例如Bouza即指出，勤務督考之功能與目的在於（1978：146）：（一）糾正錯誤。（二）減少問題。（三）增加效率。（四）鼓勵成功。（五）透過組織以散布革新理念。（六）協助組織達成目的。

　　其中一、二兩項可謂勤務督導考核之消極功能，而三至六項則係積極功能。同樣的，我國的警察勤務條例也規定，勤務督導的目的在於：（一）激勵工作士氣；（二）指導工作方法；以及（三）考核勤務績效。

　　在思考勤務督導與考核之功能與目的的同時，本文以為，對警察組織而言，重要的不在問督導考核的功能與目的，而在問：「為什麼對警察組織此問題有突顯的必要？」。

　　在這個問題上，作者認為可以從兩方面來考慮。首先是與組織有關的一般原因，第二是與警察工作有關特有原因。

　　在與組織有關的一般原因方面，作者將把焦點放在組織中之「搭便車者」或「坐享其成者」上❼。

　　所謂的搭便車者，依Albenese與Van Fleet（1983）之解釋，是指團體中之某些成員只願享受權利，而又不願意負擔義務。而這種情況或這種人，又特別容易發生或寄生在大型組織或團體中。

　　搭便車或坐享其成者，對任何組織而言都是不可避免的現象。

然而，依作者所見，此問題之所以重要，特別是對我國警察組織而言，乃在於我國不但維持著一個極其龐大的警察武力，又維持著一個中央集權制的警察制度。在此制度之下，不但警察人員的權利、義務有全國之一致性；同時，警察待遇亦有其統一性。我國警察勤務、人事、待遇的全國一致之特質，使搭便車的問題在我國特別容易出現、也特別值得重視。

　　為什麼搭便車者不容易存在小團體中，卻很容易在大團體內找到。對此，首先本文擬提供的是學者Olson的解釋。Olson雖然一方面懷疑是否所有的組織都具有共同的目的，他方面Olson卻又指出：至少對多數組織而言，「至少都以促進成員的利益為目的。」（Olson, 1971: 5）。換個角度來說，「組織的要務在提供一種完整不可分割且共同的利益。其基本功能就是提供公共財。」（Olson, 1971: 15）。此亦即日本學者堺屋太一（1994）所說的「功能體組織之共同體化」。Albanese與Van Fleet（1983）跟著指出，在小團體中，由於利益很容易內化；同時，小團體中，每一位成員所獲致之公共財不容易因成員人數而被稀釋[8]；再加上，小團體中坐享其成者不容易隱藏。這些因素都導致大團體中搭便車者發生及存在之必然性遠高於小團體。而勤務督導與考核之功能與執行這些功能單位之設立，正是一種防堵坐享其成者的人為機制。若從這一個立場來看，勤務之督導考核可以減少組織內之不公義（因為對任何努力貢獻自己心力於組織的個人而言，搭便車者的存在正是組織不公義的象徵與代表），也可以降低組織成本（對警察勤務之執行而言，有搭便車者的出現至少意味著組織中有無效人力之存在）。

　　對許多人來說，用搭便車之例來說明督導與考核之不可或缺，也許理由過於牽強。然而，除開此一般性之原因之外，緣於警察工作中的某些特性，也使勤務督考於警察組織中有特別關照的必要。簡言之，由於警察工作之引誘性、武力使用性以及秘密性，使此項工作在警察組織中不容被輕忽。

警察工作是一份極具引誘性的工作是不容置疑的，特別是當警察所處理的事項在道德上不容易在社會上建立共識的時候。在這一方面，典型的例子是所謂道德犯罪（vice）或無被害者犯罪（victimless crime）之取締。

　　從警察組織的內部分工來看，爲了因應工作、勤務乃至於社會大眾、輿論之要求，警察組織經常設有許多專案小組（task force）❾或特別的勤務單位以執行特別任務或特定工作。例如Crank與Langworthy（1992）就從制度論的觀點指出：警察組織之結構，也是由外界所決定。更有學者的研究指出：資料顯示這些專案小組，如檢扒組、肅竊組、緝毒組，與警察貪污之間有十分密切的關係，而其主因便在於這些專案小組的工作重點多與無被害者之犯罪或道德犯罪有關，最明顯的例子便是緝毒組。學者Manning和Redlinger兩位從社會學的角度分析指出：當社會大眾要求嚴格執行其道德犯罪有關之法律壓力越大時，越不可能對這些專案小組加以嚴格監督，從而他們貪污的可能性便越大（Manning & Redlinger, 1986）。尤有進者，他們強調：爲了使這些專案小組的功能增強，同時也帶來了貪污機會的增加（Manning & Redlinger, 1986）。他們暗示，爲了充分發揮這些專案小組的功能，領導者往往放棄行政監督，而全然變成一種「只求目的、不擇手段」的模式。而在涅普委員會（Knapp Commission）對紐約市警察局於一九七〇年代所發生之貪瀆案調查後也認爲，從組織的觀點來說，影響警察貪瀆的原因有五，其中之一即是服務單位的差異（Knapp Commission, 1973），也就是不同服務單位帶來不同的貪瀆機會。正由於專案小組所執行的是無普遍共識、有爭議的公義，因此，這樣的環境賦予執行者上下其手的空間。面對這種問題，警政學者Sherman（1974）的見解便值得注意。Sherman以爲：（一）社會中若能在某些事物上觀念取得一致，則警察貪污之情況會較少；（二）在民選官員中若能有較多關心民眾福祉的概念，警察貪污情況也會減少；（三）在當地社會中，若文化衝突的情況不明顯，亦有益於減少

警察貪污（Sherman, 1974）。換言之，當社會容易對某些事務建立共識或觀念上取得一致時，警察貪瀆的機會將會減少。

歸結上面的說法，我們可以看出，由於上述之社會共識之不易形成，因而使警察工作極具引誘性，從而貪瀆便容易產生❿。而對貪瀆，警察組織內之因應方式之一，便是勤務之督導與考核。

其次是警察之武力使用與勤務督導考核之間的關係。

作為一種社會控制的機制，警察被賦予使用武力也很少被懷疑。有爭議之處在於其武力在何時使用以及使用到什麼樣的程度。換個角度說，這是個時間點與量的爭議。就時間點而言，簡單的說，警察武力或強制力之使用，絕對不是最先的訴求，而應是最後的訴求，這也是民主國家與獨裁國家最重要的分野。而就量的爭議來看，以下繼續討論。

在這個問題上，本文認為可以從兩方面來進行考查。第一是考查：為什麼在警察勤務之執行中，警察容易使用武力；第二則是瞭解為什麼警察之使用武力容易受到注意？

警察執行勤務的過程中使用武力的明顯原因之一在於警察工作中有許多不可預知的變數與危險⓫。而這些不可預知的變數所造成的不確定性，使被人認為生性保守的警察人員採取保守的因應策略。因此，Muir指出：「在損益交換的矩陣概念（payoff matrix）下，警察人員的『最佳策略』（minimax strategy）。是對任何人均抱可疑之認定（suspicious assumption），如此可降低其自身之傷亡率。」（Muir, 1977: 167）。Muir的觀點也得到Greene（1989）的支持。在另一方面，加州柏克萊大學（U. C. Berkley）的教授Skolnick，也有類似的看法。他指出：危險（danger）與權威（authority）是影響警察人員角色的兩大主要變數（Skolnick, 1966）⓬。

警察工作的危險性，除了環境因素之外，更與警察勤務執行時之時間壓力息息相關，Fyfe（1989）稱此為「瞬間症候群」（split-second syndrome）。這種時間壓力，一方面迫使勤務人員必須在最短

的時間內做出決定；再方面，勤務人員所做的決定，也必須力求其效益最大、風險最小、損害最小。亦因如此，這也是為什麼Muir深信勤務人員會採取所謂「最佳策略」的原因❸。

　　既然警察勤務人員之使用武力，特別是致命性武力之不可免，後續的問題如何控制這種武力的不當使用。對此問題，本文稍後將再探究。

　　而在另一個問題上，則是有必要研究為什麼警察勤務人員的使用武力容易受到廣泛的注意？

　　警察人員使用致命性武力之所以受人注意，原因一方面在於其後果之嚴重性、另一方面則在於大眾傳播工具的發達與關切。具體說，由於警察勤務之執行過程中，通常能見度甚低（Manning & Redlinger, 1986），因之比較難以監督，也不易為外界所查覺，而勤務執行結果則不然。依Ostrom等人（Ostrom, et al., 1979）、Wycoff（1982B）等人之見，通常吾人對警察活動之注意都集中在結果上，因為相對於過程，結果比較清晰、易見。是以警察勤務人員使用致命武力之結果也容易受到外界之關切。此外，嚴重性是另外一個重點。警察人員使用致命武力，其明顯的後果一是民眾的生命被剝奪。而在強調生命尊嚴的民主社會中，這自然是相當嚴重的事，更何況在某些特殊的情況下（例如利益團體居中運作），還有可能引發暴動（Blumberg, 1989）甚至於社會之失序與解體。因此，警察人員使用致命武力之為人所注意也就不足為奇了；也因此，Langworthy（1986）評論「武力之使用，由於其刺激性，將使警察永遠是個話題，也是一個可以隨時評論的素材。」最後，大眾傳播媒體與謠言在傳播此類訊息中所扮演的角色也相當重要。

　　再以大眾傳播媒體而言，警政與犯罪新聞一向都是報紙之社會新聞中最引人注意的；同時，大眾傳播媒體也以相當的篇幅（報紙）或相當之時間（電視）加以報導，這種情形中外皆然（馬振華，1981；Dominick, 1978；Garogalo, 1981）。今天的問題在於，民眾對

警察工作與勤務的認識不夠，也沒有能力與興趣獲得足夠的資訊，因此充分賦予大眾傳播媒體的操控空間。而大眾傳播媒體又將其所掌握的工具商品化，不但等待新聞、且創造新聞、選擇新聞，更容易使警察成為其主題。在另一方面，警察組織在某些情況下也會利用媒體作為其獲致資源與組織威望的手段（Fishman, 1978, 1980；Hall, et al., 1978；Christensen, et al., 1982；Chermak, 1994）。這一種相互利用的共生關係，使得與警察有關之新聞不但容易成為頭條新聞，在某些情況下，警察也容易被「神話」化（Reiner, 1985）。所以，這也是為什麼不應忽略大眾傳播媒體的原因。

　　總的來說，警察人員之使用武力有其文化、工作環境以及個人之原因，而其使用武力之後果不但嚴重、且容易為大眾傳播媒體所渲染而為社會大眾所注意，因此，如何加以控制，便成為勤務督導與考核的重點。

　　在警察工作中，使勤務督導與考核成為十分重要的第三個原因便是警察勤務中之秘密性。警察勤務之秘密性在此處的意涵是被立即監督的可能性極低，尤其是刑事警察以及其他執行專案勤務之人員（Manning & Redlinger, 1986）。造成警察勤務執行之秘密性的原因是多元的，有的係基於達成警察任務之需要，例如對於特殊犯罪之調查；有的是基於成本效率方面的考量，例如以一人執行巡邏勤務[14]；也與警察人員之裁量權有關（Davis, 1978）[15]。這些原因，所造成的可能後果，輕微的是勤務之逃避、而嚴重的則是職權之濫用與誤用。因此，為了避免這些後果，也彰顯出勤務督導考核之必要性[16]。至於如何對此進行督考，本文稍後再論。

● 警察勤務督導與考核之主客體

　　依Wycoff（1982B）、Wycoff與Manning（1983）與Ostrom等人（Ostrom, et al., 1979）所見，對警察勤務執行之督導與考核，事實上

可以從兩方面來進行考查，亦即從勤務執行之「過程」以及勤務執行之「結果」加以考查。然而，無論是過程的督考或結果的督考，都涉及督導與考核的主體與客體。換言之，這是一個由誰督考以及對誰督考的問題。

在督考的主體上，學者指出，這包括內部督考與外部督考；也就是從組織內進行控制以及由組織外進行控制（Potts, 1983）。本文首先論內部督考。

在警察組織之內部所進行之督導考核中，根據一般的分類，我們可以將其分成兩類：（一）階層性的督導考核；以及（二）功能性的督導考核。

所謂階層性的督導考核，是從組織的垂直分工所做的分類。在警察組織中，若以警察局為例，警察局長對警察局內所有成員工作、勤務上的督考即屬之。這樣的督導考核，不但是組織首長指揮監督權之運用，也是一種領導方式的表現。對許多學者而言，這種階層性的督考，有時甚至有塑造組織文化的作用（Wilson, 1968A）。

階層性的督考，不但在一般的組織中是常態，在警察組織中學者認為更有強調之必要，因為警察組織具有紀律性、警察工作具有緊急性（梅可望，1990）。這些性質，塑造了軍事型態的警察組織，也引發了許多爭議與問題，此部分稍後再論。

所謂功能性的督導考核，則是從組織中的水平分工所做的考查。而與一般組織不同的是，警察組織中功能性的督導考核是多面向的；亦即除了一般在推行業務中的業務上之督考外，還加上專以督考為主要工作的督考單位與人員。以警察局而言，行政科（課）、保安科（課）等所進行的督考是業務督考，而督察室的督考，則除了業務以外，還包括勤務（狹義）乃至於員警生活之督考。

關於階層性督考與功能性督考，有一些值得注意之處。第一，相對於階層性的督考可以從組織結構圖中輕易的看出[17]，功能性的督考則較不易觀察，特別在結構十分複雜的組織中。第二，階層性的督

考，由於係依組織之正式層級而建立，比較不容易產生合法性、正當性之爭議；而在功能性督考則容易產生這方面的問題。第三，在階層性的督考中，由於有此責任者通常擁有獎酬、懲罰的直接權力；而功能性之督考則只具有建議權，因此在效果上功能性之督考通常較差。即使功能性之督考在效果上、合法性上、正當性方面較容易產生問題，對許多人而言，但此絕不意味功能性之督考並沒有存在的意義，因為無論從各方面看，功能性之督考均有支持其存在的理由。首先，由於階層性的督考是由組織首長或主管所實施，而這些首長或主管之時間、精力均有限（這是機會成本問題），因此無法也不可能以此為專責，是以適度的授權有其必要。

據Mintzberg（1973）的調查，組織首長把大多數的時間是在組織的決策上，只有少數的時間是花在內部控制上。同時，Mintzberg的調查也顯示，在組織中各階層之主管，隨著其階層的不同，其工作之時間分配亦有所不同。這也是為什麼有人相信「首長的工作是在成事，而不是做事」的原因。其次，功能性的督考是從業務、勤務執行所做的督導，技術性較高，首長對此之認識未必比執行人員深刻，此亦賦予功能督考人員存在之空間。這兩個理由，在相當程度內解釋了功能督考人員存在之必要性問題。然而，功能督考人員任務之多重性卻有值得關切之處。例如我國警察勤務條例中有關勤務督考事項上，即希望勤務督察人員做到教育者（指導工作方法）、激勵者（激勵工作士氣），以及考核者（考核勤務績效）的三重角色；而學者Iannone（1987）在論及警察之工作監督時，也希望監督人員做到規劃者、訓練者、控制者、溝通者、領導者等工作。這些對於功能性督考人員的剛性（如控制者）、柔性（如溝通者、傾聽者、激勵者），以及中性（規劃者、訓練者、領導者）之要求，事實上已引發一些問題，此在本章第三節中將會有詳細之討論。

隨著組織管理理論之發展，隨著社會科學中其他各種研究典範的逐漸為人所重視與注意，也隨著科技發展所帶來的思省，警察組織

中之柔性面，例如警察文化、警察人際關係也漸引人關照。在此，本文擬繼續探討勤務督考者與被督考者之間的關係。

　　從警察組織的正式結構來看，勤務督考者與被督考者之間的關係是十分官式的，有指揮監督、業務監督等法定關係。這些關係的存在，有其意義。而以本文的立場言，作者更關切的是兩者之間的非正式關係。這種非正式關係之注意，將可呈現督導考核的最終目的——組織的效率與組織的公平正義，恐怕永遠只是理想。

　　對於組織有研究的學者、專家大都會同意，對於組織的督考，也就是對組織的控制必須建立標準，而標準的作用則在提供一個比較、對照的基礎。學者、專家也會同意，這個標準除了要求其公平合理外，也必須力求客觀。然而，問題在於何求督考之公正客觀？

　　由於勤務、工作之督考，看起來是對「事」而言，然而由於「人」「事」之難以分割；因此，事實上所涉及的是對人之考核。而從心理學的觀點來看，以最單純的情況而言，至少就存在著相似論與互補論之說。相似論與互補論的說法，點明了人際關係之複雜與難以預測。如果我們同意這種看法，那麼我們便可以理解公正與客觀督考之不可能。這種不可能，也是在一九六八年的Minnowbrook會議中，在討論新公共行政時，所關切的一個重點（Denhardt, 1984）。

　　造成公正、客觀督考不可能的重要原因之一在於選擇。誠如本書在前面數章中所一再提及的，選擇是一種價值判斷，而不是一種事實判斷。由於價值不可能中立的，所以就很難產生所謂公正、客觀的督考。若從警察勤務實際執行的督考來看，首先涉及的是勤務督考者與被督考者之間的非正式關係。如果其間的關係是友善或親密，可以理解的是勤務執行方面的缺失比較能夠受到督考者之容忍。換言之，這種非正式的關係，事實上，在某種程度內已決定了督考的結果。在Hawthrone實驗中的第一階段之實驗正可以作為這種論證之支持（Roethlisberger & Dickson, 1939）。退一步看，即使在督考者與被督考者之間只是一種單純的中性關係，勤務督考人員對督考時間、內

容、方式所具之擇擇權，也使我們有理由對督考之公正、客觀性產生懷疑。可能產生的懷疑，則包括：「為什麼選這個時間？為什麼選這個項目？為什麼用這種方式？」甚至於「為什麼是我？」等。總之，人與人之間的關係以及人的選擇，相當程度地可看出所謂公正、客觀的督考將會是人類所將永遠面對也無解之問題。

對組織有研究的學者、專家也相信，如果沒有公正、客觀的督考，那麼組織的效率與公平正義便不易達成。如果公正、客觀的督考是組織效率與公平正義之前提，從上面的論證可以看出，真正的組織效率與公平正義是相當值得懷疑的。

● 警察勤務督導與考核之方式

在前面的討論中，本文對組織中人的因素做了簡單的回顧。雖然從人的因素所做的關照，似乎顯示出督考有其困難存在；然而，人類的智慧與想像表現在警察勤務的督考方式中，卻相當令人折服；而其方式之多樣，又令人嘆為觀止。以下，針對最常引用的兩種方式：外部控制與內部控制，分析討論。簡單說，所謂的內部控制，可以稱之為自我控制（自律），而外部控制則是他人控制（他律）。

關於內部控制與外部控制的討論❸，有許多面向，以下分述之。

通常對於組織控制之想像，我們總習慣只把焦點放在組織內部中，也就是所謂的內部控制，而學者卻有這樣的質疑，是否除了這種方式外，就沒有其他方法嗎？事實上，以最宏觀來說，想像組織之內部控制之同時，就已間接指出：組織外部控制的可能性。

由組織外對組織進行控制的型態是多樣化的。若從政治運作面來說，選舉正是一種外部控制，而政府中各種權力之分立（無論是三權分立或五權分立），也是一種外部控制。而從警察組織的立場而言，無論是民眾向非警察組織投訴警察組織、人員措施之不當、大眾傳播媒體對警政之批評，乃至於所謂「市民評議委員會」（Civil

356

Review Board）（Vanagunas & Elliott, 1980；Cole, 1989）之設，都足
以說明對警察組織所進行外部控制之實際狀況。

　　利用社會上所存在的各種組織對警察組織進行控制，在一個民
主的社會中可能有其必要，因爲在某種程度中這意味著對警察權力的
制衡。此外，有人以爲外部的控制也因不會產生「官官相護」之狀
況，而使控制更加有效❿。然而，對警察組織有研究的學者、專家，
卻質疑外部控制的有效性。從過去學者的論述觀察，外部控制的有效
性，是因三項因素而產生，亦即因共識建立、資訊取得以及組織運作
上所產生之問題。

　　首先，在共識的建立方面，本文前已指出，在警察工作之執行
中，有一些事項是很難建立社會共識的，例如Sherman（1974）的見
解即是。難以建立社會共識，以警察勤務之執行來看，就包括對色
情、賭博乃至於攤販之取締。從我國過去歷年來有關警察工作所做的
調查研究（李湧清，1983；許春金、余玉堂等，1994）中，就都有
這樣的發現。退一步說，即使在這方面共識可以建立，由於外部控制
的組織複雜多樣，也可能造成其所觀察之結果不但鬆散且相互矛盾
（Potts, 1983）。還有的學者擔心如果過分依賴外部控制，不但容易使
警察組織本身的目標曖昧不明，更可能打擊警察組織與人員之士氣
（Potts, 1983；Wilson & Alprin, 1971）。換言之，過分依賴外部控制所
造成的後果是難以預期的。對有的學者來說，過分依賴外部控制，不
但足以說明警察組織之缺乏自制、自省之能力，也是在警察力求專業
化之時的一大打擊（Potts, 1983）。

　　其次，考慮資訊取得。無論是有能力或有興趣對警察組織從事
外部控制之組織或個人，例如社會大眾或大眾傳播媒體，基於其對警
察組織與警察勤務之隔閡，因此，其控制將是以結果爲重的。換言
之，除開少數特殊狀況，其觀察的重點將是警察勤務之結果，而這又
涉及資料的來源問題。公共選擇學派的學者與警察組織的研究者都提
出這種懷疑。以Johnson爲例，他指出：立法機關對行政機關監督之

主要資訊來自行政機關，由於行政機關之自利與理性，因此只會提供
對自身有利的資訊給立法機關。在另一方面，立法機關因受限人數、
能力、專業，因此，對行政機關所提供的資訊，多半只能照單全收。
所以立法機關只是在形式上有其控制、監督之功效，而無實質上之效
果。面對這種狀況，Johnson稱為「控制失靈」（control loss）
（Johnson, 1991）[20]。對於具合法性之控制機關，行政機關都可以有
這樣的回應方式，我們很難有堅強的理由，去說服一般人行政機關不
會用同樣的方式去應付沒有合法性之外部控制組織。再就大眾傳播媒
體而論，本文前已指出大眾傳播媒體與警察組織間的關係也未必單
純。若依Reiner（1985）所見，兩者之間事實上存在著某種程度的共
生關係，因之也不容樂觀，就更不用談既缺乏組織、又缺乏資訊的社
會大眾了。

即使這樣的考慮是多餘的，警察研究者的研究一方面指出，著
重勤務結果或績效可能造成對人權的侵害以及其他方面的警察組織問
題外；再另一方面，警政資料的產製過程與正確性在在值得懷疑[21]。
以可疑、信度有問題的警政資料欲判斷警察勤務之結果，在學者來
看，可能是海市蜃樓——虛幻而不實。此一事實，雖非反對警察組織
之外部控制，卻質疑外部控制之有效性。

第三是針對外部控制之組織運作而發的。美國學者Cole（1989）
指出：以市民評議委員會為例，其在組織運作上所遭遇的難題則是，
除了一般民眾在舉發警察不法行為上有其困難外（如不知申訴管道、
掌握之證據過於薄弱等），整個申訴程序中又是十分耗時，且這種組
織缺乏足夠的人力給予民眾適當的支援。這種組織在運作上、程度上
或資源上所面臨的諸多困境，恐怕是很難加以克服的。

如果對警察之外部控制上有這些問題存在，那麼對任何具理性
思考能力者而言，其或許會開始思索是不是可以運用內部控制的方
式？

這種思考的轉向，對警察行政領導人而言，頗受歡迎。事實

上，警察行政領導人並不排斥由警察組織本身所主導的內部控制方式。因為這種控制是一種自主權，是排他的、絕對的、不容置疑的。除了警察領導人的因素以外，Hagan（1985）以為刑事司法組織的鬆散結構，對於內部控制，也有促進的作用。在警察行政領導人眼中，最要的課題是，如何做好內部控制？從警察組織的發展與警察勤務的運作來看，下列各種方式是經常運用到的。借用Merton的觀點來說，警察組織的內部控制方式可大別為兩類：（一）隱性的內部控制（latent internal control）；（二）顯性的內部控制（manifest internal control）。

所謂的隱性內部控制，就是透過一般人不可見的一面，來進行內部控制。比較常見的方式有下列❷。

❈建立法令或規則

一般言之，機關內部之規章、規則，通常是用來指導機關作用或行動的。除了這種功能以外，根據Perrow的看法，規章規則至少還有其他兩種作用：（一）保護成員，亦即不會因沒有規章規則而受到傷害；（二）規章規則若能適當地加以運用，那組織常見的病態，如貪污、中飽私囊（feathering the nest）便可以被消除（Perrow, 1986）。Perrow特別強調：透過規章規則，組織會保證它所統御的組織成員、它是維護群體自治和自由的方法。Perrow更進一步指明：規條意味著人為干擾的減少，使組織變得比較沒有彈性、也比較標準化（Perrow, 1986）。是以，警察組織若能得以適切地運用規章、規條，一方面不但可以減少貪污的機會，再方面也可以保證組織運作的順暢。雖然Perrow與Potts（1983）都認為法令、規則都具有對組織成員之保護作用；但對多數領導人（無論是何種型態之組織）而言，規則更重要的意義在於內部控制。而利用規則來進行內部控制的實況，在我國警察勤務運作中之實例更是俯拾皆是。例如從法律層次的警察勤務條例，到命令層次的警察勤務規範等均屬之。違反勤務規定者，另

還有各種獎懲法規。這些，都足以說明法令規則的內部控制意義[23]。

＊運用組織型態

　　警察組織型態，一般認為是一種準軍事型態之組織。這種型態之組織，強調單一性指揮、強調層級、強調命令與服從（Wilson, 1963；Goldstein, 1977；Bittner, 1980；Punch, 1983；Weisburd, et al., 1989）。為什麼警察組織在型態與結構上要採取準軍事化之型態。本文認為，至少可以從兩方面進行考查。從警察工作的性質來說，這種型態之組織設計，無非基於下列原因：（一）警察工作之緊急性以及警察組織之紀律性（梅可望，1990；Roberg & Kuykendall, 1993）；（二）基於內部控制的需要（Sykes, 1985；Mosher, 1982）；（三）表現警察之有責性（Harris, 1973）；以及（四）對政治介入警察組織與工作的反制（Roberg & Kuykendall, 1993）。而在宏觀面上，若依Galbraith（1994）的權力運作觀點，這種組織型態與結構，一方面由於其成員行為的一致性與可預期性，再方面可以贏得其成員之服從，在權力對稱的原則下，就較容易贏得外界的尊重與服從。而除了這種型態之組織在警察工作中具普遍性之外，另外，幾乎所有的警察組織都還另行建立了有關勤務之督考單位，顯而易見的有兩種單位：勤務指揮中心與督察室（至於政風單位，並不負勤務督導責任）。這兩個內部單位，雖然仍具有其他功能，但其所具的內部控制意義卻是不容懷疑的。

　　警察組織的準軍事化型態、層級命令之結構以及內部控制單位之設，已被認為少有變化之可能（Reiss, 1992）[24]。然而有許多的學者卻更擔心，這些組織型態、督考單位之設計所帶來的「負面外部性」（negative externalities）。簡言之，這些負面外部性包括：

❖官僚化組織對組織成員創意的抹殺（Rourke, 1984）。
❖官僚化組織之惰性與缺乏改善組織績效之誘因（Ostrom,

1971；Niskanen, 1971；Warnsley & Zald, 1973）。

❖軍事型態的警察組織將複雜的犯罪問題簡化為單純的警察問題（Mathias, 1980）。

❖軍事型態之警察組織不利警民間的互動（Mathias, 1980；Johnson, et al., 1981；Bracey, 1992）[25]。

其他的指控仍然所在多有，例如有人視這種組織型態是對人性的貶低，是一種將組織成員非人化的過程與方法（Bracey, 1992）；亦有人視此組織為遲滯而少有進步的可能（Kimble, 1976；Angell, 1971；Myron, 1980）。這種憂慮，說明了軍事型態、官僚化警察組織所可能面對的難題；然而這似乎又是強調內部控制時，不能不付出之代價與不能不投入之成本。

✳訴諸意識形態[26]

此處所謂訴諸意識形態以進行內部控制，係指以專業化為訴求而行內部控制之實。由本書第二章之論述可以看出，警察專業化的目的遠非想像中之單純。總結第二章的論述我們可以看出，警察專業化在某些程度內亦有其自利、保護、自土等多項內部控制之作用與功能。而其帶來之負面外部性，此處不論。

✳訴諸勤前教育、儀式或集會

警察勤務條例第二十四條明定，勤務執行前，應舉行勤前教育。第二十五條規定，勤前教育的施教內容包括：（一）檢查儀容、服裝、服勤裝備及機具；（二）宣達重要政令；（三）勤務檢討及當日工作重點提示。由這些規定的內容來看，警察勤前教育之舉行，有其統一工作步調與重點之意義在內。在某種程度內，當然我們一方面必須承認其立意至佳，再方面也有其必要性，否則執勤人員無法瞭解本日勤務的目的與重點何在。然而，若從社會學的觀點加以解釋，事實上，無論是勤前教育、常年教育、動員月會（國父紀念月會）等這

些不同名目之集會，都是一種儀式，也具有儀式的功能。儀式的舉行，到底有什麼樣的功能與作用？社會學學者有各自的解讀方式。以涂爾幹爲例，他認爲儀式的功能與作用在於提昇成員之凝聚感、增加對社會或組織的附著力（Durkheim, 1947）。而涂爾幹的學生Mauss在《論贈禮》（*The Gift*）一書中，也認爲儀式在維繫個人或團體的關係上具有重要功能，從而使整個社會維持統一（引自黃瑞祺譯，1993）。在Collins（1975）來看，儀式可以產生強烈的依附感與群體連帶意識。由上面學者的說法可以看出，儀式在組織或社會中之重要性。更重要的是，在儀式中，個人的屬性因此消失，而與組織成爲一體。正因如此，所以警察組織常透過這些集會的方式達到其內部控制之作用。

　　而在顯性的內部控制中，下列幾種控制型態是常見的。

❋外顯象徵方式之運用

　　所謂外顯象徵方式的運用，包括統一之制服、胸章或階級章、臂章以及臂章上之號碼、與巡邏工具之標幟化等。有的學者認爲，這些外顯象徵是一種由外而進行的內部控制（Sykes, 1985）。實際上，這種方式的運用兼具兩種功能與意義。然而比較值得注意的卻是，這種外顯之象徵方式，一方面有其將警察人員各種行爲（不論合法或非法行爲）個人化之作用，例如我國警察人員制服上臂章之號碼；再方面，其亦有將警察人員個人各種行爲之類化作用，例如對許多社會大眾而言，警察人員之個人違法行爲常被簡化爲警察之違法行爲[27]。以這種方式來進行對警察人員與其行爲之控制，也許在某種程度內可以收到其效果；而其問題卻在於警察之人數眾多、大眾傳播媒體渲染功能等因素，使警察人員極易被醜化。

❋科技產品之運用

　　以科技產品來進行勤務之監督考核，在警察工作中絕非新鮮事。事實上，早在和麥擔任加州柏克萊市警察局長時，即曾運用回召

信號燈進行聯絡（梅可望，1990）。這種回召信號燈，雖然從表面上看，是一種聯絡工具；惟究其用意亦有勤務督考之成分在內（Rubenstein, 1973）。而隨著科技的進步，可用來進行勤務督考之產品也日漸增多。警用無線電、傳呼機（即所謂之BBC）乃至於行動電話，都具有勤務督考之意義在內。這樣的例子所在多有，車輛定位系統正是一種既求勤務效率、又求勤務督考的說明。科技產品之用於警察勤務之執行與督考，其所可能帶來的負面外部效果，本書第二章已有部分說明。而除了異化與物化的問題之外，這些科技產品之運用，在某種程度內，也大幅減少警察勤務執行中之個人色彩。以街頭公務員工作中學者所強調的自主權來看（Lispky, 1980），顯然，對警察勤務執行人員而言，在這些科技產品介入之後，其工作自主權已大幅減少了。面對科技產品對基層人員工作自主權的解構作用，雖然學者有替警察勤務執行人員抱屈之意，但多數執行人員卻少有這種認識，也缺乏對抗這些科技產品的決心，這是相當奇特的[20]。此外，必須附帶一提的是，這些科技產品所能發揮的勤務督考功能，僅是形式的，而能確保巡邏人員依計畫、時間在線上巡邏，卻無法保證巡邏人員盡心盡力的觀察可疑之人、事、物。換言之，以人類的聰明智慧而言，欲求以科技產品來達到控制勤務人員之目的，這種想法顯然不切實際。而與科技產品有關的，則是勤務指揮中心的建立。對強調警政工作效率者而言，勤務指揮中心有如人之大腦，有發號司令之功能。事實上，在此功能之外，透過無線電、車輛自動定位系統等，勤務指揮中心也可以發揮勤務之督導考核功能。

＊勤務督考人員之運用

自然，人在勤務督考中所占的地位與功能，也一直未被忽略，而這也是最傳統的方式。運用勤務督考人員，有許多好處，當然，所面臨的問題也不少。而勤務督考人員，以我國的情況來看，其不僅可以為形式的督考，亦可以為實質的督考，這是科技產品所不及之處。

而其督考的方式，不外乎：（一）從時間上著手：例如在特殊時間（如節慶、天候惡劣之時）所從事之督考；（二）從空間上著手：例如對於易生事故、交通不便之執勤單位所從事之督考；（三）從工作過程中著手：例如我國警察勤務督考中所強調的「追查、候查、隨查」❷❾；以及（四）從工作成果中予以督考：例如績效評比。儘管這些方式有其便利性，也有容易發現問題的優點；然而，其所面臨的問題也不容忽略。而比較重要的問題則包括人之客觀性、督考人員的矛盾角色、督考文化，以及督考的反功能等問題，這些，本文稍後再論。

至此為此，本文已從內控外控二個面向對警察勤務的督考進行了討論❸⓿。由這些討論中，我們可以看出雖然勤務的督考有其效率意義，然其秩序意義也不可忽略。此外，在這些討論中，本文也檢討了一些勤務督考中所存在的問題，例如外部性的問題。然而，存在於勤務督考中之問題，絕不僅止於前面所說，其他的問題仍所在多有，本章第三節便是對其他未盡問題的研究。

警察勤務督導與考核之實際

在對我國警察勤務督考所可能產生之問題進行探究之前，或許首先該問的是：為什麼我們覺得這是「問題」？

對於「問題」，有的學者以相當嚴肅的心情看待此事，認為問題是科學發展的動力❸❶。例如Laudan即認為：「科學是以問題為導向之理論」（引自陳衛平譯，1992：14）。本文不擬以這種態度來面對「問題」。本文所將嘗試的是指出：（一）以下問題之提出，乃是基於作者的觀察所發現存在於理論與實務之差距。這些問題之所以成為問題，是因為這些問題刺激我們就一些相關事項進行思考；（二）對許多人來說，問題之提出乃企圖解決這些問題，否則問題將毫無意義。以本文的意圖言，提出若干建議是必要的，但是否能永久解決問題，

本文則持保留的態度。

存在於警察勤務督考中之問題，有來自督考工作中之深層結構者，亦有屬於督考過程中者。大體言之，下列幾個問題是本文所要關照的。

勤務督考人員之角色問題

對於警察人員在今日社會中的角色問題，警政學者對此一直都密切的注意著。而對於警察在今日社會中的矛盾角色與尷尬處境，學者有人這樣的描述：

> 「我們期望他們一方面人性化，再方面又能非人性化。我們僱用他們執法，有時卻又要他們網開一面。我們對他們在與我們有關案件上之執法覺得憤怒，卻又對他們某些未執法的案件嚴詞譴責。我們賄賂他們，卻又舉發他們。我們期望他們是此社會中之一員，卻又不願與他們共享這個社會中價值與信念。我們崇尚暴力，即使這種暴力不利於社會，卻又用我們的觀點批判他們所使用的暴力。我們告訴他們，工作上之情報必須取之於大眾，卻又唾棄提供情報者。我們要求犯罪必須剷除，卻又嚴格限制規則。」（Whitaker, 1964: 171）

同時Wilson（1963）對於警察人員的處境，也有相當深刻的體會。他說：

> 「我們的社會總要求警察不能接受賄賂，然而我們又總是賄賂他們。」（Wilson, 1963: 204）

我國學者也有類似的看法。例如梅可望即曾指出：在警察人員的感覺中，民眾對警察的態度是「期之如聖賢、驅之如牛馬、視之如盜賊、棄之如敝屣」。這些對於警察人員角色與處境的深入描繪，在

某些程度內已指出今日警察所面臨的困境。這種困境，正是像我們今日處在一個講民主、自由的社會中，而這種社會就是要求警察在「服務」（service）或「武力」（force）中做一個選擇（Whitaker, 1982）。

　　學者對警察之矛盾角色與尷尬處境的描繪，在某種程度內，也同樣適用在勤務督考人員的身上。

　　以警察人員的社會困境，將之類比於勤務督考人員身上，事實上並不新鮮。因為督考人員總被視為擔任的是「警察中之警察工作」（policing the police）（Potts, 1983）。而這種工作，使勤務督考人員的角色可能較警察人員在社會中的角色更加複雜。

　　比較的說，警察人員在社會中的角色，可能被期望為「執法者」、「秩序維持者」、「犯罪打擊者」，以及「社會工作者」等四類。而這四種角色基本上所呈現的是警察與社會之間的互動關係。而就勤務督考人員來說，他們除了具有前述「執法者」、「秩序維持者」、「社會工作者」之外，還必須是規劃者、訓練者、溝通者、激勵者等（Iannone, 1987）。這些多重的角色，使勤務督考人員在警察社會中之角色，遠較警察人員在一般社會中之角色為複雜。

　　此外，在某些程度內，警察與社會之關係雖然有其緊張之一面；不容否認的，亦有共生共榮之一面，例如對自然不法犯罪打擊之強調。同時，在面對這些犯罪時，警察與社會之間或可通過共同生產（coproduction）、輔助生產（ancillary production）或平行生產（parallel production）（Krahn & Kennedy, 1985）㉜等方式來達到共同目標──社會與個人安全之維護。而這些存在於警察與社會的共同利益面，放在警察組織內部來看，是少有存在之可能。我們說，在警察組織中（甚或任何型態之組織）上屬與下屬（若視督考人員為上層、被督考人員為下層）之共同利益面少有存在之可能，並未排除其存在之可能。依Olson所見，對所有組織而言，其最共通之處乃在於組織可以提供公共財（Olson, 1971）。而組織之生存，正是一項上下級人員均可分享之公共財。然而，對於下層人員（或被督考人員）而言，這

項公共財可能微不足道，一方面是因為現在的文官制度，已對他們提供了適當的保障；另一方面，因下層人員數目較多，所以此公共財容易被稀釋。因此，對被督考人員而言，強調其與組織之共同利益是不切實際之言論，也就是過於素樸[33]。

其次，對警察組織來說，階級性不但十分明顯、也相當地被強調。這種因階級而產生之對立，也使警察組織上下之共同利益未若警察與社會之共同利益容易產生。換言之，在勤務被督考人員的心目中，很可能勤務督考人員所生產的利益，被解讀成並非組織中之共同利益，而係領導人或上層人員之利益。

再回到問題的重點——勤務督考人員的角色上。相對於勤務被督考人員的絕望心境，對位於警察組織中中層之勤務督考人員而言，由於其在升遷上仍具有相當之發展空間；因此，在眾多角色中，其無可避免的選擇以考核者、執法者、秩序維持者等雄性角色，因為這種自利之行為，對升遷較有幫助。在此情況之下，造成勤務督考者與被督考者之間的緊張、對立、互不信任的關係，也就不足為奇了。而這種不和諧的關係，甚至可能是警察人員工作之壓力來源。

上面的這些論證，在我國過去歷年來的調查研究中，都得到相當程度的支持。以一九八一年以後的資料為例，下列是幾個值得參考的數據。

第一，林文祥的碩士論文（1982）是針對我國警察人員的工作滿意程度的研究。在受調查的台灣地區七百四十四位警察人員中，當問及：「我認為目前的督察制度極需改進的是執行的方法或態度」時，有近百分之九十四的受訪者（六百九十八位）所選擇的是「非常同意」或「部分同意」。兩年後的另一個調查研究，則更進一步的同時詢問基層員警與督察人員對某一些問題的看法。其中有一題問道：「你對『督察人員在挑毛病、找麻煩，而不是在解決問題』這句話的看法如何？」對此題的反映意見是：有百分之四十九的基層員警對此問題表示同意的看法（含非常同意與尚同意）、百分之三十三點五的

基層人員對此無意見、百分之二十一點七的人不同意這樣的看法。相對的是，用此問題詢問勤務督察人員的截然不同之結果。在三百三十位督察人員中，有百分之二十五點二（七十二人）的督察人員可以同意這樣的看法；有百分之十七點九的督察人員對此問題表示無意見；卻有高達百分之五十七的督察人員對此問題表示「不太同意」或「非常不同意」之意見。由此可見兩者存在之差異。因此，研究人員分析：「經卡方檢定結果顯示基層佐警與督察人員對本題之反映意見，非常的不一致（P＜.001）。身分與反映項目間有相關。」（張政騰，1984：119）在勤務督考人員與被督考人員之間，對於事物看法之差異以及對於督考人員角色之認知，透過上面的兩個研究即足以說明。

　　第二，而在勤務督考是警察人員工作壓力來源之一的論證中，學者也分別從國外文獻或國內之調查中指明這些情形之存在。例如沈湘縈（1986，12月）在回顧外國警察工作壓力的文獻後指出：在與組織的有關壓力中，上級缺乏對下級心境之體會及考核之偏頗不公，是造成環境壓力的來源。而在稍早的一個調查研究中，則更指出上級監督人員的態度與方法，造成基層員警的心理負擔（曹爾忠，1983）。以「台灣地區基層警（隊）員工作壓力之調查研究」為題，曹爾忠於一九八三年針對台灣地區的基層警察人員的工作壓力做了調查。其研究結果指出：在受調查的八百十一位基層警察人員中，有百分之六十點二的基層警察人員對「我感覺上級監督人員態度不佳、方法不當，常造成我的心理負擔」此一問題表示了「同意」或「非常同意」的看法；而表示「不同意」或「非常不同意」者，只有百分之十六點四。由此可見，勤務督考人員可能是基層人員工作壓力來源之一。而這種工作壓力，在某些程度內，則可能是反效率的。

　　總結來說，本文對督考人員角色之討論，是從把勤務督考人員類比為社會中之警察為開端；而在這些類比之下，可以看出督考人員角色之複雜。這種複雜的角色，勤務督考人員亦有其調適之方法——選擇自利之行為，而此種自利行為，事實上以極端的看法而言，可能

對組織相當不利，因為這可能形成基層壓力從而造反效率。這種困境，以作者的觀點來看，是結構性且難以解決的。

● 勤務督考人員之功能問題

勤務督考人員在警察組織內之夾心與尷尬地位，已見前述。然而，除了其角色以外，勤務督考人員在警察組織內所擔負之功能，基本上也呈現了各功能之間的矛盾關係。

簡言之，勤務督考人員的角色與功能之間的關係相當密切。若依我國警察勤務條例的規定來看，至少勤務督考人員必須發揮三種功能：教育功能（指導工作方法）、激勵功能（激勵工作士氣）以及考核功能（考核勤務績效）；而在Iannone（1987）的心目中，勤務督考人員的任務遠較我國所規定為多與複雜，例如勤務督考人員還具有規劃功能、溝通功能、控制功能、教育功能等。而這些功能間，有的是彼此矛盾的，例如在激勵功能與考核功能之間。其所存在之矛盾，主因來自於為發揮這些功能，必須以不同之立場與觀點來進行。激勵講求的是人性中善的一面，而考核則是以中性的眼光來面對問題。這些都足以說明此二功能之間的矛盾關係。

對很多學者來說，這些功能之間的矛盾關係，可能比不上勤務督考人員的保護功能來得重要（Potts, 1983；More, 1992）。學者的此一觀點，係以宏觀的觀點所做的關照。在此觀點之下，所謂的保護功能，意義極其廣泛。More解釋，以勤務督考人員所肩負的保護功能來說，至少對三方面的人或組織具有意義（More, 1992: 69）：

✱對社會大眾的意義

社會大眾有權期待一個有效率、公正無私的警察機關所提供的警察服務。因之，警察人員在執行勤務的過程中，若有任何失職、脫班或其他不正當之行為，最重要的便是透過勤務督考人員去發現、糾

正。換言之，這是對社會大眾的一種保護方式。

✻對警察組織之意義

More認為，由於警察人員極易被類化，因此一般人習慣以一個警察組織中之少數人的行為來評定這個警察機關。儘管這可能以偏概全或犯了個體行為推估整體行為之謬誤〔即所謂的生態謬誤（ecological fallacy）〕，然而這是非常難以不可避免的。只有透過公正無私的勤務督考去找出可能破壞組織聲譽者，方足以建立一般人之信心。從這個角度看，勤務督考人員對於警察組織實具有保護意義。

✻對警察人員個人之意義

在More的心目中，勤務督考人員只要公正無私，事實上也具有保護勤務人員被誤控或濫控的功能。在警察工作中，由於執行的勤務中有許多是具干涉性的、而所執法的事項或與民眾的權利或民眾的義務有關，因而增加了其被指控的可能性。雖然勤務督考人員通常為人所注意的是其維持組織內部秩序的功能，但這種功能的另一面則是一種保護。

從勤務督考功能之矛盾性到督考人員之保護功能，比較令人覺得遺憾的是在我國警察機關的勤務督考中，基層勤務人員較重視的督考功能，如教育功能、溝通功能、激勵功能與保護功能，都在督考人員的固有文化——對基層不信任之文化下被忽略了。下面所引的資料正嘗試說明這種情形。

❀在督考人員的教育功能方面

張政籐（1984）的碩士論文中，對此進行了瞭解。在七百八十位受調查的基層人員中，當問及：「您認為警察人員能充分瞭解督察要領，適切指導基層佐警工作方法者占多少？」有百分之四十三點一的受調查者選擇的是「少數能」或「極少數能」，選擇「絕大多數能」或「多數能」的占百分之三十六點六。換言之，在多數基層員警心目中，勤務督考人員能發揮教育功能情況也不見得樂觀。以我國警察機

關所定期辦理的常年教育為例，張政籐的調查顯示：有百分之三十八的基層員警，認為這種教育「不太有效」或「根本無效」，認為「非常有效」或「尚有效」的只有百分之三十一點四。更值得注意的是勤務督考人員對此問題之意見，約有百分之四十一點二的督考人員認為警察常年教育的實施為「不太有效」或「根本無效」，只有百分之二十八點八的督考人員認為「非常有效」或「尚有效」。或許有人以為，以「常年教育的成效」問題不足以論斷督考人員之教育功能被忽略，因為形式上的常年教育仍定期舉辦。而本文的看法則是，如果定期的常年教育都被多數警察人員（含勤務督考人員與被督考人員）視為效果不大，顯見這項工作已被形式化，只是「為舉辦而舉辦」，而非為成效而舉辦，在此狀況之下，自然其教育功能也就打折扣了。

❀在督考人員的溝通功能方面

在警察組織結構中，勤務督考人員位於上層與下層之間，事實上即負有溝通上下意見之功能，特別是在警察組織中十分強調層級與階級時。然而，也由於層級、階級的被強調，再加上其他因素（如命令與服從關係），使勤務督考人員的溝通功能容易被忽略。

為瞭解我國警察組織中之溝通狀況，**表6-1**呈現台灣地區有關這方面的一些調查研究之結果。

對**表6-1**所呈現的過去之調查的發現，在三方面有進一步說明的必要。

首先，由過去的這些調查研究可以看出，我國警察組織中之溝通狀況並不理想，特別是在上行溝通方面。造成這種溝通不良狀況的原因有很多，例如警察組織與警察工作之特性。然而，不容否認的卻是，作為警察組織中之中層——勤務督考人員並未發揮有效的溝通功能，亦為原因之一。

其次，在勤務督考人員心中可能有這樣的疑問：我國警察組織中之基層人員（亦即被督考人員）是否過於「厚己薄人」？換言之，對於其上級，是否基層人員要求者過多，而反求諸己者甚少？在勤務

表6-1　我國警察機關意見溝通之歷年調查研究簡表

研究者	研究時間	研究對象	研究發現	研究者分析
陳明傳	1980.9 — 1981.6	台灣地區各警察機關之警察人員有效樣本821份	1.43.48％之受訪者選擇「偶爾」有表達工作上或生活上意見之機會 35.9％之受訪者選擇「難得」有表達工作上或生活上意見之機會 20.58％之受訪者選擇「經常」有表達工作上或生活上意見之機會 2.在職務上，擔任主管職務者，35.59％之受訪者表示「經常」有表達意見之機會。46.61％之受訪者表示「偶爾」有，17.80％之受訪者表示「難得」有。在非主管方面，選「經常有」者占18.07％，「偶爾」有者占42.96％，「難得」有者占38.98％。 3.在官階上，官階上警佐二階以下人員，選「經常」有者占17.85％，「偶爾」有者占42.15％，「難得」有者占40％。警佐一階人員選「經常」有者占31.37％，「偶爾」有者占47.71％，「難得」有者占20.92％。	1.足見下情上達之上行溝通仍有待改進。 2.非主管人員表達意見之機會來得較少。 3.官階愈低愈難有建議之機會。
曹爾忠	1982.6 — 1983.6	台灣地區各警察機關之基層警察人員有效樣本811份	69.8％之受訪者「對自己有切身關係的事常有不能表達意見之抑鬱」表示同意或非常同意。17.50％之受訪無意見。12.11％之受訪者對此問題表示不同意或非常不同意。	1.目前警察機關溝通作法未臻理想，而警隊員皆是基層，難得有向上級表達意見之機會。

（續）表6-1　我國警察機關意見溝通之歷年調查研究簡表

研究者	研究時間	研究對象	研究發現	研究者分析
張政籐	1983.6 ｜ 1984.6	台灣地區各警察機關之基層員警與勤務督察人員，有效樣本分別為780份與330份	1.對「基層佐警的意見或建議是否有表達之機會」此一問題，在基層佐警方面27.7％之受訪者表示「隨時有」或「經常有」；54.7％選擇「偶爾有」；37.5％表示「難得有」或「根本沒有」 2.同一問題督察人員的反應是：52.7％表示基層佐警「隨時有」或「經常有」表達意見或建議之機會；33.6％對此認為「偶爾有」；13.6％認為「難得有」	1.基層佐警之上行溝通不理想。 2.基層佐警與督察人員之意見非常不一致。

資料來源：1.陳明傳（1981、6月）。〈我國警察機關激勵管理之研究〉。中央警官學校
　　　　　　警政研究所碩士論文。
　　　　　2.曹爾忠（1983、6月）。〈台灣地區基層警（隊）員工作壓力之調查研
　　　　　　究〉。中央警官學校警政研究所碩士論文。
　　　　　3.張政籐（1984、6月）。〈我國警察機關現行勤務督察功能之調查研究〉。
　　　　　　中央警官學校警政研究所碩士論文。

督考人員想像中，警察機關內可供意見表達之管道甚多，如榮團會、常教、員警座談會甚至於以網路表達意見，因此重點應不在於有沒有表達意見之機會或管道，而在於基層人員有法有表達意見的意願與決心。換個角度來看，勤務督考人員以為，這不是「能不能」的問題，而是「為不為」的問題。勤務督考人員的這種思考，可能產生攻守易位，而把燙手山芋拋給基層人員。在這個問題上，本文也必須承認在某個程度內勤務督考人員的說詞具有某種說服力。然而，問題的重點，以作者來看，應在於：這樣的溝通管道是否存在任何障礙？易言之，是否存在於一個能夠令基層人員暢所欲言且無任何後遺症的表達意見之環境？以此來看，目前並未有任何研究有這樣的調查，是以作者無法下斷語。然而，若依作者之體驗與認識，加上警察組織的結

構、強調命令服從等因素，使作者在此問題上無法有樂觀之想像。

第三，雖然在陳明傳、曹爾忠、張政籐的研究均指出在我國警察組織中之溝通狀況不佳，但在霍春亨（1986）的調查研究中卻呈現另一種截然不同的調查結果。在霍春亨的碩士論文中，針對台北市各警察分局的組織氣候進行了研究。他的論文分別從領導、激勵、溝通、互動、決策、目標設定、控制考核等面向，研究台北市各警察分局之組織氣候。以溝通過程而言，在有效樣本六〇二人中，對問卷中五個有關溝通過程的問題之反映意見多半呈現正面的肯定態度。以「為達成組織目標，上下級間從事意見溝通的次數如何？」此一問題為例，選擇「非常多」者占百分之三十三點一、「有一些者」者占百分之四十、「很少」者占百分之二十點八、「非常少」者占百分之六點一。因此，霍春亨認為「由此顯示，目前台北市各警察分局，為達成組織目標，上下級間從事意見交換及溝通的次數多寡程度頗為優良，亦即大多數人都認為上下級間經常從事意見與溝通」（霍春亨，1986：61）。霍春亨的此一調查結果，雖然提醒在有關溝通問題上可能存在著地區的差異，然而到底是地區的影響或勤務督考人員的影響有以致之，或是其他因素的改變，仍有待進一步的研究。換言之，以此刻現有的資料以及過去的文獻看，我們很難認定這是勤務督考人員發揮溝通功能所致。

❀在督考人員的激勵功能方面

以組織中之激勵而言，可以有長篇大論的探討。以本文的宗旨而言，這種長篇大論可能稍嫌累贅。因此，此處不擬贅述。然而，借用Herzberg（1966）的二因素理論之觀點，配合實證資料，本文將指出：在我國勤務督考人員的激勵功能不但少有發揮，而且可能使基層人員對工作不滿意的重要影響因素。

支持作者是這個觀點的資料，主要來自張政籐（1984）的調查。由於激勵是一個相當廣泛的概念，因此，運用張政籐的幾個調查數據方足以看出我國警察機關內部的激勵實況（以下參照張政籐，

1984：101，102，105）

❖當問及「基層佐警在執勤時往往有『多一事不如少一事』的想法，您認為如何？」此一問題時，在基層佐警方面，有百分之四十五點六之受訪者選擇同意；百分之二十一點三無意見；而有三分之一（33.3%）表示不同意。在另一方面，約有六成（57.2%）的督察人員同意這種看法，約一成（10.9%）無意見，約有三分之一（31.8%）對此不表同意。高達六成的勤務督考人員對基層員警之執勤表現如此不信任之態度，很難想像勤務督導人員會對被督考人員採取激勵的方式。弔詭的是，有近一半的基層警察人員也同意這樣的看法，這除了顯示此調查之可信度甚高外，也表示這種狀況在基層人員之執勤中可能是一種常態，而這種常態使勤務督考人員以非激勵的方式進行勤務督考更顯得振振有詞。

❖當問及「您認為督察人員能主動關懷佐警生活，熱心協助解決困難者占多少？」時，基層佐警表示「多數」或「大多數」者合計約有四分之一（24.6%），「約半數」者占13.6%，而選擇「少數」或「極少數」者則將近三分之二（63.8%）。若吾人把對基層人員生活上之關懷視為一種激勵作用。對照的是勤務督察人員對此問題的看法。自然，勤務督考人員並不似基層反映的極端。有百分之三十七點九的督考人員認為「大多數」或「多數」督察人員均能對基層之生活予以關懷，五分之一者表示約有「半數」的督察人員會有這種行為。值得注意的是卻有更多督察人員（42.1%）認為能對基層有這種關懷的督察人員是「少數」或「極少數」。當督察人員對與自己具同樣身分的督察人員都有如此強烈的反應時，已足可說明激勵功能之被忽略。

❖與上題相對照，更直接的問題是：「有人認為督察人員在查勤

時較偏重於勤務績效考核，而對激勵士氣，指導工作方法，解決佐警困難方面，反而較忽略，您認爲如何？」。對此問題，有四分之三（74.9％）的基層人員與超過四分之三（76.7％）的督察人員表示「非常同意」或「同意」，只有少數（基層部分：9％、督察人員部分：17.6％）對此「不太同意」或「非常不同意」。基層對此問題之反應無須驚訝，然而督察人員對此之反應卻不容令人忽視。因爲督察人員對此問題之反應，直指督察文化是以控制、考核爲主之文化；相對的，激勵、教育、指導只具陪襯或點綴的功能。在此種文化下，本文論證激勵功能非屬督考之重要工作並不爲過。

❖在督考人員的保護功能方面：本文前已指出，督考人員的保護功能是多方面的。此處，則專門針對勤務督考人員對被督考人員之保護功能而言。在此一方面，所謂的保護，除了意味著勤務督考人員以中性、客觀的立場與態度對待被督考人員外，也意指提供勤務人員一個合理的申訴管道。然而，從現行資料來看，這樣的保護功能在我國仍存在著諸多缺陷。

首先，是督考人員的立場與態度方面的問題。如同前面所引的一些資料所顯示的，無論林文祥、曹爾忠的研究已指出，勤務督考人員的立場與態度基本上是可議的，特別是對基層而言。而在張政籐的研究中，也指出在多數基層人員心目中均同意督察人員在「挑毛病、找麻煩」。以這種心態所做的督考，對警察基層來說，並無「保護」功能可言。樂觀的人也許可能產生這樣的想像，由於警察基本上與民眾呈現對立的關係，因此對基層人員之「挑毛病、找麻煩」正是對社會大眾提供另一種型式的保護。對這種似是而非的理由，本文必須指出：雖然警察與社會大眾有其對立之一面，但不容忽視的是他們之間亦有其合作之一面，此已見前述。把對基層人員之挑剔，視爲對社會大眾之保護，不但將問題過於簡化，同時也忽視了警民合作之雙贏可

能性，因此在作者來看，此不具說服力。

在另一方面，根據張政籐的調查，我國基層人員對於現行申訴也不滿意。只有百分之二十一點七的基層人員認為「受到冤屈或不合理的處罰，其所提申訴為非常有效或有效」，卻有近六成的基層人員（58.6％）認為「不太有效」或「根本無效」。申訴之有效性或許並不能完全歸責於督考人員，然而在另一個問題上卻足以顯示勤務督考人員事實上並不重視對基層之保護功能。相對的，被督考之基層人員有近一半（47.8％）的人對「督察人員往往把本身的工作績效，建立在佐警的痛苦上」此一陳述表示「非常同意」或「尚同意」。只有二成的基層人員「不同意」或「非常不同意」這種看法。

綜而言之，在有關勤務督考人員功能問題之檢討上，本文首先指出：勤務督考人員所擔負的各種功能間可能存在著矛盾而不協調的關係；其次，勤務督考人員的溝通功能，從過去的研究中，本文舉例說明此一功能被忽略；而在激勵功能上，也無法得到令人滿意之結果；保護功能則更被忽略。凡此都足以顯示，在勤務督考人員之功能中確有諸多問題存在。

● 有關勤務督考之其他問題

由前面兩個問題的討論可以看出，勤務督考的問題，因督考人員與被督考人員之間的關係而變得相當複雜。然而，有關勤務督考問題的複雜性絕不僅止於上述二端。其他值得關切的問題，仍然所在多有。例如，對被督考人員而言，他們對於有關勤務督考的深層問題可能並不在意，而注意與其有切身關係的督考公平問題。

雖然本文前已從學理論述，督考公平與客觀的可能性極低。然而，此並不意味在被督考人心目亦有這樣的評價。因此，有必要去從過去的研究中瞭解實況。

在我國過去歷年來有關工作考核之公平性所做的調查，主要是

針對主管所做，例如陳明傳（1981）、林文祥（1982）的研究。在這方面，此二研究之調查結果均顯示，主管對於所屬之考核，基本上，有其公平性可言。例如陳明傳的研究顯示，在受調查的警察人員中，有七成的人（70.76％）認爲主管在評論工作成上「非常公平」或「還算公平」，只有不到三成（29.24％）認爲「不太公平」或「非常不公平」。林文祥的調查則發現，有一半的基層員警（50.95％）「非常同意」或「部分同意」其主管公正的考核其工作成果，對此「不很同意」或「極不同意」的合計不到三成（29.08％）。主管之公平、客觀之考核，在強化領導的正當性上，具有重要意義，是以此結果應不令人驚訝。而對不直接領導的勤務督考人員來說，由於並沒有這種壓力或激勵，因此，此一結果並不見得類推至勤務督考人員身上。爲此，張政籐就此所做的調查便值得重視。

張政籐的調查顯示，有近五分之二（39.5％）的基層受訪者表示督察人員在考核勤務績效時「絕大多數」或「多數」能做到客觀、公平、合理，這似乎顯示我國勤務督考人員基本上對勤務績效的考核還算公正。但在另一方面，卻仍有超過三分之一（35.5％）的基層員警認爲勤務督察人員只有「少數」或「極少數」能確實做到客觀、公平、合理。這樣看來，基層對於勤務督考人員之考核，仍存有若干程度的懷疑與不信任。對任何一個強調上下一體的組織而言，這樣的反應比例已指出此問題仍有改善之必要。自然，對這樣的指控，勤務督考人員並不能接受，因爲有百分之六十一點八的督察人員相信「絕大多數」或「多數」督察人員的考核是客觀且公平的，只有不到二成（17.2％）的督察人員相信員警的指控。以這個結果與陳明傳、林文祥對主管考核公平性調查結果之相對照，可見督考人員的考核仍有力求客觀、公正之必要。

除了考核的客觀與公正性此一問題外，另一個值得關切的問題是勤務督考之範圍問題。所謂的範圍問題，意指到底是什麼項目應列入勤務督考的範圍。

對此一問題，作者檢視了多種文獻與資料，無法找出有關這方面的實證研究。然而，從學術研究的立場來看，此問題仍有突顯之必要。

　　以警察勤務之督考言，理論上，所督考的項目應與其勤務執行有直接關係者爲限。換言之，督考的重心應置於工作上，不論是對工作過程或工作成果之督考均包括在內。今天的問題在於勤務督考人員所被賦予之任務過於複雜，有一些甚至超過一般人之想像。以警察勤務規範第四百三十九條之規定爲例，其明定勤務督察的範圍包括：（一）督察考核下級主官（管）之領導統御情形。（二）查察勤（業）務規劃，執行及成果。（三）考查員警紀律，服務態度及品德、風紀。（四）考察下級勤務督察作法之效果。（五）其他有關勤（業）務督察事項。

　　這些規定都有若干程度的問題。例如勤務督考人員對下級主管領導統御情形之督導考核，不但可能侵犯下級主管的領導權限，也可能引發或激化上下級之間的對立與衝突。再如對勤務規劃的督導考核也可能遭到這樣的質疑：督考的究竟是規劃的過程、結果還是規劃的原則？上級對下級機關的人力、成員素質及地區狀況能夠完全瞭解與掌握嗎？此二例已足以說明警察勤務規範四三九條之不恰當。以本文的立場言，作者所關切的是對於所謂品德與風紀的督考。

　　品德與風紀之督考，事實上是相當複雜的問題。以想像的事例進行說明或許比較能突顯出問題的可議性。例如員警參與賭博行爲、未婚員警同時結交數女友並發生肉體關係而始亂終棄甚至於婚外情等。這些屬於道德方面的問題指出：督考人員有沒有能力督考？應不應該督考？如何督考？督考不力又如何等？這些不容易建立共識而又容易產生爭議的問題，再加上我國警察組織在這些事項上的泛道德之傾向與作爲，產生對我國基層員警之升遷與個人身心健全不利之生活輔導制。在張政籐的研究中指出：大約有半數（50.9％）的勤務督考人員認爲生活輔導「非常有效」或「尚有效」，此似乎說明生活輔導

仍有其功效；不可忽略的是，有近四成（38.5％）的督察人員卻認為「不太有效」或「根本無效」。這些數字雖然看似對生活輔導制之檢討，但就本文的立場而言，卻暗示這是上級與下級間有關道德方面的爭議。這樣的觀點不應被解釋為本文的反道德立場，而應視為到底基層員警或被督考人員應為什麼樣的道德負責任。而這種道德標準的建立，也應透過上下之溝通來建立，而非單方面的道德要求❸。

除了私道德方面的爭議之外，因職務引發貪瀆的問題也在二○○一年八、九月間發生所謂的「擄妓勒贖」案件而引發嚴肅的討論。關於這個問題有許多討論空間。在基礎結構上，可以研究的是：這是「壞蘋果論」或「環境論」或兼而有之。所謂的壞蘋果，指的是個人性質而產生貪瀆行為；環境論則強調環境的影響而形成貪瀆。在處理方式上，則可以思考：應該先處理「草食者」（grass eater）或「肉食者」（meat eater）？到底「草食者」與「肉食者」對於組織文化造成什麼影響？等問題。在另一方面，同樣可以參考Sherman（1980）以及Riskheim與Chermak（1993）等所提示的個人因素、環境因素、組織因素與社區因素等四方面加以檢討。在操作層次上，應列入考慮的因素則包括：是否與專案勤務有關？是否與績效評比制度有關？是否與控制機制有關？是否與先發勤務有關？是否與組織文化有關等問題。有人認為，這是督察機制失靈所造成。不過，如果從資訊不對稱以及道德危害的觀點加以思考，恐怕是有人對於督察機制或者有太多的期待、或者有不切實際之期待。

其他有關勤務督考方面的問題仍有，像是「誰來監督監督者」的問題。由於勤務督考人員掌握權力，而「權力使人腐化」，所以如何「監督」監督者也是值得重視的問題。組織理論研究者Barnard（1938）認為，組織最重要的問題之一「合作」，而合作又必須建立在某些基礎之上，其中之一為「信任」。因此，本文最後擬就「信任」問題予以檢討。

所謂的信任問題，依德國社會學學者Luhmann（1979）的分析，

可以有兩種方式：個人信任（personal trust）與系統信任（system trust）（引自顧忠華，1993）。把這個觀點放在警察組織內來看，這個問題之所以重要，是因為信任具有維繫社會共享價值、穩定期望模式之功能，也是建立分工合作關係的基礎。晚近學者更認為這是「社會資本」問題，是一個影響社會發展的重要因素。從本文前引張政籐的研究中，有許多問題都顯示今天我國警察組織中互信基礎過於薄弱，例如在被督考者與督考者對「督察人員專在挑毛病、找麻煩」此問題看法之差異便足以說明。如果兩者彼此間的信任不能夠建立，可預見的是彼此之對立、緊張與矛盾關係是無法舒緩的。

簡而言之，以少量的篇幅，本文在有關的其他問題方面考慮了督考之公平性、督考之範圍與信任問題。這些問題，一如前面的兩大問題—督考人員之角色與督考人員之功能，是結構的、深層的、也可能是難以解決的。儘管如此，在督考人員與被督考人員之間，若能以互信互諒的心情彼此看待對方、尊重對方，問題或許有其難以解決的一面，但卻可以有若干程度之舒緩作用。

小結

本文是針對勤務之督導考核問題所做的探究。由前面二節的文字中可以看出，勤務之督考事實上並非單純的問題。簡而言之，從功能論的觀點來看，勤務的督考具有效率方面的意義；而從深層看，其又與秩序、順從等問題有關。惟另一個角度的觀察又指出，勤務督考又因其可能帶來的對立、矛盾、緊張、互不信任關係，而使勤務督考可能是反效率的。本文的這些論證，一如本書前面各章所持的觀點一樣，任何事物從不同立場所做的考查可能得到不同的觀察結果。本文並無意否定在警察勤務之執行中對其督考之重要性，然而從相關的理論探究與實證調查中可以看出，勤務之督考功能可能有其為人所忽略

的另一面。勤務之督考得宜，當然具有效率的意義；但是當時勤務督考人員之態度、方法，甚至於督考之項目、公平性遭受挑戰時，則勤務督考可能是反效率的。

　　本文在問題的檢討中，焦點集中在一些比較深層的問題上，同時也以基層警察人員的立場觀察問題。這樣的考查可能有失之偏頗之虞，然而仔細思考，只有從這種角度所做的觀照才足以使基層人員心悅誠服地接受督考，特別是勤務督考人員之督考可能被認爲缺乏正當性之際。而這種正當性之補充，更足以彰顯督考之有效性。

　　最後，本文以爲，雖然在當前的情況與環境之下，我們雖然面對的是一些比較難以解決也比較需要時間解決的問題，但不應悲觀。以互信互諒的態度與心情，彼此看待，也許這些問題可以在這種互動中不再重要。

註釋

註❶：關於韋伯，有二點必須進一步說明：

一、一般人對韋伯所描述的科層組織，總認為過於理想，在現實世界中找不到。對此，韋伯並不否認這是一種「理念型」之組織（ideal type）。然而，這種理念類型之提出，在Coser（1986）來看，有其作用。Coser認為，理念類型是一個分析的構造，為研究者提供一個測量標準，以便探查具體事物的相似性與差異性。如此說來，韋伯的理念類型是具有方法論之目的的。

二、韋伯對於科層制或科層組織的推崇，並不代表他對科層組織所帶來之不可欲的後果毫無認識。韋伯除了擔心「官樣文章」（red tape）以外，也擔心，當理性化支配科層制度生活之所有面向時，對於個體自由會是一大威脅。他說「……將每個工人化約貶謫為這部科層機器的齒輪……」。非但如此，科層組織將形成一個「鐵籠」（iron cage），人們再也不可能扭曲或脫離組織了（Ritzer, 1992）。韋伯的觀點指出：人們創造了組織，卻又被組織所控制。難怪Presthus（1962）說，組織是當代人的宿命（fate）：我國學者金耀基（1966）則說，組織是現代人的「夢魘」。以上依序見：

1.黃瑞祺、張維安譯、Coser, L.著（1986）。《古典社會學理論》。台北：桂冠。

2.Ritzer, G. (1992). *Sociological Theory*. NY.: McGraw-Hill.

3.Presthus, R. (1962).*The Organizational Society*. NY.: Alfred A. Knopf.

4.金耀基（1966）。《現代人的夢魘》。台北：商務。

註❷：一、在組織理論的研究上，由於研究者的用心，所以無論相當不錯
的進展，新理論、新方法的引進，有的時候讓我們眼花撩亂，
無所適從，但無可否認的也豐富了我們的視野。這種發展，一
方面使我們產生這的疑惑：組織理論到底是不是科學？甚或社
會科學是不是科學？（Farr, 1988）。即使這樣的問題獲得解答
與澄清，仍有人進一步追問，就算組織理論是科學，如果借用
Kuhn（1970）的說法，它是處於常態科學（normal science）
期呢？還是前科學期（pre-science）？顯然，這一個能輕易回
答的問題。亦因如此，所以有的組織研究者對這樣的問題，只
能含蓄而保守的表示：「組織理論仍處於嬰兒期」（Jensen,
1983）；更早，有人則毫不保留的表示，組織理論的研究，是
瞎子摸象（Waldo, 1953, 1961）。這些話語，都說明組織理論
事實上是「各人一把號、各吹各的調」。亦有關組織理論的非
傳統思考都應予審視，並予以檢驗，以求思考之完整。組織的
重疊性安排，正是基於這樣的一個立場而發的。

二、組織重疊性安排的立論，雖被視爲「制度論」（institutionalism）
當中的一支，但這不表示所有制度論者都具有共同的訴求與強
調。其中，有強調從組織的內部結構上，即用重疊的安排者，
如Landau（1969）、Bendor（1985）。有人則從更宏觀的角度
力主地方分權制之優者，其中，主要的代物包括V. Ostrom、E.
Ostrom、Whitaker、Parks等人。這些人由於主要以印地安納大
學Bloomington校區爲大本營，因此，又有人稱之爲
Bloomington學派者〔這是Mitchell的分類（1988）。Mitchell指
出：在公共選擇的理論上，可以大別爲三個學派，除
Bloomington外，另外兩者爲Virginia派與Rochester派〕。無論
這些主張被其他學者如何的分類與歸類，他們共同關切的焦點
之一在於如何使公共行政組織更有效率。爲達更有效率的目
的，手段之一是製造組織內部的競爭，讓組織內部的工作、職

權，甚至於區域重疊，造成競爭。這是對古典組織理論的反動。對Landau與Bendor來說，增進組織效率必須考慮其可靠性（reliability），而讓組織具可靠性的方法，就是引進「平行處理系統」（parallel system）的觀念，也就是工作交給兩個單位甚至於兩個組織來做。Landau認為：一輛具有兩套刹車系統的汽車，其可靠性是只有一套刹車系統的多倍，而非兩倍。言下之意，平行處理系統在實際運用上是具有乘數效果的。對很多人來說，Landau的說法不但顯得誇大，同時也犯了不當類比的毛病，因為人類組織的性質，畢竟不同於機械。所以Knott與Miller以比較保守的口語說：任何一個單位（或零件）失靈的機率很大，但兩個單位同時失靈的機率小多了（Knott & Miller, 1987）。

三、對於組織重疊性的安排，由於是對古典組織理論中有關分工概念的挑戰，因之，不免有人懷疑甚而進一步追問：這一套作法可以用嗎？有用嗎？為瞭解答這些疑慮，他們（贊同者）從歷史與現實生活中找了一些實例來說明。在歷史上，他們所舉的前例是美國總統羅斯福。Schlesinger，這位羅斯福傳記寫作者說，羅斯福最喜歡的方法就是在權限的許可上保持模糊的態度，讓工作領域不明顯，讓組織結構圖重疊。羅斯福曾這樣說過：「製造組織之間的一些小衝突。你知道，小小的競爭是一種刺激。這種方式讓每一個想要去證明他比別人好，也可以讓他們誠實，因此，可以節省許多經費。事實是：在同樣工作領域中的人，當他知道有人知道他在作些什麼時，這是一種強烈的導致誠實的動機。」（Schlesinger, 1958；引自Knott & Miller, 1987: 260）。在這種想法下，因此羅斯福曾經任命兩個立場不同的人，掌理兩個不同的機構，從事相同的工作。而在現實生活中，贊同者指出，IBM的管理人員肯定平行處理系統的效用，因為組織的績效因此提高了。而美國海軍部在執行北

極星潛艇發展計畫時，也因這種方式的引進，使其花費之經費遠較預期爲低（Knott & Miller, 1987）。這些實例，也就是增加工作之能見度與透明度，都足以說明這種方法的可行性。上述所說羅斯福總統的方法，還可以套用「博奕理論」（game theory）進一步擴展，包括：兩者均不知道對方有同樣職權或行爲或是兩者均熟知，而產生各種不同結果。

四、有關組織重疊性的問題，仍有許多討論的空間。例如組織重疊是否即代表著組織間的相互競爭？對此，Bendor（1985）認爲，所有競爭的組織，在某些方面都有互相重疊之處；但反過來看，則不一定正確。所以，Miranda與Lerner（1995）認爲，這兩件事之間雖然關係密切，但不是同一件事。再如有人懷疑，組織重疊性是否即政府結構的疊床架屋？當政府的組織，有這樣設計的時候，這是行政成本的節約嗎？Bendor（1985）則提醒：不要忽略了美國各級政府的設計，本身就是疊床架外；其他如Laporte與Consolini（1991）提及，組織重疊性也許會增加短期的行政成本，但在組織必然失敗的情況下，這些成本必須去支付，而Miranda與Lerner（1995）的研究，也呼應這種看法。總之，類似這些問題，都有待進一步的研究。本文此處對此所做的說明，並不必然表示本文贊同這種作法、也不表示鼓舞組織做這樣的選擇，而在提醒：這是一種考慮的方式。對這些多元化的方式，進行不同的思考，本文以爲是推動成功的動力，因此，不宜一味排斥。以上分見：

1.Farr, J. (1988).The History of Political Science.*American Journal of Political Science*, 32(4): 1175-1195.

2.Kuhn, T. (1970). *The Structure of Scientific Revolution*. IL.: The University of Chicago Press.

3.Jensen, M. C. (1983). Organization Theory and Methodology. *Accounting Review*, 8: 319-337.

4.Waldo, D. (1961). Organization Theory: An Elephantine Problem. *Public Administration Review*, 21: 210-225.

5.Bendor, J. B. (1985). *Parallel Systems: Redundancy in Government*. CA.: The University of California Press.

6.Mitchell, W. C. (1988). Virginia, Rochester, and Bloomington: Twenty-five Years of Public Choice and Political Science. *Public Choice*, 56: 101-119.

7.Knott, J. H. & Miller, G. J. (1987). *Reforming Bureaucracy: The Politics of Institutional Choice*. NJ.: Prentice-Hall.

8.Miranda, R. & Lerner, A.(1995). Bureaucracy, Organizational Redundancy, and the Privatization of Public Services, *Public Administration Review*, 55 (22): 193-200.

9.Laporte, T. & Consolini, P. (1991). Working in Practice but Not in Theory: Theoretical Challenges of High Reliability Organization, *Journal of Public Administration Research and Theory*, 1: 19-47.

註❸：如眾所周知，組織或管理理論的演進，學者之間有不同的看法與分類，典型的一個分類來自McGregor（1957）。然而，無論組織、管理理論的變化如何，也不論其對組織成員所抱持之看法如何，對組織的權力掌握者而言，其所關切者，簡單來說，只有三件事：效率（efficiency）、控制（control）與秩序（order）。只不過，有的時候，權力掌握者會以較優雅的方式、包裝過的方式來行使權力，以達到上述目標。見：

McGregor, D. M. (1957). The Human Side of Enterprise. In Shafritz, J. M. & Hyde, A. C. (1992). *Classics of Public Administration*. CA.: Wadsworth.

註❹：在社會科學的研究中，以作者的認知而言，常存在著一個弔詭（paradox）。如同本書第五章註三十四所說，Maslow的需要層次

論、Herzberg的二因素理論，通常被歸類為激勵的理論；但此二理論同時也可以視為是反激勵的理論。同樣的，一個研究秩序的理論，也可以說是研究失序的理論。難怪Atkinson認為，衝突論與共識論，在某些研究課題上，是相當類似的。參考第二章註五。

註❺：官僚制，無論是在組織理論研究者或是公共行政研究者心目中，一直受到相當的注意。非但如此，學者之間對其之評價與看法也往往不同。例如，晚進主張社區警政者，便一再力陳官僚制不但已不合潮流、且不利社區警政之實施。在另一方面，卻仍有許多學者推崇此制，例如美國組織研究者C. Perrow。事實上，為科層制辯護的學者不止Perrow一人；Jaques（1990）更直接了當的說，科層制是大型組織的最佳選擇。此外，Kaufman（1977）、Krislov與Rosenbloom（1981）、Goodsell（1983）也為官僚制組織合理化，認為無論在效率上、在提昇公平與民主上，官僚制組織都有相當優點。而在組織的未來發展上，被譽為管理大師的彼得杜拉克，似乎並不看好官僚式組織的未來，認為未來組織的發展將日趨扁平，同時以資訊、以任務、以工作為組織之型態，將成為主流（Drucker, 1988）。同樣的，Schein（1989）也認為隨著資訊科技的發展，科層制的組織結構也可能成為明日黃花。官僚制或科層制所面對的問題絕不僅於此，我們不但面對的問題有來自定義上，也有來自應用的，更有來自立場的。例如，"hierarchy"有時等同於"bureaucracy"，有時不等。同時，專業立場的不同也帶來不同角度的觀察。例如晚近經常有學者以代理人理論（principal-agent model）研究組織問題，但Bendor（1988）指出，經濟學者是用此一理論來探討內部控制問題，而政治學者卻用來檢驗官僚制的影響問題。研究與理論的豐富化，一方面讓們覺得慶幸，因為視野的拓展，再方面，我們卻又面臨選擇的難題。以上參考：

1.Bendor, J. (1988). Formal Models of Bureaucracy. *British Journal of Political Science*. 18: 353-395.

2.Drucker, P. F. (1988, January-February). The Coming of the New Organization. *Harvard Business Review*, 45-53.

3.Goodsell, C. T. (1983). *The Case for Bureaucracy: A Public Administration Polemic*. NJ.: Chatham House.

4.Jaques, E. (1990, January-February). In Praise of Hierarchy. *Harvard Business Review*, 127-133.

5.Kaufman, H. (1977). *Red Tape*. Washington, D. C.: Brookings Institution.

6.Krislov, S. & Rosenbloom, D. H. (1981). *Representative Bureaucracy and the American Political System*. NY.: Praeger.

7.Schein, E. H. (1989). Reassign the "Divine Rights" of Managers. *Sloan Management Review*, 30(2): 63-68.

註 ❻：在Shapland與Vagg對民眾自我防衛之功能所做的研究中，提到民眾與警察對社會秩序之維持，可能在某些程度內可以建立共識；問題的焦點不在秩序，他們認為焦點在「誰的秩序」？Shapland與Vagg對此之看法，本文覺得可以代入組織中，亦即探討誰的秩序、什麼樣的秩序以及如何達到這種秩序等。在另一方面，若我們視「秩序維持」為警察核心工作之一，則Shapland與Vagg對問題的看法，還有後續發展之可能，可能討論的問題包括，誰來生產秩序？如何生產秩序等。以前者而言，可以生產秩序的主體有二：民眾與政府。此兩者又可因時間、空間之不同，而有不同之主從責任。而在生產的方式上，又可分為個人生與集體生產；此外，亦可區分為志願生產與非志願生產，自然，亦可區分為：共同生產、輔助生產與平行生產。在這樣的區分當中，每一種方式都有其使用之場合與時機，然而，也有可能引發各種不同的問題，例如在生產的量上，生產不足或過度生產都可能引起討論與爭辯。以上見：

1.Shapland, J. & Vagg, J. (1988). *Policing by the Public*. London：Routledge.

2.Grabosky,. P. N. (1992). Law Enforcement and the Citizen: Non Governmental Participants in Crime Prevention and Control. *Policing & Society*, 2(4): 249-271.

3.Hoogenboom, B. (1991). Grey Policing: A Theoretical Framework. *Policing & Society*, 2(1): 17-30.

註❼：所謂的搭便車，在社會心理學的範疇中，有不同的名字。通常，搭便車在社會心理學中，被稱之爲「林格曼效應」（Ringlemann effect）或「社會遊蕩」（social loafing）。在本世紀二○年代，德國學者Ringlemann完成一項研究。在此項研究中，他要求實驗對象盡力拉緊一根繩子，並以三人一組或六人一組等方式進行。儘管隨著團體規模的增大，整體的拉力也增加，但每一成員所用的拉力卻減少了。類似的研究發現，得到不同研究的支持。見：

Albanese, R. & Van Fleet, D. D. (1983). *Organizational Behavior: A Managerial Viewpoint*. IL.: The Dryden Press.

此外，在個人與團體的關係上，以更廣泛的觀點而論，「囚犯困境」（prisoner's dilemma）的說法也有其適用餘地。

註❽：關於利益之稀釋問題，建議參閱：

1.Riker, W. H. (1962). *The Theory of Coalitions*. CT.: Yale University Press.

2.Buchanan, J. M. & Tullock, G. (1962). *The Calculus of Consent*. MI.: University of Michigan Press.

註❾：談到專案或專案小組，一般警察人員都有這樣的感覺，認爲警察工作中專案相當多。爲什麼要有專案？當前我國警察組織中有哪些專案？這些專案的推出，有什麼不可預期之後果？以下是簡要的探討。第一，本文認爲，專案基本上是一種特別的、非例行的工作計畫。因此，專案的基本定義是：針對特別人事時地物所採行的計畫或措施。專案，無論其用什麼樣的名詞出現，具有幾方面的意義：

一、在行政上，專案基本上是行政組織對所發生特殊問題或所意識

到的問題的回應，是一種行政有責性的表現。

二、從經濟學、心理學的角度來看，這是一種刺激與激勵，同時，也是一種工作彈性。因此，適時適量的推出，可以刺激執行人員之心理，減少「邊際效用遞減律」之發生。

三、專案的產生原因，約有下列：1.基於行政迷信或慣例；2.當一般手段無效時；3.為追求短期效果時；以及4.危機發生時。

四、專案執行與專案組織（task force）之建立，在邏輯上沒有必然性。換言之，為執行專案，不必然要建立專案組織。若為執行專案而建立專案組織，則必須定位為：臨時、特定、完成任務及應予解散之組織。

五、就專案組織言，由於強調特定任務之完成，在以目的為考量的情況下，所以通常必須提供特別資源與便利。基本上，由於專案組織彈性迅速機動、且准予突破法令之限制，所以一般認為其效果較佳。另一方面，由於責任明確、且講究重獎重懲，也比較符合人性需要，所以被經常運用。

六、儘管專案建立與專案組織有其優點，然亦有其可能產生之後遺症。這些後遺症包括：（一）引起其他單位之反彈、衝突或杯葛；（二）因特別權力或資源的享有、而造成貪污腐化（權力使人腐化）；（三）由於目的與結果導向，所以可能形成「為達目的、不擇手段」；（四）「霍桑效應」（Hawthrone effect），亦即由於受到密切觀察或關注，而產生異於常態之行為；（五）根據定義，專案與專案組織必須為非常態運用。因此，常態運用，容易產生「邊際效用遞減」現象。

第二，過去到現在，存在於我國警察組織中之專案甚多，除了各種刑案所成立的專案外，其他專案也不勝枚舉。這些專案，分別用「××專案」、「××工作」或「××演習」的名稱出現。有的定期實施，有的不定期實施。而無論其名稱為何，不外針對特定時、特定事、特定地、特定人等所擬定。

一、針對特定人者：如保護政府首長安全之警衛工作的「三民演習」、查緝不良分子之「安和專案」、檢肅流氓之「一清專案」、「迅雷專案」、加強通緝犯查捕之「索驥專案」、考核員警品操之「務本專案」、取締雛妓之「正風專案」、義警校閱之「靖安演習」。

二、針對特定時者：如每年春節實施之「春安工作」與選舉期間治安維護有關之「吉祥專案」、「景泰專案」。

三、針對特定地者：如山地警備治安之「山川演習」、維護警察機關安全之「丕基計畫」

四、針對特定事：如加強勤務訓練並評比之「警安專案」、整理環境衛生之「百淨專案」、防空避難之「萬安演習」、檢肅竊盜之「捕鼠專案」、查禁黃色刊物之「消毒專案」、查禁私煙、酒、偽酒、偽藥之「獵狐專案」、查緝失竊車輛之「順風專案」等（以上參考蔣基萍，1996）。

第三，今日，我國之警察組織中，由於所推出的專案甚多，而產生下列問題：

一、上述專案，基本上均由一個單位所主導、承辦，而後由其他單位配合。雖然對各該單位與承辦人而言，這只是「一個」專案。但他們卻忽略了當這一個專案交給基層機構執行時，對基層而言，卻變成「很多」專案。基層若不是擇一重點專案執行，便是以一種勤務涵蓋多種專案，而失去專案的意義。

二、專案的實施，由於有其特定的目的、對象或時空，因此在量上與推出的時空間上，必須有所節制，即適時、適地、適量，否則會因比例關係的變化，再度變成「邊際效用遞減」。

關於專案，建議參考：

蔣基萍（1996）。《台灣地區警察執法行為影響因素之研究》。台北：三鋒。

註❿：從功能的觀點來解釋警察貪污問題，有學者對此有不同的意見。學

者Barker（1977）指出：從無被害者之犯罪固然可以解釋部分的警
察貪污行為，但無法解釋所有的警察貪污行為。Barker更認為，所
有的職業都可能提供貪污的機會與結構，特別是同僚團體的支持在
此一問題上扮演相當重要的角色。因此，警察貪污行為事實上並不
特殊。見：

Barker, T. (1977). Peer Group Support for Police Occupational
Deviance. In Barker, T. & Carter, D. C.(eds.). (1986). *Police Deviance.*
OH.: Pilgrimage.

註⓫：警察人員使用武力之不可避免，除了不可預知之變數與危險此一原
因外，若依霍布斯（Hobbs）的觀點，還包括：因為警察必須維護
國家之尊嚴。而社會大眾因放棄自己的權利，所以對警察之使用武
力，只能承擔、不能反抗。

註⓬：由於Skolnick的研究，是針對基層勤務執行人員所做，所以他認為
危險與權威是影響警察人員角色的兩大變數。然而，我們再深入探
究，並非所有警察人員的工作都是危險的（參考第二章註五十
八），因為就我們的認識而言，上層或高階警察人員的工作並不危
險，否則為什麼高階警官更改年齡或延長退休者時有所聞？

註⓭：在有關警察人員使用致命性武力的原因分析上，本文是把焦點放在
警察人員所面臨的工作環境上。對此，學者認為可以有三種分析的
途徑，一是環境論，亦即本文所採的立場；二是文化論，亦即從警
察文化的觀點來進行研究；三是個人論，也就是從警察勤務人員的
個人特質，如性別、年資、年齡等進行分析。以上分見：

1.Greene, J. R. (1989). Police and Community Relations: Where Have
We Been and Where Are We Going？In Dunham, R. G. & Alpert,
G. P.(eds.). *Critical Issues in Policing: Contemporary Readings.* IL.:
Waveland.

2.Wagner, A. E. & Decker, S. H. (1989). Evaluating Citizen
Complaints Against the Police. In Dunham, R. G. (eds.). *Critical*

Issues in Policing: Contemporary Readings. IL.: Waveland.

3.Blumberg, M. C. (1986). Issues and Controversies With Respect to the Use of Deadly Force by Police. In Barker, T. & Carter, D. L. (eds.). *Police Deviance.* OH.: Pilgimage.

註⓮：若以Barker（1977）所強調警察人員需要同儕支持的觀點，以及Skolnick（1966）所說警察人員社會孤立的觀點來看，事實上無論執勤人員整多寡均無損於警察勤務執行之秘密性。換言之，執勤人數之多寡與秘密性之間，並無任何的必然關係。

註⓯：有關警察裁量權，請參閱：

1.李湧清（1990，12月）。簡論警察裁量權。《警學叢刊》。21（2）：47-51。

2.周文勇（1989，6月）。〈刑事司法體系之研究——以自由裁量權為中心〉。中央警官學校警政研究所碩士論文、未出版。

3.廖福村（1988，12月）。美國警察執勤抉擇權之探討。《警學叢刊》。19（2）：38-43。

4.陳世寬（1992，6月）。警察裁量權之運用與控制。《警察學報》。5：17-40。

註⓰：本文在上面，從一般原因與警察原因討論了為什麼在警察工作中勤務督導考核的必要與重要。當然，上面的討論並無法窮盡所有的原因。其他的可能解釋，還包括：可以借用代理人理論來進行說明、也可以借用Galbraith（1994）的權力平衡觀點加以解釋。這些解釋，都足以說明無論在任何組織中，控制都是必然且長存的。

註⓱：任何組織均有其結構圖。組織結構圖是正式組織的一種象徵，然而組織結構圖的功能與作用，一般的論著卻較少提及。依Kootnz與O'Donnell（1968）所見，組織結構圖幫助成員瞭解其在組織中之地位、職權與其他單位之關係；而Dale（1967）則以為，組織結構圖不但有助於外界對本組織之瞭解，而對組織內之人員而言，其亦有助於其掌握溝通之管道。在另一方面，Startling亦指出：雖然組織

結構圖可以幫助我們瞭解組織的分工狀況，組織中各單位之職掌乃至於各單位向誰負責等。然而，卻還有一些事是組織結構圖沒有辦法做到的。例如，組織結構圖無法告知外界在這個組織中權責的分配狀況、亦無法顯示各單位的相對重要性。同時，組織構圖也沒有辦法呈現組織內各單位之非正式關係。Perrow（1986）也說，到底誰是組織中真正的「主管」、誰知道每一個人的缺點、什麼是組織的要務與從屬關係等問題，在組織結構圖中均沒有辦法找到答案。這些都顯示組織結構圖雖能表現某些事物，在此同時，這也意味著組織結構圖的限制。

註⓲：在本部分的討論中，本文所採用的為一般的分類方式，即內部控制與外部控制。當然，還有別種分類方式，例如Vanagunas與Elliott（1980）則用程序的控制、倫理的控制、法律的控制等分類方式。由於相關文獻汗牛充棟，因此無法一一列舉。

註⓳：關於內部控制與外部控制的優劣爭議，早在一九三〇年代早已有之。兩位學者Finer與Friedrich對此，各持己見。Friedrich認為，由於現代行政組織之專案性與業務組織之廣泛性，因此最好採行內部控制；在另一方面，Finer卻認為行政組織的層級，只會帶來行政人員之臣屬（subordination），終將導致腐化，因此訴諸外部控制是更有效的方法。見：

Shafritz, J. M. & Hyde, A. C. (eds.). (1992). *Classics of Public Administration*. CA.: Wadsworth.

註⓴：退一步說，即使立法機關在人數、能力、專業上均有能力對行政機關為實質之監督與控制，但他們有沒有動機進行這樣的監督以及其監督背面之目的如何，從我們的現實生活來看，在在都值得懷疑。例如立法機關中之成員可能透過競租（rent-seeking）、選票互助（logrolling）等方式，放棄實質之監督而求取更大的政治或經濟利益。所謂「競租」，簡單的說，是透過法令的修訂，使立法者或某些利益團體得到特別利益，例如限制稻米、蒜頭等農產品進口或是

貿易管制、外匯管制、股匯市干預，無形中便創造出某些「經濟租」，便有人因此受惠。此類行為，由於不具生產性，雖對某些人具有短期效益，卻可能扭曲經濟與資源配置，因此應予譴責。至於選票互助，亦即選票交換，皆有可能為私利而非公益，所以應密切注意。

註㉑：有關此方面的問題，英文方面之資料甚多，不列舉。中文部分，請參考：

　　1.馬振華（1992）。警察犯罪偵防功效的反省與前瞻。中央警官學校主辦、犯罪防治與社區警察工作學術研討會。

　　2.李湧清（1993，12月）。警察績效考核之理論與實際。《警學叢刊》。24（2）：17-44。

註㉒：如果借助社會學上之觀點，並把這些觀點代入組織理論與實務中，我們可以發現，控制的型態十分多樣。典型的型態是設立控制的單位，在警察組織中，就是督察室與人事室。而除此之外，各業務單位在其業務範圍內，也可以進行控制。其他如賦予地位、賦予階級、賦予職務、賦予空間、賦予自主權等，也都有控制的內涵。再如言語的運用，如威脅、嘲笑、閒話、甚至於活動時間、空間之指定，也都是控制。由此可見人類控制方式之多樣。

註㉓：規則、法令（以下交互使用），依Perrow（1986）、North（1994）等人之觀點，對組織是有些幫助的。Perrow的觀點已見前述，而North以其經濟學者的觀點與立場認為規則、法令，乃至於制度是可以減少組織運作時所面對之不確定性；同時，也可以減少雜音、降低交易成本的。在此同時，有的學者雖不否認規則、法令，乃至於制度之必要，卻又擔心這些東西對組織成員所造成的影響。最明顯的例子便是Merton（1957）所說的「反功能」，亦即組織成員視法規為神聖，從而引起目標移置作用，把法令之遵守視為目標，模糊目標與手段，進而造成組織之效率無法達成。Merton的說法，由於缺乏系統性之資料，而不為人所滿意（Foster, 1990）。因此，有

人更以此為主題，進行更深入的研究。第二種型態的研究，是針對組織成員的安全感而發的。在這方面，比較為人所熟悉的學者包括Thompson（1961）、Blau（1963）、Downs（1967）及Scott（1981）。基本上，這些學者都認為，組織成員的不安全感與對安全感之需求，形成了組織中的法令與規則。例如Thompson指出：對組織中法規之遵守，可以對組織成員提供保護。因此，對自己之未來越有不安全感者，越有可能遵守法令規則。非但如此，當組織有可能使組織成員丟掉工作時，也應該透過規則、法令對組織成員提供保護。同樣的，Blau與Scott也分別指出：當組織無法提供其成員最起碼之安全感時，也應透過規則對成員加以保護。Thompson、Blau與Scott等人的說法似乎暗示，只有下層或基層的人員對法令規則有需要，也會嚴格的遵守法令，但Downs卻不以為然。在Downs一九六七年的著作（*Inside Bureaucracy*）中，認為意欲保持其現有的權力、地位者，才是最有可能嚴格遵守組織法規的人。這些人之所以會固守組織法規，主因來自其未來可以有的選擇甚少，因此，在較老的組織中常可以看到這種「保守派」（conservers）雲集。中層管理人員亦然。由前面學者的論述來看，似乎組織中任何層次的人員，都有遵守法令規則的動機。然而，這足以做完整而全面的解釋嗎？第三種型態的研究，便有不同的考慮、規則的關係所做的探討（Foster, 1990）。在此方面，Gouldner（1957~58）、Blau與Scott（1962）、Marvick（1954）、Presthus（1962）等人都有談及，其中又以Gouldner的研究最為人所知。Gouldner的研究始於分類，以對組織的忠誠度、對工作專業化的信守以及參考團體三項為標準，其將組織成員區分為兩類：在地人（locals）與世界人（cosmopolitans）。兩者的主要差別在於，前者對組織的忠誠度高、對工作專業化的信守程度低，以及比較喜歡採用本組織內其他參考團體之標準，而世界人則反之。兩者恰如一個光譜的兩端。在地人亦可稱之為組織人，而世界人則是專業人。Gouldner的研究指出，就規則而

言，對在地人與世界人有不同意義。簡言之，世界人視規則、法令為純手段，而這種手段常是造成目標達成的主要障礙，在地人則否。由此可見，法令、規則不但對不同層級的人有不同的意義，如Thompson與Downs等人所見，而依Gouldner所見，其亦對不同功能的人有不同的意義。這樣的解釋完全了嗎？並不盡然。第四種方式是基於權力競爭的觀點所做的論述。在這方面，應以Crozier（1964）為代表人物。在Crozier的眼光中，組織行為為一持續且動態的權力鬥爭過程，而非對外界環境的一種機械式反應。他認為每一個團體或組織都企求保持、擴大自己的裁量領域，並儘量減少對他人或其他團體的依賴，以力求自主性。在這種情況下，Crozier（1964: 199）進而指出：「儀式與規則，不僅止是訓練的工具，更是在權力與控制的鬥爭、與保護團體行動領域的有用機制」。由於權力鬥爭的持續性，因此容易形成惡性循環，那就是組織將日益增加其規則法令乃至於儀式以因應來自外界環境的不確定性，也更造成組織的僵化。

Crozier的觀點絕非異端，事實上Galbraith（1994）也有相似的看法。他認為組織權力的內外對稱是其重要的特徵之一，「組織只有贏得內部服從才能贏得外部對其目標之服從。它對外權力的強弱和可靠性，取決於內部服從的深度和穩定度。」（引自劉北成譯，1994：53）。以政府機構，專業組織甚至於有組織的犯罪集團為例，他說：「從中，我們可以看到內部的行為規範對權力的外在運用起著保護作用。」（劉北成譯，1994：56）。由此可見，法令、規則等一套有秩序、規範秩序的東西，絕非想像中之單純。因此，在組織與管理的研究上，Lynn（1987）就認為對任何公職人員而言，單一觀點的瞭解組織，不但不足夠，也可能對組織造成傷害。總結前面所言，有關規則、法令，乃至於制度，當學者們立足於不同的觀點，我們可以發現，因觀點不同，結論可能就因此有所不同。比較有趣，而可以進一步探討的問題包括：誰會遵守法令、規

則、制度？如前所見，Downs與Thompson、Blau、Scott等人的意見是完全對立的，因此，似乎我們只能說，無論哪一階層的人都有遵守的意願與動機，這種說法事實上也意指無論哪一階層的人也都有不遵守法令、規則、制度的意願與動機。這些說法，實在讓我們無所適從，深感困惑。再如Merton的反功能說法，有人以為這是組織的病理，然而當我們觀察現象世界時，不由得讓我們懷疑：這是常理還是病理？這也難怪Waldo說組織理論是瞎子摸象的問題（1961）；Jensen（1983）說：組織理論仍處於嬰兒期——來日方長。問題尚未結束，除了從經驗世界做制度、法令、規則的考查外，制度這些具規律性、普遍性、一般性的東西，還具有道德方面的意義，這是常為人所忽略的。以制度而言，本文以為，借用康德的觀點，具有絕對性。此意指，在制度沒有修改之前不容任何人以任何理由不遵守。借用康德的觀點，道德本身就是目的，因此，制度本身即是目的。把道德或制度加以絕對化，可能引起一些質疑：例如，道德的標準太嚴苛了，因之不會有人遵守；有人也以為康德所談論的道德，並不適合中國人的文化與民情。作者可以同意反對者的理由，只是作者必須指出，在當前我們的社會中，如果不將道德與制度絕對化，如果不將道德與制度視為絕對無例外的，則可能引發的問題與爭議將更多。換言之，制度與道德的絕對化，有其成本，然而，相對化的道德、制度所付出的成本恐將更大。如果道德制度有其文化差異性（如不合國情），那就會有其時間差異性。當道德、制度有其時空差異性，我們將很悲哀的臣服於黑格爾的「存在即合理」的理論下，而沒有翻身的一天。道德與制度的絕對化，想像起來很困難，但在實施上卻不如想像中之困難。例如公務員年滿六十五歲退休，就是一個例子。在警察工作中，本文以為，就必須予以絕對化，無人應例外。過去，政府以行將退休之人，任命其擔任警察組織之最高領導人，也許有其必要，但卻是一種對制度道德性之撤守與玩弄，從而使人懷疑制度之可能性與一致性的問題。

這些是我們必須再三思考的。以上分見：

1.Perrow, C. (1986). *Complex Organizations: A Critical Essay*. NY.: Random House.

2.劉瑞華譯、North, D. C.著（1994）。《制度、制度變遷與經濟成就》。台北：時報文化。

3.Merton, R. K. (1957). Bureaucratic Structure and Personality. In Shafritz, J. M. & Hyde, A. C.(eds.). (1992). *Classics of Public Administration*. CA.: Wadsworth.

4.Foster, J. L. (1990). Bureaucratic Rigidity Revisited. *Social Science Quarterly*, 7 (2): 223-238.

5.Thompson, V. (1961). *Modern Organization*. NY.: Alfred A Knopf.

6.Blau, P. M. (1963). *The Dynamics of Bureaucracy: A Study of Interpersonal Relations in Two Government Agencies*. IL.: The University of Chicago Press.

7.Downs, A. (1967). *Inside Bureaucracy*. MA.: Little, Brown and Company.

8.Scott, W. R. (1981). *Organizations: Rational, Natural and Open Systems*. NJ.: Prentice-Hall.

9.Gouldner, A. F. (1957-58). Cosmopolitans and Locals: Toward an Analysis of Latent Social Roles. In Ott, J. S.(ed.). (1989). *Classics Readings in Organizational Behavio*r. CA.: Wadsworth.

10.Blau, P. M. & Scott, W. H. (1962). *Formal Organizations*. CA.: Chandler.

11.Marvick, D. (1954). *Career Perspectives in a Bureaucratic Setting*. MI.: University of Michigan Press.

12.Presthus, R. (1962). *The Organizational Society*. NY.: Knopf.

13.Crozier, M. (1964). *The Bureaucratic Phenomenon*. IL.: The University of Chicago Press.

14.劉北成譯、Galbraith, J. K.著（1994）。《權力的剖析》。台北：
時報文化。

15.Lynn, L. E., Jr. (1987). *Managing Public Policy*. MA.: Little,
Brown and Company.

註❷：有人以爲未來警察組織之型態，會力求減少層級結構，會朝著所謂
扁平化的方向前進。對這樣的看法，無論從短期或長期發展來看、
無論參酌學理或觀察實際，本文只能同意：層級可能減少，卻但無
法消除，特別是對一個講究紀律、命令服從之組織而言。

註❷：在社會心理學中，常對人際吸引的關係進行研究。解釋人際吸引之
主要理論有二，一爲相似論，一爲互補論。簡言之，所謂相似論指
的是兩個人之間，或基於地理原因、心理原因、時間原因之相近，
或因爲熟悉、相似等原因，使得兩人彼此吸引。互補論則反之，意
指兩個人無論在各方面均有不同之處，但仍互相吸引。心理學研究
者指出，無論是相似論或互補論，均能在理論上與實證研究上都能
發現支持的證據。但相對的說，相似論在解釋力上占上風（孫名之
等譯，1994）。我們如果同意心理學者的見解，就可以明白爲何軍
事型態之警察組織，較非軍事型態之警察組織更不利警民之間的互
動。見：
孫名之等譯、Atkinson, R. L.等著（1994）。《心理學導論（下）》。
台北：曉園。

註❷：以意識形態或倫理道德之訴求，作爲一種內部控制的手段，對警察
組織而言，也是相當常見的。而在我國各類的警察教科書中，也充
斥這類教條式的指導，例如梅可望先生所著《警察學原理》中第五
章有關警察人生觀即是。比較罕見的是，以意識形態的宗教信仰作
爲組織內部控制的手段。事實上，若以自發式的宗教信仰爲訴求，
可能宗教信仰在組織內部控制上所能發揮的力量會超過吾人之想
像。而以Malinowski對Trobriand Island上土著捕魚行爲之研究以及
我國有許多警察人員佩戴佛珠的實例來看，宗教信仰在組織內部控

制上與減低因工作而產生之不確定性上，所產生之功能亦不應忽略。格於本文意圖，有關此部分只能稍提及。請參閱：

張德勝（1993）。〈宗教〉。載李明堃、黃紹倫主編，《社會學新論》。台北：商務。

註㉗：嚴格來說，即以警察人員穿著制服而論，在不同人心目中即可能做不同的解讀。本文以為，制服的穿著，對非警察組織或人員而言，有類化與物化警察人員之作用，同時也有透明化警察行為的功能；對警察人員本身而言，則具有同化與內化警察規範的意義；對警察組織而言，制服可以矮化警察人員（亦即去除其個人化的色彩），另可能同時兼有將警察人員權威化、專業化的意義在內。而在衝突論者眼中，制服還有將警察人員與一般民眾分化的作用。也就是透過制服，一種We-They的區分（Platt, et al., 1982）。以上見：

Platt, A., et al. (1982). *The Iron Fist and the Velvet Glove.* CA.: Synthesis Press.

註㉘：為什麼勤務執行人員不排斥以科技產品所從事的勤務督考作為，有進一步說明的必要。首先，主因之一在於警察人員缺乏這樣的認知。而更重要的卻是這些科技產品的社會地位與象徵意義。以作者對中美社會之認識，這種狀況在我國尤其明顯。以行動電話（大哥大）或呼叫器（BBC）而言，在一個工商發達的社會中，資本家或其他具有特殊專長之白領階級，欲求工作之效率、掌握工作上之時效，因此，透過這種方式進行聯絡或資訊之交換。對他們而言，這些科技產品只是達成目標的工具。然而，對此未進行深度思考的人而言，輕易的即把行動電話與資本家連上等號。由於資本家或其他有特殊專業人士如律師，通常有較多的財富與較高之社會地位，因此，擁有行動電話、呼叫器者亦很容易的被一般人想像為有較多的財富與社會地位較高。這種倒果為因的思考，使許多人產生錯覺，在我國這種現象尤其明顯。而類似這種單純的思考方式的例子在我國俯拾皆是。以「官大學問大」為例，從我國的歷史可知，在往

昔，因科舉取士，所以學問大才能官大。而時至今日，由於對此缺乏正確之認識，使許多高官誤以為其學問也大。由這些例子，事實上我們已不難看出科技對人之宰制。雖然本文對這些科技產品之介入警察人員之工作與生活有這樣的解釋，但仍有許多人反對這樣的說法，認為這些科技產品提高了他們工作的自主性，因為他們可以透過不做任何回答的方式去拒絕對方的要求。對於這樣的解釋，由於涉及價值判斷，本文亦不能否認具有部分道理。只是以本文的立場來說，重要的是提供另一種反思。這種反思是：科技對人類的宰制是無所不在的，在科技及其產品之下，人的自主性正逐漸喪失中。

註㉙：所謂的追查、候查、隨查，一方面是從工作過程中所做的考查；另一方面，也是時間因素的一種運用。然而，若從學理面而言，則也可以說是一種「三角測量法」的運用。所謂三角測量法（triangulation），可以說是一種文件、資料的文義考查方法。在研究方法上，此意指由於一種方法（或理論）的使用，無法顯示出文件、資料、研究之信度與效度，因此必須多管齊下。簡言之，三個點決定一個面，因此必須透過多種資料、文件，方足以查覺事實的真相與全貌。這種方法，在警察勤務中有極其廣泛的運用空間。以下試以勤區查察的督考為例，說明如何運用這種方法。對任何擔任警勤區的基層而論，在其進行勤查勤務時，依其工作流程，則至少與下列表、簿、冊有關：

勤務分配表（有無排定勤查？）

↓

出入登記簿（簽出並登記預定查察之戶）

↓

巡邏簽章表（實施查巡合一時）

↓

家戶訪問簽章表（簽名）

　　　　勤區查察簿（註記）

　　　　　　　↓

　　　　出入登記簿（簽入返所）

　　　　　　　↓

　　　　工作紀錄簿（登記工作狀況）

　　　　戶口查察記事簿（註記）

　　　　其他表冊（註記）

由於此一工作執行過程中，至少有九種以上的表、簿、冊必須參考，有些還必須簽名註記，因此若勤務督導人員無法候查或隨查時，便可運用三角測量法的觀念進行追查，瞭解其中不一致或矛盾之處，從而發現弊端。總的來說，三角測量法有其定位或發現矛盾與問題的優點，其限制在於對所發現的問題卻無法提供解釋。除了上述之外，指導勤務督察的綱領「警察機關勤務督察實施規定」，也經常作修正。例如在二〇〇二年的修正中，除了根據督考層級分成三級以外（署、警察局、分局）之外；也將勤務督導分成三類：駐區督導、機動（專案）督導、聯合督導。由此可見中央對此之重視。至於三角測量法，見：

Hagan, F. E. (1994). *Research Methods in Criminal Justice and Criminology*. NY.: Macmillan.

註❸：依隱性與顯性面，本文以上對控制方式所做的討論事實上並不完全。依Shamdi（1994）所見，可以對警察組織進行控制的方式甚多。從社會整體面與民主面為出發點，Shamdi批評過去對如何控制警察所做的研究，一方面未給予社會大眾討論的空間，也忽略各種控制機制同時作用的可能性，更未顧及我們所處的是一個民主社會之事實。因此，Shamdi提出一個所謂整合的途徑。他認為，可以對警察進行控制的方式有二：第一，制度化的控制方式，即透過政治人物之選舉（特別是負責中央或地方行政事務之官員）、司法控制、行政控制以及媒體或學者批判等方式為之。第二，公共的控

制方式，包括：一、民眾之集會、遊行、示威、抗議；二、警察局長民選；三、公眾參與警政決策；以及四、社區控制。Shamdi的整合控制觀點，以本文的立場來看，並非不對或不能實施，而是他把控制做了過分擴張之解釋。

註③：從嚴格的語義而言，問題至少具有兩種涵義：第一種涵義指的是一個議題或一個主題，例如我們常說：今天我們來討論這個問題；第二種涵義則指兩件事情的矛盾與不一致之處，例如我們說：這當中有許多問題。在這裏，Laudan顯然指的是第二種涵義。然而，有的時候第一種與第二種涵義又很難截然劃分。

註②：在研究如何提昇社會與個人安全之問題上，Krahn與Kennedy（1985）提到三種方式：共同生產、輔助生產以及平行生產。所謂共同生產，是指警察與社會共同實施防衛，所指的是如社區警政、社區之防範犯罪計畫等。而輔助生產，則是要求民眾納稅、教育小孩遵守法律以及每一個人都成為好國民。平行生產，則指個人之自衛、改變足以引發犯罪的生活習慣等。

註③：Olson的經濟學觀點，提醒我們注意警察基層人員與組織及其目標之間的異化過程，事實上這也提醒我們探討基層的社會化過程。在此方面，早在一九七〇年代早期，就有兩個研究受到注意。首先是Van Maanen的研究。Van Maanen認為，警察人員的社會化過程，早在其接受學校的基礎教育即已開始。而隨著實習時的指導前輩，亦即對新進（rookie）人員負責地訓練的警員（Field Training Officer, FTO）之引導與觀念灌輸，警員間同儕團體意識得更加強化。Van Maanen說：「新進人員很快就知道，支持他的人會是同儕團體，而非高級長官。因此，他也必須支持其同儕團體。」（1978：299）非但如此，透過選擇、介紹、遭遇問題、與變質等四個階段，新進人員也會學到：規則、制度的運用總是因人而異的，因此，同樣的違規行為並不必然導致同樣的處分。Harris的一九七三年之研究，也有同樣的觀點，不同的地方在於Harris是以自己在

警察學校的經驗所做的觀察。他指出，整個警察教育的內涵在建立
警察人員行為的一致與統一，以避免來自外界的攻擊與法律訴訟。
而教育的內容，則是由三件事所貫穿；防禦、非人化以及專業化。
這種內涵造成的結果便是團體的凝聚力以及對非我群之不信任與懷
疑（Harris, 1973）。Southerland與Reuss-Ianni稱此為「文化與價值
觀的傳承」（1992）。因此，從警察文化的觀點或警察社會化過程的
觀點來說，也可以對組織上下層之間的利益不可共通性提供若干解
釋。

自然，此一問題還有後續的討論空間，那就是構成文化的中心概念
是什麼？從社會學發展的過程來看，我們可以發現至少在組織文化
的層面上，其中心概念之一即為「常規」或「標準」（norm），這
也是長久以來社會學理論的中心問題之一（Turner, 1991）。在社會
學理論的範圍中，經常存在兩種對立的解釋。功能論者傾向認為社
會結構是由一套清晰且具拘束力的常規或標準所形成的結果，因
此，在這個意義上，常規或標準可以用來引導成員之行為以及彼此
間之互動；在另一方面，卻有更多的社會學理論與主張者所看到的
卻是常規、標準的限制，包括互動理論、交換理論乃至於衝突論。
有的質疑常規與標準的明確性、有的質疑其一致性、有的質疑形成
的過程。當我們把時間、空間因素納入，當我們從微觀與宏觀兩個
角度進行分析時，我們可以看出，常規儘管有些功能，可能也有些
反功能；標準有一致的時候，也有歧異的時候。見：

1.Van Maanen, J. (1978). Observations on the Making of Policemen.
　In Manning, P. K. & Van Maanen, J. (eds.). *Policing: A View From
　the Street*. CA.: Goodyear.

2.Harris, R. N. (1973). The Police Academy. In Terry, W. C., III. (ed.).
　(1985). *Policing Society : An Occupational View*. NY.: John Wiley &
　Sons.

3.Southerland, M. D. & Reuss-Ianni, E. (1992). Leadership and

Management. In Cordner, G. W. & Hale, D. C. (eds.). *What Works in Policing: Operations and Administration Examined*. OH.: Anderson.

4.Turner, J. H. (1991). *The Structure of Sociological Theory*. CA.: Wadsworth.

註㉞：事實上，對於許多基層人員而言，他們並不反對來自上級單方面的道德要求。然而，他們更關切的卻是：上級達到了這方面的要求了嗎？

第7章　我國警察勤務之未來

前言

　　世界與事物變化的速度，往往超乎我們想像之外。

　　著名的未來學研究者、以《第三波》（*The Third Wave*）、《未來震撼》（*Future Shock*）而受到各界廣泛注意的作家Toffler在美國聯邦調查局的官方出版品「聯邦調查局執法公報」（FBI Law Enforcement Bulletin）一九九○年元月的未來研究專號中，以執法工作為重點首先要求我們對未來做一些想像與思考。他們認為，如果我們對未來的想像是平靜、靜止的，那麼接下來的問題便不用再談了（Toffler & Toffler, 1990: 2）。Toffler的要求十分有趣，因為他們的說法揭示：

❖如果明天的世界是靜止的、封閉的、不變的，那麼未來的預測便是不必要的。

❖反過來說，這也意味著對未來的預測中，我們必須建立世界「非靜止不動」的假設。因為只有在這種預設之下，未來預測才有意義。

　　在另一方面，Toffler的問題也暗示，未來我們面對的環境是呈現巨大之變化的。人類所面臨的變化，到底是何等劇烈的變化？或許下面的數字可以告訴我們一些答案。

　　Toffler在其所著《未來震撼》中曾這樣描述：

　　「在有人類存在以來的五萬年中，每六十二年，我們把它視為一個週期。那麼，就有八百個週期。其中，有六百五十個週期，人類都居住在洞穴中。只有在最後的七十個週期中，人類才可以用圖書文字互相傳遞訊息。在最後六個週期中，人類才真正看到印刷之文字。而直到最後兩個週期人類才普遍使用電動機

器。現在，充斥在我們生活中的大量物質則是第八百個週期的產物。

另一個像這種幾何級數快速快變的例子就是人類的征服外太空。從一九○五年在北卡羅來納州所作的首次飛機飛行到以電腦控制太空船登陸月球，其間只不過相差六十五年。」（Toffler, 1970: 13-14）

　　Toffler的此一描述，是三十四年以前所說的。如果在今天，Toffler恐怕有更多的想像與擔心。例如「冷凍胚胎」（frozen embryo）的竊取是擄人勒贖或是單純的竊盜？生化監視科技在法庭的證據力如何等？（Toffler, 1990: 4）。這些問題，提醒了未來研究之必要，「因為刑事司法工作深受科技及社會改變之影響」（Mathias, et al., 1980: 522）。

　　本文是對於我國警察勤務之發展所做的觀照。此一觀照的目的，在於表明我們對未來因應的決心以及建立對可能變化之心理準備。對未來之預測，可能會犯若干錯誤，因為推測中即已隱含失敗、錯誤的因子。然而，如Mathias所說：「推測和猜想就算是錯誤，也有他的價值存在。這就像中世紀所繪的世界地圖雖然錯誤百出，但是沒它哪能發現新大陸？」（Mathias, at al., 1980: 521）。以嘗試的態度，本文擬就我國警察勤務的未來可能發展加以預測。

　　本章在結構上，分為下列幾個部分：第一節：前言，說明本文的目的與結構；第二節：預測未來的技術與方法，探討預測未來的各種技術及其限制；第三節：影響我國警察勤務未來發展的因素，以宏觀的角度去回顧過去我國警察勤務之發展並探究其影響因素；第四節：我國警察勤務之未來，以微觀的方式說明其可能發展；第五節：小結。

預測未來的技術與方法

● 預測未來的目的

　　在探討預測未來的技術與方法，或許第一個應該有的懷疑是：為什麼要去預測未來？換言之，預測未來的目的究竟是什麼？

　　以宏觀的立場來看，預測未來最主要的目的是掌握未來。對一般人而言，未來所象徵的是不可知與難以預測。這種不可知與難以預測是一種不確定性，而不確定是使人類手忙腳亂、不知所措的重要原因，所以有學者說人類「嫌惡不確定性」（risk aversion）。正因如此，為了避免慌亂、為了減少不確定性、為了使一切均在掌握之中，是以有必要對未來進行預測。換言之，預測未來的理論目的是：化不確定性為確定性。

　　而從警察工作或刑事司法工作的內涵來看，Mathias等人相信，預測未來的發展，對刑事司法工作有下列好處（1980: 522）：

❖許多新科技有助於刑事司法工作。刑事司法人員若能迅速利用新科技，尤其是電腦及通訊技術、改良之武器與運輸工具，以及刑事科學和管理技術，便能應付日益電腦化及機械化的社會。

❖如果執法人員能預測犯罪趨勢，便可預先規劃犯罪預防方法，特別是足以減低犯罪浪潮之「加強保護犯罪目標」及「降低犯罪機會」等方法。過去的犯罪預防工作都是事後預防，現在我們應該迎頭趕上未來世界，事先預測犯罪趨勢及提出預防之道，不要等事情發生後才加以應變。

❖如果刑事司法人員能預知改變中之社會價值觀，便能引導及改
　變社會執法、判決及矯治等之需求，而非就此種需求之改變加
　以因應，並可能引導社會潮流至一個較易控制的局面。
❖除了預測新問題外，刑事司法人員便能掌握機會，例如使用電
　腦去追查人犯，或者爲被告設計個別處遇計畫。

　　對於許多人而言，Mathias等人的想像或許過於樂觀。然而，就
Mathias的想像所言，事實上亦與一般人一樣，認爲只有透過對未來
的預測，方足以掌握與控制未來。
　　相對於Mathias等人的宏觀，即使在更微觀的層次上，對未來的
預測我們在工作中也經常不知不覺的在進行，例如公文處理中承辦人
的擬辦意見以及各種可行方案的多案併陳，也都是預測。只是在對未
來的變化中有不同程度的預測。因此，D. M. Gottfredson說：「預測
是控制的先決條件」（1987: 6）。

● 預測未來的態度

　　預測未來的態度，是針對預測者的心理狀態而言。學者對於預
測未來所應抱持的態度，分別提出了一些警告。例如對美國刑事司法
制度與運作頗有研究的學者Walker便指出：「預測未來之藝術性大於
科學性」（Walker, 1983: 309）。而對未來研究夙有心得的學者Gordon
也說：「（一）未來預測可能準確（precise）而不精確（inaccu-
rate）、（二）未來預測不是價值中立的」（Gordon, 1992: 26）。而S.
D. Gottfredson更明白的說：「預測的精確性與所用的方法、資料的
可靠性、變數的選擇之間呈現一種函數關係。」（1987: 23）。學者的
警語，對本文而言，有下列意義：

❖雖然Walker的警語已指出預測未來的錯誤可能性，而這是對未
　來預測有興趣的人首先必須銘記在心的。但是Walker本人並不

反對這種預測，同時也不意味未來不預測。重要的是，對未來
之預測並非憑空想像，而是「由已知求未知」。換言之，對未
來之預測絕非天馬行空式的想像，而是以事實作為根據的合理
推測。這指明事實或資料在預測未來中所占的地位與重要性。

❖Gordon所謂「未來預測可能準確而不精確」，提示：對未來的
預測是趨勢（trend）的預測而不是對個別事件的預測，因此，
其所指之準確乃指大方向而言，而不是如占星術的對個別事件
加以預測。以這樣的觀點觀察未來，所以是「準確」而「不精
確」。

❖雖然Gottfredson所提示的方法、資料、變數等是影響預測準確
性的因素，然而在實際進行預測時，因困難度與複雜性將遠較
理論所預期者為高，特別是時間與空間因素加入考慮的時候。

此外，Gordon所指：「預測未來無法價值中立」一語有值得關
切的必要。如果我們認定可以用科學的方法去預測未來，或者我們認
定預測未來是一種科學，那麼明顯的，Gordon的言語為預測未來塗
上了不科學的色彩。惟從另一個角度來看，誠如Walker所說，預測未
來的藝術性大於科學性，加以預測未來的基礎是事實資料之過濾與選
擇。這些過程，正足以說明為什麼Gordon認為預測未來並不是價值
中立的。即使Gordon有這樣的提醒，惟若以本文的立場來看，本文
將嘗試把非價值中立的色彩減至最低。

● 預測未來的方法

預測作為控制的前提，意指預測並非純想像。純想像的預測，
是無法進行控制。這突顯了預測未來在方法論與技術層面的重要性，
因之D. M. Gottfredson也說：「預測的重心在於科學方法的運用。」
（1987: 6）。在另一方面，在運用科學方法的同時，我們也必須理

解，預測可能並不完全精確的。然而，這種測不準之可能性也不代表
預測是不可爲的。以下便是對預測方法做簡單的介紹。

　　Gordon對於預測未來的方法，認爲可以大別爲兩類：探究式
（exploratory）的預測方法與規範式（normative）的預測方法。而無
論探究式或規範式的預測方法，都可以再分爲量的預測法與質的預測
法。爲此，Gordon整理出預測未來的方法，如**表7-1**所示。

表7-1　Gordon的預測未來方法

	規範式的預測法	探究式的預測法
量的預測法	遠景描述（scenarios） 科技結果分析 （technology sequence analysis）	遠景描述 時間序列（time series） 迴歸分析（regression analysis） 多元程式模式 （multiple-equations models） 機率模式（probabilistic models） 非線性模式（nonlinear models）
質的預測法	遠景描述 德菲法（delphi） 深度訪談（in-depth interviews） 專家會議（expert group meetings） 天才預測（genius forecasting） 科學想像（science fiction）	遠景描述 德菲法 深度訪談 專家會議 天才預測

資料來源：Gordon, T J. (1992). The Methods of Future Research. *The Annals of the American Academy*, 522: 27.

　　在這些方法之外，Mathias則指出：還有許多統計方法可以應用
在預測未來上。例如卡方檢定（Chi-square）、T檢定（T-test）、因素
分析（factor analysis）都可以用在預測未來上（Mathias, et al.,
1980）。

　　由於預測未來的方法與技術甚多，以本文有限的篇幅言，無法

一一介紹。因此，本文擬就比較簡單易行的四種方法，做簡單的說明。

✳德菲法

德菲法（Delphi），是一種腦力激盪。其實施，依Gordon所說，首先也是最重要的是：確定專家的名單，亦即確定有專業知識者的參與。換言之，預測未來需要以專家的專業知識為基礎，而不是民意調查，所以專家的確定是德菲法實施成功的第一步。

而在實施的過程中，White等人（1985）則指出有兩個條件非常重要：（一）專家的匿名性（anonymity）與（二）反覆實施。具體言之，德菲法的實施步驟是：（一）確定專家的名單；（二）發放問卷；（三）收回問卷後加以整理並列出一些形成專家共識的問題與項目；（四）確定第二次的專家名單；（五）發放問卷；（六）要求專家對其他專家的共識表示意見並說明不同意之理由；（七）收回問卷再加整理。如此不斷反覆之實施（Gordon, 1992；White, et al., 1985）。在這些過程中，學者認為專家之匿名性最應被強調。因為，德菲法的目的在瞭解對未來的看法，如果專家的姓名無法保密，可能形成對專家意見與想像力的抑制，從而無法獲致專家對未來的各種不同意見、而妨害吾人對未來狀況之瞭解。因此，Gordon與White等人都強調這種專家之匿名性。

德菲法雖然簡單言行，但這並不意味這是萬靈丹。換言之，其亦有許多限制。例如專家名單的確定、專家姓名的保密，均是實施中所必須考慮到的。而其預測之結果，由於其專業知識的支持，可能其準確性較一般人之預測為高；然亦因其專業知識，可能也有偏見產生，這也是不能忽略的。

✳遠景描繪

所謂的遠景描繪（scenarios），Mathias解釋：「是將一組邏輯的、合理的、但不必然會發生的事件依序或同時予以描繪」

（Mathias, et al., 1980: 522）。Mathias等人的解釋相當抽象。簡而言之，這是一種對未來世界的想像，也是將各種趨勢之間的相互關係加以描述的方法。

具體地說，遠景描繪有其基本步驟（White, et al., 1985: 110）：

❖ 確定所欲描繪遠景之範圍：是對一般社會生活的描述，還是對學校生活的描述？確定範圍是第一件必須考慮的事。
❖ 確定遠景的時間：是公元二○一○年的我國警察？還是二○九○年的台灣社會？時間之所以重要，是因為時間越長，則變化的可能性越大，也就越難想像。
❖ 找出對未來發展可能影響的因素或事件：以我國警察勤務的發展來看，比較能夠想像的因素，至少就包括人口、犯罪等因素。
❖ 確定與影響因素有關之趨勢：例如台灣地區人口質與量的變化趨勢、各種犯罪型態的發展趨勢。
❖ 儘可能描述這些趨勢對未來可能之影響：例如是否人口增加會導致犯罪增加、犯罪增加是否會帶來警力之增加或警察勤務之改變等。

由於遠景描繪是結合現有資料、邏輯推理而做的一種未來想像，因此，可能其會被認為是一種「純想像」。同時，又因其欠缺「有系統或良好的根據的學理基礎、對未來可能過分樂觀或悲觀」（Mathias, et al., 1980: 522），因而在適用時必須瞭解這些限制。

✽時間序列分析

相對於德菲法、遠景描繪的想像式之預測，而被認為是主觀或偏見，以時間序列分析（time series analysis）❶的方式對未來預測不但可以顯得較客觀、理性，也比較具有說服力。

所謂的時間序列分析，其重點在運用長期的時間資料，以簡單

或複雜的統計方式來預測未來的各種發展趨勢（Gordon, 1992: 30）。在簡單的時間序列分析上，Mathias介紹了兩種方法：（一）平均移算法（moving average）、（二）平滑指數（exponential smoothing）（Mathias, et al., 1980: 525-526）。

❖平均移算法：是將某一領域在相同期間內所產生的相同現象之數據蒐集起來，除以所選定之期間數目以求出下一期間之數據。例如某發生竊盜案件之情形如下，則可由下列平均移算法推論出下季發生竊案之件數。

每季發生竊案件數

	1,980	1,981	1,982
第一季	178	180	200
第二季	176	184	207
第三季	172	186	220
第四季	188	202	—

計算方法如下：

$$\frac{186+202+200+207+220}{5}=\frac{1,050}{5}=203$$

利用前五季之移動平均值所算出一九八二年第四季發生之竊案件數應為二○三件。然而，由近數季來之數據可看出，竊案有日漸增多的趨勢，而且傳統上第四季也有季節性的高犯罪數字。因此，用一個三季之移動平均值來推算，可預測一九八二年第四季之竊盜件數為二○九件，其計算方式如下：

$$\frac{200+207+220}{5}=\frac{627}{3}=209$$

從這個例子可以看出：當數據漸增時，利用平均移算法所求得

之下一季數值均低於上一季數值，故所作之預測通常不準確，故此法較適用於長期而又穩定的數據上。

❖ 平滑指數：對於不穩定或增之數據，則應採用「加重制」（weighting system）以反應季節性或漸增之現象。加重制中有一種叫做「平滑指數」（exponential smoothing），其計算公式如下：

SEM新數據＝平滑指數×上一期數字＋（1－平滑指數）×
　　　　　SEM舊數據

這裡所指的SEM（smoothed exponential mean）是以平滑指數法預測所得之下一期數據，而SEM舊數據則是指同方法預測之上一期數據。其中平滑指數，乃是為了加重某些數值之作用所設定。如果利用前例竊盜案件之相同數據，則須利用平均移算法先求得SEM舊數據。以一九八一年之第四季和一九八二年之前兩季為基準，則一九八二年第三季之預測值當為二〇三，即由二〇二加二〇〇加二〇七除以三而得。而上一季即一九八二年之第三季之真正數據為二二〇。因此，若以一、五為平滑指數，則依公式可得第四季之預測值為二二九。如下例：

SEM新數據＝1.5×220＋（1－1.5）×203
　　　　　＝330＋（－0.5）×203
　　　　　＝330＋（－101.5）
　　　　　＝228.5

由上述Mathis所給的兩個例子可以看出，這兩個方法無需特別複雜的計算技巧，而且容易，是可以用來預測未來的。然而，若當法令有變化或當環境有劇烈變化的時候，可能就容易產生較大的預測落差。

除開這兩種方法以外，隨著電腦的普及以及各種統計軟體的發

展，運用迴歸分析（regression analysis）以時間序列之資料來預測未來，是許多學者所鼓勵的。

✳迴歸分析

迴歸分析在預測未來上之作用，White等人（1985）對此有一些解釋。White等人認為：

> 「從管理之觀點以論，預測未來應著力在三個問題上：首先是未來可能發生什麼事？其次是什麼時候發生？第三是為什麼會發生這些事？」（White, et al., 1985: 116）

他們接著指出，所有預測未來之技術，都可以回答前兩個問題，但很難提出對第三個問題之解釋。而迴歸分析，則可以從統計解釋中，為第三個問題提供答案（White, et al., 1985）。以White等人之解釋來看，迴歸分析不僅具有預測之功能，亦有解釋之功能。

在實際應用上，White等人也說明了應用之步驟：

❖ 描述模式：亦即說明所欲預測的結果以及可能對結果有影響之因素。
❖ 說明所需之資料：說明預測所需之資料及來源。
❖ 資料之選擇與轉換：特別注意季節或其他因素之變化，避免影響預測之正確性。
❖ 資料之測試：亦即資料是否彼此相互影響。
❖ 迴歸模式之評估：亦即評估迴歸模式是否能正確的預測未來。

雖然學者認為迴歸分析在預測未來時相當有用，但這種方式並非毫無限制。首先是資料的正確性問題。如果資料不夠正確，欲求正確的預測未來無異是緣木求魚。其次，是對迴歸分析所有基本假設之遵守。統計學者對此有相當嚴格的要求，若違反這些要求，則所做的推論可能會被認為瑕疵重大，而不具說服力。其他應考慮的事項還包

括挑選正確的自變項、考慮各自變項之間的關係等。由於這些因素都攸關預測未來的正確性，因此不應掉以輕心。

　　總的來說，在這個部分中，本文討論未來的目的與應抱持的態度，也簡單介紹了幾種預測未來的方法。這些介紹與說明，或許不足以涵蓋預測未來的所有層面，但卻足以說明未來並非不可預測的。

影響我國警察勤務未來發展的因素

　　在論及影響我國警察勤務未來發展的因素之前，也許我們首先應考慮的是：我國的警政運作是處在一個封閉系統或開放系統中？我國警察組織到底是有機的還是機械的？警察勤務作為警察工作的一種功能表現，是自發的還是反應的？這些問題之所以重要，是因為我們必須對這些問題的性質加以斷定之後，才能開展我們的預測與論證。

　　然而，我們首先遭遇的困難是：物自體本身可能並不可知；為了知，我們必須「斷定」，這是價值判斷。其次，即使物自體可知，我們不知的是與物自體相關的因素有多少，因之，我們只能訴諸經驗、只能獨斷的決定，這是另一層追求真理的危險。這說明以下的探討可能並不完全。

　　話說回來，既然在論述的前提上，我們有一些困擾，而知性（無論是基於我們自身的或是來自聖哲學者的）告訴我們：我們的警政運作，有其封閉系統的一面，也有其開放系統的一面；同樣的，我國的警察組織是機械的、是有機的；警察勤務是自發的、也是他律的。既然有這種現象存在，因此為求論證之進行，本文必須假設：我們的警政運作是處於一個大的社會系統之中，此意指有許多因素都對警政運作有直接與間接的影響。在此情況下，警察組織與警察勤務為求生存發展，可能有不同的反應與改變。

　　首先，我們借助國外學者的觀點，來瞭解他們對此之看法。以

學者對未來與警政工作有關之預測來看，他們都有不同的關切焦點。例如Walker（1980）所在意的是政府財政狀況的變化，Trojanowicz與Carter（1990）則注意人口的問題，而Toffler（1992）則從社經狀況國學者對警政未來預測之提示，配合我國的狀況，本文以為下列因素對我國警察勤務之發展具有重要性。

●人口因素

人口因素於警察勤務之影響，可從兩方面觀察：人口的數量與人口的質量。

從人口的數量方面，以本文的宗旨而言，首先必須肯定的是台灣地區人口數日漸增加之事實。以一九七一年至一九九〇年的資料為例，一九七一年的戶籍登記人口為一千四百九十九萬餘人，至一九九〇年，已超過二千萬，達到二千零三十五萬餘❷，二十年的時間增加百分之二十五。在另一方面，台灣地區人口之增加雖為不爭之事實，而過去的人口統計也顯示，人口增加之速度正趨緩。例如人口增加率，在一九七一年時為千分之二十一點七，往後二十年間，除開一九七六年的龍年因素外，餘基本上呈逐漸下降之趨勢，到一九九〇年已降至千分之十二點二。

人口數量與警察勤務之關係，基本上是間接而不明顯的。此問題也一直是學者關切的焦點。在此一方面，學者主要的論證方式是：

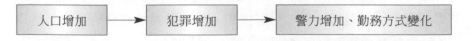

人口增加 → 犯罪增加 → 警力增加、勤務方式變化

這個模式是指當人口增加，犯罪亦隨之增加，而犯罪之增加帶來之結果是警力之增加與警察勤務方式之變化。換言之，由於犯罪因素之介入，而使人口與警察勤務之間產生關連。這樣的論證可能面臨的問題有二：（一）到底人口之增減與犯罪之增減有什麼的關係？

（二）到底犯罪狀況之改變與警察之間有什麼關係？

在第一個問題上，過去實證研究的結果令人困惑。有的學者指出，若以倫敦爲例，在一九五五年到一九七四年之間，其殺人案之比例由每十萬人零點六件，上升到每十萬人一點八件（Chaiken & Chaiken, 1983）。換言之，當人口增加，殺人案亦隨之增加。有的學者則發現，犯罪狀況會因時間而有所不同。在Skogan（1977）的研究中，以一九六〇年爲分界點，前期兩者是負相關，後者則是正相關。一九八二年，Jacob與Lineberry的研究則發現，以暴力犯罪而言，當人口減少，暴力犯罪增加，而人口增加之都市則未必會導致財產犯罪之增加（Jacob & Lineberry, 1982）。而以一九七三年至一九八九年的本土性實證研究則顯示，在台灣地區人口與犯罪之間的關係存有正相關（Lee, 1992）。惟在另一項調查研究中，研究人員卻發現：解釋人口與犯罪之關係的因素，相對於人口數量，人口的變化（增減）更具有解釋力（許春金、余玉堂等，1994）。面對這種紛雜並陳、且結論並不一致的各種研究結果，本文因而只能保守地認爲，人口與犯罪之間可能存在著某種程度的關係。

其次是犯罪狀況之改變與警察勤務之間的關係。本文在第二章中已論述與表達犯罪狀況之變化可能會引發警察勤務方式之變化。然而，卻有許多人關切，是否警察勤務方式的變化，會對犯罪有所影響？在這方面，迄今爲止，也沒有完全一致的研究發現。Isaacs於一九六七年針對洛杉磯市警局的研究，Clawson與Chang一九七七年的西雅圖之研究均指出：巡邏單位之增加有助於犯罪之逮捕。其他如Chapman（1976）的研究指出警察勤務活動可以嚇阻犯罪、Wilson與Boland（1978）、Sampson與Cohen（1988）、Whitaker（1985）等人的研究均指出：警察的勤務方式可以對犯罪產生嚇阻效果。少見的例外是：Jacob與Rich的研究。Jacob與Rich（1980~1981）的研究指出，攻勢巡邏對於犯罪嚇阻之效果不大。這些研究結果與發現的不一致，使我們不能完全肯定警察勤務對犯罪的效果，但可以肯定的是這

些效果會因時間、空間、人物、事物而有所變化。

小結有關人口數量與警察勤務之關係，在犯罪因素被引入之後，有關人口與警察勤務之關係才顯得較明顯。因此，本文以比較保留的態度認為，人口數量對警察勤務的影響是間接而不明顯的。

而在人口的質量方面，在本文則指人口的組成問題。以人口的組成而言，明顯的存在著地域差異，特別是在民族熔爐的美國。在美國，所謂的人口組成，主要指的是移民問題。就此而言，Trojanowicz與Carter（1990）以及McCord與Wicker（1990）都有相當程度的關切。以社區警政為出發點，Trojanowicz與Carter除了有白人之「美國是否已變灰」的傳統憂心外，也擔心移民所引發的文化差異與衝突以及美國警察是否有能力處理移民問題；而以人口與經濟為主軸，McCord與Wicker則擔心移民的失業率問題、警察預算短缺問題可能帶來的影響。值得慶幸的是，這些學者的憂慮在台灣地區雖然並不明顯，然而卻也提醒我國警察機關及早正視與研究類似的問題——外籍勞工之管理以及大陸偷渡客。

在人口質量的問題之另一面是人口老化或「嬰兒潮」（baby boom）（Trojanowicz & Carter, 1990; Walker, 1983）。人口老化的問題，以比較時髦的口語說，我國已邁向一個銀髮族的社會。根據行政院主計處所編印的社會指標統計，從一九六一年以來，六十五歲以上人口在全國人口中所占之比例正呈穩定之上升趨勢。在一九六一年時，六十五歲以上人口僅占總人口百分之二點四九，一九七一年是三點零三，到一九八一年則是四點四一，一九九〇年時此數據則為六點二一。人口老化的問題，對警察勤務的影響在於老人易成為犯罪被害者。遺憾的是，老人被害的問題迄今仍未受到應有的重視，而學者關注的焦點多放在青少年犯罪問題上。青少年犯罪問題誠然值得重視，然而以最宏觀的角度觀察犯罪問題，鎖住銀髮族，為老人的安全訂出辦法，在減少犯罪問題上亦應有幫助。在此同時，雖然依我國之統計，嬰兒潮的趨勢並不明顯，而依學者的看法，嬰兒潮所帶來的犯罪

浪潮卻不容輕忽（許春金，1992）。整體來看，無論是老年被害或青少年犯罪，都是未來可能對我國勤務運作產生影響的。

除了人口的數量與質量的問題之外，同時也應該注意的是人口的流動問題。而人口的流動的問題，又可以單純只從本島觀察、以及以較宏觀的視野觀察本地與外地的人口流動狀況。正如前面所曾提到的，由於交通的日趨便利以及外籍勞工與大陸偷渡客的持續增加，所以人口流動也會直接間接的改變勤務的運作與重點。

●政治因素

警察工作本身就是政治性的，警察本身從未脫離過政治因素的影響，學者從現象面所做的觀察早已獲致這樣的定論（Bayley, 1971；Manning, 1971； Crank & Langworthy, 1992）。當我們考慮政治因素對警察工作的影響時，我們就必須有這樣的體認並從事這樣的探討。在這個問題上，本文以為可以從四個角度進行多方面的觀察。

第一個角度是從非警察因素，也是就警察無能為力的外界政治因素來考查。在這方面，最明顯的也許是中央與地方的警政權限劃分問題。從過去中，我們已經看到政黨因素在此一問題上所產生的作用。然而，此一問題的背面，絕非如表面人事權爭議的單純，它所牽涉的還包括：財政權（預算）之分配、中央與地方對權限劃分的態度與立場、中央對人事權的鬆手可能導致警察的教育、考試制度的鬆動，以及各地全面效法的骨牌效應。就本文的立場來看，別的不論，僅以警察事務而言，目前首要的問題在於警察人事任用權方面的爭議與決定。而對警察勤務與管理而言，其與警察局長人選的決定，相當程度地決定警察勤務之運作方式與型態（Wilson, 1968A）。因此，對未來我國警察勤務運作方式與型態而言，有關警正二階以上警察官任命權的歸屬，不能不加以注意。

第二個角度是從警察組織內部政治生態的變化所做的考慮。在

往昔，國民黨在一黨專政的時代，參加國民黨不但是警察人員的唯一強迫選擇、也是升遷的基本條件（尤其越往上層越為明顯）。隨著國內各種體制與制度的日漸鬆動以及國民黨在各方面所面臨的挑戰，國民黨不再是唯一選擇，而使警察人員有更多的政黨選擇機會。在此之外，警察組織內部的層級、年齡結構之變化，雖與政治因素無法直接為有意義的聯結，但中高階層人員的精壯化以及警察人員平均年齡的降低，也有可能造成引進政治勢力後的各種合縱連橫。同時，也因警察教育、行政人員在職、進修教育的普及，這將使警察性質的公共性、警察組織經營管理的民主化、制度化的要求更被強調，進而產生質、量之變化。這些源自警察組織的內部反省，雖不適合直接解釋為政治因素的影響，但在某種程度內我們也無法排除政治因素在其中所起的作用。

第三，在中央與地方的權限劃分此一政治因素上，應予高度關切的是，規範我國警察勤務的法律——警察勤務條例的問題。

雖然在許多人眼中，警察勤務條例是一個純然技術性的法律；本文雖不否認此一條例的技術性格，但是作者必須指出，強調警察勤務條例的技術性並不能否認警察勤務條例的政治性。為了充分表達本文的觀點，作者認為必須先從警察勤務條例第一條談起。

警察勤務條例第一條的規定，相當簡明，旨在說明本條例之立法依據。此條說：「本條例依警察法第三條規定制定之。」此一條文，基本上說明了幾個事實與現象，以下分述之。

本條首先說明警察勤務條例之法律依據為警察法第三條。換言之，由這裡我們可以看出，警察法與警察勤務條例之間，事實上是一種母子法關係。

與本條有關係之法令，一為警察法第三條，一為警察法施行細則第三條中有關警察勤務制度之規定。由這些規定中，衍生出一些問題，本文認為有深入探討的必要。

第一個有關問題是，警察勤務制度真的有成為制度的必要嗎？

如果我國現行的警察勤務制度並不是制度，可能會產生什麼問題？

　　警察勤務到底是不是一種「制度」❸？或者應不應該成為一種制度？很早就有學者就此提出質疑。例如我國警界先進酆裕坤先生在其所著《各國警察制度通論》中，即曾指出：

> 「所謂警察勤務制度，應即係執行警察勤務所採行的一種方法與
> 方式，其中牽涉的問題甚多，如警力的分配問題，勤務執行的
> 程序問題，設備問題，效率問題等等。欲求發揮勤務之功效，
> 所採的勤務方法與方式，貴能因時、因地、因人、因事、因物
> 制宜」（酆裕坤，1976：47）

　　酆氏的這個見解，恰與梅可望先生論警察勤務原則之一的「因時因事因地制宜」（梅可望，1990）不謀而合。同時，酆氏更引起和麥之經驗後，下結論說：

> 「基於上述原因，余因之始終懷疑全國各地警察勤務方式的統一
> 與制度化之可能性。」（酆裕坤，1976：48）

　　由這位警察先進對警察勤務所論的原則來看，警察勤務是不是該成為一個制度，已十分清楚了。酆氏與梅氏的觀點既不極端、也不特殊，而從本文第二章有關警察勤務之空間性的討論中亦可看出，持這種觀點的學者所在多有。

　　事實上，即令酆、梅兩位先生沒有這樣的提示，警察勤務條例在最初立法之時業已警覺警察勤務的制度化可能會帶來一些問題，而做了許多彈性規定。以一九八六年修正公布後的警察勤務條例而言，其中彈性規定之多，恐怕是在我國現存的法律中是相當罕見的。

　　更具體的說，警察勤務條例共二十九條。在這二十九條之規定中，據作者統計，計有十五條的硬性規定，而有十四條的彈性規定。如此多的彈性規定，意味著警察勤務事實上並不是一種制度。更進一步觀察，我們發現警察勤務條例中有許多條文是中央授權地方的警察

勤務機關或機構彈性地規劃與執行自己轄內的勤務措施。

出現在警察勤務條例中的彈性規定，其所用的字眼主要是「得」字（據作者統計出現了二十二次），其他的彈性字眼或辭，包括「必要時」（出現四次）、「應視」、「應參酌」、「按需要」或「但」（共出現十一次）等。由這些字眼出現的數量可以看出，事實上，警察勤務條例在立法當時法案設計者已暗示或預設警察勤務已不是一個「制度」了。

有關警察勤務條例中彈性規定與硬性規定之條文比例中，本文擬再引一例來支持作者的觀點。

學者林山田先生在論及特別刑法與普通刑法之數量關係時，曾這樣指出：

> 「原則法與例外法在數量關係上必須具有相當大之差異現象。易言之，原則法所規範之領域必須占絕對優勢，例外法則只規範極小之領域；否則，兩種法律之規範領域，如相差無幾，即非屬原則法與例外法之關係。」（林山田，1987：207-208）

林山田先生的這一段文字，明白說明：當例外的規定在數量上過多時，此時「例外規定」已不再是「例外規定」而是「原則規定」了。以這樣的標準來檢驗我國警察勤務條例之內容，我們可以清楚看出，警察勤務不但不是一種「制度」，甚至由於其彈性規定過多，而使我們懷疑到底是不是需要這樣一個「條例」了。

其次，學者Kuhn在其名著《科學革命的結構》（*The Structure of Scientific Revolutions*）一書中也曾指出，在常態科學（normal science）的活動中，科學家經常會遇到一些舊典範（paradigm）難以解釋的異例（anomaly）。當這種異例不斷出現，新典範誕生的契機便浮現了（Kuhn, 1970）。如果我們把這個觀念應用到警察勤務條例上，把其中的原則規定視為常態，把例外及彈性規定看成異例，這不是也意味警察勤務已不是一種「制度」了？事實上，更深一層的觀察，學者林山

田之見解與Kuhn之看法，在某種程度內確有異曲同工之妙。

綜合以上，我們可以瞭解，無論是從邏輯上、學理上、實務上，乃至於法條規定本身，警察勤務基本上就不是一個「制度」也不應該是一個「制度」，因為制度在語意上蘊含著不應有「彈性」或不應有「太多」的彈性。至於如果沒有警察勤務制度或是沒有警察勤務條例，會不會有什麼問題產生呢？作者預料警察勤務亦將不會有太大改變。但作者必須指明的是，在我們的現實生活中，有很多事物對人們的心理意義重於其實質意義。即以死刑為例，多數的實證研究均顯示，死刑的嚇阻犯罪效果頗值懷疑❹，但以我國的現實情況來看，贊成維持死刑制度者仍居多數❺，可見社會大眾對它的依賴。同樣的，廢止警察勤務條例，在作者的想像中應該不至於引起警察勤務方面太大的變化，因為既存的規範已深植警察人員心中。然而，可以預見的是有權做這種工作的人將不會去做這件事，因為所必須擔負的風險太大，孔令晟先生的警政現代化運動就是一個例子。

警察勤務條例之產生，與我國傳統的政治架構——強調中央集權息息相關。在可預見的未來，隨著中央與地方之權限劃分，警察勤務條例無論從學理上、實際上分析，都沒有繼續存在之必要。警察勤務條例政治性格的鬆動甚至於解體，以作者來看，正是警察事務地方化的說明。因此，對此一法律之未來，值得密切觀察與注意。最後，在此一問題上，必須有若干程度的澄清。本文的立場，在某些情況下，可能被人斷章取義的指為本文的反制度。作者無法接受這樣的指控；本文僅是在嘗試指出，在現階段的警察工作中，警察勤務不該是由中央主導的制度。其次，即使警察勤務應建立制度，也絕非是由中央所建立，而應由地方所主導。當由地方主導時，針對其管轄區域內所擬訂的有關警察勤務的工作綱領，從微觀面而言，當然可以稱為是制度，惟若從宏觀而言，則不是個制度了。

另外，值得密切注意的是未來我國警察任務之可能變化。學者Bayley曾言，「我們必須先決定警察是什麼，才能決定他們做什麼」

（Bayley, 1985）。Bayley此言的意涵是指，我們必須先行確定警察的任務與功能，而後方能決定警察如何決定其勤務方式。同時，Bayley此言也暗示警察事實上是具有空間差異的。換言之，不同國家或地域之警察，其任務與功能可能有所不同，此亦即梅可望（1990）所謂之「警察意義之空間性」。以本文的企圖來說，這個觀點的提出，旨在提醒在短期的未來，我國警察的法定任務「依法維持公共秩序、保護社會安全、防止一切危害、促進人民福利」，雖其爲抽象的規定而較少有變化之可能；然而，具體詮釋我國警察法定任務之警察業務與警察勤務則有較多之變化可能。具體的說，這是指我國的警察業務之項目以及執行警察勤務之方式，很可能因爲政治狀況的變化而隨之變化。例如在警察業務中許多與管制性工作有關者，如汽車修配與車輛保管業、舊貨寄售業甚至於當舖業之管理，都有可能因政治因素的變化，而對之採取不同形式之管制。再如警察勤務之執行方式，例如勤區查察，亦有可能因其所引發之爭議❻，而以不同型態的方式、名義執行或以縮小查察範圍與對象的方式進行。政治狀況的變化、政治生態的轉變，對警察任務、業務與勤務而言，是隱而不見的；而對警察組織的成員或警察學術的研究者而言，卻不能忽視來自此一方面的變化。這也是爲什麼有人相信「警察本身就是極富政治性的產品」（Bayley, 1971）（另可參考第二章註十四）。

法律因素

　　不論警察的角色在任何時空被何人爲何種定位，「執法者」的此一角色，是很難被改變的。也因警察的執法者角色，是以法律方面的變化對警察勤務方面的影響也應加以注意。

　　所謂的法律因素，不但包括立法院所通過的法律、同時也包括大法官會議對法律所做的解釋。如前所見，省縣自治法的通過與施行，即對我國警察勤務之運作產生衝擊。而這樣的前例，所在多有。

例如一九八六年，國家安全法立法通過，取代戒嚴令。國家安全法的制定與施行，使我國警察機關接管了原屬警備總部所主管的安檢業務。安檢業務的接辦，不但擴充了警察組織之人力，也使警察勤務的負擔為之加重。再如一九八六年所通過的集會遊行法，也使集會遊行之秩序維持，變成警察之重點工作，而一般例行性之勤務，也因此而有減少之現象。大法官會議五三五號解釋，也使警察機關在臨檢時更加注意時機與程序。這些例證，都足以說明警察勤務之實施深受法律之影響。

以本文的立場來看，在未來可能影響警察勤務的法律甚多，本文很難就此個別的加以預測。即使這樣的預測有其困難，然而配合國內當今的各種環境，本文以為有兩項法案值得密切注意。一是有關公務員中立之法案，另一則是有關勞動時間基準的法案。

銓敘部所研擬中有關公務員中立之法案，若把它放在警察工作中，事實上也可以說是警察行政中立之法案。有關警察行政中立一事，可以有兩個層次的討論：一是論警察該不該行政中立，另一則是論警察能不能行政中立。

警察工作在執行之際，該不該行政中立，對警察學術研究者或對於其他自由派學者而言，其答案是再也清楚不過的了。而在警察行政者的眼中，對警察行政中立卻顯得欲拒還迎，面臨進退維谷的兩難。一方面，他們在態度上、心理上也許主張警察應該行政中立；另一方面，他們可能又擔心警察行政中心對警政可能造成的衝擊以及未來可能面臨資源益加匱乏的窘境。銓敘部所研擬的法案，基本上已肯定公務員（警察人員）應該中立的前提；然而，公務員或警察人員事實上能不能因此法之訂定而得到真正的中立，那又另當別論。換言之，以公務員中立法為基礎而產生公務員能夠中立的樂觀想像，在某種程度內可能過於天真。而公務員能不能中立，除開法律案的研擬外，國內政黨政治的健康正常發展以及中央與地方權限劃分之問題，都將扮演重要而舉足輕重的角色。總而言之，在警察行政中立的此一

問題上，公務員中立法所能發揮的影響值得拭目以待。

　　在有關法律因素中，宏觀面上，本文關切公務員中立法案的未來發展；而在微觀面上，本文則注意勞動基準法之變化。

　　勞動基準法中有關工作時間之規定，當然排除警察人員之適用。然而，若從整個國內之大環境加以觀察，休閒性之強調，已成為無可避免的潮流。而所謂休閒性，意指一般人之工作時間將隨文明之進化而減少，相對的休閒時間亦增加。所以會造成這種現象，主要原因在於大量的科學化設備應用於人類工作上，使工作時間節省而效率普遍增加。對警察工作亦然。無論是機車、汽車甚至於直升機用於巡邏工作，不僅節省執勤人員體力，亦加大巡邏之縱深。同時，因文明之進步，使人類更加注意本身之健康狀況，期望工作時間縮短，加長休閒時間以從事運動。我國勞動基準法於數年前通過及行政機關與公務員週六不上班，本身即蘊含有「休閒性」之意味在內。再以行政院經濟建設委員會所發表的「台灣地區綜合開發計畫」（一九七七年至一九九六年）為例，其對一九六六年台灣地區生活時間結構再予推計一九八九年的每週時間分配，得知每週生活必需時間由一九七六年的七十四小時減為七十二小時，約束時間由五十小時減為四十五小時，自由時間由四十四小時增至五十一小時，平均每天增加一小時的自由時間❼。自由時間的增加，或休閒時間的增加，在今天的工業社會中不應被忽略，是因為「『休閒時間』的擴增乃是工作無可避免的束縛與不滿的一種可能補償」，Bottomore認為無論社會主義或非社會主義之支持者對休閒時間之意義均有這種看法（引自蔡伸章譯，1992：197）。而下引更可看出，休閒的重要性。Bottomore指出：

> 「馬克思在《政治經濟學批判大綱》的幾點上曾討論這個問題，
> 而在一般文字裡，他十分讚賞地引述一個匿名作者在《從政治
> 經濟學裡所推論的國家困境的來源與救方》（The Source and
> Remedy of the National Difficulties, Deduced from Principles of

> Political Economy）（London, 1821）所提到的『當工作天的時
> 數是六小時，而非十二小時，則這個國家的確是富裕的。事實
> 上，財富並不是為每個人以及整個社會支配剩餘的勞動時間
> （真實財富），而是支配直接生產所需之外的可自由處置的時
> 間』。（《政治經濟學批判大綱》，P.706）」（引自蔡伸章譯，
> 1992：203）

　　必須更進一步說明的是，除了補償與財富的意涵外，休閒時間
的爭取與增加，無論對藍領或白領階級而言，無論其所從事者為勞心
或勞力的工作，都還有獨立、自主、反剝削、反宰制的意味在內。換
言之，就是在社會的集體生活中除講究與他人共同性之外，也要求與
他人有所不同的差異性；也就是求功能互賴與自主之均衡。在這一層
意義之下，當代人類之爭取休閒時間，便不能也不容等閒視之。無論
如何，即使不將休閒時間的意義擴張解釋至形上學的領域中，但休閒
的補償與財富意涵，本文認為終會形成具體的法律文字。而法律文字
的形成，亦將會造成我國警察勤務中有關勤務時間規定的重大變化。
如果我們觀察過去我國有關公務員上班時間的變化，便不難得到這樣
的一個推論❽。

　　在前述中，本文陸續地檢討影響我國警察勤務運作的三個因素
——人口、政治與法律。當然，任何都可發現，影響警察勤務之因
素，絕不僅於此。其他的影響因素，例如經濟或政府財政對警察勤務
之影響，再如科技對警察勤務之影響，都有學者加以研究與探討，其
重要性亦不容忽視。三如國際政經情勢的變化，也會有明顯且立即的
影響。最典型的例子是「九一一」恐怖攻擊，便使我們的警察勤務有
重大的改變。限於本文的意圖，對此不擬再加討論。以作者的用心來
說，本文更關切的是學者為未來警察勤務所勾勒的圖像與所描繪的遠
景。第四節便是針對學者的描述與作者的觀察所做的探討。

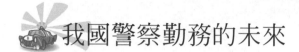 我國警察勤務的未來

學者在論警察工作之本質時，肯定警察工作本質有其時間與空間上之差異，而稱此爲「警察意義之時間性」與「警察意義之空間性」（梅可望，1990）。而在警察勤務的執行上，是否亦有所謂的「警察勤務之空間性」與「警察勤務之時間性」呢？從定義來看結果，學者可能獲致不同的結論。因此，就本章的目的而言，重點並不在於警察勤務之時空性，而在於外國學者與本國學者對警察勤務的未來發展，有著什麼樣的想像？這些想像對我國警察勤務的未來發展，有著什麼樣的影響？以及這些想像對我國警察勤務之未來有什麼樣的啓示？以這樣的態度與心情，本文整理了一些資料來說明學者的預測與想像。

● 外國學者的未來描繪

有關警察勤務的未來圖像，學者分別從不同的角度加以關照。其中，有從宏觀面立足者，亦有從微觀面觀察者。首先，我們觀察Swank（1993）所做的描述。

Swank運用了長期資料與德菲法，呈現廿一世紀的警政圖像是：

❖由聯邦政府的干預轉變爲地方政府的主控。
❖由對組織目標的關切轉變爲對個人權利之尊重。
❖由強調權威關係轉變爲參與式之管理。
❖由意識形態與教條之強調轉變爲實用主義。
❖由對現狀之順從轉變爲多元、革新之思考。
❖由不再強調科技發展轉變爲強調社會發展。
❖由財政之補貼轉變爲責任與生產力之強調。

❖由男性爲主之警察文化轉變爲男女平等之觀念。

❖由強大的工會轉變爲勞工運動的層級化。

❖由「脫逃重犯率」轉變爲致命武力使用之嚴格限制。

❖由對組織效率之關切轉變爲對社會正義之關切。

❖由組織至上轉變爲個人決策權之強調。

　　由Swank所做的十二項預測的列舉，我們可以清楚地看出，其主要是針對警察組織所做的關照。當然，Swank對警察組織的關切是全國性的，也是針對美國警察組織所爲的關照。在這些關照之中，對我國警察勤務而言，比較值得注意的是第一項至第七項。其中，有指出警察事物之地方化傾向者，如第一項；而在警察組織的發展面上，其中第二項、第三項可解爲組織成員（特別是基層人員）自主或參與意識之抬頭覺醒；餘四、五、六、七項則可視爲管理策略與思潮之轉變。除非我們自視我們的警察勤務之運作是處於一種眞空的環境與狀態之中，否則我們便沒有理由不去理會與注意這些趨勢之發展與變化。

　　相對於Swank所預測之具體，在某些人眼中，Mathias等人（1980）的描述，可能令人覺得匪夷所思。Mathias等人是這樣說的：

「警察將成爲歷史的遺跡。消防人員、警察人員及救護車駕駛員都將由一種『人類服務人員』（human service officers）所取代。這種人員將經過多項訓練以處理救災、執法、緊急救護和心理健康等各方面問題。由於這種工作將需要高度智慧與技術，因而人類服務人員將可擁有良好待遇並享受崇高的社會地位。

警察爲遏阻犯罪及逮捕現行犯所作之巡邏工作將因被認爲無效而廢除，取而代之的是人類服務人員。因爲此時將出現一種新理論：此等人員之高能見度，乃是使民眾之心目中消除對犯罪

的恐懼感及充滿安全與富裕感所必需。所以人類服務人員的利器便是以社區服務作為遏阻犯罪的最好方法。由於此種防治犯罪的新觀念及運用其他各種處遇方式（如藥物治療、荷爾蒙治療、行為改變方案）將使得暴力犯罪及街頭犯罪大幅降低。犯罪之增加只發生在較複雜的白領階級犯罪（如電腦竊盜）上。而此等犯罪亦將由刑事司法體系以外的機構來處理。」
（Mathias, et al., 1980: 537-538）

姑且不論Mathias等人對執法工作所做的預測對警察人員而言究竟屬於利多或利空，亦不論其等之預測有無實現之可能。然而，渠等之預測卻提醒：（一）警察教育改善之必要；以及（二）社區在警察勤務中之中心地位。

再看其他學者對此之看法。Cox（1990）以為警察民眾的合作、民眾的積極參與治安工作、警政工作的研究與計畫性、授權與重視基層警察的工作、社區與問題導向之警政策略、改變警察的角色與功能朝向警民合作的方向演進，以及民間化警力的快速發展等，均為下一個世紀警政發展的可能趨勢。而Thibault（1982）除了關切財政上之限制外，也強調以分權的警力運用方式，透過社區警政等策略來維持社會治安。Tafoya（1990）則認為，社會中價值觀念之變化勢將影響警察從業人員，因此，警察組織之結構與管理型態亦必須為之做適當的轉變。同時，Tafoya也深信，對明日之警政與警察勤務而言，經驗可能只是一種「教條」（dogma）或意識形態，而理論的思考、展望才是最重要的。最後，是來自O' Dowd（1993）的提醒。以警察局長的身分，O' Dowd認為，未來警政之變化不論如何，有一些事是今日仍可以確定的，即是：

❖警政工作必須以地方性之事務為基礎。
❖警察勤務之實施必須取得當地社區之認同與支持。

❖警察勤務之運作必須獨立於政治控制之外。

❖服務品質對警政工作之各層面均具有重要性。

❖警政工作不單純只限於執法,它還具有社會福利方面的意義
（O' Dowd, 1993: 58）。

　　總的來看,上述學者、專家的說法或預測均各有所本。而在我
國警政與警察勤務之發展中,我國學者的看法又是如何?在這些看法
中,又與外國學者的未來看法有何差異?下面是本文所呈現的資料。

🔘 我國學者的未來描繪

　　依時間順序,下面的資料是我國學者對我國未來之警政發展的
描述。

　　首先,是中央警察大學警政研究所前所長、現台北大學教授許
春金與美國學者O' Leary（1992）所做的描述。

　　在這篇於一九九二年發表於「警察研究」（Police Studies）中名
為〈廿一世紀台灣警政之思考〉（Thinking About Policing in Taiwan
in the 21st Century）的論文裡,許春金與O' Leary先從四個社經因素
（包括：國民平均所得、汽車數量、婦女工作參與率以及離婚率）加
以觀察後指出,台灣警政未來在外在環境上可能面臨的變化。而這些
變化可能影響未來我國警政之未來發展。具體的說,他們指出,應特
別注意的問題包括：（一）科技變化之影響；（二）警察組織之重
組,特別是中央集權、軍事型態組織之不合時宜；（三）警察角色與
權責之釐清；（四）警察士氣；（五）來自社會大眾之支持。當然,
他們也提出教育與訓練之重要性的看法。這些基於本土狀況所做的論
證,與外國學者的看法有頗多類似之處。由此可見,以我國之社經發
展狀況而言,在警政工作之發展趨勢,依學者所見,是與先進國家同
步的,亦即空間上之差異並不明顯。尤其特別值得注意的是,許春金

與O' Leary等兩人特別指出，在警察組織結構之重組方面，有三件事決定警政成敗之關鍵：（一）警察組織對社會變遷之敏感程度；（二）警察組織對問題之回應與效率之能力；以及（三）在勤務運作上上級的授權程度（O' Leary & Sheu, 1992）。這不但說明警察勤務或警政工作的運作並非在真空狀態之進行，也意涵警政與勤務運作必須地方化，而與O' Dowd所見有相合之處。當然，許春金與O' Leary的見解並非經典，我們必須再看其他學者的論證。

在由中央警察大學所發行的《警學叢刊》，一九九四年六月的「警察行政專號二」中，有更多的學者、專家，對我國警政與警察勤務之發展做了探討。以英國警察勤務的運作為出發點，江慶興（1994）強調勤務之合理化與人性化以及勤務方式之彈性授權；王玉民（1994）認為，應以管理之理論為基礎而彈性的安排勤務時間；劉嘉發（1994）則認為：（一）改進排班方式；（二）固定班次輪值；（三）加強主管人員排班訓練；（四）服勤時間合理化；（五）建立警力支援系統、減少待命服勤；（六）勤務分配科學化；以及（七）調整薪給方式等。這些從微觀面所提出的見解或建議，雖非許春金與O' Leary所關切的重點，但與之相同的卻是上述專家學者都同意授權與彈性之重要。

最後為陳明傳（1994，9月）的「論警政之新取向」。以研習警察行政的背景，陳明傳對我國未來警政之發展做了全面性的關照。在此文中，以整合的觀點，陳明傳論述，我國警政之發展上應努力的一些方向是：（一）注意社區警政之發展；（二）瞭解運用問題導向之勤務策略；（三）強調警政之品質管理；（四）預警式之警政管理方式；以及（五）民間化警政之發展等。陳氏對警政的關懷面甚廣，而其所提之觀點亦與其他學者所見有相合之處。由此亦見，在我國警政與警察勤務之發展上學者已建立相當程度之共識。而這些共識之形成，長遠來看，是有助於我國警政之發展與進步的。

歸結上面學者的看法，我們可以看出，上述學者都提醒注意外

界環境的變化，並注意各種趨勢之發展，而採取彈性、合理、有效率的管理方式。對本文而言，這些論述都具有啓示作用。具體的說，在前述中外學者的導引，配合作者個人的認識，下面本文將嘗試對我國警察勤務與警政之未來提出一些看法。

● 本文的未來描繪

對於我國未來警政與警察勤務之發展，本文當然有所期許。這些期許或展望，是以現實爲基礎的。因此，在本文對未來的描繪上，並不希望有類似Mathias預測之駭人聽聞，而希望以務實的態度進行描繪。總結前面的學者與專家之專業觀點，本文以爲下列是我國警政與警察勤務的未來圖像與發展。

首先，必須說明的是，警察工作正面臨外界環境的巨大變化。這些變化有來自科技的（如衛星導航系統應用於警察勤務中），亦有來自政治的（如省縣自治法與中央與地方之權限劃分問題），甚至於社會的（如人口、犯罪之增加）等。儘管這些變化都會對警政與警察勤務之運作產生衝擊，但在短期的未來，警察工作中仍有一些是不容易改變的，也是我們可以確定的。簡言之，以本文之觀點，下面幾件事短期內不易有巨大變化的。

✱警察任務之不變

如前所述，我國的警察任務在警察法的規定中是較抽象的。抽象所代表的模糊性，是本文認爲其不容易有改變之可能。而在具體的規範「警察做什麼事」的警察勤務層面，則因外界環境之變化與衝擊，則有較多變化之可能。然而，本文也必須指出，在警察業務與警察勤務中，仍有其易變與不易變的一面。不易變的，包括警察業務中犯罪偵防、交通整理等由警察人員負責處理，以及警察勤務中巡邏仍將爲主要的勤務方式；而可變的，則包括警察業務中之特定營業管理

以及警察勤務中有關臨檢、勤區查察的廢除或法律化等。

✽警察組織之不變

　　有關未來我國之警察組織，基本上不容易有改變的，包括：
（一）仍是一種勞力密集之產業（Reiss, 1992；Monkkonen, 1992）[9]
（二）仍將是一種強調命令與服從關係的半軍事化組織型態。以勞力
密集此一性質而言，意味著：我國警察組織結構仍將維持一種底寬上
窄的金字塔式組織[10]，而這種結構不易改變。此外，這樣的組織結
構，在警察勤務上也意味著，外勤人員將比內勤人數多，而科幻小說
中所幻想的「機器戰警」（robocop）在短期的未來實現之可能性微乎
其微。當然，執行人員（外勤）在警察組織中的數量優勢地位，也代
表「裁量權」（discretion）是不可免的，而警察之貪瀆行為也將為之
必然[12]。而在半軍事化的組織型態上，則意味著不易變的是警察組織
之下行的單向溝通型態以及缺少人性化的另一面。

✽警察勤務之不變

　　警察勤務之不變，包括：（一）以資訊、情報為基礎之運作型
態不變[13]以及（二）勤務指揮中心之重要性不變。警察勤務之運作需
要以多元的資訊與情報為基礎，學者早有定見（Manning, 1992）。而
在未來的勤務中，資訊與情報對勤務運作之重要性，會隨著民眾的需
求日趨明顯與犯罪狀況的漸趨複雜，更顯出其重要性。而在勤務指揮
中心方面，也因反應式警勤方式仍居警察勤務之核心地位以及科技產
品的大量運用，而不減其重要性。

　　簡言之，本文僅就警察工作中一些不易變的層面做簡要的敘
述。這不代表除上述之外，其他都是易變的，不易改變之處仍多。例
如來自財務或預算上的壓力不易改變、以更有效率經營警察組織之呼
聲不易改變、政治力量之干預警政也不易改變等。這些都說明影響警
政之因素甚多。以本文的目的而言，我們除了瞭解這些不變以外，更
關切我國警察勤務的未來走向。而以過去的發展趨勢以及學者專家所

提供的專業知識爲基礎，本文以爲我國警察勤務未來的發展如下列：

❀警察勤務組織之地方化

所謂警察勤務組織之地方化，意指在勤務指揮、勤務組織之建立之權限交給地方，亦即警政地方化。省縣自治法的通過以及地方強大的自治呼聲，使本文產生這種樂觀性的預期。警察勤務基本上是一種技術性甚強的工作。而這種技術性又會因空間之不同，而必須採取不同的策略與因應方式。以目前由中央立法的警察勤務條例之內容來看，由於其不合時宜，因此，未來的發展應朝向交給地方警察經營的方向前進。這種作法，理論上有下列好處：（一）與國家整體政治的走向符合，亦能落實地方自治；（二）充分顯現地方警察對當地事務之回應性與展現負責之精神；（三）配合地方狀況之發展，適切調配組織與人力，更能以效率的方式經營警政；（四）藉此擴大地方警政經營的民意基礎，以增強警察存在之合法性等。自然，有人會產生警察勤務組織之地方化可能導致「分離主義」（seperatism）、無效率、地方割據（balkanization）、不民主等弊病之疑慮（Ostrom & Whitaker, 1974）。然而，以本文的立場來看，這些疑慮無非是杞人憂天，而且是以最極端的角度所做的推論與想像。以警察組織與警察勤務指揮之運作而言，由於在性質上具地方性、技術性，因之，其未若國防、外交必須形成全國共識；在這種情況之下，並無所謂的分離主義或地方割據可言。而在無效率或成本增加的論點上，支持地方化的人以爲，在警政與教育工作中並未存在所謂的經濟規模可言（Johnson, et al., 1981），同時並不必然導致經營管理成本之增加。

此外，若依公共選擇學派的觀點，整體而言，地方化之組織型態，由於其所產生之公共財對成員而言較有意義，亦不易被稀釋，其經營管理亦應更有效率。再就民主面而論，在支持地方化的人心目中，所謂警察勤務之地方化會導致不民主更是不值一提。如果說，行政或警政事務之地方化會導致所謂「寡頭統治鐵律」（Iron Law of Oligarchy）⓮的出現，在支持地方化者的解釋裡看不出爲什麼非地方

化就不會出現寡頭統治鐵律。換言之，將警政事務地方化與寡頭統治鐵律聯想在一起，是犯了過度推論的毛病。而如果民主的定義是「行政反應民眾之需要」，那麼地方化不但更能精確反應民眾之需要，也能以更有效率的方式控制地方政府（Friedman, et al., 1981；Ostrom, 1976, 1977）❶。最後，本文以爲，警察組織與勤務之地方化乃是我國警政工作上一種新的嘗試，如果我們不去做這種嘗試，我國的警政與警察勤務勢難跳離現有的格局與方式，而少有大幅進步之可能。總而言之，而伴隨著省縣自治法的通過與地方自治的強烈呼聲，我國警政與警察勤務也將朝向地方化繼續發展❶。

❋警察勤務管理之效率化

所謂警察勤務管理之效率化，意指在未來的勤務管理方式中，將力求以更有效率的方式進行。效率一詞，對人類組織、警察組織或任何組織而言，不但是一種目標與一種理想，對其更是一種永無止境的追求。效率是一種無止境的追求，是因爲人類希望進步與成長，透過此一高懸的目標——效率，人類才有進步與成長之可能。從過去的發展來看，警察組織與勤務運作爲追求效率，已設計出許多方式，例如組織之垂直分工、水平分工，例如將非屬於警察本質之工作外包（如汽車拖吊、交通助理之設），以及如勤務督導方式中之追查、候查、隨查均屬之。而在未來，下列的幾種根本方式是仍會不斷被使用的。包括：（一）從輸入面爲衡量效率之指標，例如以經費多寡爲衡量標準、以時間長短爲衡量指標、以人力多寡爲衡量指標；（二）從輸出面爲衡量指標，例如以犯罪率爲標準或以破案率爲標準或各種標準之綜合運用。自然，上述的各種方式均有其限制，亦有各種難以預期後果之產生；同時，也因警察工作之公共財性質，必須兼顧社會正義與公平，而使上述之衡量方式產生爭議。然而，只要有繼續來自財政上的壓力、政府預算不可能無限擴充的限制（Self, 1993）以及警察組織之力求正當性，那麼有關勤務管理力求效率化的行動是不會終止的。同時，可以預期的是，在未來有關「效率與公平」「效率與正

義」以及「效率與民主」之間的爭議也不會平息（Henry, 1989；Souryal, 1992；Self, 1993）。

◉警察勤務執行之社區化[17]

所謂警察勤務執行之社區化，意指未來我國警察勤務在執行上，是以社區爲取向的。雖然本文在技術面上強烈懷疑我國有無社區及其實施之可能性與成功性，然而從國外的發展狀況以及國內環境來看，以社區爲導向的警察勤務是不可避免的趨勢。

警察勤務之社區化，從最廣泛的觀點來看，是與警察組織之地方化有若干程度的相似之處。而依學者所見，社區警政的實施對我國警察勤務而言，理論上，可以有下列優點：（一）在對社會整體安寧之影響上：可以抗制犯罪率之增加與提高社會生活品質；（二）在對社區民眾方面：有助於增加民眾之安全感、改善民眾對警察之態度以及增加民眾對警察的無形監督之力量；（三）對於警察組織而言，增加警察組織之外在支持以及提高組織之整體效率；（四）而對執勤員警來說，不但可以提高執勤員警的工作滿意度，同時有關其工作自主性、自由度、工作時間上執勤人員都有較高之滿意（陳明傳，1992）。當然，純理論性之描繪不足以證明警察勤務執行之社區化，就可以收到上述好處；事實上，過去的實證研究多半顯示，上述目標之達成並非難事，而是需要許多其他條件的配合。例如Riechers與Roberg（1990）就認爲，社區警政的成功機會，主要來自警察管理與領導上對此一概念之強力支持[18]；而本文以爲，對我國實施此制之成功，除了Riechers與Roberg的建議外，中央對我國警察工作所抱持的態度與社會大眾的瞭解與認知，都是增加此一制度成功機會的基礎條件。只有來自學界的呼籲，並不足以形成共識；而在我國警察勤務執行社區化之同時，如何形成風潮與共識才是最重要的。

◉警察勤務方式之動態化

所謂警察勤務方式之動態化，意指動態性、主動選擇目標的勤

務方式，在可預見的將來，仍將居於勤務之主流地位、並扮演著主要角色。

本文在第三章中曾經指出，雖然在某些人眼中，動態以及攻勢的勤務方式，亦即所謂的「先發式勤務模式」可能在若干人眼中產生侵害人權或「為達目的、不擇手段」之疑慮；然而在面對犯罪件數的急遽增加以及犯罪狀況變化莫測之情況下，這種動態的勤務方式卻是警察機關不得不採取之手段。警察行政研究者相信，透過動態勤務之執行，可以有下列好處：（一）由於這種方式的警戒面廣、且能出敵不意，因此可以對某些類型的犯罪進行奇襲，從而發揮嚇阻作用；（二）對勤務執行人員而言，這是一種工作豐富化的技術，可以調節其體力與情緒，而增加勤務效果；（三）在與其他勤務策略的結合之下，即使有人認為這種動態勤務方式之打擊犯罪效果有限，但對於地區民心之安定與提昇一般守法民眾的安全感上，總能產生某種程度之作用。自然，動態勤務方式之居於主導地位，並不意味靜態的勤務方式就會被揚棄。某一些靜態的勤務方式，如值班、守望，仍將在警察勤務之運作中占有一席之地，也不容易被淘汰。這是因為這些勤務方式仍具有其基本之作用與功能。例如值班工作的崗哨、警戒與服務作用，例如守望勤務是人類一種基本的防衛功能。可以確定的是，除非人類社會中不再有犯罪，除非社會大眾不再因各種狀況而要求警察服務，否則值班與守望勤務是不會被淘汰的。

✿警察勤務時間之合理化

所謂警察勤務時間之合理化，意指勤務執行人員未來的勤務時間，將以更合乎人性、合乎人類生理的時間進行安排。

從我國過去對勤務執行人員所做的調查研究以及我國警政學者對警察勤務運作實況所做的觀察一致指出，我國基層警察人員不但實際的執勤時間過長，而基層人員在態度上也都感覺執勤時間太長，因之存在於上下之間的爭議與衝突不斷。為了消彌這些來自執行層之不滿，警政當局已成功爭取到所謂的「超勤加班費」，在勤務時間上也

曾嘗試推動所謂的「勤務改進方案」。這些經費或方案的爭取與推動，足以說明在警察勤務中勤務時間的多寡是一項重要的議題。而隨著社會狀況的變化、勞動條件與要求的變化以及其他原因，本文以為未來我國警察勤務人員的服勤時間也將隨之變化。而這種變化趨勢便是朝更符合人類生理、更符合人性的方向前進。理論上，這種變化對我國警察勤務是利多於弊的。最大的缺點可能在於警察勤務時間之合理化，必須招募多的警察人員，從而擴大警察的規模，增加政府的財政負擔。然而，這種合理勤務時間的安排，卻有助於減輕基層對工作之不滿，也有助於警政工作品質之提昇。同時，如果效率的意義不被作政治性之解讀或特別的解釋[19]，那麼勤務時間之合理化事實上是有助於效率之提昇的。簡而言之，從超勤加班費到新勤務方案的推動，我們已經看到勤務時間合理化的影子，而在勞動者意識之日漸覺醒情況下，安排合理的勤務時間在未來是不難預期的。

◉警察勤務督導之人性化

所謂人性化的勤務督導，意指勤務督考人員在督考的過程中以更體諒的心情與態度進行。雖然本文在第六章檢討我國勤務督考的實況中曾指出督考的無效與不落實，但此亦不表示勤務督考並沒有改善之可能。支持本文這個觀點的主要證據來自管理意識的變化。在管理意識的改變方面，從泰勒的科學管理運動開始至今天，雖然在找到最佳管理方式上或有爭議，但少有爭議的是由傳統的「以工作為中心」到「以屬員為中心」的觀念認知。這種例子俯拾皆是。以我國警察勤務而言，有關勤務督考之用語由「勤務督察」改為「勤務督導」即是。再如所謂「參與管理」（participant management）、工作豐富化等技術與觀念之引進警察組織，也足以說明這種意識之改變。由過去的發展來看，我們可以肯定的是這種趨勢的必然，只是我們不敢確定這種變化的幅度有多大。在我國勤務督導之未來，還可以預見的是，雖然勤務督考會力求考慮勤務執行之處境，但是在勤務督考者與被督考者之間對事物看法之差異以及立場之不同的狀況則少有改變之可能。

換言之，有關兩者之間的爭執，在未來仍將持續。

　　以作者的警察專業立場，配合對外界環境的觀察以及其他學者專家的意見，本文對我國警察勤務的未來發展趨向做了簡單的描繪。當然，未來的警察勤務變化絕不僅於此，其他如警察應勤裝備可能也有變化，甚至於警察勤務組織會有更多的變化。本文觀點的提出，無非拋磚引玉，引起更多的重視與關懷並及早規劃，這是必須特別提及的。

小結

　　以Toffler對未來的描述、警語與憂慮為開端，本文嘗試對我國警察勤務之未來進行觀照。為了達到本文的目的，本文首先探討了預測未來的技術與方法。在這個部分中，作者首先談預測未來的目的，也論述了預測未來的態度是準確而不精確的。在具體的方法上，本文介紹德菲法、遠景描繪法、時間序列分析與迴歸分析等。這些方法的介紹可以說明未來是可以預測的。接著，本文把焦點集中在影響我國警察勤務未來發展的三個因素——人口、政治與法律上。自然，這不代表只有這三個因素能影響我國勤務之將來，而以是作者的觀點來看，這三個因素最值得注意。第四部分，則具體的針對我國警察勤務之未來加以討論。為了避免偏見，本文回顧了外國學者與我國學者對警察勤務的未來描述。其中，有立於宏觀面所做的觀察，亦有基於微觀面所做的描繪，這些皆對本文的敘述有或多或少之啟發。最後，本文提出我國警察勤務的未來發展圖像是：（一）警察勤務組織之地方化；（二）警察勤務管理之效率化；（三）警察勤務執行之社區化；（四）警察勤務方式之動態化；（五）警察勤務時間之合理化；（六）警察勤務督導之人性化。

　　誠如本文所引用來自Gordon的提醒：「未來預測可能準確而不

精確」，因此，必須重申，本文的看法是一種基於專業所做的趨勢判斷。這種判斷（或許有人視之為想像）之正確與否，並無法論斷本文是否具有價值。而若以Toffler與Toffler（1992）的話語來說，我們處在變化這麼巨大的時代中，如果我們認為未來是靜止而少有變化的，那麼接下來的問題就不必再談了。不論我們是否在意Toffler等人的話是金科玉律，如果我們缺乏對未來的想像，那我們則不應預期明天會比今天更好。

註釋

註❶：本文並非以討論統計為專題為目的、作者也非專攻統計，因此，下面的介紹是從一般的觀點來論述預測未來之方法。

註❷：為節約篇幅，並避免無謂資料之累積，本文不擬以圖表現台灣地區各種社經狀況變化之資料。本文所引數據，主要參考行政院主計處編、中華民國台灣地區社會指標統計（一九九○年）。

註❸：「制度」一詞，不容易定義。儘管如此，本諸作者個人的經驗知識、對現象世界的認識，作者認為，一個能被稱為「制度」的東西，最好同時滿足三個條件，否則便不應稱之為「制度」。此三條件是：

　　一、在時間上具有持續性：亦即能持續實施一段時間。此「一段時間」，究竟應為多長，本文不能肯定。可以肯定的是，朝令夕改者，絕非制度。

　　二、在空間上應無差異性：也就是當許多地方均實施時，各地間應無太大差異。

　　三、在內容上應有比例性：亦即例外的質與量均不足以產生令人懷疑此是否為一個制度之結果。

註❹：有關死刑之效果之學理與實證研究，除開少數例外，多數學者均傾向認為，死刑對遏阻犯罪之效果不大。詳細與較新的實證研究，建議參考：

　　許春金等（1994）。《死刑存廢之探討》。台北：行政院研考會。

註❺：根據法務部於一九九三年針對死刑存廢所做的民意調查，有約七成一之受訪民眾贊成維持死刑制度。見：

　　死刑存廢之民調（1993年8月13日）。《中國時報》，第七版。

註❻：隨著民眾民主、法律意識之覺醒，警察界內部亦開始從我國憲法中有關自由權之規定探討勤區查察在法理上可能引發之爭議，例如可能對民眾之人身自由權或隱私權產生干預。請參閱：

黃錦洪（1994，6月）。〈從我國憲法自由權之保障論警察勤務區查察之執行〉。中央警官學校警政研究所碩士論文，未出版。

註❼：所謂生活必需時間，指睡眠、飲食和處理個人身邊事務所需的時間。約束時間，指工作、家事或上學所需時間。自由時間，指每週時間減去上述兩類時間之剩餘時間。見：

施敏雄（1982）。〈民國60年代回顧與70年代展望〉。載施敏雄、胡宏渝編，《邁向均富──中華民國70年代經濟社會發展展望》。台灣省政府經濟建設動員委員會。

註❽：根據許立倫的研究指出，在一九六六年以前，每週上班六天（四十八小時）；其後因環境改變，及參酌各國上班時間規定，以及事實需要，自一九六六年七月起，採週休一日半（星期六下午及星期日放假），即每週上班五天半（四十四小時）。至於每天上班時間，則以行政院一九七一年七月十日台六十人政參字第二一五九五號令之規定為依據。換言之，我國公務員之上班時間已有減少之事實與傾向；加上近年來週休二日之聲音更甚囂塵上，因此，在可預見的未來實施週休二日制當可預期。如同本書當初的預料，事實上，公務員服務法第十一條第二項明訂公務員週休二日，並自二○○一年一月一日開始實施。

註❾：對許多人而言，當本文認為警察工作本身是一種勞力密集（labor-intensive）的產業或工業時，當下很多人便顯得憂心忡忡，而將勞力密集工業與夕陽工業劃上等號，認為即將被淘汰出局。對於這種憂慮，我們必須指出：（一）無論是從共識論或衝突論的觀點出發，警察都是不可能被淘汰的，因為秩序維持是政府的基本功能之一；今天所存在的爭議是做多少、如何做等；（二）我們此處所指的勞力密集，主因在於，警察勤務是由人所執行且對人執行，而這

種以人為中心的工作，科技所能做的充其量只是輔助，而不是最終的取代。

註❿：對任何組織而言，金字塔型之組織是一種通例。同時，由於金字塔型組織所具的篩選作用與效率意義，因此能被各種型態之組織廣泛接受。除開少數例外，基本上金字塔型組織是人類不得不接受之選擇。對警察組織而言，特別是對我國當前之警察組織而言，金字塔型組織之維持不應是一種原罪。然而，今天問題的焦點在於我國警察組織雖可歸類為金字塔型，但更確切的描述則是屬於怪葫蘆型。導致這些型態的原因甚多，主因之一在於警察在我國今天的地位被刻意之矮化、貶低。同時，加上近年來警力之大幅與盲目擴充以及政府遷台後所謂的「警察嬰兒潮」❶效應，使得今日警察人員之升遷問題碰到極大的困難與問題。有關此問題，請參閱：

1.李湧清（1987）。《台灣省警察機關組織編制之研究》。台北：三鋒。

2.王進旺（1994，6月）。警察人力資源規劃與未來警察教育取向。中央警官學校主辦、第二屆行政管理學術研討會。

3.陳明傳（1994，6月）。警察人力規劃問題與前瞻。中央警官學校主辦、第二屆行政管理學術研討會。

4.邱華君（1994，6月）。警察機關未來人力資源管理因應對策。中央警官學校主辦、第二屆行政管理學術研討會。

註⓫：「警察嬰兒潮」係作者仿「嬰兒潮」（baby boom）此一名詞而提出。意指近數年來，隨著老一輩未受過中央警察大學正科之正規、完整教育而位居警界重要職務者之逐年退休，接受中央警察大學正規、完整教育者（或二年、或四年）已逐漸接任中高級警官工作，此一嬰兒潮使目前我國中高級警察人員正處於精壯期。此一警察嬰兒潮之影響，依陳明傳所見「很可能在某段期間內造成警察內部人力的停滯與僵化」（1994：11）。而王進旺更以為：「由於警察平均年齡的大幅降低，近幾年自然退休警察員額亦將大幅降低，再加上

考試院對警察官轉任其他公務人員的限制，如此新進人員大幅減少，退休離職人員亦大幅減少的情形，十年後警察人力結構老化所產生的各種問題，勢必一一浮現，如人事升遷的停滯，久任一職的挫折感等種種因素，不僅影響警察士氣、工作績效，更可造成風紀的敗壞。」（1994：9）至於詳細數據與分析，請參閱王進旺、陳明傳上揭文。

註⑫：此一觀點並不驚世駭俗。如果我們相信涂爾幹所說的「犯罪是正常的社會現象」，我們便沒有理由排斥此一觀點。對警察組織之領導人而言，此一觀點並不諷刺，因為這個觀點不過表明，人類與人類行為之多樣性與複雜性。

註⑬：警察勤務以資訊、情報為基礎的運作型態不變，事實上具有多方面之意義。這些資訊與情報除了有助於警察決策外，亦有彰顯警民合作與警察之反應性等功能。而在語意上來看，本文指出資訊對警察之重要性，並未排除資訊對其他組織亦具重要性之可能。換言之，此一敘述不應被曲解為資訊對其他組織並不重要。

註⑭：寡頭統治鐵律是Michels（1962）所提出的概念。他的研究指出：政黨甚至於任何大型組織，其權力總是控制在少數人手裡。就此而言，無論是Pareto、Mosca、Mills等人均贊同這種說法，因之，這一理論被稱為「精英理論」或「秀異分子理論」。精英理論，一方面指出真正民主之不可能、二方面也指出政府的政策、法律主要在反映精英的偏好與利益。見：

Michels, R. (1962). Political party: *A Sociological Study of the Oligarchic Tendencies of Modern Democracy*. NY.: The Free Press.

註⑮：關於中央集權制與地方分權制之間的效率、民主、腐化之爭議，本文願意指出：這些問題可能與中央集權或地方分權並無明顯、直接或必然的關係。因此，以上述問題而與之以中央集權或地方分權制結合，非常容易在邏輯上產生錯誤。請參考：

李湧清（1995，5月）。中央與地方之警察權限劃分──美國的經

驗與啓示。中央警官學校主辦、行政警察學系八十四年學術研討
會。

註⓰：必須坦承，格於作者的能力與本文的篇幅，有關地方化此一問題本
　　文無法就各種觀點爲完整之呈現。對於有些贊成警察事務地方化的
　　人來說，也許他們在態度上或情感上支持這種取向，但質疑實施的
　　步驟與成功的可能性。例如在警察事務上，如果產生跨區域或跨地
　　方之現象，如何加以解決？對此本文的意見是，本文所提出有原則
　　性之思考方向，對於許多技術面的問題並不加以考慮。這並不意味
　　這個觀點的提出是不負責任、不切實際的。相對的，秉持作者過去
　　的一貫觀點，作者認爲必須還有其他相應整備之措施配合以及中央
　　與地方和地方與地方之間彼此的溝通、協調、整合，方足以提高這
　　個原則實施成功之可能性。這樣來看，本文的建議並不素樸，而且
　　也兼顧了實際面所可能發生的問題。

註⓱：隨著社區警政已成今日警察工作、學術中之顯學，對其之質疑也越
　　來越多，本文第二章已提及部分。而隨著各領域的學者加入此一論
　　題，也使此一問題更值思考。例如Crank以政治學的觀點分析，事
　　實上所謂以社區爲基礎之警政，無非是一種神話，目的在強化警察
　　的權威、權力以及合法性；而Taylor則以心理學者的立場，不但質
　　疑此勤務策略對個別警察人員所可能造成之影響，也懷疑當社區警
　　政被定位於以犯罪抑制爲取向時，所能發揮的效果又有多少。對支
　　持社區警政的人而言，他們也許會指出Crank以有色的眼光看待此
　　一問題，而Taylor又對社區警政缺乏全盤地瞭解。對這些對話，本
　　文不擬評論。而Crank與Taylor之觀點之所以在此提出，是因爲本
　　文認爲，如果社區警政是顯學，則更有開放討論與多元思考之必
　　要。有關Crank與Taylor的觀點，請參閱：

　　1.Crank, J. P. (1994). Watchman and Community: Myth and
　　　Institutionalization in Policing. *Law & Society Review*, 28 (2): 325-
　　　351.

2.Taylor, M. (1992). Constraints to Community-Oriented Policing. *The Police Journal*, 65(2): 155-164.

註❶：從本研究第三章開始，本文已分別引用Sherman（1992）、Riechers與Roberg（1990）以及其他學者的見解指出，任何制度的實施與成功，絕非一個條件就能奏效。以Roberg與Kuykendall（1993）的新作爲例，他們更指出，社區警察的成功至少有五個條件的配合。在此，本文必須再度提醒，政策制定者在制定政策時，雖然必須維持成功的樂觀與信心，但政策的制定卻必須力求完整、周延與可行。

註❶：效率一詞，與科技一樣，應該是中性的、無關政治與無關道德的。然而，對某些人而言，效率一詞可以賦予政治或其他意義。例如泰勒所提倡的科學管理，是以改善效率爲出發點的；然而，在有些人的解釋中，卻成了剝削以及對人性的不尊重。同樣的，霍桑實驗（Hawthrone Experiment）亦有找出最佳效率的原始意義，也被某些人視爲立於資方立場所做的研究。類似這種泛政治化或特別的解釋，在人類社會中屢見不鮮。而我們仔細觀察當可看出，今天的問題並不在於「效率」一詞，而在於這是「誰的效率」以及「誰來詮釋效率」等許多問題上。換言之，是人的因素使問題爲之複雜化。限於作者之能力與本文之篇幅，不擬就此問題再加討論。本文之目的僅在提醒此一議題被複雜化之可能性。

第 8 章　結論

◇ 本研究的意見與建議

◇ 總結

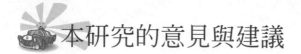 本研究的意見與建議

　　警察勤務是什麼？它可以被單純的視為達成警察業務的手段，也可以把它看成與外界溝通的方法，更可以從多個角度做不同的判讀與解釋。警察勤務既是一種方法，同時也深受人、事、時、地、物等因素影響。從前面各章的討論中，我們可以有這種體會。而個別來看，總結本文前面各章，下列是本文綜合性的意見、主張與建議。

✳就第二章而言，重要的內容包括

❖在警察發生與發展的史實，至少存在著兩種主流解釋：衝突論與功能論（或共識論）。由於理論解釋事涉價值判斷，因此可以預料的是彼此之間所存在的歧見與爭論，是難以終止與妥協的。

❖影響警察勤務的主要因素有四，分別是民眾的需求、財務的壓力、科技的影響與犯罪狀況的變化。此四個因素都對警察勤務之運作有相當影響，同時，在此四因素背面都有若干值得思考的深層問題。

❖警察勤務在運作中，經由歸納與其他的推理方式，本文提出（一）在勤務組織上——散在原理、授權原理；（二）在勤務運作上——迅速原理、機動原理、彈性原理與顯見原理。

✳以第三章來說，重要內容包括

❖解釋與說明模式的建立過程及方法，並討論其可能產生之爭議。

❖介紹警察勤務運作的兩種模式：打擊犯罪模式與服務民眾模

式。

❖ 打擊犯罪模式又可分爲反應式與先發式兩種。反應式雖被批評
爲過於被動，但卻蘊含有民主面、效率面之意義；而先發式在
打擊犯罪與選擇目標上或許有效，卻也有人擔心是否有選擇偏
差，而成爲打擊異己之工具。

❖ 在服務民眾之模式上，也許以民爲主爲最大優點，但亦被認爲
忽略了警察的政治性格。

❖ 以我國警察勤務之宏觀運作爲例，探討由報案起到警察反應爲
止各階段所存在的問題，特別是理論與實際之間的落差問題。
而這些落差顯示，在我國警察勤務運作方面，尚有十分寬廣的
討論空間。

❖ 在服務民眾模式之實際問題檢討上，本文先討論本模式之假設
問題，繼之圍繞各階段之主體間之差距加以分析。這些差距，
有緣於結構的，也有來自認知的。這些差距暗示以不同立場進
行思考的重要性。

✳就第四章以論，重要的內容與結論是

❖ 我國警察之分駐所與派出所，實際上並無法發揮其所預期之功
能，因此，應該考慮廢止分駐派出所或在作法上予以調整。

❖ 在警察分局部分，所面臨的主要問題是，自主性的警力缺乏以
及資源短缺，是以有必要在此兩方面加強。

❖ 警察局的主要問題是內部分工所可能引發的反效率，從長期的
觀點來看，這是結構性而難以根除的。

❖ 警政署與刑事警察局，因警察勤務之技術性與地域性，宜淡出
警察勤務，讓警察勤務回歸其頗具地方性之色彩。

＊在第五章，重要的內容與結論包括

❖從我國警察勤務執行的實況而言，巡邏勤務之執行成果，與警政當局所期望者之間，有頗大的差距存在。

❖臨檢勤務不應賦予矯正風俗的色彩，而臨檢的定義、目的、主客體、時機乃至於適法性等都存有相當的可議空間。

❖就勤區查察而論，無論從其源起、目的、執行之現況檢驗，警勤區目前已沒有存在之必要。如果不能廢除此制，亦應以科學的方法進行實證研究探究是否有改善的空間。

❖值班勤務具有主權彰顯、犯罪預防、為民服務等多方面之意義；而其在安全與便民之間，如何求其均衡點，為最重要的工作。

❖守望所展現的人類基本的防衛功能，是這項勤務不易被淘汰的理由；從實際的觀察中，守望也可以帶來警察工作民營化的思考。

❖備勤具有爭取時效、為民服務之功能，而為了基層人員的利益，其時間之計算以實排實算為宜。

＊第六章的重要內容與結論包括

❖警察勤務之督導考核，具有效率、有責性、秩序等多方面之意義。

❖在有關我國警察勤務督考之實況檢討中，本文認為，由於組織結構等因素，勤務督考人員的角色十分為難，且選擇性地強調督考中的某些工作。

＊第七章的重要內容與結論包括

❖從人口、法律與政治等因素加以觀察，本文發現這三個因素在

解釋我國未來警察勤務之發展上，都可能扮演重要角色。此外，國際政經情勢亦有其不可忽略之處。

❖預測未來之警察勤務，有其變與不變。而重要的未來發展，包括：（一）勤務組織地方化；（二）勤務管理效率化；（三）勤務執行社區化；（四）勤務方式動態化；（五）勤務時間合理化；（六）勤務督導人性化。

在另一方面，本文也個別針對警察勤務條例中的某些規定有所檢討，特別是針對條例的第一條、第七條、第九條、第十條等。在對這些條例的批判當中，必須承認作者所抱持的是一種高標準。在某些人眼中，這簡直是吹毛求疵，本文可以接受這種指控。只是本文必須強調，警察人員所擔任的是執法工作，因此任何規範警察工作法令都必須明確可行；因為我們執法，所以更必須守法。在此同時，本文也要指出，並非所有警察勤務條例中之規定都是一無可取、毫無是處。其中，有前瞻性、有學理依據的條文仍隨處可見。例如第三條規定「警察勤務之實施，應晝夜執行、普及轄區……」就充分顧慮及警察工作中事故之時空不可預期性，第十一條有關備勤的規定亦是如此。再如第十六條有關勤務時間之規定，也有人性化管理的意義在內。他如第十七條有關服勤人員之編組與服勤方式互換之規定，考慮更是周詳，其中不但蘊含工作豐富化、管理公平性的精神，也顧慮到在職進修的重要性。這些都足以肯定。

總的來說，批判是本研究的主要目的，而批判也是本研究主要採取的方法。然而，這種批判，其背後的意義在於刺激不同的思考與想像，這是本書的最大企圖。

總結

　　在本研究的研究過程中，作者曾不斷思索下列問題：本研究的目的在那裡？我達到了嗎？而在每章的撰寫中，這種問題也不斷重複出現在作者腦海中。誠如作者在第一章中所提到的，作者撰寫本書的目的是學術性大於實務性的。也因此，對於許多問題，例如警察勤務區，作者是先產生否定的思想，然後去問：沒有警勤區可以嗎？這樣的作法作者認為更有助於吾人對問題的思考採更廣泛、周延且多元的方式，惟有如此，警察勤務方有更大突破之可能。

　　在另一方面，本研究也是作者將警察勤務理論化的一項嘗試。這項嘗試，在某種程度內（如文中所論述者），已指明：警察勤務尚有許多待拓展的空間；同時，由文中的討論亦不難看出：警察勤務乃是一項科際整合的學科，因此不容我們再以傳統的觀念去對待。

　　在整個研究與撰寫的過程當中，本文已嘗試去觸及警察勤務各層面的問題，無論是從宏觀或微觀的立場出發。然而，受限於作者個人的能力，仍有許多東西未能為本文所包括。例如在先發式警勤方式與反應式警勤方式所隱含的哲學爭議：精英理論與民主理論之爭、有限政府與無限政府之爭等，格於作者能力，均只能點到為止，這是令人相當遺憾的。再如在巡邏與臨檢等問題所可能引發的法律爭議，本文也只能輕描淡寫的點出。這些，都是本文的缺憾。好在隨著警察教育的發展、從事警察學術研究人員的增加以及新法的制訂（如警察職權行使法），這些都有被彌補的時候。

　　綜合本研究前面各章的討論，我們必須指出：

❖警察勤務，無論是從設計、執行、考核任一層面來看，事實上所談的無非是人、時、地、事、物等幾個要素的綜合。以更廣

泛的觀點來看，若說人、事、時、地、物等構成社會現象，甚至於社會科學的研究也並不為過。

❖在本研究各章的討論中，基於批判理論的導引，作者運用許多資料或補充、支持自己的論點、或質疑現有作法的問題，凡此，作者相信已充分表達作者的觀點。

❖在微觀面上，本研究各章基本上都有一個中心主題。例如第二章的中心主題是科技與人的關係。藉由這個中心主題，作者盼望我們能再去考慮人在社會中的主體地位。第三章雖然主要的在描述警察勤務運作的整體架構與過程，但經由對過程的微觀分析中，我們仍可發現，人實居於整個過程起動的關鍵地位。換言之，人若無心去起動此過程的最初階段，那個整個刑事司法制度的存在便顯得毫無意義。同樣的，在其他各章中，本文也盡可能地表現對人性的尊重與關懷。也許其程度在某些人眼中覺得不夠，但作者自覺已盡力。

❖無論從理論上或實務上來說，警察勤務都有豐富的科際整合空間。這指的是，當我們借助不同的學科、不同的研究取向，可以有不同的觀點與發現。而這正是警察勤務研究的迷人之處。

　　最後，作者希望以自己的觀點給予本研究一些簡單的評價。而這些評價希望足以作為未來研究者之參考。

　　首先，是在問題或主題的選擇上。雖然本研究一直有很大的雄心，企圖關照警察勤務的各層面，而由內容來看，顯然做得依舊不夠。例如在我國警察勤務運作中居於核心地位的警察勤務指揮中心，雖然本文各章中均提及部分，但關注的不夠徹底，因此，就勤務指揮中心而言，不但是遺珠，也可以成為有心者的絕佳研究主題。此外，在某些問題上，由於資料的缺乏，本文也無法進行深入的分析，例如警察分局在實際運作上所存在的問題。類似這些，都可以說明警察勤務乃至於警察學術，都是值得開發的處女地。而本研究只是拋出其中

的一塊磚。

其次，在問題的分析上，基本上本文多提將其化約為雙變數之關係（bivariate relationship）進行探討，例如分析勤區查察與犯罪預防的關係，巡邏與犯罪預防等。這種方式，有其討論上之方便，在某種程度內也有助於問題的澄清。然而，雙變數的分析方式，無論在認識論上、方法論上、乃至於因果關係的呈現上，都有先天上的困難與限制，這是作者在批判他人之餘，也必須自我批判的。即使不去注意這樣的問題，在警政學者Sherman（1980）、Mastrofski與Parks（1990）眼中，這樣的方式在理論化警察學術的過程中，用心或許足夠，但在質的方法上是不足的。既然學者有這樣的提醒，那麼嘗試以新的分析方式，新的理論模式該是未來努力的方向。

第三，是有關本文的資料與觀點的問題。如同各章中所呈現的，本文大量的引用了來自英美等國家有關警察勤務方面的文獻與資料。在許多人心目中也許開始質疑：這是不是一種文化侵略？從行政生態學觀點來看，這些資料是不是對本土的警察勤務有適用的餘地？特別在當本研究自我定位於本土性之研究之時。對這些疑慮，本文可以理解。但作者也必須指出，這些資料與觀點的呈現，主要在表現出我國警察勤務事實上可以有不同的選擇與作法。易言之，沒有這些資料與見解，我國的警察勤務可能不容易突破現有的格局與困境。與其認為這是一種文化侵略或沒有適用本土的空間，不如視本文為鼓勵多元思考的一種嘗試，而這正是本文自認為最重要的貢獻。當然，作者必須同時指出，格於作者的學養能力，借助學者、哲人的資料、文獻與觀點乃是必然。借用牛頓的看法，畢竟，站在巨人的肩膀上是看得比較高遠的。

末了，必須提醒的是：

❖理論的否證，特別是素樸的否證主義，遠比證實來得簡單，尤其是經驗上的否證。為此，本文也必須對嘗試建立理論者以及

實際從事實證研究的人致最高的敬意，因為他們所從事的多半
是在「證實」上，而這是困難的工作。

❖本文對警察勤務的相關理論，懷有全面關照的雄心。然而，全
面的雄心，不保證全面的解釋。對此，作者有自知之明。但作
者要特別警告，任何現象世界做全面、完整之解釋是不可能
的；退一步說，即使有這種可能，對人類知識的增長未必是件
好事。理論的任何全面解釋，是理論的終結，也是進步的終
結。

❖以周華山（1993B）的「意義」中一段文字作為本文的結語：
「自作品被生產出來的那一刻始，作者已經死亡。作者完成作
品，並非意味作品的完結，實則作品的生命剛告開始，是作者
的死亡與讀者的誕生。」這一段文字提醒了讀者在資料解釋中
所占的地位，當然也意味著不當解釋存在的可能性。對本研究
中所引用的資料，希望本文沒有太大的歪曲或誤解；同樣的，
對作者來說，本研究希望也沒有被做過度的解釋。

參考書目

中文部分

丁維新（1990）。《警察勤務新論》。桃園：作者自印。

王玉民（1994，6月）。新勤務制度的另一種作法。《警學叢刊》，24（4），91-
100。

王宏維、江信硯（1994）。《認知的兩極性及其張力》。台北：淑馨。

王宜燕、戴育賢譯，Wuthnow, R.等著（1994）。《文化分析》。台北：遠流。

王明瑞等（1993）。《臨檢與掃蕩勤務之研究》。桃園：未出版。

王善旺（1985）。《警察實務概論》。台北：作者自印。

王進旺（1994，6月）。《警察人力資源規劃與未來警察教育取向》。中央警官學
校主辦、第二屆行政管理學術研討會。

王溢嘉（1993）。《賽琪小姐體內的魔鬼——科學的人文思考》。台北：野鵝。

古奠基（1986，6月）。從社會治安論警區工作。《警學叢刊》，16（4），47-
51。

伍世裕譯（1985，6月）。警察機關如何因應財力現況加強抗制犯罪功能。《警
學叢刊》，15（3），131-132。

朱愛群（1993）。《行政病態學及病態矯治原理》。台北：三鋒。

江裕宏（1985，6月）。《我國都市警察派出所功能之研究》。中央警官學校警政
研究所碩士論文、未出版。

江慶興（1994，6月）。英國基層警察勤務之研究。《警學叢刊》，24（4），49-
70。

吳定、林英峰等（1990）。《行政機關生產力衡量模式之研究》。台北：行政院
研考會。

吳庚（1993A）。《韋伯的政治理論及其哲學基礎》。台北：聯經。

吳庚（1993B）。《行政法之理論與實用》。台北：三民。

吳迎春譯、Toffler, A.著（1992）。《大未來》。台北：時報文化。

吳學燕（1990，6月）。論警察文化。《警政學報》，17，105-118。

吳錫堂、楊滿郁譯、Friedman, L. M.著（1991）。《法律與社會》。台北：巨流。

吳瓊恩（1992）。《行政學的範圍與方法》。台北：五南。

呂志翔等譯、Friedman, M.等著（1981）。《選擇的自由》。台北：長河。

呂亞力、吳乃德編譯、Dewey, J.等著（1993）。《民主理論選讀》。台北：風雲論壇。

呂宗學等譯、Levine, R.等著（1988）。《馬克思主義看現代科學》。台北：南方。

呂美女、吳國禎譯、堺屋太一著（1994）。《組織的興衰》。台北：麥田。

李郁華（1980）。《警察勤務》。桃園：中央警官學校。

李執中等譯、Goldstein, M.與Goldstein, I. F.著（1993）。《科學方法新論》。台北：桂冠。

李湧清（1983，6月）。《台灣地區警民關係之調查研究》。中央警官學校警政研究所碩士論文、未出版。

李湧清（1986）。《警民關係之變數探討──以台灣地區近十年有關之研究以觀》。中央警官學校主辦、中美警察學術研討會。

李湧清（1986，12月）。當前警察勤務問題之探討──一個無結構的參與觀察實例。《警政學報》，10，27-66。

李湧清（1986，3月）。理論在警察勤務上之應用。《警學叢刊》，16（3），11-17。

李湧清（1987）。《台灣省警察機關組織編制之研究》。台北：三鋒。

李湧清（1990，12月）。簡論警察裁量權。《警學叢刊》，21（2），47-51。

李湧清（1990，6月）。從組織社會學的觀點論警察貪污問題。《警學叢刊》，20（4），23-34。

李湧清（1991，12月）。私人警衛及其相關問題之思考。《警學叢刊》，22（2），60-65。

李湧清（1993，12月）。警察績效考核之理論與實際。《警學叢刊》，24（2），17-44。

李湧清（1994，6月）。巡邏、臨檢與勤區查察──攻勢性警察勤務之再思考。《警專學報》，1（7），136-162。

李湧清（1995，5月）。《中央與地方之警察權限劃分──美國的經驗與啟示》。

中央警官學校主辦、行政警察學系八十四年學術研討會。

李湧清譯、Sankar, S.著（1994，12月）。犯罪預防諸問題。《新知譯粹》，10（5），15-27。

李湧清譯、Walker, S.著（1985，8月）。堪薩斯市預防巡邏實驗簡介。《新知譯粹》，1（3），1-6。

李德明（1991，9月）。「四人一組」巡邏勤務檢討，《警光》，422，26-27。

李模（1992）。《民法總則之理論與實用》。台北：著者發行。

李震山（1988）。《警察盤查權之研究——以西德警察法之規定爲例》。中央警官學校主辦、中歐警察學術研討會。

李震山（1992）。《警察任務法論》。高雄：登文。

沈湘縈（1986，12月）。警察工作壓力及其輔導策略之探討。《警學叢刊》，17（2），32-39。

汪宗仁（1988，6月）。《從法治主義論警察權之行使》。中央警官學校警政研究所碩士論文、未出版。

周文勇（1989，6月）。《刑事法體系之研究——以自由裁量權爲中心》。中央警官學校警政研究所碩士論文、未出版。

周寄中譯、Lakatos, I.等人著（1992）。《批判與知識的增長》。台北：桂冠。

周勝政（1987，12月）。當前警勤區工作之探討。《警學叢刊》，18（2），2-16。

周華山（1993A）。〈試論當代社會理論〉。載李明堃、黃紹倫主編，《社會學新論》。台北：商務。

周華山（1993B）。《意義——詮釋學的啓迪》。台北：商務。

林山田（1982）。《社會問題與法治現況》。台北：三民。

林山田（1987）。《刑事法論叢（一）》。台北：作者印行。

林文祥（1982，6月）。《台灣地區基層員警工作滿足之研究》。中央警官學校警政研究所碩士論文、未出版。

林端（1993，11月）。中西不同法律觀的頡頏——繼受過程中的台灣法治。《中國比較法學會學報》，14，48-119。

林燦璋（1993，12月）。警察之任務、業務與勤務——以問題爲導向之警務策略。《警學叢刊》，24（2），61-74。

林燦璋（1994，7月）。警政與治安：迷思、省思及指標。《警政學報》，25，91-110。

林鍾沂（1991）。《公共政策與批判理論》。台北：遠流。

邱華君（1994，6月）。《警察機關未來人力資源管理因應對策》。中央警官學校主辦、第二屆行政管理學術研討會。

金吾倫（1994）。《托馬斯‧庫恩》。台北：遠流。

姜馨（1988，12月）。落實戶口查察與警勤區工作專業化。《警光》，389，16-17。

施敏雄（1982）。〈民國六十年代回顧與七十年代展望〉。載施敏雄、胡宏渝編，《邁向均富》。中興新村：台灣省政府經動會。

洪文玲（1993）。《論行政調查法制》。台北：三鋒。

胡盛光（1978，6月）。《我國現行警察勤務區制度之研究》。中央警官學校警政研究所碩士論文、未出版。

范進等譯、Cassirer, E.著（1992）。《國家的神話》。台北：桂冠。

韋積慶（1992）。〈結構馬克思主義的舵手──阿圖塞〉。載葉啓政主編，《當代社會思想巨擘──當代社會思想家》。台北：正中。

夏建中譯、Radcliffe-Brown, A. R.著（1991）。《社會人類學方法》。台北：桂冠。

夏道平等譯、Lepage, H.著（1991）。《自由經濟魅力──明日資本主義》。台北：天下。

孫本初（1994，5月）。《從全面品質管理（TQM）之團隊建立觀，論其對我國基層警察勤務績效提昇之啓示》。台灣省警務處、政治大學、中央警官學校主辦、行政學與警政實務研討會。

孫立平等譯、Coser, L. A.著（1991）。《社會衝突的功能》。台北：桂冠。

孫名之等譯、Atkinson, R. L.等著（1994）。《心理學導論》（下冊）。台北：曉園。

孫廣德（1990）。《政治神話論》。台北：商務。

徐昀（1993，9月）。美國誘捕技術探討。《刑事科學》，36，117-126。

徐昀譯（1983，12月）。美國女警之迷思與現實。《警學叢刊》，14（2），128-135。

馬政華（1992）。《警察犯罪偵防功效的反省與前瞻》。中央警官學校主辦、犯罪防治與社區警察工作學術研討會。

馬振華（1981，6月）。《我國都市行政警察公共服務功能之研究》。中央警官學校警政研究所碩士論文、未出版。

馬康莊譯、Turner, J. H.著（1989）。《社會學理論的結構》。台北：桂冠。

高希均（1985）。《經濟學的世界》。台北：經濟與生活出版社。

涂懷瑩（1994，7月）。選舉權之實際與社會勢力的關係。《司法週刊》，681，2。

張兆棠（1984，3月）。淺論「健全警勤區加強戶口查察及流動人口管理方案」的構想。《警學叢刊》，14（2），2-6。

張金鑑（1979）。《人事行政學》。台北：三民。

張政籐（1984，6月）。《我國警察機關現行勤務督察功能之調查研究》。中央警官學校警政研究所碩士論文、未出版。

張恭啓、于嘉雲譯、Keesing, R.著（1989）。《文化人類學》。台北：巨流。

張德勝（1993）。〈宗教〉。載李明堃、黃紹倫主編，《社會學新論》。台北：商務。

張錦華（1994）。《傳播批判理論》。台北：黎明。

曹俊漢（1991，12月）。公共政策評估為「無效」之研究：政策執行評估之探討。《中山社會科學季刊》，6（4），1-8。

曹爾忠（1983，6月）。《台灣地區基層警（隊）員工作壓力之調查研究》。中央警官學校警政研究所碩士論文、未出版。

梁添盛（1992）。《警察法專題研究（一）》。桃園：中央警官學校出版社。

梅可望（1990）。《警察學原理》。桃園：中央警官學校。

許士軍（1981）。《管理學》。台北：東華。

許文義（1985，9月）。我國警察「勤區查察」勤務之研究。《警學叢刊》，16（1），23-30。

許文義（1989，12月）。警察臨檢勤務之研究。《警學叢刊》，20（2），24-37。

許文義（1992）。《警察職務協助法論》。高雄：登文。

許立倫（1993，7月）。淺談縣市政府人事權之局限與困境——以縣市政府警察局長任免權限與上班時間規劃權責之歸屬為例。《研考報導》，24，54-63。

許志明（1991，10月）。也談機動警網制度。《警光》，423，50-51。

許建華（1992，1月）。取消備勤及待命服勤。《警光》，423，44。

許春金（1992）。《當前社會秩序與公共安全課題分析報告》。行政院研考會專案研究。

許春金、余玉堂等（1994）。《社會治安與警察刑事偵防績效關係之研究——兼

論未來警政之導向》。高雄市政府警察局專案研究。

許春金等（1992）。《私人企業尋求保全保護決定因素之探討》。行政院國科會專題研究。

許春金等（1993）。《不良幫派處理模式之泛文化比較研究》。刑事警察局專案研究。

許春金等（1994）。《死刑存廢之探討》。台北：行政院研考會。

許春金譯（1988，6月）。社區警察的原理與類型。《警政學報》，14，205-232。

郭志嵩譯、Mill, J. S.著（1961）。《論自由及論代議政治》。台北：協志工業。

郭宗成（1987，1月）。談基層員警的服勤時數。《警光》，336，20。

郭俊次（1991）。《組織設計學》。台北：商務。

陳世寬（1992，1月）。勤務分配不能光憑主管意見。《警光》，423，42-43。

陳世寬（1992，6月）。警察裁量權之運用與控制。《警專學報》，5，17-40。

陳明傳（1981，6月）。《我國警察機關激勵管理之研究》。中央警官學校警政研究所碩士論文、未出版。

陳明傳（1992）。《論社區警察的發展》。桃園：中央警官學校出版社。

陳明傳（1994，6月）。《警察人力規劃問題與前瞻》。中央警官學校主辦、第二屆行政管理學術研討會。

陳家欽（1985，6月）。《基層警察勤務特性調查與警力運用之研究》。中央警官學校警政研究所碩士論文、未出版。

陳連禎（1980）。化阻力為助力：新警察勤務制度暫停實施有感。《中國論壇》，10（6），48-50。

陳衛平譯、Laudan, L.著（1992）。《科學的進步與問題》。台北：桂冠。

陳曉林譯、Berlin, I.著（1986）。《自由四論》。台北：聯經。

彭衍斌（1974，6月）。《都市警察派出所存廢問題之研究》。中央警官學校警政研究所碩士論文、未出版。

曾國昌（1990）。《從警察權之行使論基本人權之保障》。中央警官學校警政研究所碩士論文、未出版。

程曉桂（1985，6月）。美國「犯罪偵查管理」（MCI）研究計畫簡介。《警學叢刊》，15（4），60-69。

結構編輯群譯、Cotterrell, R.著（1991）。《法律社會學導論》。台北：結構群。

馮建三譯、Tomlinson, J.著（1994）。《文化帝國主義》。台北：時報文化。

黃守高（1989）。《我國現行法制用字用語及格式之研究》。台北：法務通訊
　　社。

黃紀、陳忠慶譯、Isaak, A. C.著（1986）。《政治學的範圍與方法》。台北：幼
　　獅。

黃紀等譯、Devos, T.等著（1986）。《政治學名著精選》。台北：唐山。

黃國珍（1991，6月）。《都市巡邏警力之研究——以台北市中山警察分局為
　　例》。交通大學管理科學研究所碩士論文、未出版。

黃富源（1982，6月）。犯罪黑數之研究。《警政學報》，1，171-190。

黃富源譯（1985，6月）。以環境設計防制犯罪。《新知譯粹》，1（2），15-18。

黃進興（1992）。《歷史主義與歷史理論》。台北：允晨。

黃瑞坤譯、Mckenzie, R. B.與Tullock, G.著（1991）。《經濟學的新世界》。台
　　北：桂冠。

黃瑞祺（1986）。《批判理論與現代社學》。台北：巨流。

黃瑞祺等譯、Coser, L. A.著（1985）。《古典社會學理論》。台北：桂冠。

黃瑞祺譯、Inkeles, A.著（1993）。《社會學是什麼》。台北：巨流。

黃瑞祺譯、Parsons, T.等著（1984）。《現代社會學：結構功能論選讀》。台北：
　　巨流。

黃肇嘉（1983，12月）。由犯罪問題談巡邏勤務。《警光》，329，10-11。

黃樹仁、劉雅靈譯、Berger, P.著（1982）。《社會學導引——人文取向的透
　　視》。台北：巨流。

黃錦洪（1994，6月）。《從我國憲法自由權之保障論警察勤務區查察之執行》。
　　中央警官學校警政研究所碩士論文、未出版。

楊士隆（1995，6月）。運用環境設計預防犯罪之探討。《警學叢刊》，25（4），
　　119-138。

楊文清（1992，1月）。每週一輪休二外宿之規定需依勤務真正需要而調整。
　　《警光》，426，43-44。

楊清江（1990）。《警察勤務》。桃園：中央警官學校。

楊清江（1992）。《戶口查察新論》。桃園：中央警官學校。

葉玉蓮（1993，11月）。落實警勤區工作的具體績效。《警光》，448，27-29。

葉啓政（1991）。《制度化的社會邏輯》。台北：東大。

詹中原（1993）。《民營化政策——公共行政理論與實務之分析》。台北：五南。

廖立文譯、Craib, I.著（1986）。《當代社會理論——從派深思到哈伯瑪斯》。台北：桂冠。

廖有燦、范發斌（1973）。《人體工學》。台北：國立編譯館。

劉北成譯、Galbraith, J. K.著（1994）。《權力的剖析》。台北：時報文化。

劉匯湘（1952）。《日據時期台灣警察之研究》。台北：台灣省警務處。

劉毓玲譯、Osborne, D.等著（1993）。《新政府運動》。台北：天下。

劉瑞華譯、North, D. C.著（1994）。《制度、制度變遷與經濟成就》。台北：時報文化。

劉嘉發（1992，6月）。《從我國憲法探討中央與地方警察權限之分配》。中央警官學校警政研究所碩士論文、未出版。

劉嘉發（1994，6月）。警察新勤務制度之探討——以護理人員上班制度為借鏡。《警學叢刊》，24（4），104-134。

劉黎兒譯、豬口孝著（1992）。《國家與社會》。台北：時報文化。

潘玉峋等（1987）。《如何使勤區查察勤務落實有效之研究》。桃園：中央警官學校學術研究委員會。

潘志成（1991，6月）。《我國都會區基層警察勤務方式之研究》。中央警官學校警政研究所碩士論文、未出版。

蔡中志、劉世林等（1992）。《中日警察派出所制度與勤務之研究》。行政院國科會專題研究。

蔡伸章譯、Bottomore, M.著（1992）。《社會學與社會主義》。台北：桂冠。

蔡振中譯、Mulkay, M.著（1991）。《科學知識社會學》。台北：巨流。

蔡錦昌譯、巴烈圖（1990）。載齊力等譯、Aron, R.著，《近代西方社會思想家：涂爾幹、巴烈圖、韋伯》。台北：聯經。

鄭玉波（1990）。《民法總則》。台北：三民。

鄭樂平譯、Beetham, D.著（1992）。《科層制》。台北：桂冠。

盧學純（1993）。《行政警察》。台北：台灣警察專科學校。

蕭玉文（1992）。《警察勤務》。台北：台灣警察專科學校。

蕭明慧譯、Hacking, I.著（1991）。《科學哲學與實驗》。台北：桂冠。

霍春亨（1986，9月）。台北市各警察分局組織氣候之調查研究。《警學叢刊》，17（1），55-69。

薛光濤、李華夏譯、Rhoads, S. E.著（1991）。《經濟學家眼中的世界》。台北：聯經。

藍科正、黃美齡譯、Friedman, M.著（1993）。《資本主義與自由》。台北：萬象。

魏鏞（1982）。《社會科學的性質及其發展趨勢》。台北：商務。

羅理平等譯、Webber, R. A.著（1986）。《組織理論與管理》。台北：桂冠。

警政署（1986）。《分駐派出所實務手冊》。台北：內政部警政署。

顧忠華（1993，11月）。法治與信任——一個法律社會學的探討。《中國比較法學會學報》，14，203-230。

酆裕坤（1976）。《各國警察制度通論》。台北：作者自印。

酆裕坤（1980）。《警察行政學》。桃園：中央警官學校。

酆裕坤（1982）。《簡介美國近代聯邦政府對全美犯罪問題調查報告》。桃園：中央警官學校。

英文部分

Adams, T. F. (1985). *Police Field Operations*. NJ.: Prentice-Hall.

Akers, R. L. (1980). Further Critical Thoughts on Marxist Criminology: Comments on Turk, Toby, and Klockars. In Inciardi, J. (ed.). *Radical Criminology: The coming Crisis*. CA.: Sage.

Albanese, R. & Van Fleet, D. D. (1983). *Organizational Behavior*: A Managerial Viewpoint. IL.: The Dryden Press.

Alchian, A. A. & Demsetz, H. (1972). Production, Information Cost, and Economic Organization. *American Economic Review*, 62, 771-765.

Alt, J. E. & Chrystal, L. A. (1983). *Political Economics*. CA.: The University of California Press.

Ames, W. L. (1981). *Police and Community in Japan*. CA.: The University of California Press.

Angell, J. (1971). Toward an Alternative of the Classic Police Organizational Arrangements: A Democratic Model. *Criminology*, 9, 185-206.

Anton, T. J. (1989). *American Federalism & Public Policy: How the System Works*. NY.: Random House.

Antonio, R. J. (1983). The Origin, Development and Contemporary Status of Critical Theory. *The American Sociological Review*, 24, 325-351.

Apger, W. C. & Brown, H. J. (1987). *Microeconomics and Public Policy*. IL.: Scott, Foreman and Company.

Argyris, C. (1957). *Personality and Organization*. NY.: Harper and Row.

Babbie, E. R. (1990). *The Practice of Social Research*. CA.: Wadsworth.

Baldridge, J. V. (1971). *Power and Conflict in the University*. NY.: Wiley.

Banton, M. (1964A). Social Control, Crime Control, and Order Maintenance. In Terry, W. C., III. (ed.). (1985). *Policing Society: An Occupational View*. NY.: John Wiley & Sons.

Banton, M. (1964B). *The Policeman in the Community*. NY.: Basic Books.

Barker, T. (1977). Peer Group Support for Police Occupational Deviance. In Barker, T. & Carter, D. L. (ed.). (1986). *Police Deviance*. OH.: Pilgrimage.

Barnard, C. I. (1938). *The Function of the Executive*. MA.: Harvard University Press.

Barnet, R. J. (1980). *The Lean Years: Politics in the Age of Scarcity*. NY.: Simon & Schuster.

Bayley, D. H. (1971). The Police and Political Change in Comparative Perspective. *Law & Society Review*, 6 (1), 39-56.

Bayley, D. H. (1976). *Forces of Order: Policing Modern Japan*. CA.: The University of California Press.

Bayley, D. H. (1983). Knowledge of the Police. In Punch, M. (ed.). *Control in the Police Organization*. MA.: The MIT Press.

Bayley, D. H. (1985). *Patterns of Policing*. NJ.: Rutgers University Press.

Bayley, D. H. (1988). Community Policing: A Report from the Devil's Advocate. In Greene, J. R. & Mastrofski, S. D. (eds.). *Community Policing: Rhetoric or Reality*. NY.: Praeger.

Bayley, D. H. (1992). Comparative Organization of the Police in English-speaking Countries. In Tonry, M. & Morris, N. (eds.). *Modern Policing*. IL.: The University of Chicago Press.

Bendor, J. B. (1985). *Parallel Systems: Redundancy in Government*. CA.: The University of California Press.

Bendor, J. B. (1988). Formal Models of Bureaucracy. *British Journal of Political*

Science, 18, 353-395.

Bentley, F. H. & Bardswell, N. E. (1972). Traffic Patrol Cars-Signle or Double Crewing? *Police Research Bulletin*, 19, 21-34.

Bernstein, R. J. (1978). *The Restructuring of Social and Political Theory*. PN.: University of Pennsylvania Press.

Berg, B. L. (1992). *Law Enforcement: An Introduction to Police in Society*. MA.: Allyn and Bacon.

Bittner, E. (1980). *The Function of the Police in Modern Society*. MA.: Oegeschalger, Gunn and Haine.

Black, D. J. (1971). The Social Organization of Arrest. *Stanford Law Review*, 23, 1087-1111.

Black, D. J. (1980). *The Manners and Customs of the Police*. NY.: The Academic Press.

Black, D. J. (1983). Crime as Social Control. *American Sociological Review*, 48, 34-45.

Black, D. J. (1995). The Epistemology of Pure Sociology. *Law and Social Inquiry*, 20(3), 829-870.

Blau, P. M. (1961). *The Dynamics of Bureaucracy: A Study of Interpersonal Relations in Two Government Agencies*. IL.: The University of Chicago Press.

Blau, P. M. & Scott, W. H. (1961). Dilemmas of Formal Organization. In Etzioni, A. (ed.). (1969). *Readings on Modern Organizations*. NJ.: Prentice-Hall.

Blau, P. M. & Scott, W. H. (1962). *Formal Organizations*. CA.: Chandler.

Blumberg, M. (1986). Issues and Controversies with Respect to the Use of Deadly Force by Police. In Barker, T. & Carter, D. L. (eds.). *Police Deviance*. OH.: Pilgrimage.

Blumberg, M. (1989). Controlling Police Use of Deadly Force: Assessing Two Decades of Progress. In Dunham, R. G. & Alpert, G. P. (eds.). *Critical Issues in Policing: Contemporary Readings*. IL.: Waveland.

Blum-West, S. (1983). Calling the Cops: A Study of Why People Report Crimes. *Journal of Police Science and Administration*, 11 (1), 8-15.

Bohigian, H. (1977). What is Model? In Nagel, S. S. (ed.). *Modeling the Criminal Justice System*. CA.: Sage.

Bottomley, K. & Coleman, C. (1981). *Understanding Crime Rates*. UK.: Gower.

Bouza, A. V. (1978). *Police Administration: Organization and Performance*. NY.: Pergamon Press.

Boydstun, J. E., et al., (1977). *Patrol Staffing in San Diego: One-or-Two-Officer Units*. Washington, D. C.. The Police Foundation.

Bracey, D. (1981). Anthropology. In Misner, G. E. (ed.). *Criminal Justice Studies: Their Transdisciplinary Nature*. MS.: The C. V. Mosby.

Bracey, D. (1992). Police Corruption and Community Relations: Community Policing. *Police Studies*, 15 (4), 179-183.

Brandl, S. G. (1993). The Impact of Case Characteristics on Detectivers' Decision Making. *Justice Quarterly*, 10(3), 395-415.

Braveman, H. (1974). *Labor and Monopoly Capital: The Degradation of Work in the Twentieth Century*. NY.: Monthly Review Press.

Broderick, J. J. (1987). *Police in a Time of Change*. IL.: Waveland.

Bryant, C. G. A. (1985). *Positivism in Social Theory and Research*. NY.: St Martin's Press.

Buekes, A. (1993). *Community Policing in South Africa-New Approach or Simply Back to Basis*.中央警官學校主辦、社會變遷與警察工作國際學術研討會。

Burgess, T. P. (1994). Service Breakdown and Service Recovery. *The Police Journal*, 67 (1), 26-38.

Cain, M. E. (1973). *Society and the Policeman's Role*. UK.: Routledge.

Campbell, D. T. & Stanley, J. C. (1963). *Experiment and Quasi-Experiment Design for Research*. IL.: Rand McNally.

Chafetz, J. S. (1978). *A Primer on the Construction and Testing of Theories in Sociology*. IL.: F. E. Peacock.

Chaiken, J. M. & Chaiken, M. R. (1983). Crime Rates and the Active Criminal. In Wilson, J. Q. (ed.). *Crime and Public Policy*. CA.: ICS Press.

Chalmers, A. F. (1988). *What Is This Thing Called Science?* Aus.: University of Queensland Press.

Chambliss, W. & Seidman, R. (1982). *Law, Order, and Power*. MA.: Addison-Wesley.

Chapman, J. I. (1976). An Economic Model of Crime and Police: Some Empirical Results. *Journal of Research in Crime and Deliquency*, 49-63.

Chermak, S. M. (1994). Body Count News: How Crime is Presented in the News

Media. *Justice Quarterly*, 11(4), 561-582.

Chiang, C. S. (1994). Policing in England and Wales Since 1964. *National Taiwan Police Bulletin*, 1(7), 82-135.

Christensen, J., et al., (1982). The Selling of the Police: Media, Ideology and Crime Control. *Contemporary Crises*, 6, 15-25.

Clawson, C. & Chang, S. K. (1977). The Relationship of Response Delay and Arrest Rates. *Journal of Police Science and Administration*, 5, 52-60.

Coase, R. H. (1988). *The Firm, The Market, and the Law*. IL.: The University of Chicago Press.

Colby, P. W. (1978). Small Police Forces in a Large Metropolitan Area: Can They Do the Job. *State and Local Government Review*, 10, 28-34.

Colby, P. W. (1982). Intergovernmental Contracting for Police Services. *Journal of Police Science and Administration*, 10(1), 34-42.

Cole, G. F. (1971). The Decision to Prosecute. In Cole, G. F. (ed.). (1988). *Criminal Justice: Law and Politics*. CA.: Wadsworth.

Cole, G. F. (1989). *The American System of Criminal Justice*. CA.: Brooks/Cole Publishing Company.

Collins, R. (1975). *Conflict Sociology: Toward an Explanatory Science*. NY.: Academic Press.

Colton, K. W., et al., (1983). *A National Assessment of Police Command, Control, and Communication System*. Washington, D. C.: National Instutite of Justice.

Conklin, J. E. (1975). *The Impact of Crime*. NY.: Macmillan.

Conklin, J. E. & Bittner, E. (1973). Burglary in Suburb. *Criminology*, 11, 206-232.

Connolly, T., et al., (1980). Organizational Effectiveness: a Multiple Constituency Approach. *Academy of Management Review*. 5, 211-217.

Cook, T. D. (1983). Quasi-Experimentation: Its Ontology, Epistemology, and Methodology. In Morgan, G. (ed.). *Beyond Method: Strategies for Social Research*. CA.: Sage.

Cooney, M. (1994). Evidence as Partisanship. *Law & Society Review*, 28 (4), 833-858.

Copes, J. h. & Forsyth, C. J. (1994). Behaviors and Attitudes of Police Officer. *Journal of Police and Criminal Psychology*, 10(2), 38-45.

Cox, S. M. (1990). *Policing into the 21st Century*.中央警官學校主辦、中美警察學術

研討會。

Crank, J. P. (1994). Watchman and Community: Myth and Institutionalization in Policing. *Law & Society Review*, 28(2), 325-351.

Crank, J. P. & Langworthy, R. (1992). An Institutional Perspective of Policing. *The Journal of Criminal Law & Criminology*, 83(2), 338-363.

Cronkhite, C. L. (1983). Facing Increasing Crime with Decreasing Resources. *FBI Law Enforcement Bulletin*, 52(2), 1-11.

Crozier, M. (1964). *The Bureaucratic Phenomenon*. IL.: The University of Chicago Press.

Cumming, E., et al. (1965). The Policeman as Philosopher, Guide, and Friend. *Social Problems*, 12(3), 276-286.

Dale, A. (1994). A Philosophy of Policing. *The Police Journal*, 67(1), 19-25.

Dale, E. (1967). *Organization*. NY.: American Management Association.

Davis, E. M. (1978). *Staff One: A Perspective on Effective Police Management*. NJ.: Prentice-Hall.

Davis, K. (1961). Prostitution. In Merton, R. & Nisbet, R. (eds.). *Contemporary Social Problems*. NY.: Harcourt, Brace, and World.

Decker, S. H. & Wagner, A. E. (1982). The Impact of Police Patrol Staffing on Police-Citizen Injuries and Dispositions. *Journal of Criminal Justice*, 10, 375-382.

Denhardt, R. B. (1984). *Theories of Public Administration*. CA.: Brooks/Cole.

Dickson, D. (1984). *The New Politics of Science*. NY.: Pantheon.

Domhoff, G. W. & Dye, T. R. (1986). *Power Elites and Organizations*. CA.: Sage.

Dominick, J. (1978). Crime and Law Enforcement in the Mass Media. In Winick, C. (ed.). *Deviance and Mass Media*. CA.: Sage.

Donahue, J. D. (1989). *The Privitization Decision-Public Ends, Private Means*. NY.: Basic Books.

Donahue, M. E. & Felts, A. A. (1993). Police Ethics: A Critical Perspective. *Journal of Criminal Justice*, 21, 339-351.

Dorn, N. (1994). Three Faces of Police Referral: Welfare, Justice and Business Perspectives on Multi-Agency Work With Drug Arrests. *Policing & Society*, 4(1), 13-34.

Douglas, M. (1966). *Purity and Danger: An Analysis of the Concepts of Pollution and*

Taboo. NY.: Pantheon.

Douthit, N. (1975, Spring). August Vollmer, Berkeley's First Chief of Police, and the Emergence of Police Professionalism. *California Historical Quarterly*, 101-124.

Downs, A. (1967). *Inside Bureaucracy*. MA.: Little, Brown, and Company.

Drucker, P. F. (1988, January-February). The Coming of New Organization. *Harvard Business Review*, 45-53.

Durkheim, E. (1947). *The Elementary of Religious Life*. NY.: Free Press.

Easton, D. (1965). *A Framework for Political Analysis*. NJ.: Prentice-Hall.

Ebentstein, W. & Fogelman, E. (1985). *Today's Isms: Communism, Fascism, Capitalism*, Socialism. NJ.: Prentice-Hall.

Eck, J. E. & Spelman, W. (1987). *Problem Solving: Problem Oriented Policing in Newport News*. Washington, D. C.: U. S. Department of Justice.

Elliston, F. & Feldberg, M. (1985). *Moral Issues in Police Work*. NJ.: Rowan and Allanheld.

Ennis, P. H. (1970). Crime, Victims, and the Police. In Wolfgang, M. E., et al., (eds.). *The Sociology of Crime and Deliquency*. NY.: John Wiley and Sons.

Ericson, R. V. (1982). *Reproducing Order: A Study of Police Patrol Work*. Canada: University of Toronto Press.

Erikson, K. T. (1966). *Wayward Puritans*. NY.: Wiley.

Farr, J. (1988). The History of Political Science. *American Journal of Political Science*, 32(4), 1175-1195.

Feltes, T. (1994). New Philosophies in Policing. *Police Studies*, 17(2), 29-48.

Fishman, M. (1978). Crime Waves as Ideology. *Social Problems*, 25, 531-543.

Fishman, M. (1980). *Manufacturing the News*. TX.: University of Texas Press.

Fixler, P. E., Jr. & Poole, R. W., Jr. (1988). Can Police Service Be Privatized? *The Annals of the American Academy of Political and Social Science*, 498, 108-118.

Foster, J. L. (1990). Bureaucratic Rigidity Revisited. *Social Science Quarterly*, 71(2), 223-238.

Foucault, M. (1965). *Madness and Civilization: A History of Insanity in the Age of Reason*. NY.: Random House.

Foucault, M. (1970). *The Order of Things: An Archeology of the Human Science*. NY.: Random House.

Foucault, M. (1979). *Discipline and Punish: The Birth of the Prison.* NY.: Vintage.

Freeman, M. D. A. (1974). *The Legal Structure.* London: Longamn.

French, J. R., Jr. & Raven, B. H. (1960). The Base of Social Power. In Cartwright, D. & Zander, A. F. (eds.). *Group Dynamics.* IL.: Peterson.

Fyfe, J. J. (1989). The Split-Second Syndrome and Other Determinants of Police Violence. In Dunham, R. G. & Alpert, G. P. (eds.). *Critical Issues in Policing: Contemporary Readings.* IL.: Waveland.

Gabor, T. (1981). The Crime Displacement Hypothesis: An Empirical Examination. *Crime and Deliquency,* 26, 390-404.

Gardiner, J. A. (1969). *Traffic and the Police.* MA.: Harvard University Press.

Garofalo, J. (1981). Crime and the Mass Media: A Selective Review of Research. *Journal of Research in Crime and Deliquency,* 18, 1-15.

Gates, G. L. (1985). A Model of Service Access. In White, M. J., et al., (eds.). *Managing Public Systems: Analytic Techniques for Public Administration.* MD.: University Press of America.

Gibson, A. (1994). Is There a Difference between Good Management and Good Leadership; If so, What Mixture of the Two does the Modern Police Require? *The Police Journal,* 67(1), 6-14.

Giddens, A. (1990). *Central Problems in Social Theory: Action, Structure and Contraction in Social Analysis.* CA.: The University of California Press.

Gilsinan, J. F. (1990). *Criminology and Public Policy: An Introduction.* NY.: Macmillan.

Glaser, R. M., et al., (1983). *Putting Knowledge to Use.* CA.: Jossey Bass.

Gold, M. (1966). Undetected Deliquent Behavior. *Journal of Crime and Deliquency,* 3, 1-9.

Goldfarb, R. (November 1969). *Prisons: The Nation's Poorhouse.* The New Republic, 15-17.

Goldstein, H. (1977). *Policing a Free Society.* MA.: Ballinger.

Goldstein, H. (1987). Toward Community-Oriented Policing: Potential, Basic Requirements, and Threshold Questions. *Crime and Deliquency,* 33(1), 11-20.

Goldstein, H. (1990). *Problem-Oriented Policing.* NY.: McGraw-Hill.

Goodsell, C. T. (1983). *The Case for Bureaucracy: A Public Administration Polemic.*

NJ.: Chatham House.

Gordon, T. J. (1992). The Methods of Future Research. *The Annals of the American Academy*, 552, 25-35.

Gortner, H. F., et al., (1987). *Organization Theory: A Public Perspective*. IL.: The Dorsey Press.

Gottfredson, D. M. (1987). Prediction and Classification in Criminal Justice Decision Making. In Gottfredson, D. M. & Tonry, M (eds.). *Prediction and Clasification: Criminal Justice Decision making*. IL.: The University of Chicago Press.

Gottfredson, M. R. & Gottfredson, D. M. (1988). *Decision Making in Criminal Justice-Toward the Rational Exercise of Discretion*. NY.: Plenum Press.

Gottfredson, S. D. (1987). Prediction: An Overview of Selected Methodological Issues. In Gottfredson, D. M. & Tonry, M. (eds.). *Prediction and Classification: Criminal Justice Decision Making*. IL.: The University of Chicago Press.

Gouldner, A. F. (1975-58). Cosmopolitans and Locals: Toward an Analysis of Latent Social Roles. In Ott, J. S. (ed.). (1989). *Classic Readings in Organizational Behavior*. CA.: Wadsworth.

Grabosky, R. N. (1992). Law Enforcement and the Citizen: Non Governmental Participants in Crime Prevention and Control. *Policing & Society*, 2(4), 249-271.

Graham, H. D. & Gurr, T. R. (1969). *The History of Violence in America: Historical and Comparative Perspectives*. NY.: Praeger.

Greene, J. R. (1989). Police and Community Relations: Where Have we Been and Where are We Going? In dunham. R. G. & Alpert, G. P. (eds.). *Critical Issues in Policing: Contemporary Readings*. IL.: Waveland.

Habenstein, R. W. (1963). Critique of Profession as a Sociological Category. *Sociological Quarterly*, 4, 285-298.

Habermas, J. (1970). *Toward A Rational Society*. MA.: Beacon Press.

Habermas, J. (1971). *Knowledge and Interest*. MA.: Beacon Press.

Hagan, F. E. (1994). *Research Methods in Criminal Justice and Criminology*. NY.: Macmillan.

Hagan, J. (1985). *Modern Criminology: Crime, Criminal Behavior, and Its Control*. NY.: McGraw-Hill.

Hagan, J. (1989). Why It There So Little Criminal Justice Theory? Neglected Macro-

and Micro-Level Links Between Organization and Power. *Journal of Research in Crime and Deliquency*, 26(2), 116-135.

Hagan, J., et al. (1994). Ceremonial Justice: Crime and Punishment in a Loosely Coupled System. *Social Force*, 58, 506-527.

Halfpenny, P. (1982). *Positivism and Sociology: Explaining Social Life*. London.: Genorge Allen & Unwin.

Hall, R. H. (1976). The components of Professionalization. In Munro, J. (ed.). *Classes, Conflict and Control*. PA.: Anderson.

Hall, R. H. (1982).*Organization: Structure and Process*. NJ.: Prentice-Hall.

Hall, S., et al., (1978). *Policing the Crisis*. London: Macmillan.

Hallenberg, E. X. (1970). Dual Advancement Ladder Provides Unique Recognition for the Scientists. *Research Management*, 13, 221-227.

Hammond, T. H. & Thomas, P. a. (1989). The Impossibility of A Neutral Hierarchy. *Journal of Law, Economics, and Organization*, 5(1), 155-184.

Haney, W. V. (1979). *Communication and Interpersonal Relations: Text and Cases*. IL.: Richard D. Irwin.

Harring, S. (1977). Class Conflict and the Supressive of Tramps in Buffalo, 1892-1984. *Law & Society Review*, 11, 873-911.

Harring, S. (1984). The Taylorization of Police Work. In Fischer, F. & Sirianni, C. (eds.). *Critical Studies in Organization and Bureaucracy*. PH.: Temple University Press.

Harring, S., et al., (1977). The Management of Police Killings. *Crime and Social Justice*, 8, 26-35.

Harris, R. N. (1973). The Police Academy. In Terry, W. C., III. (ed.). (1985). *Policing Society: An Occupational View*. NY.: John Wiley & Sons.

Harrison, B. (1994). Integrating the Focus of Law Enforcement Future. *The Police Chief*, 61(2), 52-61.

Hayward, J. W. (1987). *Shifting Worlds, Changing Minds: Where the Science and Buddhism Meet*. MA.: Shambhala.

Heidensohn, F. (1989). *Crime and Society*. London: Macmillan Education.

Held, D. (1980). *Introduction to Critical Theory: Horkheimer to Habermas*. CA.: The University of California Press.

Henry, N. (1989). *Public Administration and Public Affairs*. NJ.: Prentice-Hall.

Herzberg, F. (1966). *Work and the Nature of Man*. OH.: World.

Holdaway, S. (ed.). (1979). *Inside the British Police*. UK.: Blackweell.

Holland, L. H. (1985). Police and Community-The Detroit Ministation Experience. *FBI Law Enforcement Bulletin*, 54(2), 1-6.

Hoogenboom, B. (1991). Grey Policing: A Theoretical Framework. *Policing & Society*, 2(1), 17-30.

Hopkins, E. J. (1931). *Our Lawless Police*. NY.: Viking.

Huang, F. F. Y. & Vaughn, M. S. (1994). A Descriptive Analysis of Japanese Organized Crime: The Boryokudan From 1945 to 1988. *Journal of Police Science*, 25, 293-331.

Hudzik, J. K. & Cordner, G. W. (1983). *Planning in Criminal Justice Organizations and Systems*. NY.: Macmillan.

Hunter, R. D. & Barker, T. (1993). Bs and Buzzwords: The New Police Operational Style. *American Journal of Police*, 12(3), 157-168.

Husserl, E. (1970). *The Crisis of European Science and Transcendental Phenomenology*. IL.: Northwestern University Press.

Iannone, N. F. (1987). *Supervision of Police Personnel*. NJ.: Prentice-Hall.

Issacs, H. (1967). A Study of Communications, Crimes and Arrests in a Metropolitan Police Department. In President's Commission on Law Enforcement and Administration of Justice, *Task Force Report: Science and Technology*. Washington, D. C.: Government Printing Office.

Jacob, H. (1973). *Urban Justice*. MA.: Little, Brown and Company.

Jacob, H. & Lineberry, R. L. (1982). *Governmental Response to Crime: Executive Summary*. Washington, D. C.: U. S. Department of Justice.

Jacob, H. & Rich, M. (1980-81). The Effects of the Police on Crime: A Second Look. *Law & Society Review*, 15(1), 109-122.

Jaques, E. (1990, January-February). In Praise of Hierarchy. *Harvard Business Review*, 127-133.

Jeffery, C. R. (1977). *Crime Prevention Through Environmental Design*. CA.: Sage.

Jensen, M. C. (1983). Organization and Methodology. *The Accounting Review*, 8, 319-337.

Jensen, M. C. & Meckling, W. H. (1976). Agency Costs and the Theory of the Firm. *Journal of Financial Economics*, 3, 305-360.

Johnson, D. B. (1991). *Public Choice: An Introcduction to the New Political Economy*. CA.: Bristlecone Books.

Johnson, T. A., et al., (1981). *The Police and Society: An Environment for collaboration and Confrontation*. NJ.: Prentice-Hall.

Kakalik, J. S. & Wildhorn, S. (1971). *Aids to Decision Making in Police Patrol*. CA.: Rand.

Kansas City Police Departmet. (1977-1979). *Response Time Analysis*. 3 vols. MO.: Board of Commissioners.

Kaplan, E. H. (1979). Evaluating the Effectiveness of One-Officer Versus Two-Officer Patrol Units. *Journal of Criminal Justice*, 7, 325-355.

Kast, F. E. & Rosenzweig, J. E. (1973). *Contingency Views of Organization and Management*, IL.: Science Research Associates.

Kaufman, H. (1977). *Red Tape*. Washington, D. C.: Brookings Institution.

Keat, R. (1981). *The Politics of Social Theory-Habermas, Freud and the Critique of Positivism*. IL.: The University of Chicago Press.

Kelling, G. L., et al., (1974). *The Kansas City Preventive Patrol Experiment: A Summary Report*. Washington, D. C.: The Police Foundation.

Kelling, G. L. (1981). *The Newark Foot Patrol Experiment*. Washington, D. C.: The Police Foundation.

Kelling, G. L. & Moore, M. H. (1988). *The Evolving Strategy of Policing*. Washington, D. C.: U. S. Department of Justice.

Kidder, L. H. (1981). *Research Methods in Social Relations*. NY.: Holt, Rinehart and Winston.

Kimble, J. (1976). Daydream, Dogma, and Dinosaurs, *Police Chief*, 36, 12-15.

Kirkham, G. L. (1974). Street Lessons. In Terry, W. C., III. (1985). *Policing Society: An Occupational View*. NY.: John Wiley & Sons.

Klinger, D. A. (1994). Demeanor or Crime? Why "Hostile" Citizens Are More Likeky to be Arrested? *Criminology*, 32(3), 475-493.

Klockars, C. B. (1980). The Contemporary Crisis of Marxist Criminology. In Inciardi, J. (ed.). *Radical Criminology: The Coming Crisis*. CA.: Sage.

Klockars, C. B. (1988). The Rhetoric of Community Policing. In Greene, J. R. & Mastrofski, s. d. (eds.). *Community Policing: Rhetoric or Reality*. NY.: Prager.

Klofas, J., et al., (1990). *Criminal Justice Organizations: Administration and Management*. CA.: Brooks/Cole Publishing Company.

Knapp Commission. (1973). T*he Knapp Commission Report on Police Corruption*. NY.: George Braziller.

Knapp, T. W. (1986). Community Crime Prevention.中央警官學校主辦、中美警察學術研討會。

Knoohuizen, R., et al., (1972). The Police and Their Use of Fatal Force in Chicago. IL.: Chicago Law Enforcement Study Group. Knott, J. H. & Miller, G. J. (1987). *Reforming Bureaucracy: The Polities of Institutional Choice*. NJ.: Prentice-Hall.

Kobler, A. (1975). Figures and Facts on Police Killing of Civilians in the United States, 1965-69. *Journal of Social Issues*, 31, 1-11.

Kohfeld, C. W. & Sprague, J. (1990). Demography, Police Behavior, and Deterrence. *Criminology*, 28(1), 111-136.

Kolderie, T. (1986). Two Different Concepts of Privitization. *Public Administration Review*, 43(4), 285-292.

Koontz, H. & O'Donnell, C. (1968). *Principles of Management: An Analysis of Management Function*. NY.: McGraw-Hill.

Krahn, H. & Kennedy, L. W. (1985). Producing Personal Safety: The Effects of Crime Rates, Police Force Size, and Fear of Crime. *Criminology*, 23(4), 697-710.

Krislov, S. & Rosenbloom, D. H. (1981). *Representation Bureaucracy and the American Political System*. NY.: Praeger.

Kube, E. & Kuckuck, W. (1992). Research and Technological Development in the Police: Requirements from the Western European Poing of View. *Police Studies*, 15(1), 24-29.

Kuhn, T. S. (1970). *The Structure of Scientific Revolutions*. IL.: The University of Chicago Press.

Kuhn, T. S. (1977). *The Essential Tension: Selected Studies in Scientific Tradition and Change*. IL.: The University of Chicago Press.

Lafave, W. (1965). *Arrest: The Decision to Take A Suspect into Custody*. MA.: Little, Brown and Company.

Landau, M. (1969). Redundancy, Rationality, and the Problem of Duplication and Overlap. *Public Administration Review*, 29, 346-358.

Langworthy, R. H. (1986). *The Structure of Police Organizations*. NY.: Praeger.

Langworthy, R. H. & Travis, L. F., III. (1994). *Policing in America-A Balance of Forces*. NY.: Macmillan.

Laporte, T. & Consolini, P. (1991). Working in Practice but Not in Theory: Theoretical Challenges of High Reliability Organization. *Journal of Public Administration Research and Theory*, 1, 19-47.

Larson, M. S. (1977). *The Rise of Professionalism*. CA.: The University of California Press.

Larson, R. C. (1972). *Urban Police Patrol Analysis*. MA.: MIT Press.

Lee, Y. C. (1992). *The Relationship Between Social Change and Changes in Police Organizations-A Case Study in the Republic of China (1973-1989)*. Unpublished Ph. D. Dissertation, Michigan State University.

Leonard, V. A. (1980). *The New Police Technology*. IL.: Charles C Thomas Publisher.

Levine, C. H. (1978). Organizational Decline and Cutback Management. In shafritz, J. M. & Hyde, A. C. (eds.). (1992). *Classics of Public Administration*. CA.: Wadsworth.

Levine, K. P., et al., (1980). *Criminal Justice-A Public Policy Appraoch*. NY.: Harcourt Brace Javanovich.

Levine, M. J. & McEwen, T. (1985). *Patrol Deployment*. Washington, D. C.: U. S. Department of Justice.

Lipsky, M. (1980). *Street-Level Bureaucracy: Dilemma of the Individual in Public Services*. NY.: Russell Sage Foundation.

Lundman, R. J. (1979). Organizational Norms and Police Discretion: An Observational Study of Police Work in Traffic Law Violations. *Criminology*, 17, 159-171.

Lynch, M. J. & Groves, W. B. (1989). *A Primer in Radical Criminology*. NY.: Harrow and Heston.

Lynn, L. E., Jr. (1987). *Managing Public Policy*. MA.: Little, Brown and Company.

Macridis, R. C. (1989). *Contemporary Political Ideologies: Movements and Regimes*. IL.: Scott, Foresman and Company.

Mannheim, K. (1936). *Ideology and Utopia-An Introduction to the Sociology of*

Knowledge. NY.: Harcourt, Brace and World.

Manning, P. K. & Redlinger, L. J. (1986). Invitational Edges of Corruption: some consequences of Narcotic Law Enforcement. In Barker, T. & Carter, D. L. (eds.). *Police Deviance*. OH.: Pilgrimage.

Manning, P. K. & Van Maanen, J. (1979). (eds.). *Policing*. NY.: Random House.

Manning, P. K. (1971). The Police: Mandate, Strategies, and Appearances. In Dougles, J. D. (ed.). *Crime and Justice in American Society*. NY.: The Bobbs-Merrill Co.

Manning, P. K. (1974). Police Lying. *Urban Life and Culture*, 3(3), 283-306.

Manning, P. K. (1977). *Police Work: The Social Organization of Policing*. MA.: MIT Press.

Manning, P. K. (1980). *The Narc's Game*. MA.: MIT Press.

Manning, P. K. (1989). Community Policing. In Dunham, R. G. & Alpert, G. P. (eds.). *Critical Issues in Policing: Contemporary Readings*. IL.: Waveland.

Manning, P. K. (1992). Information Technologies and the Police. In Tonry, M. & Morris, N. (eds.). *Modern Policing*. IL.: The University of Chicago Press.

Manning, P. K. (1993). Toward A Theory of Police Organization: Polarities and Change.中央警官學校主辦、社會變遷與警察工作國際學術研討會。

March, J. G. & Simon, H. A. (1958). *Organizations*. NY.: The Free Press.

Marcuse, H. (1964). *One-Dimensional Man*. MA.: Beacon Press.

Marcuse, H. (1969). *An Essay on Liberation*. MA.: Beacon Press.

Mark, G. T. (1992). When the Guards Guard Themselves: Undercover Tactics Turn Inward. *Policing & Society*, 2(3), 151-172.

Martin, S. & Sherman, L. W. (1986). Selective Apprehension: A Police Strategy for Repeat Offenders. *Criminology*, 24, 155-173.

Marvick, D. (1954). *Career Perspectives in a Bureaucratic Setting*. MI.: University of Michigan Press.

Mastrofski, S. (1983). The Police and Noncrime Service. In Whitaker, G. P. & Phillips, C. D. (eds.). *Evaluating Performance of Criminal Justice Agencies*. CA.: Sage.

Mastrofski, S. (1985). Police Agency Consolidation: Lessons from a Case Study. In Fyfe, J. J. (ed.). *Police Practices in the 90s: Key Management Issues*. Washington, D. C.: International City Management Association.

Mastrofski, S. & Parks, R. B. (1990). Improving Observational Studies of Police.

Criminology, 28(3), 475-496.

Mathias, W., et al., (1980). *Foundations of Criminal Justice*. NJ.: Prentice-Hall.

Mawby, R. I. (1990). *Comparative Policing Issues: The British and American Experience in International Perspectives*. UK.: Unwin Hyman.

McCabe, S (1980). The Police and the Public. *The Police Journal*, 13(4), 357-359.

McCord, R. & Wicker, E. (1990). Law Enforcement's Coming Challenge. *FBI Law Enforcement Bulletin*, 59(1), 28-32.

McEwen, J. T., Connors, E. F. & Cohen, M. I. (1984). *Evaluation of the Differential Police Response Field Test*. VA.: Research Management Associates.

McFarland, D. E. (1979). *Management: Foundations and Practices*. NY.: Macmillan.

McGarreall, E. F. & Castellano, T. C. (1991). An Integrative Conflict Model of the Criminal Law formation Process. *Journal of Research in Crime and Deliquency*, 28(2), 174-196.

McGregor, D. M. (1957). The Human Side of Enterprise. In Shafritz, J. M. & Hyde, A. C. (eds.). (1992). *Classics of Public Administration*. CA.: Wadsworth.

Mei, K. W. (1982). *Comparative Criminal Justice Administation*. Tao-Yuan: Central Police College Press.

Meier, R. (1976). The New Criminology: Continuity in Criminological Theory. *Journal of Criminal Law and Criminology*, 67, 461-469.

Mellem, R. D. (1994). Governmental Violence in the War Against Drugs. *International Journal of Comparative and Applied Criminal Justice*, 18(1), 39-51.

Menke, B. A., White, M. F., & Carey, W. L. (1982). Police Professionalization: Pursuit of Excellence or Political Power? In Greene, J. R. (ed.). *Managing Police Work: Issues and Analysis*. CA.: Sage.

Merton, R. K. (1957). Bureaucratic Structure and Personality. In Shafritz, J. M. & Hyde, A. C. (eds.) (1992). *Classics of Public Administration*. CA.: Wadsworth.

Merton, R. K. (1968). *Social Theory and Social Structure*. NY.: Free Press.

Michels, R. (1962). *Political Party: A Sociological Study of the Oligarchical Tendencies of Modern Democracy*. NY.: The Free Press.

Miller, D. & Mintzberg, H. (1983). The Case for Configuration. In Morgan, G. (ed.). *Beyond Method: Strategies for Social Research*. CA.: Sage.

Miller, G. J. & Moe, T. M. (1986). The Positive Theory of Hierarchies. In Weisberg, H.

F. (ed.). *Political Sciene: The Science of Politics*. NY.: Agathon Press.

Miller, W. B. (1973). Ideology and Criminal Justice Policy: Some Current Issues. In Neiderhoffer, A. & Blumberg, A. S. (eds.). *The Ambivalent Force*. IL.: The Dryden Press.

Milton, C., et al., (1977). *Police Use of Deadly Force*. Washington, D. C.: The Police Foundation.

Mintzberg, J. (1973). *The Nature of Managerial Work*. NY.: Harper & Row.

Miranda, R. & Lerner, A. (1995). Bureaucracy, Organizational Redundancy, and the Privatization of Public Service. *Public Administration Review*, 55(2), 193-200.

Mitchell, W. C. (1988). Virginia, Rochester, and Bloomington: Twenty-five Years of Public Choice and Political Science. *Public Choice*, 56, 101-119.

Moe, R. (1987). Exploring the Limits of Privatization. *Public Administration Review*, 47, 453-460.

Moe, T. M. (1984). The New Economics of Organization. *American Journal of Political Science*, 28(4), 739-777.

Monkkonen, E. H. (1981). *Police in Urban America*, 1986-1920. MA.: Harvard University Press.

Monkkonen, E. H. (1992). History of Urban Police. In Tonry, M. and Morris, N. (eds.). *Modern Policing*. IL.: The University of Chicago Press.

Moore, M. H. & Trojanowicz, R. C. (1988). *Policing and the Fear of Crime*. Washington, D. C.: National Institute of Justice.

Moore, M. H., Trojanowicz, R. C., & Kelling, G. L. (1988). *Crime and Policing*. Washington, D. C.: National Institute of Justice.

Moore, M. H. (1992). Problem-solving and Community Policing. In Tonry, M. & Morris, N. (eds.). *Modern Policing*. IL.: The University of Chicago Press.

More, H. W. (1991). *Special Topics in Policing*. OH.: Anderson.

Mosher, F. C. (1982). *Democracy and the Public Service*. NY.: Oxford University Press.

Mueller, D. C. (1989). *Public Choice*, II. NY.: Cambridge University Press.

Muir, W. K., Jr. (1977). *Police-Street Cornor Politicians*. IL.: The University of Chicago Press.

Munro, J. L. (1995). One More Time: The Police and Communications. *Journal of*

Police Science, 26, 43-58.

Myron, R. (1980). A Crisis in Police Management. *Journal of Criminal Law, Criminology, and Police Science*, 50, 600-605.

Naisbitt, J. (1982). *Megatrends: The New Directions Changing Our Lives*. NY.: Warner Books.

Nalla, N. K. (1992). Perspectives on the Growth of Police Bureaucracies, 1948-1984: An Examination of Three Explanations. *Policing & Society*, 3(1), 51-61.

Newman, G. (1976). *Comparative Deviance: Perceptions of Law in Six Cultures*. NY.: Elsevier.

Niederhoffer, A. (1969). *The Urban Police Department: From Bureaucracy to Profession*. NY.: Anchor.

Niskanen, W. A. (1971). *Bureaucracy and Representative Government*. IL.: Aldine Atherton.

Nozick, R. (1974). *Anachy, State and Utopia*. NY.: Basic Books.

O'Dowd, D. J. (1993). Creating a Vision for the Future of Policing. *The Police Journal*, 66(1), 47-60.

Oettmeier, T. N. (1992). Matching Structure to Objectives. In Hoover, L. T. (ed.). *Police Management: Issues and Perspectives*. Washington, D. C.: Police Executive Research Forum.

Okun, A. M. (1975). *Equality and Efficiency*. Washington, D. C.: Brookings Institution.

O'Leary, V. & Sheu, C. J. (1992). Thinking About Policing in Taiwan in the 21st Century. *Police Studies*, 15(3), 118-123.

Olson, M. (1971). *The Logic of Collective Action: Public Goods and Theory of Groups*. MA.: Harvard University Press.

O'Neill, J. L. & Cushing, M. A. (1991). *The Impact of Shift Work on Police Officers*. Washington, D. C.: Police Executive Research Forum.

Ophus, W. (1977). *Ecology and the Politics of Scarcity*. CA.: Freeman.

Ostrom, E. (1975). Righteousness, Evidence, and Reform, The Police Story. *Urban Affairs Quarterly*, 10, 464-486.

Ostrom, E. (1976). Size and Performance in a Federal System. *Publius*, 6, 33-73.

Ostrom, E. & Parks, R. B. (1973A). suburban Police Departments: Too Many and Too Small. In Masotti, L. & Hadden, J. (eds.). *Urbanization of the Suburbs*. CA.:

Sage.

Ostrom, E., Parks, R. B., & Whitaker, G. P. (1973B). Do We Really Want to Consolidate Urban Police Forces? A Reappraisal of Some Old Assertions. *Public Administration Review*, 33, 423-432.

Ostrom, E., Parks, R. B., & Whitaker, G. P. (1977). *Patterns of Metropolitan Policing*. MA.: Ballinger.

Ostrom, E., Parks, R. B., & Whitaker, G. P. (1978). Police Agency Size: Some Evidence on Its Effects. *Police Studies*, 1, 34-46.

Ostrom, E. & Whitaker, G. (1974). Community Control and Governmental Responsiveness: The Case of Police in Black Communities. In Rogers, D. & Hawley, W. (eds.). *Improving the Quality of Urban Management*. CA.: Sage.

Ostrom, E., et al., (1979). The Public Service Production Process: a Framework for Analyzing Police Service. In Baker, R. & Meyer, F. A., Jr., (eds.). *Evaluating Alternative Law-Enforcement Policies*. MA.: Lexington Books.

Rom, V. (1971). *The Intellectual Crisis in American Public Administration*. AL.: University of Alabama Press.

Ostrom, V. & Ostrom, E. (1976). Structure and Performance. In Ostrom, V. & Bish, F. P. (eds.). *Comparing Urban Service delivery System*. CA.: Sage.

Ostrom, V. & Ostrom, E. (1977). Public Goods-Public Choices. In Savas, E. S. (ed.). *Alternatives for Delivering Public Services*. CO.: Westview Press.

Packer, H. L. (1968). Two Models of Criminal Process. In Cole, G. F. (ed.). (1988). *Criminal Justice: Law and Politics*. CA.: Brooks/Cole Publishing Company.

Percy, S. L. & Scott, E. J. (1985). *Demand Processing and Performance in Public Service Agencies*. AL.: The University of Alabama Press.

Perrow, C. (1970). *Organization Analysis*. CA.: Wadsworth.

Perrow, C. (1986). *Complex Organizations: A Critical Essay*. NY.: Random House.

Petersilia, J. (1987). *The Influence of Criminal Justice Research*. CA.: Rand Corporation.

Petersilia, J. Abrahamse, A., & Wilson, J. Q. (1990). A Summary of Rand's Research on Performance, Community Characteristics, and Case Attrition. *Journal of Police Science and Approaches*. AL.: The University of Alabama Press.

Petersilia, J. Abrahamse, A., & Wilson, J. Q. (1990). A Summary of Rand's Research on Performance, Community Characteristics, and Case Attrition. *Journal of Police Science and Administration*, 17 (3): 219-226.

Pfeffer, J. (1981). *Power in Organization*. Ma.: Pitman.

Popper, K. R. (1969). *The Logic of Scientific Discovery*. N.: Basic Books.

Potts, L. W. (1983). *Responsible Police Administration: Issues and Approaches*. AL.: The University of Alabama Press.

Prager, J. (1994). Contracting Out Government Services: Lessons from the Private Sector. *Public Administration Review*, 54(2), 176-184.

Presthus, R. (1962). *The Organizational Society*. NY.: Knopf.

Price, B. R. (1977). *Police Professionalism*. MA.: D. C. Heath.

Punch, M. (1983). Management, Supervision, and Control. In Punch, M. (ed.). *Control in the Police Organization*. MA.: MIT Press.

Pursley, R. D. (1984). *Introduction to Criminal Justice*. NY.: Macmillan.

Quinney, R. (1971). National Commission on the Causes and Prevention of Violence: Reports. *American Sociological Review*, 36, 721-727.

Quinney, R. (1974). *Critique of Legal Order*. MA.: Little and Brown.

Quinney, R. (1980). Class, State and Crime. NY.: Longman. Reichel, P. L. (1992). The Misplaced Emphasis on Urbanization in Police Development. *Policing & Society*, 3(1), 1-12.

Reiner, R. (1978). *The Blue-Coated Worker*. UK.: Cambridge University Press.

Reiner, R. (1985). *The Politics of the Police*. NY.: Harvester Wheatsheaf.

Reiner, R. (1992). Police Research in the United Kingdom: A Critical Review. In Tonry, M. & Morris, N. (eds.). *Modern Policing*. IL.: The University of Chicago Press.

Reiss, A. J., & Bordua, D. J. (1967). Environment and Organization: A Perspective on the Police. In Bordua, D. J. (ed.). *The Police: Six Sociological Essays*. NY.: Wiley.

Reiss, A. J., Jr. (1971). *The Police and the Public*. CT.: Yale University Press.

Reiss, A. J., Jr. (1974). Discretionary Justice. In Glaser, D. (ed.). *Handbook of Criminology*. IL.: Rand McNally.

Reiss, A. J., Jr. (1992). Police Organization in the Twentieth Century. In Tonry, M. & Morris, N. (eds.). *Modern Policing*. IL.: The University of Chicago Press.

Reppetto, T. A. (1972-1973, Winter). Crime Control Management and the Police. *Sloan Management Review*, 45-53.

Reuss-Ianni, E. (1983). *Two Cultures of Policing: Street Cops and Management Cops*. NY.: Transaction Books.

Rich, R. M. (1978). Toward a Sociology of Law Paradigm. In Rich, R. M. (ed.). *Essays on the Theory and Practice of Criminal Justice*. Washington, D. C.: University of America.

Rich, R. M. (ed.). *Essays on the Theory and Practice of Criminal Justice*. Washington, D. C.: University of America.

Riecher, L. M. & Roberg, R. R. (1990). Community Policing: A Critical Review of Underlying Assumptions. *Journal of Police Science and Administration*, 17(2), 105-114.

Ritzer, G. (1988). *Contemporary Sociological Theory*. NY.: Alfred A. Knopf.

Roberg, R. R. & Kuykendall, J. (1993). *Police & Society*. CA.: Wadsworth.

Robin, G. D. (1963). Justifiable Homicide by Police Officers. *Journal of Criminal Law, Criminology, and Police Science*, 54, 225-231.

Roethlisberger, F. J. & Dickson, W. J. (1939). *Management and the Worker*. MA.: Harvard University Press.

Rosenbloom, D. H. (1983). Public Administrative Theory and the Separation of Powers. In Shafritz, J. M. & Hyde, A. C. (eds.). (1992). *Classics of Public administration*. CA.: Brooks/Cole.

Rourke, F. E. (1984). *Bureaucracy, Politics, and Public Policy*. IL.: Scott, Foreman and Company.

Rubenstein, J. (1973A). *City Police*. NY.: Farrar, Straus & Giroux.

Rubenstein, J. (1973B). Patrol Work and Police Territories. In Terry, W. C., III. (ed.). (1985). *Policing Society: an Occupational View*. NY.: John Wiley & Sons.

Salanick, G. R. & Pfeffer, J. (1977). Who Gets Power-And How They Hold On To It: A Strategic-Constituency Model Of Power. *Organizational Dynamics*, 5, 2-21.

Sampson, R. J. & Cohen, J. (1988). Deterrent Effects of the Police on Crime: A Replication and Theoretical Extention. *Law & Society Review*, 22(1), 163-189.

Savas, E. S. (1982). *Privitizing the Public Sector: How to Shrink Government*. NJ.: Chatham House.

Schein, E. H. (1989). Reassign the "Diving Rights" of Managers. *Sloan Management Review*, 30(2), 63-68.

Schnabel, P. H. (1983). Park, Walk, and Talk - Bridging the Gap. *FBI Law Enforcement Bulletin*, 52(2), 15-18.

Schneider, A. I., et al., (1976). The Role of Attitudes inf the Decision to Report Crimes to the Police. In MacDonald, W. F. (ed.). *Criminal Justice and the Victim*. CA.: Sage.

Scott, E. J. (1981). *Calls for Police: Citizen Demand and Initial Police Response*. Washington, D. C.: U. S. Department of Justice.

Scott, W. R. (1981). *Organizations: Rational, Natural and Open System*. NJ.: Prentice-Hall.

Seidman, D. & Couzens, M. (1994). Getting the Crime Rate Down: Political Press and Crime Reporting. *Law & Society Review*, 8, 457-493.

Self, P. (1993). Government by the Market? *The Politics of Public Choice*. CO.: Westview Press.

Senna, J. J. & Siegel, L. J. (1984). *Introduction to Criminal Justice*. MN.: West Publishing Co.

Shadmi, E. (1994). Controlling the Police: A Public and Integrative Approach. *Policing and Society*, 4, 119-129.

Shafritz, J. M. & Hyde, A. C. (1992). (eds.). *Classics of Public administration*. CΛ.: Brooks/Cole Publishing Company.

Shafritz, J. M. & Ott, J. S. (1992). (eds.) *Classics of organization Theory*. CA.: Brooks/Cole Publishing Company.

Shapland, J & Vagg, J. (1988). *Policing by the Public*. London: Routledge.

Sheehan, R. & Cordenr, G. W. (1989). *Introduction to Police Administration*. OH.: Anderson.

Sherman, L. W. (1974). *Police Corruption: A Sociological Perspective*. NY.: Double/anchor Books.

Sherman, L. W. (1981). Causes of Police Behavior: The Current State of Quantitative Research. *Journal of Research in Crime and Deliquency*, 17, 60-100.

Sherman, L. W. (1982). "wthing" and Crime Prevention: New Directions for Police. *Journal of Contemporary Studies*, 5(4), 87-101.

Sherman, L. W. (1983). Patrol Strategies for Police. In Wilson, J. Q. (ed.). *Crime and Public Policy*. CA.: ICS Press.

Sherman, L. W. (1990). Police Crackdowns: Initial and Residual Deterrence. In Tonry, M. & Morris, N. (eds.). *Crime and Justice: a Review of Research*. IL.: The University of Chicago Press.

Sherman, L. W. (1992). Attacking Crime: Policing and Crime Control. In Tonry, M. & Morris, N. (eds.). *Modern Policing*. IL.: The University of Chicago Press.

Sherman, L. W. & Berk, R. A. (1984). The Scientific Deterrent Effects of Arrest Domestic Assault. *American Sociological Review*, 49, 261-272.

Simon, H. (1947). *Administrative Behavior*. NY.: The Free Press.

Simpson, P. T. (1994). Setting a New Standard for Service Delivery. *The Police Journal*, 67(1), 59-66.

Skogan, W. G. (1977). The Changing Distribution of Big-city Crime. *Urban affairs Quarterly*, 13, 33-48.

Skolnick, J. H. (1966). *Justice Without Trial*. NY.: Wiley and Sons.

Skolnick, J. H. (1974). Perspective on Law and Order. In Sylvester, S. F., Jr. & Sagarin, E. (eds.). *Politics and Crime*. NY.: Prager.

Skolnick, J. H. & Bayley, D. H. (1986). *The New Blue Line: Police Innovation in Six American Cities*. NY.: The Free Press.

Smith, A. E. & Maness, D., Jr. (1976). The Decision to Call the Police: Reactions to Burglary. In MacDonald, W. F. (ed.). *Criminal Justice and the Victim*. CA.: Sage.

Souryal, S. S. (1992). *Ethics in Criminal Justice: In Search of the Truth*. OH.: Anderson.

Southerland, M. D. & Reuss-Ianni, E. (1992). Leadership and Management. In Cordner, G. W. & Hale, D. C. (eds.). *What Works in Policing: Operations and Administration Examined*. OH.: Anderson.

Sparrow, M. K. (1993). Integrating Distinct Managerial Styles: The Challenge for Police Leadership. *American Journal of Police*, 12(2), 1-16.

Sparrow, M. K., Morre, M. H.., & Kennedy, D. M. (1990). *Beyond 911-A New Era for Policing*. NY.: Basic Books.

Splman, W. & Brown, D. K. (1984). *Calling the Police Citizen Reporting of Serious Crime*. Washington, D. C.: U. S. Department of Justice.

Spitzer, S. (1975). Toward a Marxian Theory of Deviance. *Social Problems*, 22, 638-651.

Starling, G. (1988). *Strategies for Policy Making*. CA.: Wadsworth.

Starling. G. (1993). *Managing the Public Sector*. CA.: Wadsworth.

Steinhoff, P. G. (1993). Pursuing the Japanese Police. *Law & Society Review*, 27(4), 827-850.

Stewart, W. H. (1982). Metaphors, Models, and the Development of Federal Theory. *Publius*, 12, 5-24.

Stewart, W. H. (1984). *Concepts of Federalism*. MD.: University Press of America.

Stokey, E. & Zeckhauser, R. (1978). *A Primer for Policy analysis*. NY.: W. W. Norton & Company.

Swank, C. J. (1993). The Police in the 21st Century: Hypotheses for the Future. *International Journal of Comparative and Applied Criminal Justice*, 17(1), 107-120.

Swanson, C. R. et al., (1988). *Police Administration: Structure, Process, and Behavior*. NY.: Macmillan Publishing Company.

Sykes, G. W. (1974). The Rise of Critical Criminology. *Journal of Criminal Law and Criminology*, 65, 206-213.

Sykes, G. W. (1985). The Functional Nature of Police Reform: The "Myth" of Controlling the Police. In Dunham, R. G. & Alpert, G. P. (eds.). *Critical Issues in Policing: Contemporary Readings*. IL.: Waveland.

Sykes, G. W. (1986). Automation, Management, and the Police Role: The New Reformers? *Journal of Police Science and Administration*, 14(1), 25-30.

Tafoya, W. L. (1990). The Future of Policing. *FBI Law Enforcement Bulletin*, 59(1), 13-17.

Takagi, P. (1981). Race, Crime, and Social Policy: A Minority Perspective. *Crime and Deliquency*, 27, 48-63.

Taylor, F. W. (1912). Scientific Management. In Shafritz, J. M. & Hyde, A. C. (eds.). (1992). *Classics of Public Administration*. CA.: Brooks/Cole.

Taylor, M. (1992). Constraints to Community Oriented Policing. *The Police Journal*, 65(2), 154-164.

Tepas, E. I. & Monk, T. H. (1987). Work Schedules. In Salvendy, G. (ed.). *Handbook of*

Human Factors. NY.: John wiley & Sons.

Thayer, F. C. (1981). *An End to Hierarchy and Competition: Administration in the Post-affluent World*. NY.: New Viewpoints.

Thibault, E. A. (1982). Proactive Police Future. In Stephens, G. (ed.). *The Future of Criminal Justice*. OH.: Anderson.

Thompson, V. (1961). *Modern Organization*. NY.: Alfred A. Knopf.

Thornberry, T. P. (1973). Race, Socioeconomic Status and Sentencing in the Juvenile Justice System. *Journal of Criminal Law and Criminology*, 64, 90-98.

Toffler, A. (1970). *Future Shock*. NY.: Random House.

Toffler, A. (1980). *The Third Wave*. NY.: Willaim Morrow.

Toffler, A. & Toffler, H. (1990). The Future of Law Enforcement: Dangerous and Different. *FBI Law Enforcement Bulletin*. 59(1), 2-5.

Trasler, G. (1986). *Situational Crime Control and Rational Choice: A Critiqure*. In Heal & Laycock (eds.). Situational Crime Prevention: From Theory into Practice. UK.: Her Majesty's Stationary Office.

Trist, E. L. & Bamforth, K. W. (1951). Some Social and Psychological Consequences of the Longwall Method of Coal-Getting. In Ott, J. S. (ed.). (1989). *Classic Readings in Organizational Behavior*. CA.: Wadsworth.

Trojanowicz, R. C. & Bucqueroux, B. (1990). *Community Policing: A Contemporary Perspective*. OH.: Anderson.

Trojanowicz, R. C. & Carter, D. C. (1990). The Changing Face of America. *FBI Law Enforcement Bulletin*, 59(1), 6-12.

Tullock, G. (1965). *The Politics of Bureaucracy*. Washington, D. C.: Public Affairs Press.

Turk, A. (1969). *Criminality and Legal Order*. IL.: Rand.

Turner, J. H. (1991). *The Structure of Sociological Theory*. CA.: Wadsworth.

Uchida, C. D.(1989). The Development of American Police: An Historical Overview. In Dunham, R. G, & Geoffery, P. A. (eds.). *Critical Issues in Policing: Contemporary Readings*. IL.: Waveland.

U. Deopartment of Justice. (1978). *Respnse Time Analysis: Executive Summary*. Washington, D. C.: U. S. Government Printing Office.

Vanagunas, S. & Elliott, J. F. (1980). *Administration of Police Organizations*. MA.:

Allyn & Bacon.

Van Maanen, J. (1978). Observations on the Making of Policemen. In Manning, P. K. & Van Maanen, J. (eds.). *Policing: A View from the Street*. CA.: Goodyear.

Van Maanen, J. (1984). Making Rank: Becoming an American Police Sergeant. *Urban Life*, 13, 2-3.

Waldo, D. (1953). *Ideas and Issues in Public Administration*. NY.: McGraw-Hill.

Waldo, D. (1961). Organization Theory: An Elephantine Problem. *Public Administration Review*, 21, 210-225.

Walker, S. (1983). *The Police in America-An Introduction*. NY.: McGraw-Hill.

Walker, S. (1985). *Sense and Nonsense about Crime: A Policy Guide*. CA.: Brooks/Cole.

Waler, S. (1989). "Broken Windows" and Fractured History: The Use and Misuse of History in Recent Police Patrol Analysis. In dunham, R. G. & Geoffery, P. A. (eds.). *Critical Issues in Policing: Contemporary Readings*. IL.: Waveland.

Walsh, W. F. (1985). *Assessing Patrol Officer Arrest Activity: a Subcultural Explanation*. Paper presented at the annual meeting of the Academy of Criminal Justice Science, Las Vegas, Neveda.

Warnsley, G. L. & Zald, M. N. (1973). *The Political Economy of Public Organizations*. MA.: Lexington Books.

Weber, M. (1992). Bureaucracy. In Shafritz, J. M. & Hyde, A. C. (eds.). (1992). *Classics of Public Administration*. CA.: Brooks/Cole.

Webster, J. A. (1970). Police Task and Time Study. *Journal of Criminal Law, Criminology, and Police Science*, 61(1), 94-100.

Weick, K. (1976). Educational Organization as Loosely Coupled System. *Administrative Science Quarterly*, 21, 1-18.

Weick, K. (1979). *The Social Psychology of Organizing*. MA.: Addison-Wesley.

Weinstein, J. (1982). *Sociology/Technology: Foundations of Postacademic Social Science*. NJ.: Transaction.

Weisburd, D. (1989). *Jewish Settler Violence*. PN.: Pennsylvania State University Press.

Weisburd, D., et al., (1989). Maintaining Control in Community-Oriented Policing. In Kenney, D. J. (ed.). *Police and Policing: Contemporary Issues*. NY.: Praeger.

Whisenand, P. M. (1977). *Crime Prevention*. MA.: Holbrook Press.

Whitaker, B. (1964). *The Police*. UK.: Penguin Books.

Whitaker, B. (1982). *The Police in Society*. UK.: Sinclair Browne.

Whitaker, G. P., et al., (1985). Aggressive Policing and the Deterrence of Crime. *Law and Policy*, 7(3), 394-416.

Whitaker, G. P. (1985). Police Department Size and the Quality and Cost of Police Service. In Nagel, S. et al., (eds.). *The Political Science of Criminal Justice*. IL.: Charles C Thomas.

White, M. J., et al., (1985). *Managing Public Systems-Analytic Techniques for Public Administration*. MD.: University Press of America.

Wilden, A. (1972). *System and Structure*. UK.: Tavistock.

Wilson, C. & Brewer, N. (1992). One And Two-Person Patrols: A Review. *Journal of Criminal Justice*, 20(5), 443-454.

Wilson, J. Q. (1963). The Police and Their Problems: A Theory. *Public Policy*, 12, 200-213.

Wilson, J. Q. (1968A). *Varieties of Police Behavior: The Management of Law and Order in Eight Communities*. MA.: Harvard University Press.

Wilson, J. Q. (1968B). The Police and The Deliquent in Two Cities. In Wheller, S. (ed.). *Controlling Deliquency*. NY.: Wiley.

Wilson, J. Q. (1983). *Thinking About Crime*. NY.: Basic Books.

Wilson, J. Q. (1990). *Gainesville Convenience Store Ordinance: Findings of Fact, Conclusions, and Recommendations*. Report Prepared for the National Association of Convenience Stores. Washington, D. C.: Crime Control Research Corporation.

Wilson, J. Q. & Alprin, G. M. (1971). Controlling Police Conduct: Alternatives to the Exclusionary Rule. *Law and Contemporary Problems*, 36, 488-499.

Wilson, J. Q. & Boland, B. (1978). The Effect of the Police on Crime. *Law & Society Review*, 12, 367-390.

Wilson, J. Q. & Kelling, G. L., (1982). Broken Windows: The Police and Neighborhood Safety. *Atlantic Monhly*, 249(3), 29-38.

Wilson, O. W. (1977). *Police Administration*. NY.: McGraw-Hill.

Worden, R. E. (1989A). Situational and Attitudinal Explanations of Police Behavior: A

Theoretical Reappraisal and Empirical Assessment. *Law and Society Review*, 23(4), 667-711.

Worden, R. E. (1989B). Police Department Size and Police Performance: An Exploration into Alternative Explanations. *Paper Presented at the Annual Meeting of the Academy of Criminal Justice Science*, Washington, D. C.

Wycoff, M. A. Susmilch, C., & Brown, C. (1981). *The Birmingham Anti-Robbery Experiment*. Washington, D. C.: Police Foundation.

Wycoff, M. A. (1982A). *Role of Municipal Police-Research as a Prelude of Changing It*. Washington, D. C.: Police Foundation.

Wycoff, M. A. (1982B). Evaluating the Crime-Effectiveness of Municipal Police. In Greene. J. R. (ed.). *Managing Police Work: Issues and Analysis*. CA.: Sage.

Yeager, P. C. (1990). *The Limits of Law: The Public Regulation of Private Pollution*. UK.: Cambridge University Press.

附錄

寫在前面

下列大綱，是作者授課時的主要依據與內容。關於這一份大綱，作者有如下說明與建議。

一、如同本書於第一章時所強調，警察勤務可以從不同的角度觀察與理解。因此，作者在分析警察勤務條例及其他法令時，也是本著這樣的方式進行。目的在豐富視野與激發想像。舉例來說，「單一窗口」或「網路報案」等措施，除了有助於減少犯罪黑數外，也有助於減少勤務監督機構與勤務執行機構之間的「資訊不對稱」。而從經濟學的觀點來看，則是減少或降低民眾與警察組織互動之交易成本，在減少警察組織與人員對於資訊的隱匿程度上，有所幫助。

二、關於警察勤務考試之準備方向，讀者必須掌握「別人會、我也會」、「別人不會、我更要會」的原則，才有可能比別人考得更好。由於警察勤務的命題並不容易，因此想要在這個科目取勝的困難度頗高。是以關於警察勤務條例以及相關法令之研讀，讀者務必深層思考每一個條文或規定背後的思維邏輯與用意，才有更大突破之可能。例如，目前勤務指揮中心在運作時強調「同步作業」、「三線接聽電話」、「三線報告」都具有減少錯誤、爭取時效與分工合作的意涵在內。

三、讀者經常面臨的另一個問題是該選擇什麼書來讀的問題。對此，作者的建議是必須考慮考試性質、出題方式與書籍作者的個人背景與資料。這就像是參加國家考試，準備法律科目，最好選擇著名大學現任教師的著作研讀。就警察勤務來說，如果考測驗題，最怕就是對於所謂的「標準答案」有所爭議。而最容易找出標準答案無爭議之考題，就是從現行法令中出題。因此，讀者務必準備一、二本資料蒐集比較完全的法令。在這方面，警政署所編之《警察實用法令》與警大教授洪文玲所編之《警察實用法令》是不錯的選擇。至於學理上的問題，由於爭議較多，因此較有可能考申論題。如果是申論題，坊間一般的考試書籍，就不是合適的讀物，因為一個

完整或系統的概念會被割裂，從而支離破碎。此時，最好開始考慮其他系統論述的書籍，同時把該書作者的身分列入考慮。

四、讀者若有志於參加考試，務必針對考試的性質、題型、配分、考試方式以及可能面對的競爭對手作初步分析。簡單說，目前警察機關的對內考試（如警佐班或二技），為鼓勵資深者進修，都設有積分計算之制度。相形之下，對於年資較淺者就十分不利。因此，年資較淺者就應該避開這些對於自己不利的制度設計。至於這種制度好或不好？由於事涉價值判斷，作者沒有意見。此外，如前所說，不同的考試方式，準備的方式有不盡相同。例如，選擇題型的考試與申論題型的考試，準備方式就不太一樣。因此，讀者務需根據考試方式準備。以選擇題而言，基本上大數法則就有適用的空間。所謂大數法則，就是歸納、抓大原則。像是一二三種戶之區分，就可以運用大數法則。只有透過效率的讀書方法，我們才容易獲得高分。

五、最後，只要是可能涉及法令的科目，不管是行政、刑事、交通或外事警察工作，一定要留意新法令。考試考什麼？作者最後必須奉勸各位讀者：考試不單純比較是否用功、積分高低，同樣重要的是資訊的蒐集、選擇與判斷。

警察勤務授課大綱與應考要領

主要法令依據：警察勤務條例

警察勤務規範

戶口查察作業規定

其他行政命令：注意警政署的新規定

效力比較

適用比較

警察勤務條例重點解析

勤務條例第一條：說明法源

警察法第三條：警察官制、官規、教育、服制、勤務制度及其他全國性警察法制，由中央立法並執行之，或交由省縣執行之

立法權與行政權之區分

同時思考：法體系的垂直分工與水平分工

　　　　　　　爲何上述必須由中央立法？單一國與聯邦國

　　　　　　　　　單一國與聯邦國之比較

　　　　　　　　　　　　權限劃分：單一國→事務性質

　　　　　　　　　　　　　　聯邦國→空間

　　　　　　　　　　剩餘權：單一國→不歸中央、則歸地方

　　　　　　　　　　　　　　　聯邦國→不歸地方、則歸中央

　　　　　　　　　　　　　必歸中央→國防、外交

　　　　　　　上述事務由地方立法可能形成的問題？

　　　　　　　勤務有制度嗎？制度的定義爲何？

　　　　　　　警察勤務條例的內容分析→說明內容分析

　　　　　　　同時思考：警察職權行使法與本條例之關係

　　　　　　　　　大法官五三五號解釋的意義

勤務條例第二條

　　警察「機關」何所指？（請參考本書第四章第三節）

　　　　法令解釋之必要

　　　　法令解釋之方法：文理解釋與論理解釋

　　　　　　　　　　　當然解釋與反面解釋

　　　　法令解釋之機關：立法解釋

　　　　　　　　　　　　司法解釋：審判解釋與質疑解釋

　　　　　　　　　　　　行政解釋：解釋機關之地位與解釋效力

　　「依」本條例行之→必依或得依、不依又如何

　　本條與其他條文之矛盾

勤務條例第三條

　　晝夜執行→事故發生之時間不可預期

　　　　　　　事故發生時間眞的難以預期嗎？

　　　　　　　值班勤務最足以彰顯此一精神

　　普及轄區→事故發生之空間不可預期

　　　　　　　事故發生空間眞的難以預期嗎？

　　　　　　　巡邏勤務最足以表現此一精神

　　行政警察何所指？美國學者Bayley提供的思考

　　　　以事務性質與空間爲區分標準

　　爲何以行政警察爲中心？論集中制與散在制

行政警察與刑事警察的關係與分野→從犯罪偵防以論
　　　　　　　　　犯罪偵防之互依與互動
　　　　　行政警察穿著制服的社會學、警察學、犯罪學意義
勤務條例第四條
　　　　　勤務機構的分級→分級即包括角色、功能任務等之分配
　　　　　組織分級的難題→Tall organization vs. Flat organization
　　　　　　　　　　span of control vs. hierarchy
　　　　　　　　　兼論組織分工的必要性
勤務條例第五條
　　　　　警勤區的行政管理意義
　　　　　　　專業化的方法→任務專業化、如交通警察、刑事警察
　　　　　　　　　　　地區專業化、如警勤區、分局、警察局
　　　　　　　　　　　過程專業化、如公文處理
　　　　　　　　　　　顧客專業化、如婦幼警察隊、少年隊
　　　　　警員的意義
　　　　　一人的意義
　　　　　負責的意義
　　　　　如何使警勤區佐警努力從公？
　　　　　社區服務警官的問題討論
　　　　　　　　警官與警察官
勤務條例第六條
　　　　　警勤區之劃分原則：理論與實際
　　　　　　　理論→人口、業務、面積、其他
　　　　　　　實際→自治區域
　　　　　　　　　人口
　　　　　　　　　其他
　　　　　　　以自治區域為首要標準
　　　　　派出所之功能與作用：官方說法
　　　　　　　　　　　　組合警勤區、形成治安面、供作服務站
　　　　　警勤區與分駐派出所之關係
　　　　　警勤區現況檢討

勤務條例第七條（請參考第四章第二節）

　　分駐所、派出所之性質

　　從行政三聯制論警察勤務機構之功能與作用

　　分駐所與派出所之比較

　　派出所之設置原則

　　分駐所之設置原則

　　分駐派出所設置標準→內政部警政署定之

　　警察駐在所之性質→偏遠警勤區

　　　　　　　　　　　　不能聯合實施共同勤務

勤務條例第八條

　　警力集中制之條件→都市人口稠密區域

　　　　　　　　　　　　郊區治安特殊區域

　　　　決策主體→直轄市、縣市警察機關

　　警衛派出所→特定地區執行守護任務

　　　　　　　　警察局決定

　　　　　　　　未必以「派出所」為名

勤務條例第九條

　　警察分局之性質→勤務規劃監督機構

　　　　　　　　　　　重點性勤務執行機構

　　　　重點性勤務何所指

勤務條例第十條

　　警察局之性質→勤務規劃監督機構

　　　　必要時才執行重點性勤務

　　警察局與警察分局之比較：專業機關與派出機關

其他重要條文之比較

　　勤務隊（組）→直轄市、縣市警察機關決定

　　　　　　　　考慮：都市人口稠密區域、郊區治安特殊區域

　　　　　　　　免設分駐派出所、警力集中警察分局

　　機動隊（組）→各級勤務機構

　　深夜勤、夜勤、日勤區分的意義→效率意義

　　勤務基準表→勤務規劃監督機構訂定

　　　　三個決定因素：服勤人員編組、服勤方式互換、服勤時間分配

勤務分配表→勤務執行機構訂定

　　　　勤務基準表與勤務分配表之關係

　　　　勤務分配、力求勞逸平均→公平理論之運用

　　　　動靜工作務使均勻→工作豐富化

　　　　控制適當機動警力→最悲觀估計

　　　　專責勤區查察之決定→警察局基於事實需要爲之

　　　　專屬勤務之定義

　　　　勤前教育之目的→統一觀念與作法

　　　　勤前教育之種類區分

　　　　勤前教育之內容

　　　　勤務督察之目的與先後

　　　　勤務督導之加強→特殊時間：黎明、黃昏、重要節日

　　　　　　　　　　　　　特殊天候：暴風、雨、雪

　　　　　　　　　　　　　特殊地點

　　警察勤務規範重點解析

　　　　勤務架構

　　　　　　事前→預防、事中→立即彈性反應、事後→刑案偵查

　　　　戶口查察

　　　　　　平時查察→人口分類

　　　　　　動態查察→出生、死亡、遷徙、流動人口之掌握

　　　　　　特定查察→安全調查、忠誠調查、素行調查

　　　　勤區查察腹案計畫

　　　　　　以鄰爲單位、跳鄰查察、四小時查遠鄰、二小時查近鄰

　　　　巡邏網

　　　　　　第一層→分局、分駐派出所執行、面式巡邏

　　　　　　　　　　機車或徒步巡邏爲主、汽車巡邏爲輔

　　　　　　　　　　機車：一人一車、雙巡

　　　　　　　　　　配合分駐派出所轄區劃分巡邏區

　　　　　　第二層→警察局保大、交大執行、點線巡邏

　　　　　　　　　　汽車巡邏爲主、機車巡邏爲輔

　　　　　　　　　　每車二至三人（含駕駛）

　　　　　　配合分局轄區劃分巡邏區
勤務指揮中心
　　組織：指揮官、副指揮官→單位之主官、副主官
　　　　　　　負成敗之責
　　　　　　幕僚→主任　綜理中心日常事務、負督導之責
　　　　　　　　　執勤官　處理案件
　　　　　　　　　執勤員　受理案件、記錄、製卡、標圖
　　　　　　　　　作業員　管理資料、表卡、應勤用具
　　　　　　　　　通訊員　通訊、器材維修保養
　　開設：三級開設　　　　對照：聯合警衛之三種開設
　　　　　三級開設之目的
　　　　　開設時機
　　作業設施：一圖一表一板
　　　　　　　圖：最新狀況圖
　　　　　　　表：勤務狀況記錄表
　　　　　　　板：記事板
　　最新狀況圖：作用→標示勤務活動與治安狀況
　　　　　　　　　繪製→以兩萬五千分之一之軍圖爲底圖
　　　　　　　　　　　　地形　顏色最淺
　　　　　　　　　　　　分局、分駐派出所、地境線條　顏色稍深
　　　　　　　　　　　　勤務活動、治安狀況標示　顏色最深
　　勤務狀況記錄表：目的→方便勤務之調度運用
　　　　　　　　　　　作用：顯示重要勤務與勤務重點
　　記事板：記載重要勤務活動與治安狀況
掌握最新狀況
　　方式：報告紀律
　　　　　報告記錄
　　　　　狀況標示
　　　　報告紀律→立即、確實、完整、回報、保密、禮貌、查究
　　　　報告記錄→隨報隨記、報一次記一表
　　　　　　　　　一案數報數記合併裝訂
　　　　狀況標示

勤務活動狀況：標示重要勤務（動態、專案勤務）

　　　　　　　警察局標示直屬隊與分局之重要勤務

　　　　　　　分局標示直屬組與分駐派出所之重要勤務

　　　　　　　符號：巡邏→車形符號

　　　　　　　　　　　餘→方形深色

　　治安狀況：符號：橢圓形

　　　　　　顏色：刑案　紅色

　　　　　　　　　違警　淺紅色

　　　　　　　　　交通　藍色

　　　　　　　　　災害　白色

　　　　　　　　　治安事件　黃色

　　　　　　　　　其他　綠色

　　　　　　立即偵破之刑案　橫線表示

　　　　　　偵破積案　上下畫線

勤務管制方式

　　登記管制

　　逐級管制

　　定時定點報告

　　電話查詢

　　抽考抽測

　　登記管制：上級交辦或重要案件→填寫通報單→交業務主管單位

　　　　　　　→並移研考單位列管

　　逐級管制：層級→警察局管制直屬隊與分局之重要勤務

　　　　　　　　　　分局管制直屬組與分駐派出所重要勤務

　　　　　　　方式→逐日通報

　　　　　　　　　　分駐派出所　2100前報告分局本所次日勤務

　　　　　　　　　　分局　2200前報告警察局本分局次日勤務

　　定時定點報告：

　　　定點勤務（守望、埋伏）　定時報告

　　　非定點勤務（巡邏、臨檢等）　定點報告

　　　報告點之編排　以分局為單位　應包括治安要點與交通要點

　　　　　　　　　　一字二位數法　字→分局名之一

數字→代表地點

以分局所在地爲中心、按東南西北、由近而遠編列

電話查詢：略

抽考抽測：略

命令傳達方法：考慮因素→情況緩急與保密性質

無線電　緊急、無保密顧慮

有線電　警用爲主、自動爲輔

內容緊要、特定少數單位、保密性高

傳眞　內容緊要、爭取時效、文件複雜

廣播　對內臨時宣布事項

電鈴　對內警報、召集機動警力

文字　情況緩、內容雜

口頭　情況緩、處置複雜

定期會報：目的→掌握最新狀況、溝通上下意見、研討勤務改進

種類→晨報、月報、季報、半年報、年報

勤務督察方式

分級督察：依行政層級實施

分區督察：劃分督察區、由專人負責

幕僚督導：幕僚依其主辦業務之督導

機動查勤：臨時或重要專案、重要節日之督察

追查：追蹤查勤→後

候查：在預定出現之地點、等候查勤→前

隨查：隨同勤務人員出勤之查勤→中

上述三者均需交叉比對資料，稱之爲：三角測量法

戶口查察作業規定重點解析

說明：戶口查察實施辦法已廢止，戶口查察作業規定繼續有效。

查察目的：瞭解人口動態、鑑別良莠。主要是治安目的。

查察時間：日出後日沒前行之

例外：屢查不遇人口（22時前行之）

勤務編排：由分駐派出所主管依規定編排

勤務執行：著制服

遇有規避或拒絕戶口查察者

　　查詢原因、善加勸導

　　根據行政執行法之規定處理

戶口分類：分類即效率、掌握工作重點

　由於列入一二種戶者為數甚多，所以必須運用大數法則記憶。

　　一種戶：以罪為主、以人為輔

　　　　罪質：惡質犯罪、經濟犯罪、智慧財產權犯罪

　　　　人：竊盜慣犯、撤輔流氓、新設籍人口

　　二種戶：以人為主、以戶為輔

　　　　直接與治安有關係之人口→施打毒品者、通緝犯、假釋人（減刑人）

　　　　　　　　　　　　　　　保護管束人、不良少年

　　　　特定營業：爆竹煙火業、委託寄售舊貨業、汽機車修配保管業

　　　　與治安有關之地點或人員：自衛槍枝戶、工寮、招待所、旅館、

　　　　　　　　　　　　　　　出租公寓、俱樂部

　　　　特定人：違反刑案經起訴者

　　　　　　　加暴行於人經裁定者

戶口分類改列

　　一種戶、三年→改列二、三種戶

　　二種戶、二年→改列三種戶（營業戶與自衛槍枝戶不在此限）

　　＊起訴者為無罪判決、且無治安顧慮，逕行改列二、三種戶

　　＊入境新設籍人口、查訪一年且無治安顧慮、得改列二種戶

　　　　　　　　　改列二種戶後查訪滿二年、得改列三種戶

　　＊列管對象服刑、感訓期間，無治安顧慮、改列三種戶

　　一種戶改為二、三種戶→分局核定

　　三種戶改為一、二種戶→警勤區自行核定

各種簿冊之作用

基本資料：一圖　警勤區轄境圖

　　　　　二表　戶口狀況調查表　　地區特性調查表

　　　　　三簿冊　戶口查察簿　　　戶口查察記事簿

　　　　　　　　警勤區手冊

戶卡→資料來源：戶籍登記申請書副份

　　　　　民眾→戶政事務所→副份送分駐派出所→過錄戶卡→轉報警

　　　　　　察局→註記口卡

　　　　作用：記載戶內人口靜態與動態資料

　　　　單位：以戶為單位

　　　　存放：存放於分駐派出所

　　　　編排：根據村里鄰與街巷門牌號碼裝訂

　　　　裝訂：活頁→戶口查察簿

　　　　　　　得增設副頁

　　　　副頁之作用：記載無故規避與拒絕戶口查察者

　　　　　　　　　　遷入未報、遷出未報、戶籍登記不符之註記

　　　　裝訂順序：封面→交接登記表→戶長目錄→戶卡片→戶卡片副頁

口卡→資料來源：戶籍登記申請書副份

　　　　作用：瞭解人口靜態資料

　　　　單位：以口為單位

　　　　存放：警察局戶口通報台

　　　　編排：四角號碼

戶口查察記事卡→資料來源：刑案移送書、刑案報告書、裁定書

　　　　　　　　　　通緝書、起訴書、判決書、行政處分書

　　　　　　　　　　社維法裁定（處分）書

　　　　處理流程：警察局（分局）收文→交分局戶口組→交警勤區註記

　　　　作用：記載有素行與有治安顧慮人口之素行資料

　　　　單位：以口為單位

　　　　存放：分駐派出所

　　　　編排：村里鄰與街巷門牌

　　　　裝訂：活頁→戶口查察記事簿（機密）

　　　　得增設副頁：記載查訪一二種戶查察所得資料

　　　　裝訂順序：封面→交接登記表→記事卡目錄→記事卡→記事卡副頁

口索引卡→作用：註記遷出人口之遷出時間、地點與通報字號，以供追查

　　　　　　　　遷出人口之用

　　　　　　單位：以口為單位

　　　　　　存放：警察局戶口通報台

　　　　　　編排：四角號碼

　　　　　　得增設附頁

注意：以上表簿冊必須異中求同、同中求異
　　　思考：為何一種資料必須存放於兩個地點→平行處理系統
戶口之督導考核
　　　戶口總測驗→每年一次→警察局實施
　　　戶口考詢→每六個月一次→分局實施
　　　抽查：12戶
　　　分駐派出所主管、分局督察組、戶口組組長
　　　督察分局員、戶口分局員、查勤巡官
　　　6戶
　　　戶口科長、課長、戶口科（課）相關人員
　　　駐區督察（員）、分局長、副分局長
複查：督導查勤者
輔導：
　　　分級：甲乙丙三級
　　　對象→丙級：一次受十五次以上劣績註記
　　　　　　　　　半年累計受劣績註記二十四次以上
　　　期間→三個月一期、期滿撤銷或延長輔導三個月
　　　督考：主官、督察與業務系統
　　　　　　主官督考：局長、副局長、督察長不定期實施
戶口獎懲
　　　逃勤→根據「員警未依規定服勤處分原則」議處
　　　劣績註記二次→應列一、二種戶未列
　　　　　　　　　　應建立戶口查察記事卡未建立
　　　　　　　　　　全戶遷入未建立戶卡片
　　　　　　　　　　無故缺查
資料保存
　　　保存十年→死亡、喪失國籍人口之口卡
　　　　　　　　戶口查察記事卡副頁
　　　保存二年→家戶訪問簽章表
　　　　　　　　戶籍登記申請書副份
　　　　　　　　全戶遷出除戶之戶卡
　　　　　　　　戶口查察督導報告

　　　　　勤區查察腹案計畫表

　　　　　當事人死亡之戶口查察記事卡

「強化警察勤務功能」策進作法　　　84-10-11警署69119號函

勤務規劃→主官規劃

警力運用→「優勢警力」變爲「適當警力」

臨檢、守望、備勤→得納入巡邏實施

巡邏→以二人以下實施爲原則→目的在增加巡邏密度

取消警網編組規定

專案性勤務→以不編排爲原則、納入法定勤務中實施

　　　　　　持續一周以上之專案勤務、需每週檢討是否繼續實施

勤查時數→由分駐派出所自行釐定、並報分局核定

警勤區→久任（二年以上）

員警執行勤務佩帶槍彈原則　　84-12-21　警署81876號函

　　　勤區查察→個別查察　　不配槍

　　　　　　　　聯合查察　　　配槍

　　　　　　　　特殊狀況　　分局長決定

　　　必須配槍→巡邏、臨檢、值班

　　　備勤→不配槍、突發事件依勤務性質決定

　　　守望→分局長決定

國家圖書館出版品預行編目資料

警察勤務理論與實務 / 李湧清著. -- 初版. --
臺北市：揚智文化, 2004[民 93]
面 ； 公分. -- (POLIS 系列 ; 31)
ISBN 957-818-671-1(平裝)

1.警政

575.86 93015832

警察勤務理論與實務　　　POLIS 系列 31

作　　者☞李湧清

出 版 者☞揚智文化事業股份有限公司

發 行 人☞葉忠賢

總 編 輯☞林新倫

登 記 證☞局版北市業字第 1117 號

地　　址☞台北縣深坑鄉北深路 3 段 260 號 8 樓

電　　話☞(02)26647780

傳　　真☞(02)26647633

印　　刷☞鼎易印刷事業股份有限公司

初版二刷☞2007 年 3 月

定　　價☞新台幣 550 元

ＩＳＢＮ☞957-818-671-1

E-mail ☞service@ycrc.com.tw

網　　址☞http://www.ycrc.com.tw

本書如有缺頁、破損、裝訂錯誤，請寄回更換。